恩道尔国际政治丛书
WORLD POLITICS SERIES
BY F.WILLIAM ENGDAHL

A CENTURY OF WAR

石油战争

石油政治决定世界新秩序

（增订版）

［美］威廉·恩道尔 ◎著
赵 刚　旷 野　戴 健　等◎译　欧阳武　陈建明　刘 忠◎校译

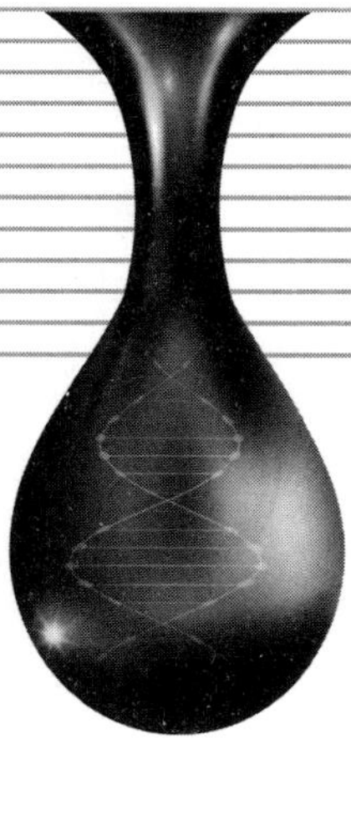

中国出版集团
中国民主法制出版社
全国百佳图书出版单位

图书在版编目（CIP）数据

石油战争：石油政治决定世界新秩序 /（美）恩道尔（Engdahl, F. W.）著；赵刚等译．— 增订本．—北京：中国民主法制出版社，2015.10

（恩道尔国际地缘政治丛书）

ISBN 978-7-5162-1041-3

Ⅰ．①石… Ⅱ．①恩… ②赵… Ⅲ．①石油政治－研究－世界 Ⅳ．①F416.22

中国版本图书馆 CIP 数据核字（2015）第 254884 号

图书出品人：刘海涛
出 版 统 筹：石 松
责 任 编 辑：姜 华
文 字 编 辑：单孟祥

书　　名／石油战争：石油政治决定世界新秩序（增订版）
作　　者／［美］威廉·恩道尔／著
赵 刚 旷 野 戴 健 等／译　欧阳武 陈建明 刘 忠／校译

出版·发行／中国民主法制出版社
地址／北京市丰台区右安门外玉林里 7 号（100069）
电话／（010）63055259（总编室） 63058068 63057714（营销中心）
传真／（010）63055259
http: //www.npcpub.com
E-mail: mzfz@npcpub.com
经销／新华书店
开本／ 16 开　710 毫米 ×1000 毫米
印张／ 25.5　**字数**／ 354 千字
版本／ 2016 年 1 月第 1 版　2025 年 2 月第 4 次印刷
印刷／三河市宏图印务有限公司

书号／ ISBN 978-7-5162-1041-3
定价／ 89.00 元

《恩道尔国际政治》丛书

编 委 会

总　序

现代世界地缘政治简史

这是我为中文版《恩道尔国际政治》丛书所撰写的总序，她代表了我近半个世纪对这个世界运作真相的研究。中国读者发现我的作品对于他们理解这个在今天看来已经丧心病狂的世界还有用处，对此我深感荣幸。多年前，我先后在美国和德国从事研究工作，我意识到几乎所有西方作者撰写的正统历史书籍都只不过是对现实世界的虚假描述，这样才有利于胜出的霸主及其盟友。

今天，欧洲、美国和世界上许多国家的舆论都被一小撮权势集团严格控制的媒体所主导，它们推行的计划与媒体宣传的完全是两码事。无论 2011 年在利比亚，还是 2014 年在乌克兰，这两个国家所发生的一切并不是所谓的促进“民主”。那么，那些隐藏在特朗普、拜登、特鲁多、马克龙后面权力无边的木偶牵线人，他们的秘密计划究竟是什么？

看一看近年来发生的事件，我们不难发现，世界正处于新的世界大战边缘。这场一触即发的战争并不是由俄罗斯或者中国所发动，尽管西方媒体希望我们这样认为。恰恰相反，它是由一小撮怀抱霸权野心的“当权派”所策划，其最终目的是在人类历史上首创一个全球大一统的帝国，这个帝国由像联合国这样的机构里一帮毫无个性的官僚所控制，他们按照我们普通人看不见的权力圈子的命令行事。这个大一统帝国被称为“世界新秩序”。

一、世界新秩序与地缘政治

为了充分理解这一计划的发展过程，我们有必要回顾20世纪70年代全球石油和粮食危机期间基辛格说的一段话。20世纪70年代中期，基辛格任美国国务卿、尼克松总统国家安全顾问，是华盛顿实际的当权派。他说过一段鲜为人知的大白话：“如果你控制了石油，你就控制了所有国家；如果你控制了粮食，你就控制了所有的人；如果你控制了货币，你就控制了整个世界。”那时候，基辛格是美帝国最有权势的公众人物，这个没有正式命名的帝国在1945年第二次世界大战结束后取代了英帝国。

作为贯穿我所有作品的主题，我就是以基辛格这段话的视角来记录现代历史所发生的事件。基辛格是权势极大的洛克菲勒家族的仆从，同时也是英国地缘政治及其均势理论的门生。

美国国防战略

2022年5月，美国五角大楼向美国国会提交了一份题为《2022年国防战略》的机密文件，其公开的摘要有以下这段表述：

> 本（国防）部将紧急行动起来持续加强威慑，将中华人民共和国视为我们最重要的战略竞争对手和对本部步步紧逼的挑战。俄罗斯构成严重的威胁，表现在其对乌克兰野蛮无端的侵略。面对俄罗斯的侵略，我们将与北约盟友和伙伴一道加强有力的威慑。本部将

保持有能力应对其他持续威胁，包括来自朝鲜、伊朗和其他暴力极端组织的威胁。[1]

很显然，2022 年 5 月俄罗斯在乌克兰发起军事行动两个月之后，五角大楼和北约为它们引诱俄罗斯进入了致命的陷阱而深信不疑。但到现在，形势却十分明朗，北约远未取得胜利，俄罗斯所动员的军事能力让华盛顿和布鲁塞尔那些蹩脚的战略家们猝不及防。

自从 20 世纪 80 年代后期华盛顿发动第一波“颜色革命”以来，也即导致华沙条约解体和苏联垮台等一系列行动之后，俄罗斯就不再被视为任何外部强国的威胁，尤其对美国构不成威胁，这大概就是美国智库的结论。中国在邓小平领导下实现了经济复兴奇迹，这些奇迹的取得来自与美国、欧洲和日本紧密的经济贸易往来，被西方经济学家称为“外包”或“产业全球化”。不言而喻，中国无意对西方列强形成军事威胁。同样，伊朗也从未对美国构成过威胁。

那么，为什么这些国家就成了世界上最大军事强国美国的眼中钉呢？要回答这个问题，就需要认真地研究一个多世纪以前起源于英国的“地缘政治学”，一门研究一国地理条件与其政治潜力之间关系的学问。

英美地缘政治

自 19 世纪中国鸦片战争以来，同样一伙英美主要的金融家族蓄意发动了包括 1914 年和 1939 年在内的所有重大战争。对于他们来说，战争是重新组织对其有利的全球地缘政治均势的有效手段。

1815 年，拿破仑率领的法国军队在滑铁卢战败。到了 19 世纪 40 年代，英国毫无争议地成为世界强国。英帝国控制了印度及其巨大的财富，主宰了非洲及其丰富的黄金和矿产资源，从而成为无可匹敌的全球霸主，而美国那时尚未从血腥的“内战”中摆脱出来。在德意志，各公国之间明争暗斗，一片混乱，尚未形成集中的经济空间。到了 19 世纪 40 年代，世界形势开始发生变化。

英国的精英们着手研究世界，探索如何维持“日不落”帝国霸权之策。在这个过程中，诞生了划时代的经典之作《历史的地理枢纽》。这篇文章是由英帝国的捍卫者、地理学家哈尔福德·麦金德爵士 1904 年为皇家地理学会撰写的。麦金德发展了其世界实际上是按照自然地理划分的“心脏地带”理论，认为地球陆地表面可划分为：

> **世界岛**，由相互连接的非洲、亚洲和欧洲构成（非亚欧大陆），是面积最大、人口最多、最富有的陆地组合。
>
> **离岸岛**，包括不列颠群岛、中国海南岛、日本列岛、马达加斯加、马来群岛、斯里兰卡和中国台湾岛。
>
> **边远岛**，包括北美洲和南美洲相互连接的大陆（美洲）以及大洋洲。

这是英帝国理论的首次系统阐释——一幅决定对谁发动战争以维持其全球霸权的清晰的路线图。到了 1904 年，只有两个可能争夺全球霸权的对手——统一的工业化德国和“内战”后的美国。正是麦金德的地缘政治决定了发动联美抗德的战争，这是英国维持其全球控制的最佳选项。

早在 1904 年也就是 10 年之前，麦金德实际上就向英国的精英们阐明了之后发动第一次世界大战的必要性：

> 均势朝有利于枢纽国*的倾斜导致向欧亚边缘陆地的扩张，这将为利用广袤的欧洲大陆资源建造舰队提供有利条件，由此全球帝国呼之欲出。如果德国与俄国结盟，这种情形就很可能发生。

1914 年爆发的第一次世界大战，其意图就是要摧毁俄德欧亚陆权国崛起的任何机会。在英国联合美国打败德国之后召开的凡尔赛和会期间，麦金德阐释了他的地缘政治观点：

---

* 俄罗斯帝国。——笔者注

谁统治了东欧*，谁就掌控了心脏地带；

谁统治了心脏地带，谁就掌控了世界岛；

谁统治了世界岛，谁就掌控了全世界。

——哈尔福德·麦金德爵士，于 1919 年[2]

对于麦金德来说，英国作为占主导地位的岛屿强国，必须不惜一切代价防止东欧与心脏地带的陆权国联合。麦金德定义的心脏地带实质上是指整个欧亚大陆板块，包括俄罗斯、中国和中东。

战后美国霸权的主要设计师们在麦金德临终前向他请教有关盎格鲁-美利坚霸权联盟主导世界的想法，请他为位于纽约的外交关系协会的刊物《外交》写一篇关于战后地缘政治秩序构想的文章。

外交关系协会是美国地缘政治精英的智库，由华尔街的国际银行和洛克菲勒石油卡特尔资助。麦金德的文章《圆形世界与赢得和平》于 1943 年 7 月，即差不多在盟军入侵诺曼底一年之前发表。

在这篇文章中，麦金德勾画了美国主导的战后秩序的愿景。他重申，1904 年最初定义的“心脏地带”就是战后盎格鲁-美利坚首要地位的最强大对手。他将“心脏地带”定义为实际上由当时苏联所涵盖的区域，这就为后来的冷战埋下了地缘政治的种子。

不可避免的结论就是，如果苏联以这场战争中德国的征服者身份出现，她一定是地球上最强大的陆权国，而且她将成为处于战略上最强大防御地位的强国。心脏地带就是地球上最大的天然屏障。[3]

对于苏联来说，尽管斯大林为了打败希特勒统治的德国在战争期间与邱吉尔和罗斯福结盟，但是很显然，他和他的顾问们认真研究了麦金德的心脏地带理论，将战后中苏联盟置于优先位置，以遏制盎格鲁-美利坚 1945 年战后全球帝国的计划。

---

* 德国、法国、波兰。——笔者注

围绕在纽约外交关系协会周围的精英集团，从1939年战争前夕到1945年战争结束，花费了数年时间潜心于一项绝密项目“战争与和平研究”。这个项目由洛克菲勒基金会资助，其目的是将麦金德的强国、枢纽强国和全球控制的地缘政治思想应用于新兴的美帝国，一个未被正式命名的彻头彻尾的帝国，只不过刻意地不叫“美帝国”，而美其名曰“美国世纪”。他们宣称，这个“美国世纪”是建立在所谓“美国民主生活方式”基础之上的。第二次世界大战最重要的结果之一就是削弱了英帝国，使得华盛顿和华尔街坐收渔利。自此，英国沦为美国的“小伙伴”。

纽约外交关系协会的策划者们为建立联合国（包括设立国际货币基金组织和世界银行）而设计了一整套方案。华盛顿对这两个金融组织通过阻止股份表决权进行控制。1945年，华盛顿还设法窃取了沙特的石油权利而为洛克菲勒石油巨头所用。华盛顿还设计了“马歇尔计划”，这个骗局导致欧洲成为美国的附庸，满目战争疮痍的欧洲不得不用“马歇尔计划”提供的美元购买美国的工业品进行战后重建。

1947年，杜鲁门总统设立了中情局，自此中情局操纵的“冷战”拉开了序幕。华盛顿于1949年4月建立了北约。北约第一任秘书长、英国的伊斯梅勋爵恬不知耻地讲明了北约的目标：“赶走苏联人，按住德国人，留下美国人。”所有这一切都贯穿了盎格鲁-美利坚地缘政治霸权和控制的理念。从20世纪50年代开始，中情局的资金就秘密地用于操纵西欧、非洲、南美、日本、韩国以及其他国家的选举，以确保亲美政权上台。凡此种种都是麦金德地缘政治理论在美国的具体实践和发展，由地理学家、约翰·霍布金斯大学校长艾赛亚·鲍曼领导下的外交关系协会专门小组具体策划实施。

麦金德与俄乌冲突

早在20世纪80年代后期，美国就开始秘密武装乌克兰对抗俄罗斯，那时苏联已濒临解体。中情局伙同亿万富翁乔治·索罗斯带着资金和特工溜进乌克兰建立据点，企图将乌克兰从与俄罗斯联邦的经济和政治合作中分裂出来。

设定这一目标也是基于麦金德的地缘政治学。乌克兰是连接西欧经济体和俄罗斯广袤心脏地带的纽带，大多数苏联时期通往德国和其他欧盟国家的天然气管线都经过乌克兰。2014 年 3 月，中情局策划的独立广场政变强迫基辅脱离俄罗斯，迫使乌克兰合法选举的总统维克托·亚努科维奇流亡俄罗斯。从那时起，北约先是秘密地、后来发展到公开地武装乌克兰对付顿巴斯和克里米亚的俄罗斯族公民，甚至挑衅俄罗斯本土。2014 年，美国国务院承认，20 世纪 80 年代后期以来，美国共投入 50 亿美元在乌克兰策动反俄“民主”政变。[4]

1997 年，美国总统前国家安全顾问兹比格涅夫·布热津斯基（他与基辛格一样同为戴维·洛克菲勒的门徒）写了一部关于后苏联世界的地缘政治专著，书名为《大棋局：美国至高及其地缘战略要务》。他在书中写道：“作为欧亚大棋局中一个新的重要空间，乌克兰是一个地缘政治枢纽，因为它作为一个独立国家存在本身就有助于改变俄罗斯。没有乌克兰，俄罗斯就不再是一个欧亚帝国。”[5]

这本书写于 1997 年，远早于俄乌冲突，美国针对俄罗斯的秘密议程由此昭然若揭。布热津斯基的儿子马克·布热津斯基和他父亲一样，是一个十足的仇俄分子。2024 年，他担任了美国驻乌克兰盟友波兰的大使。

随着乌克兰腐败的总统泽连斯基在北约的暗中支持下上台，2022 年华盛顿开始秘密支持乌克兰针对俄罗斯进行大规模军事集结。几个月后，也就是俄乌冲突开始后的 2022 年 9 月，一系列大规模的水下大爆炸严重破坏了价值 300 亿美元的俄—德北溪天然气管道。这构成了现代史上最大的工业恐怖主义行为之一，俄罗斯与德国的能源联系瞬间灰飞烟灭，对德国和其他欧洲国家的能源供应造成长期严重的影响。据事后披露，美英情报机构是幕后黑手。[6]

布热津斯基在 1997 年冷战结束时写的那本《大棋局：美国至高及

其地缘战略要务》中洋洋得意地宣称："美国现在是全球唯一的超级大国，欧亚大陆是世界的中心角斗场。因此，欧亚大陆发生的权力分配对于美国的全球至高战略和美国的历史遗产具有决定性的重要意义。"关于中国，他是这样说的，"中国的非中央集权制经济改革带来的活力，包括对外部世界的社会开放，从长期来看，与相对封闭、官僚僵化的威权统治互不相容。"[7]布热津斯基对中国并不友好，他致力于在全球终结民族国家，建立一个由权势极大的跨国银行和跨国企业管理的、由专家组成的全球独裁统治——"社团主义技术专家统治"*。他并不待见像中国和俄罗斯这样强大的国家。布热津斯基深谙麦金德地缘政治之精髓，他在迟暮之年建言：在用经济战攻击中国之前，首先倾全力摧毁衰弱的俄罗斯。他于 2017 年去世，恰恰是在这一年，特朗普开始对中国实施严厉的贸易关税。

二、企业统治全球——"达沃斯重置"计划

到 2020 年，盎格鲁－美利坚霸权制定的秘密的全球地缘政治终极议程开始浮出水面。它们打着世界经济论坛及其全球企业和政治精英年会的幌子开展活动。世界经济论坛是一家极具影响力、倡导全球化的智库，其总部位于瑞士达沃斯。达沃斯集团由克劳斯·施瓦布领导，他是基辛格的门徒，20 世纪 60 年代在哈佛，基辛格将其招入权势显赫的洛克菲勒圈子。

数十年来，施瓦布领导的达沃斯论坛致力于促进世界经济全球化议程。在 2020 年全球新冠疫情期间，达沃斯论坛发布了"大重置"计划，以世界卫生组织大疫情为借口，主张世界必须进行彻底的转型。施瓦布宣称："我们只有一个地球，我们清楚气候变化可能成为下一个全球性灾

* 即 Corporativist Technocracy，根据 20 世纪 20—30 年代意大利"各阶级合作"的组织——组合或总体，也可译为"组合（或总体）技术统治"。——译者注

难，将给人类造成更加严重的后果。”

世界经济论坛理事会成员囊括了世界上一些最有权势的企业和政治领袖，如华尔街的贝莱德投资基金的领导人，欧洲中央银行、国际货币基金组织、世界银行、世界贸易组织、联合国的领导人，印度亿万富翁穆克什·安巴尼（据称是亚洲首富），“绿色”亿万富翁艾尔·戈尔，新加坡总统以及西门子、雀巢、英国石油公司的头头脑脑们，名单还有一长串。这就是已经策划好的全球新霸权的董事会，英国国王查尔斯三世担任达沃斯的特别顾问。

达沃斯的“世界未来领袖”网络

自从第一批达沃斯干部于 1993 年被遴选出来以来，这些“世界未来领袖”接受了极为秘密的培训，但在他们的达沃斯毕业生简历中几乎只字未提。就像蜘蛛耐心地编织着巨大的网一样，施瓦布和他的世界经济论坛富豪支持者们编织起了现代历史上最有影响力的决策者网络。

在 2017 年的一段视频中，施瓦布洋洋得意地宣称：与达沃斯世界未来领袖的干部们一道，“我们进入了各国政府内阁”。

从 1993 年起，施瓦布及其达沃斯精英们就着手在国际上四处网罗、亲自选拔代理人或干部（所谓“世界未来领袖”），把这些人送到瑞士培训，将其暗中提拔为未来政府首脑或关键决策者，以实施“大重置”计划。达沃斯世界经济论坛巨大的企业富豪网络为这些未来领袖们提供资金，保证他们被提拔到本国的关键岗位。

这些达沃斯的代理人（这样说毫不为过）包括美国、加拿大、德国、法国、荷兰、比利时、希腊等国的政府领导人，像特鲁多、马克龙、默克尔、贝尔伯克、米佐塔基斯等都接受过达沃斯的培训。拜登政府白宫办公厅主任杰弗里·齐恩茨实际上代替年迈的拜登行使着总统职权，他也是达沃斯代理人。无怪乎拜登总统所有的行政命令都不折不扣地遵循达沃斯“大重置”的“绿色议程”。

达沃斯也控制了最有实力的银行家和企业领袖，包括摩根大通银行的头头、中情局控制的脸书创始人马克·扎克伯格、谷歌联合创始人拉里·佩奇、伊夫林·罗伯特·罗斯柴尔德爵士的遗孀琳恩·福雷斯特·罗斯柴尔德、《经济学人》杂志的老板等。来自势力强大的罗斯柴尔德金融王朝的达沃斯代理人还有纳撒尼尔·罗斯柴尔德（雅各布·纳撒尼尔·罗斯柴尔德男爵的儿子）和戴维·迈耶·罗斯柴尔德。达沃斯的成员还有辉瑞和莫德纳制药巨头，后者研制了针对新型冠状病毒的致命的信使核糖核酸基因编辑疫苗。达沃斯代理人还有比尔·盖茨，其基金会控制了总部设在日内瓦的世界卫生组织。经达沃斯培训的“世界未来领袖”已多达数百人。他们从不透露与隐藏在“大重置”计划背后的达沃斯权力精英的联系，这是一个权力巨大无边的秘密网络，这就是他们策划的世界政府的中枢，美其名曰“世界新秩序”。

达沃斯与联合国“2030 年议程”

达沃斯的“大重置”计划利用联合国所谓的《2030 年可持续发展议程》，呼吁实施由企业运作的全球规则。他们宣称：“经济剧烈下行已经开始，我们将面对 20 世纪 30 年代以来的最大萧条。”

作为他们的解决方案，达沃斯的领袖们认为：“……全世界必须共同行动起来，从教育到社会契约乃至工作条件，迅速改造我们社会、经济的各个方面。每个国家，不管是美国还是中国，都必须参与；每个产业，无论是石油、天然气产业还是高技术产业，都必须进行转型。”[8]

认真分析达沃斯集团已公开的文字材料就不难发现，盎格鲁-美利坚霸权策划的下一阶段目标就是，不允许任何主权国家存在，只许超越国家的企业规则来规定谁生产什么产品，废除所有国家经济计划。“大重置”计划和联合国“2030 年议程”规定大幅度地停止石油、天然气和煤炭的使用，这基于一个伪命题：化石燃料导致全球变暖。因此，现代农业必将终结，人们不得不食用实验室生产的人工合成伪劣肉类或昆虫，机器人和人工智能将在劳动力中取代人力。

据估算，单是停止使用石油、煤炭、天然气能源这一项将导致全球近一半人口饿死。丹麦科学家比约恩·隆堡估计："全球 40 亿人依赖化石肥料获取粮食。"隆堡指出，如果我们真正地要停止使用化石燃料，"放弃全世界、各个经济体和人口赖以生存的自然资源，那么 60 亿人很可能在 1 年内死亡。"

如果没有石油、天然气和煤炭，大多数人都会遭受停电之苦，电网将陷入危险，甚至遭受灭顶之灾，这种情况会大范围持续发生。从第一天起，煤气用户将首当其冲，感受到停止采煤、油井关闭、天然气田停产带来的变化。

达沃斯精英们的终极目标是，在他们的中央银行（包括美联储、英格兰银行和欧洲央行）通过控制利率将世界经济拖入萧条后，计划实施最后一招：通过引入"中央银行数字货币"来控制世界货币。中央银行数字货币将控制世界各地的人只能花多少钱以及花在什么地方。

搞定这一切之后，他们计划在今后十年将世界上主要的独立大国（包括中国、俄罗斯、伊朗、非洲和中东大部分国家）拖入战争和动乱之中。布热津斯基、基辛格、戴维·洛克菲勒这些精英们总是喋喋不休地鼓噪，世界需要终结国家，建立一个全球统一的政府。到 2008 年，他们的计划似乎不可阻挡。现在，他们全球唯一霸权仅存的障碍就剩下中国、俄罗斯和伊朗了。令人吃惊的是，甚至美国也在必须彻底摧毁之列。在一系列战争的废墟之上，他们计划在十年之内实施其"大重置"计划。

三、去美元化、金砖国家与全球战争

随着瑞士达沃斯圈子秘密操纵的全球法西斯控制计划浮出水面，尤其是北约支持的乌克兰政变以及企图摧毁俄罗斯的经济和军事战争愈演愈烈，南方国家以及盎格鲁－美利坚达沃斯议程之外的其他国家产生了越来越多的防御性反应。俄罗斯开始转向东方，与中国和包括印度在内的其他国家一道，建立独立于美国非法制裁的经济关系。中国无视西方的强烈反对，着力推进“一带一路”建设，致力于通过基础设施项目的全球网络建设扩大欧亚联盟。

越来越多的金砖国家开始意识到，只要它们绑定在美元上，施加在俄罗斯头上的非法制裁（包括没收其中央银行的资产、踢出国际资金清算系统）就会迟早落到它们头上。部分主要金砖国家开始探索绕开美国控制的国际资金清算系统、减少美元贸易的道路。一条完全不同于盎格鲁－美利坚全球霸权、立足欧亚的崭新道路已初露端倪，它将终结控制世界 200 年之久的全球霸权。

接下来的数月数年，我们将目睹一场新型的全球战争，一场决定中国和俄罗斯生死存亡的战争。这无疑将是一场无所不用其极的新型战争，包括网络战、卫星和无人机电子武器战、生化战以及大量的各种新式武器的战争。这是一场前所未有、生死攸关的考验。

相关国家，尤其是中国、俄罗斯和伊朗，唯有保持高度警醒、具有远见卓识，才能取得胜利。

F. William Engdahl

威廉·恩道尔

2024 年 12 月

于德国法兰克福

中文增订版序

中国能源安全危机四伏

过去数年间，能源安全尤其是进口油气安全，已成为中国关注的核心问题。很多年前，北京和上海宽阔的街道是自行车的天下，汽车为数不多，基本是政府车辆；到了2014年，中国所有城市都已车满为患。毋庸置疑，石油是中国经济奇迹的支柱，天然气使工业引擎马力十足。中国已超过美国成为世界头号石油进口国，从中东进口的石油比美国多，这对中国的政治和军事安全影响重大，因为中东和非洲是中国能源的命脉，而这些地区却饱受宗教激进组织“圣战”的摧残。

20世纪70年代初，欧佩克在政治操控下发动了石油禁运，世界为之震惊（详情在书中另有论述）。当时华盛顿最具权势的风云人物非基辛格莫属，他有一句名言：“如果你控制了石油，你就控制了所有国家。”可以说，控制石油和天然气等碳氢燃料，早已成为美国五角大楼、国务院、中情局的战略核心。

“9·11”事件后，在阿富汗、伊拉克、利比亚、也门、乍得、苏丹、叙利亚、埃及、索马里、菲律宾和格鲁吉亚，美军的身影随处可见，既打公开战争，也搞秘密行动。不难看出，上述国家都与丰富的油气资源有关，这才是美国舞刀弄枪的真正原因；而剑锋直指中国，目标就是控制这个正在崛起的大国的能源来源，不管这能源来自何方。

右翼的安倍政权上台后，唯华盛顿马首是瞻，不久就宣布对中国钓鱼岛及其附属岛屿“国有化”，称其是“日本领土”，中日关于钓鱼岛归属之争愈演愈烈。石油地质学家估计，钓鱼岛附近海域，以及南海诸岛及相关海域都蕴藏着丰富的石油和天然气。2014 年 8 月，美国国务卿克里和东盟外长们会晤期间，国务院发言人玛丽·哈夫曾对美国的政策有一段阐述。这位前中情局的发言人趾高气扬地讲道：“在南海兴风作浪的不是我们，是中国咄咄逼人的行动造成了这一切。”美国以亚太再平衡为名，不断增加针对中国的军事部署，中国不过是兵来将挡，对于这一事实，它却刻意回避。显然，美国的政策不是寻求和解，更不是保持中立。同俄罗斯一样，中国已成为美国重大军事部署和情报搜集的首要目标。美国这些行动背后的核心，就是要进行一场控制中国乃至全世界油气来源的秘密战争。

本书详细描述了 20 世纪这场秘密石油战争的来龙去脉，其中很多内幕是首次公开。

威廉·恩道尔

2014 年 9 月

于德国威斯巴登

中文第一版序

当我坐在桌前，铺开笔墨，准备为本书中文版撰写序言的时候，既感到自豪，也感到惶惑。中国读者智慧而敏锐，要在这样一篇短序中将一个纷乱嘈杂的世界简洁明了地呈现出来，的确不是一件容易的事情。

美国是当今世界唯一的超级大国。以一种不同于美国的方式在世界事务中发挥决定性的作用，是当今中国的历史使命。在这样的历史条件下，了解美国，看它如何避免重蹈前人的覆辙，特别是避免犯英国同样的错误，如何借助国际货币基金组织、世界银行等国际组织，形成自己的“软实力”，如何构建《时代周刊》创始人亨利·卢斯所称的“美国世纪”，是十分必要而紧迫的。

“美国世纪”隐藏在反对殖民主义、提倡自由贸易和企业自主的旗帜下，隐藏在“支持”民主的空洞而又诱人的口号中。在 1945 年之后的头几十年，美国强权的确在世界上发挥了超乎寻常的作用。但是，要记住，美国强权有两个必不可少的支撑基础——独霸世界的军事垄断地位，顺我者昌，逆我者亡；独领风骚的货币龙头地位，美元是世界硬通货，美联储便是全世界的中央银行。

1971 年 8 月，尼克松总统决定单方面放弃所应承担的条约义务，关闭了美联储的“黄金窗口”，以防止对美国黄金储备的挤兑。美国发行货币的能力因此被无限放大，你只需“无条件地忠于美国、信任美国”。这样的安排使得美国当局在过去的三十多年中有无限的融资能力来支持战争，滥杀无辜，解决扶摇直上的贸易赤字和财政赤字。长期以来，美国对德国、日本保持巨额的贸易逆差。近年来，这一趋势又扩展到中国这样的经济迅猛发展的新兴国家。在保持美元的世界硬通货地位的过程中，在世界贸易领域，没有哪种商品可以与石油相提并论。

只要这个世界对美元还有“信心”，这个系统就能运转。对华盛顿和华尔街的人来说，这个系统简直就像是一台神奇的印钞机，但它的确不是。

今天的“美国世纪”正日渐式微。关键问题是：为什么会这样？接下来会发生什么？写作本书的目的就是想为读者解答这个问题。

细心的读者很快就会发现，本书不是石油政治的美国版解释。本书追溯了过去一个多世纪里关于强权政策、帝国政策和世界霸权政策的历史。

今天，在西方大学的图书馆里，你几乎找不到一本能够把英美外交政策背后的动力因素解释清楚的历史教科书，特别是能将1941年以后建立在“英美特殊关系”基础上由罗斯福和邱吉尔创立的“泛美主义”联盟下的世界解释清楚的书籍。该联盟在20世纪30年代曾被英美当局称为“英语国家联盟”，其目的是要统治整个地球。但是，联盟的今天正处在分崩离析之中，主要原因是联盟的主导者之一——美国，在三十多年的外交和经济政策方面犯下了灾难性的错误。

“如果你控制了石油……”

20世纪70年代，世界市场上石油价格飙升了400%，粮食严重不足，给这个世界带来了巨大的冲击。美国国务卿亨利·基辛格——当时华盛顿和西方世界最有权势的人物——曾说过：“如果你控制了石油，你就控制了所有国家；如果你控制了粮食，你就控制了所有的人；如果你控制了货币，你就控制了整个世界。”

这句鲜为人知的断言总结了美国的强权哲学，至少是那些躲在幕后决定着美国外交和国内政策的少数精英人物的强权哲学。

美国独立战争结束后，美国政治界一直信奉扩张主义信条，并把它命名为“天定命运”，即这是神的意志。以此为依据，美国的边界从大西洋扩展到太平洋，在这个过程中对土著印第安人进行灭绝和限制。到1898年后，其势力范围扩张到了古巴、夏威夷和菲律宾。作为扩张的一个组成部分，美国很早以前就从俄国人手上购买了阿拉斯加。

哈尔福德·麦金德爵士和英美石油地缘政治

无论是亨利·基辛格和兹比格涅夫·布热津斯基等洛克菲勒家族的御用政客制定的“现实政治”政策，还是由迪克·切尼等一小撮华盛顿鹰派制定的新保守战争与征服计划，要理解美国的外交政策和权力信条，就必须追溯他们思想的源泉——英帝国的精英阶层。

贯穿本书的一条红线是围绕石油控制而展开的战争，即控制所有的石油，控制世界各地的石油，这条红线串起了许多鲜为人知的事件。首先，这是英国和美国之间的战争与冲突，或者更准确地讲，先是英国石油公司*和伦敦罗斯柴尔德**控制的荷兰皇家壳牌石油公司之间的冲突。随后在英国皇家秘密警察的支持下，英国这两家石油巨头与美国洛克菲勒所属的标准石油托拉斯之间发生了冲突。正因为如此，洛克菲勒也得到了美国政府必要的庇护和支持。

无论是在墨西哥的坦皮科、阿塞拜疆的巴库，还是美国中部的得克萨斯或加利福尼亚，或是在波斯，或是在摩苏尔或罗马尼亚，英美双方

---

* 简称“BP”，当时的英国国有公司。——译者注
** 即“洛希尔”。——译者注

围绕着控制石油和由石油带来的巨额财富，展开了激烈的争夺。英美之间的石油争夺战一直持续到 1928 年，当时，所有英美石油大佬们齐聚苏格兰的阿克那卡里城堡，签署了“红线协议”，该协议给予美国公司在中东油田较大的份额。自此以后，尽管经历了多年的起伏跌宕，但世界仍然一直处在英美石油巨头的垄断和控制之下。

在过去一百年里，控制石油和天然气能源，是英美一切行动的核心。今天如果没有了石油，任何国家都必然面临经济灾难。对于这一点，任何国家都没有中国认识和理解得深刻。美国控制了石油，也就控制住了潜在竞争对手发展经济的关键。

皇家海军的战略调整

19 世纪 80 年代，英国皇家海军就开始把舰队从烧煤改成了烧油。英国海军最先认识到做此改变的战略意义所在。早在 1914 年第一次世界大战前夕，在年轻的海军大臣温斯顿·邱吉尔的推动下，英国海军舰队全部从烧煤改成了烧油。

邱吉尔深知，未来英帝国能够控制海洋，而且在德国海军还处在快速追赶英国海军的年代，英帝国还可以继续控制世界，这是英帝国模式的核心。英帝国是一个岛屿强国，是一个海洋强国。这是声名显赫的不列颠帝国主义者、地缘政治学的开山鼻祖哈尔福德·麦金德爵士定义的。相反，德国则被麦金德称为“陆地强国”。

只要设计巧妙，让欧洲大陆国家之间相互对抗，英帝国就不可战胜。在 1904 年的一篇著名文章《历史的地理枢纽》中，麦金德就提出了这样的观点。

麦金德在第一次世界大战后的 1919 年说了一句名言，对英国的外交政策以及后来美国的外交政策的形成产生了巨大影响。这句话言简意赅：

谁统治了东欧*，谁就掌控了心脏地带**；谁统治了心脏地带，谁就掌控了世界岛***；谁统治了世界岛，谁就掌控了全世界。

其中，麦金德十分隐晦地道出了英国的外交政策——臭名昭著的均势政策——的前提条件，即必须使东欧国家相互对抗，如波兰反对德国，德国反对俄国，俄国反对土耳其和法国，法国反对德国，永不和解。

不管怎么说，目的只有一个：阻止俄国这个心脏地带强国和欧洲大陆国家之间结成利益联盟。

后来，英国的外交政策转向了中国，并在19世纪从印度殖民地大规模向中国出口鸦片，试图消磨中国精英阶层的意志。1840年到1860年，为了控制中国，英国发动了臭名昭著的两次鸦片战争，强迫中国对英国商品开放市场，割让香港岛，防止形成任何对英帝国直辖殖民地印度的潜在威胁。

“用民主维护世界安全”

1914—1918年第一次世界大战期间，威尔逊总统的宣传工具鼓足了干劲向美国人民兜售这是“一场为了民主而让世界更加安全的战争”，不仅美国人民不理解，甚至大多数历史学家也不理解，他们都被掩盖在真实事件上的假象所蒙蔽。

实际上，大约从19世纪70年代后期到20世纪30年代后期，一直在进行一场世界版图权力的争夺战。人们在努力思考着一个问题，谁将取代日渐衰落的英帝国成为世界的主宰。在19世纪70年代，英国已经过了其经济发展的顶峰，并陷入深深的经济萧条，再也没有从中恢

* 德国和波兰。——笔者注

** 俄罗斯和乌克兰。——笔者注

*** 包括中国和印度在内的欧亚国家。——笔者注

复过来。

在第一次世界大战前夕，在取英国而代之的过程中，只有两个真正的竞争者——美国和德国。这两个国家都迎来了高速的产业扩张，在钢产量的吨位数方面、在科技教育的进步方面、在动员令人敬畏的经济潜能方面，都远远地超过了英国。

在摩根银行和洛克菲勒标准石油集团领导下，美国精英阶层开始出现。早在 1914 年，他们就已经做好了从伦敦手中接管帝国的准备。

但是，他们还不成熟。

为了使美国能从第一次世界大战的废墟中崛起而成为地球的主宰，还需要一场残酷的经济大萧条来建立一个机构，以推动建立一个公司化运作的私营 - 国有垄断组织，这个机构就是摩根 - 洛克菲勒豢养的纽约外交关系协会。

尽管从来没有公开言明，但摩根和洛克菲勒的模式，就是英国的东印度公司的翻版——由女王特许的私营公司，拥有自己的军队，受到皇家海军的庇护，随心所欲，肆意抢掠，出口鸦片，挑起战争。这样一个由低三下四的国家政权支持下的私人帝国，实际上就是亨利・卢斯在 1914 年著名的《美国世纪》社论中所提到的。

整个战后世界和美国作为统治世界的超级大国的角色，都是经过了纽约外交关系协会及其下属的战争与和平研究组组织的一系列秘密会议精心策划的，这个机构由洛克菲勒集团通过洛克菲勒基金会提供经费。1943 年 7 月，即第二次世界大战结束前两年，外交关系协会邀请了当时年事已高的麦金德，对他的地缘政治均势学说进行阐释，这对于制定“美国世纪”的规则十分必要。麦金德的观点在外交关系协会创办的《外交》杂志上刊载，文章的题目是《圆形世界与赢得和平》。

在这篇十分重要而又鲜为人知的文章中，麦金德告诉他的美国兄弟：“……不可避免的结论就是，如果苏联以这场战争中德国的征服者身份出现，她一定是地球上最强大的陆权国，而且她将成为处于战略上最强大防御地位的强国。心脏地带就是地球上最大的天然屏障。”

为了遏制这种可能，温斯顿·邱吉尔和英国精英分子不惜一切，说服美国成立北大西洋公约组织（NATO），挑起了冷战。1946 年，邱吉尔在杜鲁门总统的家乡密苏里州的富尔顿发表了著名的铁幕演说。

的确，只有透过超级大国的政治，运用麦金德的地缘政治观点，才能对过去一百年的历史有比较全面的认识。很遗憾，除了英美的少数精英战略家，世界上很少有人对地缘政治学说有所关注。本书试图唤醒人们重新认清英美地缘政治的如意算盘，要在地球上生存就需要这种意识。

伊拉克警钟

尽管遭到了联合国安理会三个常任理事国的强烈反对，布什政府还是作出了单方面决定，于 2003 年入侵伊拉克，这给全世界敲响了警钟。除美国政府之外，各国政府都很清楚，萨达姆·侯赛因与基地组织没有关系，也与拉登没有关系。萨达姆认为，拉登是具有破坏性的狂热分子。萨达姆也与大规模杀伤性武器无关。伊拉克对美国绝对构不成威胁，也不会对欧洲的北大西洋公约组织成员国构成威胁。

世界上许多国家的政府有一个共识，即布什－切尼政府之所以不遗余力地占领伊拉克，与对石油的控制有关。伊拉克未经开采的石油储备估计仅次于沙特阿拉伯，占世界第二位。

众所周知，中国、俄罗斯、法国的石油公司早就与萨达姆政府签署了石油开采协议，一旦 1991 年海湾战争后应美国要求实施的联合国制裁解除，这些国家就可以开始开采伊拉克尚未开采的油田。

冷战从未结束

当今国际事务的大多数国际观察员都忽视了一个重要的事实：对于

美国的实权派（包括五角大楼、美国军事工业以及哈利伯顿、埃克森美孚、雪佛龙、德士古等石油巨头）来说，冷战并没有因为 1989 年 11 月柏林墙的倒塌而结束，也没有随着 1991 年苏联的解体而结束。

事实上，直到今天，冷战从来就没有结束。

为了取得核优势，华盛顿一直在竭尽全力进行军备竞赛。闹得沸沸扬扬的波兰和捷克导弹防御系统，实际上不是为了防御。这只是取得第一轮核打击优势的必要步骤。如果这一企图得逞的话，这个地球上的生活将变得黯然失色。

了解美国当局为什么不结束冷战，对于了解今天这个世界至关重要。20 世纪 90 年代初，西方世界本有机会化剑为犁，把庞大的军事工业转为民用，把俄罗斯当作伙伴，参与俄罗斯迫在眉睫的经济重建。

但是，在美国的压力之下，七国集团没有这样做。相反，在乔治·布什总统坚持下，西方强迫国际货币基金组织对俄罗斯、波兰、捷克和所有东欧国家实施自由市场的“休克疗法”。结果是，为西方跨国公司开辟了一个可供抢劫的富矿脉。俄罗斯因此陷入难以启齿的混乱。中国也因此得到了必须不惜一切代价都要避免的教训。

在 1997 年 9/10 月号《外交》杂志上，兹比格涅夫·布热津斯基先生发表了颇有影响的文章，对“后冷战时期”的美国外交政策进行了概述。布热津斯基是总统巴拉克·奥巴马的外交政策顾问，是哈尔福德·麦金德地缘政治学说的公开支持者。他在 1997 年写道：

> 对美国来说，地缘政治的大奖是欧亚……一个强大的国家主导了欧亚，也就控制了世界上三个最先进、最具经济生产力地区中的两个。看一眼地图也会发现，控制了欧亚几乎就自然而然地使得非洲处于从属地位，使得西半球和大洋洲在地缘政治上处于世界中心大陆的外围。世界人口的大约 75% 生活在欧亚，全世界物质财富的大多数也分布在这里，不是掌握在企业手上，就是埋藏在地下。欧亚占世界国民生产总值的大约 60% 和已知能量资源的大约 75%。

欧亚是全球最大的大陆，是地缘政治的轴心。任何主导了欧亚的强国将决定性地影响世界上三个最先进和经济最具生产力地区中的两个，即西欧和东亚。看一眼地图就会发现，一个在欧亚占主导地位的强国几乎会自然而然地控制中东和非洲。现在，随着欧亚成为地缘政治的一个决定性棋局，再也不需要对欧洲和亚洲单独制定政策。欧亚大陆发生的权力分配对于美国的全球至高战略和美国的历史遗产具有决定性的重要意义。

仔细审视一下欧亚大陆地图，就能看出来，这个地区对中国太重要了，因为它是华盛顿控制未来欧亚大陆的着力点。美国在科索沃、波兰、保加利亚、捷克、格鲁吉亚，还可能在乌克兰建立一系列的北约基地，其目标不仅仅是对俄罗斯实施战略包围，还有就是让北约能够控制俄罗斯和欧盟之间的能源联系。

华盛顿现在的政策包含了一系列的“民主”政权更迭，就像在乌克兰和格鲁吉亚发生的“颜色革命”。为削弱中国对战略性能源通道的防御潜力，华盛顿也把缅甸列为重要目标。

政权更迭的一个战略目的，也是为了切断中国进入里海地区的通道，以便获得包括哈萨克斯坦在内的里海地区的石油和天然气储备资源。从前，由于这一地区多山的地理原因，伟大的丝绸之路就是穿过乌兹别克斯坦的塔什干和哈萨克斯坦的阿拉木图。对乌兹别克斯坦、吉尔吉斯斯坦和哈萨克斯坦进行地缘政治控制，就能够实现对中国和中亚之间的管道线路控制，正如实施对俄罗斯的包围将有助于控制石油管道以及它与西欧、中国、印度和中东的联系。

布什政府拼命指责苏丹南部达尔富尔地区发生了种族灭绝行为，其目的就是要把北约军队开进这一地区，与华盛顿对当地的人权保护问题毫无关系。看一看伊拉克或阿富汗就知道，华盛顿是多么“关心”人权啊！

这确实与中国日益增长的石油进口有关。正如基辛格所说：“如果你控制了石油，你就控制了所有国家。”

对中国的领导人来说，2003 年美国对伊拉克的单方面入侵就是警钟。美国军事力量已经开始布局控制战略性石油要地和资源，这样就可以控制欧亚，特别是控制中国和俄罗斯。

北京的反应审慎而高明，正如中国伟大的军事战略家孙子所说的那样：“避实而击虚”，避免与对手硬碰硬。

绕开国际货币基金组织

中国在非洲的石油外交就是这方面的一个成功范例。

自 20 世纪 80 年代第三次世界债务危机以来，美国就利用其对国际货币基金组织和世界银行的控制，即声名狼藉的“华盛顿共识”，掠夺第三世界的原材料，以贬值的本地货币生产，出口换取美元。1990 年后，这样的掠夺扩大到了当时的原华沙条约成员国，扩大到了东亚，扩大到了当时闻名遐迩的“亚洲四虎”，就像癌细胞一样吞噬着健康的肌体。

2001 年，这个掠夺过程达到了登峰造极的地步，唯一剩下的猎场是拥有十多亿人口的伊斯兰世界。由于地理原因，这一地区恰好拥有世界上最丰富的石油储备。反恐战争，实际上是一场针对伊斯兰国家而展开的战争，是把整个伊斯兰世界纳入美国管辖的战争。世界各国很快明白了这点。在写作本序的时候，战争双方已两败俱伤，这也是美帝国最终衰落的反映。

在深入考察美帝国过度扩张的情况后，中国针对非洲制定的策略非常成功，该策略有效地绕开了美国在非洲曾经使用过的国际货币基金组织的政策，非洲人对这些政策深恶痛绝。中国的策略已经显现出成效，开始赢得了石油和其他原料开采的长期合同。中国没有使用国际货币基金组织的那些限制性条件，相反使用的是软贷款甚至捐款修建学校、医院、桥梁等基础设施，换取采矿权。中国邀请了 40 个非洲国家的元首访问北京，国家主席、国务院总理和不计其数的高级官员访问非洲。而近年来，美国总统只访问过一次非洲。

中国还了解到，华盛顿正拼命拉拢经济上迅速发展的邻居印度，让印度成为美国动摇中国的代理人，这也是华盛顿精心谋划的另一个典型的“均势”。在笔者写作本序时，美国的这些招数已经被化解，北京和新德里正在就合作协议进行公开的讨论。

美国企图用俄罗斯抗衡中国的策略也没成功。第二次世界大战后，尽管有几十年苦涩的历史，但莫斯科和北京都意识到，有必要开展新形式的合作，来对抗华盛顿单边霸权的“震慑与畏惧”。上海合作组织就是这种想法的很好体现。上海合作组织是2001年由中国、俄罗斯、哈萨克斯坦、吉尔吉斯斯坦、塔吉克斯坦和乌兹别克斯坦领导人共同倡导成立的永久性政府间国际组织。

华盛顿和它们的日本朋友试图控制欧亚大陆的分裂和统治策略，影响越来越小。美国深陷伊拉克战争和阿富汗战争的泥潭，很像当年的越南战争，整个世界对美国越来越不信任。华盛顿的政策越来越好战，正在使自己孤立起来。哈尔福德·麦金德和布热津斯基的噩梦正变成现实：欧亚大陆的大国俄罗斯、中国、印度已经认识到它们自己的强大力量，甚至不用北约的军事力量，凭自己就能抗击华盛顿的威胁。

2008年初的几周里，不仅美国利用巨大军事优势作为外交政策工具遭到失败（这体现在华盛顿鹰派对伊拉克的打击并不成功）；更为根本的是，美国强大的经济和金融力量由于房地产“次贷危机”正在蒸发。美国最大的金融机构正转而向新秩序的新兴力量——拥有大量美元余额的“主权财富基金”国——阿拉伯国家、中国、俄罗斯乞求资金，来支撑问题成堆的美国银行。这样做的代价是巨大的。纽约正在失去其世界金融超级中心的地位，已病入膏肓。前华尔街的投资银行家亨利·保尔森（曾任美国财长）也无力扭转这一颓势。在华盛顿以及纽约银行的董事会上，恐惧氛围正在蔓延。

美国世纪是怎样兴起和衰落的，它对我们的未来意味着什么，是本书的真正主题。我真诚地希望，这本书能够点亮一个世纪黑暗历史中的某些角落，尽管这段历史（即历时百年的石油战争）过于悲惨。

威廉·恩道尔

2008 年 2 月

于德国威斯巴登

目　录

第一章

三足鼎立：

英帝国的贸易、金融和原材料

The Three Pillars of the British Empire

19 世纪中叶，随着自由贸易政策大幕的拉开，英国经济舞台上的主角由工业巨头换成了银行家。金融货币、国际贸易、原材料优势，构成了英帝国权力的三大支柱。

英帝国的新战略

过去一百年的历史，是为攫取和控制世界石油储备而进行战争的历史，任何其他因素都不能与此相提并论。首先是英国，后来是美国，主要受这两个国家的利益影响，围绕着原材料、石油，形成了世界政治与经济的权力版图，但人们对此却了解甚少。

19 世纪 90 年代末期，英国在世界范围内拥有无与伦比的政治、经济和军事实力。自 1815 年开始，英镑成为世界上最主要的信贷货币。英镑的这一地位和作用，建立在英国黄金储备的基础之上，并得到了英格兰银行的严格监护。全世界对此充满了嫉妒。在滑铁卢，普鲁士的军事优势是战胜拿破仑军队的关键，但是赢得胜利者美誉的却是惠灵顿元帅和英国人，于是世界的黄金大量流入伦敦，使得其储备占据了世界最大的份额。黄金“像英国先令一样可靠”，这是当时不言自明的道理。1816 年 6 月 22 日，英帝国颁布法律宣布，黄金是唯一的价值计量标准。在此后的七十五年甚至更长的时间里，英国的外交政策日益侧重于保护英国的国库——英格兰银行的地下金库，包括全世界新开采的黄金，无论这些黄金是产自澳大利亚、美国还是南非。这一政策的必然结果是，随时对拥有黄金储备的竞争对手实施“战略打压”政策。

1815 年之后，在世界海域内，英国海军的霸权无可匹敌。英国船队满载着英国的钢铁、煤炭以及出口国外的曼彻斯特纺织品驶向世界各地。

英国制造业主导世界几十年。

然而，就在英国对外显示出强权的同时，英国国内却隐藏着危机。在世界贸易中，英国商号的信用延伸得越远，在阿根廷、美国以及俄国的铁路建设中伦敦金融城里的银行贷出的资金越多，英国国内的经济就越是恶化。很少有人明白，两件看似风马牛不相及的事情怎么会有如此密切的联系。

1814—1815 年的维也纳会议，对拿破仑时代之后的欧洲政治版图进行了重新划分。在这之后，英帝国在外交大臣卡苏里勋爵的外交斡旋下，通过与奥地利哈布斯堡王朝和其他欧洲大陆强国进行交易，获得了海洋控制权。当时的欧洲大陆，各国彼此分裂，势力较弱，根本无法挑战英国在全球的扩张。通过控制海洋，英国控制了世界的海运贸易，这构成了滑铁卢之后新的英帝国三大支柱之一。当时的贸易条款由伦敦劳埃德海运保险和银行财团制定，欧洲大陆的制造业者，与世界其他地区的众多制造业者一样，不得不接受这些条款。英国皇家海军也是世界上最强大的海军，在世界各地的主要航道上充当警察，为英国商船提供免费“保险”。而竞争者的船队则不得不向伦敦劳埃德保险财团购买保险，以防海盗、灾难以及战争的威胁。

对于世界上大部分海运贸易来说，伦敦银行的信用证以及现钞兑换是十分必要的。私营的英格兰银行，由伦敦金融城（即伦敦金融区的统称）里的巴林家族、汉布罗家族以及罗斯柴尔德家族等著名金融财团共同创办，操纵着世界绝大多数货币黄金的供给，其精心策划导致大量的英国出口品肆意倾销到竞争者的市场。对国际银行业的主导，无疑是 1815 年后英帝国权力的第二大支柱。

第三大支柱便是英国对棉花、金属、咖啡、煤炭以及 19 世纪末新兴的“黑金”——石油等世界主要原材料的地缘政治优势。随着时间的缓缓流逝，这一支柱显得越来越重要。

自由贸易与英国权力的根基

1820 年，英国议会通过了一项原则声明，旨在推动一系列的变革，这些变革的一个结果是导致了一个世纪之后的第一次世界大战，以及随之而来的悲惨后果。

在以英格兰银行、巴林兄弟商业银行的亚历山大·巴林为中心的伦敦航运与银行利益集团的推动下，英国议会声明，支持所谓的“绝对自由贸易”。这一概念由几十年前的苏格兰经济学家亚当·斯密提出。

直到 1846 年，在英国议会废除旨在保护国内农场主的著名的《谷物法》之后，这项声明才正式生效。废除《谷物法》主要考虑的是伦敦金融城金融与贸易集团的利益，对世界金融和贸易的垄断赋予了它们决定性的优势，它们把这种优势发挥到了极致。如果它们垄断了世界贸易，“自由贸易”将给它们带来越来越多的优势。与此同时，贸易欠发达国家将付出代价。

在自由贸易的霸权下，英国商业银行在印度－土耳其－中国的鸦片贸易中获得了巨大利润。在鸦片战争中，英国外交部公然要求中国开放“自由贸易”通商口岸，增加英国银行业的利益。

1843 年，一本反映伦敦金融城商业和金融业利益集团的新周刊——《经济学人》创刊了。这本周刊的目的就是鼓动废除《谷物法》。

1846 年 5 月，在罗伯特·皮尔爵士的领导下，英国废除了《谷物法》。这不仅是英国历史上也是世界历史上经济衰退的开端。废除《谷物法》打开了大规模廉价农产品贸易的大门，这给英国乃至其他国家的农民造成了灾难性的影响。“低买高卖”这一商人的简单格言上升为国家经济战略。消费成为生产的唯一目的。

因为废除《谷物法》而失去了保护，英国本土农业与农民遭到了毁灭性的打击。爱尔兰农民也深受其害，废除《谷物法》导致了他们最大的出口市场突然出现粮食价格的狂跌。19 世纪 40 年代末期，爱尔兰出现了马铃薯饥荒和大规模移民现象——如 1845—1846 年间惨不忍睹的爱尔兰大饥荒——都是英国“自由贸易”政策的直接后果。英国早先对爱尔兰的政策是禁止爱尔兰发展自己的制造业，保持经济上的附属状态以满足英国的“菜篮子”需求。然而，在追求所谓的自由贸易的过程中，这个“菜篮子”被打翻了。

1846年以后，英属殖民地印度的农民收入微薄，他们与英国和爱尔兰农民争夺英国“消费者”市场。英国国内的工资与面包价格同步下降。在为那些工资收入低于人类基本生存需求的工人提供补助时，英国法律允许将补助额与面包价格挂钩。因此，一旦面包价格下跌，英国人的生活水平也会随之下降。

废除《谷物法》这一保护主义政策，实际上打开了整个英帝国“廉价劳动力政策”的闸门。廉价粮食价格率先大跌之后，唯一获利的是伦敦的国际贸易大公司以及给它们融资的商业银行。贫富悬殊加大，极少数富人与绝大多数穷人对立，英国社会阶层进一步分化，这就是“自由贸易”[1]的必然结果。

关于英帝国的自由贸易霸权主义对19世纪50年代的世界经济的影响，英国自由贸易政策的强烈反对者——美国经济学家皮塞·史密斯在当时的著述中总结道：

> 自由贸易政策仍然控制着英国的立法机构。实际上，它从总体上把国家看成是一个与世界其他国家做生意的巨商，这个巨商支配着巨大的商品存货，其目的不在于使用，而只为销售。这个巨商努力降低生产费用，这样就可以用比竞争者更低的价格售出商品，同时把付给本国人民的工资视为利润损失。[2]

皮塞·史密斯把亚当·斯密等英国人的“国家就是一个大商人”的学说与19世纪50年代在欧洲大陆出现的日益受到关注的国民经济思想相比较，尤其是与德国的关税同盟思想以及弗里德里希·李斯特的其他国民经济政策作了对比[3]：

他们的政策将受到生产者本能而非商人本能的支配。作为对国家繁荣的度量，他们只关注生产总量，而不是贸易中的利润率。因此，像法国、俄国及德国这样强大的大陆国家，联合起来组成关税同盟或者称为海关联盟——这实际上是对长期以来主导英格兰的重商主义思想的否定。一位有学识且受人尊敬的英国作家约瑟夫·凯描述道："除了还未开化的俄国与土耳其、受奴役的意大利、政府管理混乱的葡萄牙以及革命中的西班牙[4]，英格兰从重商主义政策中得到的是，贵族阶层比世界上其他国家的更富有、更有权力，穷人比其他欧洲国家的更压抑、更贫穷，相对其他阶级数量更多、更无信仰、受教育更少。"

因此，在 1851 年，一场旨在建立英格兰主流意识形态的运动开始了。在这场思想论战中，人们使用错误的马尔萨斯人口论的观点，而不正视对新的生产技术投资不足这一事实。把无情的经济政策看成是理所当然的，并将这样一种政治教条称为英国自由主义。从本质上讲，到 19 世纪末，英国自由主义的概念才真正确定，这一概念为发展比以往任何时候都强大的帝国精英阶层提供了正当理由。这个精英阶层代表无数粗俗无知的群众进行统治，因为这些无知群众自己不能治理好自己。

然而，19 世纪英国政府和公众事务中的自由主义精英分子的根本目的是保护和服务于少数私有权力者的利益。在 19 世纪后期，这些私有权力集中在伦敦金融城中的少数银行和机构手中。

英国的"非正式帝国"

在过去的一百五十年里，英国经济战略的本质就是操纵和控制自由贸易。英国的天才们具有变色龙一般的本领，他们想方设法使这一政策适应千差万别的国际经济。然而，政策的核心保留了亚当·斯密的"绝对自由贸易”的观点，其目的是把自由贸易作为一种武器，反对其他主权国家的经济政策。

19 世纪末期，英国当局开始围绕如何维持其全球帝国展开了激烈的争论。从 19 世纪 70 年代中后期开始，全球出现了“反对帝国主义”的浪潮。在这样的背景下，英国政府致力于采用一种更高明、更有效的形式继续维持其世界霸主地位，这便是所谓的“非正式帝国”。在维持对印度及远东关键地区的殖民占领的同时，英国资本开始大量流入其他国家，尤以阿根廷、巴西与美国为主，形成了各种形式的金融依赖，这样的方式从很多方面看比正式的殖民占领更有效。

与“附庸国”特殊经济关系、“势力范围”及“均势外交”等概念都产生于 19 世纪末，都与英国炮制的“非正式帝国”有关。

自 1588 年英国击败西班牙舰队后，英国就利用其特殊的岛屿环境刻意与欧洲大陆保持距离。这样节约了保持大规模常规军队以保卫其利益的成本，使得它可以集中力量统治海域。从俄国到西班牙，无论谁想要统治欧洲大陆，英国立即可以建立或者资助成立一个联盟来对付它，以维持欧洲大陆的均势。对世界财富的掠夺让英国有能力做到这一点。

1815 年维也纳会议之后，在趁击败拿破仑之势对欧洲进行重组的过程中，英国对其玩世不恭的所谓“均势”的外交政策进行了完善。根据这一政策，各方根据势力大小被配置到“平衡点”的两边，而平衡的支点或中心，则严格限定在伦敦。对此，英国外交部始终讳莫如深，这就是英国把对手的经济实力转化成它自己的绝对优势的窍门。

1815 年以后，英国外交政策的“天才”们把他们的全部技巧都用在了平衡联盟的关系上。如果有必要的话，他们可以把欧洲或者全球的战略力量按照他们的意愿进行突击调整。英国外交追求的是一个玩世不恭的信条，即英国决不与其他国家建立感情或道德的关系，不把它们当作相互尊重主权的伙伴，而只强调自己的“利益”。英国的联盟策略受到严格的限制，即在特定的时期，究竟哪些因素能够最大限度地满足英国自己的“利益”。为此，英国调整了与法国由于非洲利益之争而导致的敌对关系，1898 年“法绍达事件”之后，英国将这种敌对关系转变为“协约友好”关系，以及改变几十年来为阻止俄国的扩张而对奥斯曼帝国的支持（史称“大博弈”），这些都表明了联盟关系的戏剧性转变。

在 19 世纪最后的几十年里，英国资金的主要流向是财政赤字国家，这些国家都是经过精心挑选的，比如阿根廷。资本输出的目的是资助、建设，然后经营这些国家的铁路和交通设施，这通常能够得到当地政府的慨然应允。英国的资本还用于发展这些国家的航线和港口。因此，阿根廷和其他英国附庸国的经济事实上成了英国经济的俘虏，它们的贸易和金融条款是由伦敦的商人和银行来制定的。这些附庸国发现，通过军事占领布宜诺斯艾利斯然后强征暴敛，虽然也能达到支持英帝国的目的，但相对来说，目前的办法使对方更加彻底地放弃了根本的经济主权。

19 世纪 80 年代，阿根廷通过新建的铁路将其产品，特别是牛肉和小麦运至港口出口，出口量因此提高了两倍，但它在伦敦银行的债务却增加了 700%。这个国家是英帝国的债务附庸国，一位评论员称为“建立在廉价之上的帝国主义”。英国政策的目的很明确，不是想从这些附庸国关系中发展出强大的主权工业国家自己的工业和经济，而是想通过尽可能少的投资实施控制，确保其他竞争者无法获得他们觊觎的原材料或其他经济财富。

在这个时期，为了捍卫从英国到印度的海上航线，英国军队于 1882 年占领了埃及。英国决不能让苏伊士运河落入劲敌法国手中。英国的军事占领彻底摧毁了埃及的统治结构，1882 年后英军长期驻扎在这一连结伦敦和印度的战略要地。

同样，英国占领南非的初衷也是为了捍卫通往印度的南方航线，守护英国贸易航运线侧翼，从而防止外国对手的侧面攻击。在 19 世纪 40 年代到 50 年代，英国对南非的控制是非正式的。英国分阶段关闭了布尔共和国通往印度洋的大门，在 1843 年开始了与纳塔尔的合并，使布尔人置身于德拉瓜湾之外。同时干涉和阻碍 1869 年在比勒陀利乌斯领导下的布尔共和国联盟。这样做的目的是为了用最简便的办法确保英国在整个非洲南部地区的霸权。确保英国对贸易控制的垄断是英帝国主义在19世纪的主要目标。

在这个时期，英国秘密情报部门也形成了与众不同的风格。与法国或其他国家不同，在滑铁卢战役之后，英国形成了伦敦金融城主要的银行家与金融家、政府内阁部长、具有战略意义的主要工业企业领导人之间的某种精妙结合。促成这种结合的是伦敦金融城商业银行的后裔——查尔斯·乔斯林·汉布罗爵士，从1928年一直到1963年去世，他都是英格兰银行的董事。在第二次世界大战期间，汉布罗曾是英国秘密情报部门特种行动局（SOE）的总负责人。这个组织属于政府的经济作战部，其主要任务是实施战时对德国的经济作战，培训后来成为战后美国中央情报局领导人的精英情报分子。他们包括威廉·凯西、查尔斯·金德尔伯格、沃尔特·罗斯托、罗伯特·鲁萨，以及后来的肯尼迪财政部副部长和华尔街精英、布朗兄弟公司的合伙人哈里曼。

传统情报的机构由驻扎在国外首都的间谍机构提供情报，而英国的秘密情报机构则是把广大的英国银行、航运、工业，以及政府的力量像网络一样编织在一起。因为这些都是秘密进行的，轻信而毫无防备的国外经济组织没有任何防御能力。在1846年后的自由贸易时期，这种把私人的商业权力与政府暗中结合在一起的做法，是英国霸权的秘密。英国外交政策的基础是精心培育自己的“利益”，而不是维持与盟国的睦邻友好关系，如果需要的话，盟友或同盟是可以在一夜之间发生改变的。

1873年的大萧条

然而，19世纪70年代初期，在金融恐慌之后，英国开始出现了经济大萧条。这被看作是英国自由贸易政策的直接后果。自由贸易信条有一个假设的前提，就是英国有能力影响世界主要贸易国家采用同样的经济策略，但这只是一厢情愿。

在1857年伦敦银行业发生严重恐慌之后，伦敦金融城里的金融机构（包括英格兰银行的董事们）拟定了新的策略阻止伦敦银行的黄金外流。1857年的恐慌源于外国开始挤兑英格兰银行拥有的国际黄金储备。大量挤兑导致伦敦金融城的银行信用乃至整个国家的银行信用崩溃。为应对这一危机，英国政府制定了一项政策，一项简单而又危险的中央银行政策。

英格兰银行是一家私人控股银行，当时不受政府控制，而是由伦敦金融城的金融利益所支配。贸易会使英国的黄金储备随时外流。英格兰银行认识到，相对于贸易竞争国的利率，它只需增加中央银行贴现或者利息，达到高于贸易竞争国的利率水平，黄金的外流就会停止，黄金最终会从柏林、纽约、巴黎和莫斯科流回伦敦金融城的银行。

对中央银行来说，这样的利率政策是一个强有力的武器，它赋予了英格兰银行超越对手的强大优势，无论这种惊人的高利率给英国的制造业和农业带来多大的破坏性。1846年《谷物法》废除之后，在英国经济政策中占支配地位的已经不再是工业和农业，取而代之的是金融与国际贸易。为了保住英国的国际银行业霸主地位，这些银行家都甘于牺牲国内的工业与投资，类似的情形在20世纪60年代肯尼迪遭暗杀后的美国也出现过。但是，英格兰银行的这个利率新策略使英国整个工业饱受煎熬，一场席卷英国的经济大萧条从1873年一直持续到1896年。

始于英国银行业的金融危机，伴随着北美洲和南美洲的铁路建设债务链的崩溃，使英帝国陷入了经济大萧条。萧条给英国带来了失业率的上升和工厂的倒闭。1873—1896年，英国的名义物价一路下降至原来的50%，到处都是失业的人群。

在1867年的国际博览会上，英国制造业的投资不足已经表现得十分明显。全新的机械制造产品，甚至纺织品，都是来自德国和其他地区。这无疑反映出英国制造业技术的停滞状态，就在二十年前，英国还是世界制造业的先驱。英国的铁、钢、煤和其他产品的出口，在这段时间也衰落了。在英国历史上，这是一个转折点。为了让金融在英帝国的所有事务中起支配地位，三十年前开始实施的“自由贸易”政策，与废除《谷物法》共同作用，使英国的工业技术陷入衰退的境地。很显然，到19世纪90年代，英国作为世界工业国领导者的时代结束了。

19世纪英帝国的自由贸易信条和它的马尔萨斯理论注定要失败。这一理论的基础是，要想生存就要蚕食世界其他国家的经济。《谷物法》废除后，仅过了二十五年，英帝国就陷入了历史上最严重、持续时间最长的经济萧条。1873年以后，英国努力传播着“英国病”病毒，亚当·斯密绝对自由贸易的“全球经济模型”显然是不成功的，而德国则领导欧洲大陆国家开展了一系列的国民经济保护措施，这使它们实现了两百年来最快的工业增长。

在这个背景下，如何在迅速变化的世界中维持帝国的统治与权力，英国的精英分子就此问题展开了新一轮的争论。在1882年，石油地缘政治被引入这一争论中。现在争论的是如何维持英国的海上霸权。

第二章

分道扬镳：

德国与第一次世界大战的地缘政治

Germany and the Geopolitics of the Great War

德国制造业和航运业的强力崛起，大有问鼎世界、取英国而代之的势头。但脆弱的金融体系，又使得它通往世界霸主的道路坎坷而艰难。

德国的经济奇迹

1873 年后，英帝国的经济萧条与欧洲大陆工业经济的蒸蒸日上形成了强烈反差，其中与德意志帝国的对比更为明显，这便是 1914 年第一次世界大战爆发的背景。石油已经成为矛盾和冲突的焦点，对此，只有伦敦、纽约银行和金融圈子里的少数精英分子有所认识，其他人直到数年后才认识到这一点。

在 1890 年之前，针对德国工业的高速发展，英国银行业和政界的精英人物发出了两个警告。第一个警告是德国出现了独立的、现代化的商船队和海军舰队，这无疑对英国形成了致命威胁。自 1815 年维也纳会议以来，英国海军一直称霸海上，无人能敌。第二个警告针对的是德国野心勃勃的铁路建设计划，当时德国计划修建一条连接柏林与巴格达（当时属于奥斯曼帝国的一部分）的铁路。

关于英德两国的海军对抗和建设从柏林到波斯湾的铁路，对英德双方来说，即使没有公开表露，也可以肯定，都是为了石油。英国当局认为，英德两国开战的真正原因也在于此。我们将会看到个中缘由。

到 19 世纪 90 年代，德国的工业与农业快速发展，由此引发的技术进步，无论速度还是质量均超越了英国。与此同时，南北战争之后，美国把主要精力集中在国内的发展上。因此，在 19 世纪的最后十年里，英国把德国工业的崛起看成是对其全球霸权的最大威胁。几十年来，德国一步一步地采纳弗里德里希·李斯特的经济改革措施，建设全国现代铁路运输系统，给正在发展的国内工业相应的关税保护，再加上1871年后德意志帝国稳定而统一的政治环境，自19世纪70年代以来，其经济成就已经明显地显现出来。

在19世纪50年代前，效仿英国的成功模式成了德国经济的主要策略。此外，在德国大学，英国经济学家亚当·斯密和大卫·李嘉图的自由贸易论，也被推崇为神圣的真理。19世纪70年代英国经济陷入萧条，同时影响到德国和奥地利。德国逐渐意识到继续遵循英国经济模式的严重弊端。为了本国工业和农业发展，德国开始逐渐放弃英国的自由贸易模式，调整本国的经济策略，这使得德国的经济有了明显的改善。

放弃英国模式以后，1850—1913年（第一次世界大战前夕）德国国内生产总值增加了5倍，人均产值也在同一时期增加了250%。实际工资在1817—1913年间翻了一番，人民的生活水平得到了稳步提高。

但是，德国工业革命的实质是爆炸式的技术进步。为了给自己的工业发展培养科学和工程人才，德国效仿法国的多学科技术学校的模式建立了全国性技术学校和学院体系，德国在国内商会和行业协会的支持下建立起培养商业人才的职业培训系统。此外，德国大学教育把重点放在了自然科学上，于是工程学和自然科学开始兴旺发达。同时，德国还建立了全国性的职业培训系统，培养有技能的贸易人才。其结果是，19世纪70年代后，德国的技术能力得到了大幅度提高。

在19世纪70年代，与英国大型工业公司相比，德国的新兴企业显得格外渺小。但是，在随后的三四十年里，这一格局发生了戏剧性的变化。在1914年前的几十年，对世界工业与运输业燃料来源来说，煤炭是主宰。1890年，德国产煤8800万吨，英国产煤18200万吨，是德国产煤量的两倍多。然而到1910年，德国的产煤量以惊人的速度增长到21900万吨，而英国26400万吨的产煤量仅仅领先德国4500万吨。

在德国的经济增长中，钢铁工业处于领头羊的地位，紧随其后的是电力和化工。利用洛林的高级磷矿石，吉尔克里斯特·托马斯创新了炼钢工艺，1880—1900 年这二十年间，通过使用新的工艺，德国的钢产量增加了 1000%，远远超过了英国。到 1890 年，英国的铁产量仍然领先于德国，英国生产了 790 万吨生铁，而德国仅仅生产了 460 万吨；而到 1910 年，德国的生铁产量达到了 1460 万吨，比英国的 1000 万吨产量多出了近 50%。与此同时，德国的炼钢成本也比 19 世纪 60 年代降低了 90%。到 1913 年，德国的生铁产量几乎是英国生铁产量的两倍了。[1]

工业产品的迅猛发展极大地增加了运输需求，铁路基础设施成为德国第一次经济奇迹的主要推动力。德国铁路系统的第一次扩张始于 19 世纪 40 年代至 50 年代，在李斯特关税同盟及国家铁路计划的影响下，1870—1913 年间，国家支持的铁道系统的铁轨长度以公里数计算整整延长了两倍。

在奥斯卡・冯・米勒等人的技术发明推动下，集中发电和远程输变电能力得到了长足发展，德国电力工业从 1895 年仅拥有 26000 名员工的幼小产业发展到 1913 年占整个国际电力贸易量一半的主导产业。在尤斯图斯・冯・李比希等天才研究人员的推动下，德国化工业也从远远落后于英国和法国，发展为苯胺燃料、医药品和化肥产品的世界巨头。

冯・李比希等人还引进了农业化工的概念，使得这一时期德国农业的生产率得到了极大的提高。在 19 世纪早期，德国还处于饥荒和农产品产量不足的状态，不得不从俄国和阿根廷进口廉价的粮食。然而到 19 世纪 90 年代，德国开始征收保护性关税，控制廉价粮食进口。

1882 年，德国的收割机仅有 2 万台。1907 年，收割机增加到了 30 万台，农业机械化步伐大幅迈进。尽管德国的土壤质量低劣、含沙量大，但是，化肥的利用极大地提高了产量。德国于 1887 年开始大规模使用化肥，到第一次世界大战期间，德国粮食产量较以前增长了 80%。作为比较，我们考察战争爆发那一年，俄国比德国多用 12000 平方千米的耕地，却少收获了 1900 万吨粮食。到 1913 年，尽管人均肉类消费比 1870 年增长了两倍，德国本国的猪肉自给率却达到了 95%。相比之下，英国猪肉需求的45%依赖进口。19世纪初，德国还是一个移民输出国，得益于工农业的大力发展，到19世纪末时，德国已经变成了一个人口增长较快的国家。1870—1914年间，德国人口从4000万增长到6700万，几乎增长了75%。在发展工业方面，德国创造了新的“德国模式”，即大银行与大工业企业相互参股，在这一思想的指导下，19世纪80年代，德国的大型工业通过与德国的银行（如德意志银行）的共生共荣关系得到了加速发展。[2]

1870年后的一段时期，德国的“银企共生”大量出现。后来所说的从战争的毁灭性破坏中或是从20世纪50年代的经济萧条中恢复过来的工业，在很大程度上，只不过是恢复了19世纪80年代到1914年期间打下的工业基础。

柏林银行业大恐慌

具有讽刺意义的是，德国独立自主的经济发展政策却不得不承受银行业危机的后果。1890年，伦敦久负盛名的商业银行——巴林兄弟银行，由于在阿根廷的债券投机和投资亏空巨大，几近破产，国际金融的金字塔像多米诺骨牌一样倾倒，德国银行业也涉入阿根廷的金融投机，柏林银行恐慌随之发生。

19世纪80年代，德国的投资者深陷国际铁路建设的投机狂潮之中。巴林兄弟银行的崩溃，其投资于阿根廷的价值7500万美元的各种债券的蚀本，粉碎了德国投资者对金融投机奇迹的幻想。

阿根廷小麦出口的主要对象是欧洲。阿根廷的金融危机之后，对欧洲出口小麦的柏林大谷物交易商里特尔－布卢门塔尔产生了利用阿根廷金融危机，占领整个德国小麦市场的愚蠢想法。然而，他们的计划失败了，这加剧了德国的金融恐慌。希尔施费尔德－沃尔夫私有银行破产了，导致德国莱茵－威斯特法伦银行的巨额损失，进而触发了对所有德国银行的挤兑和柏林股票市场的崩溃，这种状况一直持续到1891年秋。

为了应对恐慌，德国总理提名了28位杰出人士组成调查委员会，他们在帝国银行行长理查德·科赫博士的领导下，负责调查造成金融恐慌的原因，并提出立法建议以防止此类事件再次发生。调查委员会在德国社会具有广泛的代表性，包括了来自工业、农业、大学、政党，以及银行金融界等各方面的代表。

调查委员会所做工作的大部分结论，在1896年6月和7月德国国会制定《交易法》和《保证金法》时被写进了法律。《保证金法》几乎是当时工业国家中对金融投机限制最为严格的法律。谷物期货被禁止，股票市场投机也受到了严格限制，从那以后，作为影响德国经济主要因素的股票市场投机现象大幅减少。

1896年的德国《交易法》确立了一个与英国和美国的金融和银行体系完全不同的组织结构。19世纪90年代之后，这些限制性规定也迫使伦敦金融机构减少了它们在德国金融市场上的金融活动，从而减轻了伦敦金融界对德国经济政策的影响。直到今天，英美银行结构与在德国、荷兰、瑞士，以及日本等国盛行的“德国模式”之间的根本差异仍然清晰可见。[3]

船运和铁路基础设施的必要性

1873年后，英国的国家工业与金融政策阻碍了技术进步，而德国的情况正好相反。到1900年，两国的发展路径差异日趋明显。1914年前，德国与英国之间日益增加的摩擦主要集中在德国经济迅速全面发展等方面。最重要的方面就是德国作为一个现代航运强国的迅速崛起，这对长期以来统治海洋的英国构成了致命的威胁。

德国如果没有控制好本国的现代商业船队，没有精良的海军护航，就永远无法主导自己的经济事务。英国依旧统治着世界海域，并且想尽一切办法维持其统治地位，这就是英国地缘政治战略的核心。在这种情况下，越来越多的德国人认为，国家的经济生活将永远受外国航运强权的操控，由它们制定国际贸易的基本条款。

1870 年，德意志帝国的商业船队总吨位仅 64 万吨，在当时名列世界第五，落后于英国、美国、法国及挪威。但到了 1914 年，德国的船队总吨位已经迅速跃升至世界第二，仅仅落后于英国。

1870 年，德意志帝国的出口货物受其他国家——首先是英国——运输价格和运力的限制。到 1914 年，这一格局发生了根本性的改变。早在 1901 年，德国自己拥有各种船只 52000 艘，总吨位达 900 万吨，穿梭于世界各国的港口之间。到 1909 年，船只增加到 65000 艘，载重总吨位达到 1300 万吨。在此期间，德国贸易的 70% 都依靠海运完成。对贸易条件的控制，对于德国的经济安全具有重要的意义。然而，英国金融业与航运业人士对此并不欢迎。

与此同时，德国的钢铁和工程技术迅速发展，其成果也直接被应用到现代商船的建设中。蒸汽动力替代了过去的帆船，钢质船体替代了过去的铁质与木质船体。这些设备的改善增大了商船的规模并且有效地提高了德国航运的效率。1891 年，德国已经拥有 3 艘 7000 吨以上载重吨位的蒸汽动力船。到 1914 年，德国已经拥有载重吨位超过两万吨的蒸汽动力船 5 艘，15000—20000 吨之间的 9 艘，7000—10000 吨之间的蒸汽动力船 66 艘。

在这段时间，德国海运以惊人的速度发展。到 1914 年，汉堡 - 美洲公司与北德劳埃德公司两大公司拥有全部德国商船的 40%。组织有序、规模经济和重点建设最有效率和最现代化的轮船，是这一时期德国海运取得惊人增长的秘诀。

当时，一位法国观察家就德国海运业取得的非凡成功作出评论。他写道：

> 正是这种集中使得加快资本摊销、拆毁已经变得陈旧的货船、

不断革新运输机械成为可能。在德国的商船中，你找不到用了三十年或四十年的旧船。通过标准化生产——准确地说是冶金术、电子技术等——德国工业保证了德国商号所需的运输，航海运输变得频繁而有规律。对于德国人来说，航行线路的创立并不是跟随贸易，它领先于贸易，并在领先的过程中自然而然地逐渐形成。[4]

随着 1888 年汉堡最终加入德国关税同盟，汉堡及后来的不来梅港成为欧洲最现代和最高效的港口设施中心，带动了通向世界市场的整个中欧运往北部的铁路货运。通过制定国家基础设施建设的政策，鼓励发展了最具有价格竞争力的交通运输通信体系。在 1914 年之前的十五年内，德国将其航运业务发展到全世界，包括英国垄断的传统殖民地市场及其他“势力范围”，如埃及甚至南北美洲。1897 年，在德意志帝国国会通过法律限制金融投机差不多一年时间之后，海军上将冯·蒂尔皮茨宣布了第一个德国舰艇建造项目，该项目于 1898 年由德意志帝国国会批准，紧接着在 1900 年再次立法宣布建造两倍的海军舰船。

1906 年，英国推出了一种全新设计的全重型火炮战舰“无畏号”，比当时任何一种战舰速度更快、火力更强。作为回应，德国于 1906 年通过法律，规定德国海军舰队的装备每二十年需更新一次，知道这一法律的人被限定在很小范围内。令英国震惊的是，到 1909 年，德国推出了四艘战舰组成的拿骚级战列舰战斗群，比“无畏号”战列舰更先进。这些战列舰很快就被英国和德国造船专家以更先进的“超级无畏号”战列舰所取代。英国压根就没想到，德国能凭借自己的力量在如此短的时间内发展一支如此现代化的海军舰队。1951 年，在牛津大学的一场演讲中回顾 1914 年世界大战的背景时，卢埃林·伍德沃德爵士精炼地阐述道：“德国，如同其他强国一样，能轻松自如地为自己造出想要的大舰队。问题在于：一出于权宜之计，二出于现实考虑。德国舰队对于英国作为海洋强国的主导地位绝对是一大挑战。”

大约在1910年，英国人越来越清楚，英国需要采取断然措施对付德国令人生畏的经济崛起。正如我们即将看到的，石油第一次作为战争中最重要的地缘政治因素出现在国际舞台上。

第三章

合纵连横：

控制石油的全球争夺战

A Global Fight for Control of Petroleum Begins

德国经济的迅猛发展，打破了欧洲大陆的均势。为了围剿德国，英国精心策划了一系列地缘政治行动，石油则是部署这些行动的重要考虑因素。

一位海军上将的远见

在1882年，这种我们称为石油的又黏又稠的黑色液体，除了用于新的矿灯照明之外，没有任何商业价值。矿油灯是1853年德国柏林的一家灯具制造商施托瓦泽尔开发的新技术。这种燃料当时被称作"岩石油"，因为它从岩石中渗出，这种岩石油分布在美国宾夕法尼亚州的泰特斯维尔、俄国的巴库和现在部分属于波兰的加利西亚。1870年，约翰·洛克菲勒成立了标准石油公司，开发美国的灯用煤油市场和利用各种稀奇古怪的油泥"治疗"疾病。当时，内燃机的发展还没有为世界带来工业革命。

但是，当时至少有一个人认为，对于控制未来的海洋，石油具有十分重要的军事战略意义。在1882年9月的一次公开集会上，当时还是海军上校的英国海军上将费希尔勋爵，逢人便说英国必须改变海军使用煤炭作动力燃料的现状，应该使用新型油燃料。1870年开始，在里海，俄国轮船使用了这种被俄国人称为"黑油"的黏稠燃料油。费希尔等具有长远眼光的人都赞成使用这种新燃料，他坚持认为，在未来控制海洋的竞争中，石油作为动力燃料将给英国带来决定性的战略优势。

费希尔为此做了很多工作。他列举了大量事实，说明作为燃料石油优于煤炭，并且坚信这些理由是具有说服力的。用石油作动力的战船没有黑烟，不会暴露目标，而烧煤的战船拖着长长的烟尾巴，十公里以外都能看得见。烧煤的动力装置，要达到最大马力，需要 4—9 小时，而烧油的动力装置达到最大马力只需要 5 分钟。给战舰提供油料，只要 12 个人工作 12 个小时，而提供同样能量的煤，则需要 500 个人工作 5 天。要得到相同马力的推力，燃油引擎只需要燃煤引擎三分之一的工作量，每天的消耗量也只有煤的四分之一，对于一支船队来说，这是非常关键的，无论这支船队是商船队还是海军舰队。用油作动力的船队，其活动半径大约是用煤作动力的船队的四倍。[1]但在当时，费希尔的想法被他的英国同辈认为是异想天开。

差不多同一时期，德国工程师戈特利布·戴姆勒在 1885 年开发出世界上第一个实用燃油引擎，用于公路运输。到世纪之交，尽管汽车还被认为是超级富豪的玩具，但石油时代的经济潜力已开始被越来越多的人所认识。

岩石燃烧的秘密

到 1905 年，英国秘密情报部门和英国政府终于认识到了这种新燃料的战略意义。问题是，英国本身并没有油，必须依赖美国、俄国或墨西哥来供给。即使在和平年代，这种状况也不能接受，而一旦发生战争，完全依靠国外供油根本就不可能。一年前，即 1904 年，费希尔上校升任海军最高指挥官——英国海军大臣。费希尔立即成立了一个委员会，“考虑并就确保英国海军的石油供应提出建议”。

当时，在波斯和阿拉伯湾，英国的活动并不是不受限制。阿拉伯湾当时还是奥斯曼帝国的一部分，波斯也不是英帝国的领地。很多年来，英国在布什尔港和阿巴斯港都设有领事馆，在海湾地区派驻军舰，以防止其他国家进入这一战略水域，接近英国最重要的殖民地——印度。1892 年，寇松勋爵，后来的印度总督，关于波斯这样写道：“任何国家向俄罗斯开放波斯湾沿岸的港口，我都视之为对英国的蓄意侮慢，对现状的肆意破坏，是一种战争挑衅行为。”[2]

但是，在 1905 年，通过臭名昭著的王牌间谍西德尼·赖利（生于俄国敖德萨，原名叫西格蒙德·G. 罗森布拉姆）的行动，英国政府得到了一个极不寻常、意义重大的开采中东石油的专有权，当时人们相信中东有大量石油矿藏尚未被开采。1905 年初，英国情报机构派赖利到一名性格偏执的澳大利亚业余地质学家和工程师威廉·诺克斯·达西那里，伺机得到开采波斯矿藏的权利。

达西是一名虔诚的基督徒，沉迷于历史，对古代波斯光明神奥马兹德在祭祀场所点燃“火柱”的各种传说深信不疑，这些“火柱”都源于祆教*祭司们烧燃的某种油，这种油就是从当地的某些岩石中渗出来的。为了寻找石油，他花费了数年时间确定古代波斯神殿的位置。他无数次造访伦敦，为他的探险寻求资金支持，然而英国银行家给他的支持越来越少。

达西作为一名工程师，十分了解伊朗。19 世纪 90 年代，波斯新国王穆扎法尔丁致力于国家（今天的伊朗）的现代化。他召见达西，要求他帮助波斯建设铁路，推动工业发展。

1901 年，为了预先换取大量现金，国王授予达西一项王室特许权：

> 在六十年的时间里，他可以不受任何限制，在波斯的土地上自由探采石油，所有发现的与石油有关的财产，都将归他所有。

达西支付了大约两万美元的现金，并同意只要找到石油，他都从销售额中支付给国王 16% 的矿区使用费。这样，这个偏执的澳大利亚人得到了当时一份最有价值的法律文书，该文书赋予他本人及他的继承人或

---

* 波斯的祆教（Zoroastrianism）相信宇宙间有两大敌对力量，黑暗神阿利曼（Ahriman）和光明神奥马兹德（Ormuzd），整个宇宙都是它们永远冲突的战场。——译者注

受让人、朋友，开采石油的特权，这项特权一直持续到 1961 年。达西第一次真正找到石油是在波斯湾北部的舒什塔尔地区。[3]

赖利在 1905 年想方设法找到达西。当时，达西通过巴黎罗斯柴尔德银行集团正打算与法国签署合作开发石油的协议，准备告老还乡，回到祖国澳大利亚。

赖利假装成一位教士，利用达西虔诚的宗教信仰，施展种种伎俩说服达西把他拥有的波斯石油独家开采权转让给“虔诚的基督教”英国公司——盎格鲁 - 波斯石油公司。苏格兰金融家士达孔拿勋爵由英国政府举荐，当上了盎格鲁 - 波斯石油公司的重要股东，而英国政府在盎格鲁 - 波斯石油公司中的地位却秘而不宣。赖利因此使英国获得了第一个重要的石油资源。

柏林 - 巴格达铁路

1889 年，在德意志银行的领导下，一群德国工业家和银行家，从奥斯曼政府那里获得了一项特许权，建设从首都君士坦丁堡横穿小亚细亚安纳托利亚的铁路。这一协议持续十年后，到 1899 年，奥斯曼政府又批准了第二阶段的建设任务，即大家所熟知的“柏林 - 巴格达铁路项目”。第二项协议是德皇威廉二世 1898 年访问君士坦丁堡的成果。在这十年里，德奥关系变得日益重要。

德国决定，从 19 世纪 90 年代开始，与土耳其建立牢固的经济联盟，大力开发德国工业品出口东方的新市场。柏林 - 巴格达铁路项目是这一重大而可行的经济战略的核心。隐藏于这个项目后面的不可告人的目的就是，获得潜在的石油供应，对此，英国当然会跳出来反对。20 世纪 90 年代至今，中东以悲剧形式表达了对西方的仇视，其种子就是在这个时期埋下的。

二十多年来，连接欧洲大陆和巴格达的现代铁路建设问题，一直是德英冲突的焦点。德意志银行董事卡尔·黑尔费里希认为，在 1914 年之前的十五年里，除了德国海军舰队日益强大之外，没有任何问题能像巴格达铁路建设那样引起伦敦和柏林之间的关系进一步紧张的了。卡尔当时负责巴格达铁路项目的谈判。[4]

1888 年，德意志银行牵头成立了一家公司，该公司获得了建设和维护连接君士坦丁堡外海德尔－帕沙与安哥拉之间铁路线的特许权。公司被命名为“安纳托利亚铁路公司”，其主要股东是奥地利人、意大利人，也有一小部分英国股份。铁路前期建设进展得非常顺利并提前完成，项目将延伸到科尼埃的南部。

1896 年，柏林到科尼埃的铁路开通。这是一条深入土耳其安纳托利亚高地内陆，全长约 1000 公里的铁路。在一个经济十分闭塞的地区，建设期不到八年，这真是工程与建设史上的一项伟大成就。古老而富裕的底格里斯河和幼发拉底河河谷从此被现代化的交通运输基础设施连接在一起。在此之前，中东的铁路设施都是英国人或法国人建的，所有这些铁路都很短，只在叙利亚境内或别的地区连接了几个关键的港口城市，从来没有将广大的中东内陆地区与现代工业化地区相连接。

这条铁路第一次把君士坦丁堡和奥斯曼帝国的亚洲内陆腹地与经济发达的现代化地区联系了起来。这样的铁路，一旦扩展到巴格达，再延伸到不远的科威特，将在欧洲和整个印度次大陆之间建立起一条价格低廉而快捷的交通通道，这也是当时最高等级的世界级铁路。

在英国看来，这正是问题的关键。当时被派往塞尔维亚军队的英国资深军事顾问拉芬警告说道：

> 如果柏林－巴格达铁路建成，这块生产数不尽的经济财富、海上军事力量根本攻击不到的巨大内陆疆土将统一在德国的周围。俄国与它的西方朋友——英国和法国，将会被这一屏障阻隔开。

拉芬还说道：

我们在埃及的利益处于德国和土耳其军队的有效打击范围之内，并且两国军队从波斯湾可以直接威胁到印度。很快，亚历山大港和达达尼尔海峡将极大地加强德国在地中海的海军力量。

拉芬暗示，英国的战略是要摧毁柏林－巴格达铁路。

看一眼世界地图就会发现，从柏林到巴格达，德意志帝国、奥匈帝国、保加利亚、土耳其一字排开。只有一小块条状地带横亘在这条链条上，阻止了东西两边的联系，这就是塞尔维亚。塞尔维亚虽小，但处于德国与君士坦丁堡港和萨洛尼卡等大港口之间，如鲠在喉。这些港口地理位置极为重要，把守着东方的大门……塞尔维亚是我们东方财富的第一道真正防线。如果塞尔维亚被征服，或是被利诱加入柏林－巴格达体系，那我们辽阔而不设防的帝国将很快感受到德国刺向东方的利剑。[5]

因此，毫不奇怪，在1914年之前的十年，巴尔干地区战火连绵，动荡不安，曾经发生的战争有土耳其战争、保加利亚战争，以及连续不断的地区冲突。冲突和战争极大地削弱了柏林－君士坦丁堡联盟，特别是阻碍了柏林－巴格达铁路的建设。拉芬反复强调了这一点。但是，把柏林－巴格达铁路建设项目看成是德国针对英国的单方面对抗行动是不对的。德国曾经反复向英国寻求这一项目上的合作。19世纪90年代，德国与土耳其政府达成协议，建设通往今天的科威特的最后2500公里铁路。为了完成这一庞大的工程项目，德意志银行和柏林政府作出了无数的努力，寻求英国参与，希望与英国一起为这一巨大工程提供资金支持。

1899年11月，德皇威廉二世访问君士坦丁堡后，在温莎城堡会见了英国女王维多利亚，亲自说情，邀请英国参与巴格达项目。德国人十分清楚，为了保卫印度通道，英国一定会维护他们在海湾和苏伊士运河的利益。没有英国的积极支持，很明显，这项工程将面临极大的困难，不仅仅是政治上的困难，也有资金上的困难。这条铁路最后一段的建设规模远远超出了德国银行的资金调配能力，即使有德意志银行这样的大银行，仅靠德国也是不能胜任这么巨大的工程融资任务的。

然而，英国方面，在随后的十五年里，运用各种手段和伎俩，延误和阻挠铁路的建设进度，同时总是让德国心存达成最终协议的希望，弄得德国捉摸不定。这样的游戏一直持续到 1914 年 8 月第一次世界大战爆发。

英国女王在关于巴格达铁路的最后谈判阶段，打出了制胜的一张牌，她与科威特酋长有紧密联系。1901 年，停在科威特海域的英国军舰，命令奥斯曼帝国政府必须考虑把阿拉伯河下游的海湾港口（当时由穆巴拉克·萨巴赫酋长的阿纳扎部族控制）划为“英国领地”。

当时，奥斯曼帝国在经济和军事上势力弱小，对于英国对这一遥远地区的事实占领除了软弱的抗议外别无他法。英国控制了科威特，成功地阻止了柏林－巴格达铁路向波斯湾水域甚至更远的地方延伸的企图。

穆巴拉克·萨巴赫酋长生性残忍，据说在 1896 年，他利用自己的两个同父异母兄弟在他宫殿睡觉的机会谋杀了他们，从而得到了这一地区的控制权。1907 年，穆巴拉克·萨巴赫酋长签署协定，把土地永久出租给“尊贵的英帝国政府”，共同签署这一文件的是英帝国政府驻科威特代表诺克斯少校。据说，为了让酋长在签署协定时开心，英国政府软硬兼施，给了他大量的黄金和武器。1913 年 10 月，珀西·考科斯中校得到了向来出手大方的酋长的一封信，信中酋长同意：“除非英国政府提名或推荐”[6]，否则酋长不会把这块土地上的石油开采权授予任何人。

1902 年，这个由奥斯曼帝国统治的地区叫美索不达米亚，即今天的伊拉克和科威特。这一地区有丰富的石油资源，究竟有多少，如何开采，都有很大的不确定性。石油的发现，使这一地区成为全球经济和军事控制的巨大角斗场，这一局面一直延续至今。

1912 年，在为巴格达铁路融资的过程中，德意志银行与奥斯曼皇帝谈判，巴格达铁路公司获得了在铁路两旁 20 公里范围内的所有石油和矿产开采权。铁路线一直延伸到摩苏尔（今天的伊拉克）。

1912 年，德国工业界和政府已经认识到，石油是未来经济的燃料，对未来的陆地运输和海洋运输同等重要。在当时，德国已经被美国洛克菲勒标准石油公司牢牢地控制在手中。标准石油公司所属的德国石油销售公司控制着德国石油销售总额的 91%。德意志银行拥有标准石油公司德国石油销售公司 9% 的股份，只是个小股东。而德国在 1912 年时，还没有建立独立、安全的石油供给体系。

然而，地质学家们已经在摩苏尔和巴格达之间的美索不达米亚（伊拉克）的部分地区发现了石油，建设中的柏林－巴格达铁路的最后一程正好穿过这一地区，也被认为一定存在着大量石油资源。

1912—1913 年间，德国国会一直努力立法，希望建立一家自己的国有公司，以独立于与美国洛克菲勒的合资公司，来开发和经营新发现的石油资源。但这一努力始终进展缓慢，一直拖到 1914 年 8 月第一次世界大战爆发，最终不得不放弃。德意志银行的计划是，通过巴格达铁路从陆地运输美索不达米亚的石油，避免英国的海上拦截，这样就可以确保德国的石油需求得到满足，实现独立自主。

AGREEMENT BY THE SHAIKH OF KUWAIT REGARDING THE NON-RECEPTION OF FOREIGN REPRESENTATIVES AND THE NON-CESSION OF TERRITORY TO FOREIGN POWERS OR SUBJECTS, 23RD JANUARY 1899.

The object of writing this lawful and honourable bond is that it is hereby covenanted and agreed between Lieutenant-Colonel Malcolm John Meade, I.S.C., Her Britannic Majesty's Political Resident, on behalf of the British Government on the one part, and Sheikh Mubarak-bin-Sheikh Subah, Sheikh of Koweit, on the other part, that the said Sheikh Mubarak-bin-Sheikh Subah of his own free will and desire does hereby pledge and bind himself, his heirs and successors not to receive the Agent or Representative of any Power or Government at Koweit, or at any other place within the limits of his territory, without the previous sanction of the British Government; and he further binds himself, his heirs and successors not to cede, sell, lease, mortgage, or give for occupation or for any other purpose any portion of his territory to the Government or subjects of any other Power without the previous consent of Her Majesty's Government for these purposes. This engagement also to extend to any portion of the territory of the said Sheikh Mubarak, which may now be in the possession of the subjects of any other Government.

In token of the conclusion of this lawful and honourable bond, Lieutenant-Colonel Malcolm John Meade, I.S.C., Her Britannic Majesty's Political Resident in the Persian Gulf, and Sheikh Mubarak-bin-Sheikh Subah, the former on behalf of the British Government and the latter on behalf of himself, his heirs and successors do each, in the presence of witnesses, affix their signatures on this, the tenth day of Ramazan 1316, corresponding with the twenty-third day of January 1899.

(Sd.) M. J. MEADE,
Political Resident in the Persian Gulf.

MUBARAK-AL-SUBAH.
(L.S.)

Witnesses.

(Sd.) E. WICKHAM HORE, MUHAMMAD RAHIM BIN

1899 年英国政府和科威特酋长穆巴拉克·萨巴赫签署的著名协议文本。从此以后，英国就把科威特纳入其阿拉伯湾特殊利益的范畴之内。

THE BAGHDAD RAILWAY.

(FROM OUR CORRESPONDENT.)

VIENNA, SEPT. 29.

My attention has been called to an important aspect of the rival Baghdad railway schemes. This is, that an arrangement between the three existing lines, that is to say, the German Anatolian Railway, the English Smyrna-Aidin line, and the French line from Smyrna to Afium Karahissar, *via* Kassaba, together with the adoption of the alternative German proposals for the extension of the Anatolian Railway to Baghdad and the Persian Gulf, would constitute the only project strategically acceptable and economically possible.

Two of the most essential strategic requirements of Turkey are an adequate system of communications radiating from the capital, which would facilitate the speedy despatch of troops to any point that may be threatened, and that the terminus of the Asiatic Railway system should be practically secure from possible attack by a hostile fleet. A terminus on the Bosporus fulfils that condition. Until this primary necessity has been provided it is not to be expected that the Sultan will ever consent to the construction of a line from the coast, and least of all from such an important strategic position as Alexandretta, the existence of which would enable a Power holding the sea to pour troops into the centre of his Asiatic dominions. This consideration will have been emphasized by the Padisha's German military advisers. On the other hand, one of the alternative extensions proposed by the Germans—namely, that starting from the present Angora terminus of the Anatolian railway—would place Constantinople in direct communication with the city of Diarbekr, which is recognized as the strategic centre of resistance to Russian designs upon Kurdistan and the Tigris valley. The second alternative route, proceeding from the present Konieh terminus through Aintab and Orfah, would also bring troops to the scene of action, while it is fairly secure from attack by a force landed on the coast.

THE BAGDAD RAILWAY INTRIGUE.

The German railway interests in Asia Minor are trying very hard; and if Dr. Zander and his friends fail to get their project through it will not be for any lack of assiduity in playing every available card. Naturally, the press is not being neglected, and correspondents here, there, and everywhere are answering like marionettes to the wirepuller, and inserting in their journals convenient bits of information concerning the latest phase of the German Bagdad Railway scheme. The latest communication hails from Vienna, and as the *Times* correspondent in that city has passed on to his readers the inspired information he received, without any apparent exercise of his own critical faculty, it may assist the general knowledge if we supplement his letter by a few comments. The "important aspect" to which he says his attention has been called is "that "an arrangement between the three existing "lines—that is to say, the German Anatolian "Railway, the English Smyrna-Aidin line, "and the French line from Smyrna to Afium-"Karabissar, *viâ* Kassaba — together with "the adoption of the alternative German "proposals for the extension of the Ana-"tolian Railway to Bagdad and the "Persian Gulf, would constitute the only "project strategically acceptable and eco-"nomically possible." This is a very inspired sentence, for it is not likely that the correspondent would have arrived at its conclusions on his own independent investigations, and it does not cost much cogitation to guess the source of the inspiration; and though the conclusion, measured by the standpoint of a regard for accuracy, falls short of the desired standard, it nevertheless does furnish us with an "important aspect" of the case. For it clearly intimates that Dr. Zander's scheme (announced from Berlin some two months ago, and commented on at the time in our columns) for constructing the

Zeitungsartikel über die Bagdadbahn in der »Times« vom 3. 10. 1899 und den »Financial News« vom 6. 10. 1899.

伦敦《泰晤士报》（1899 年 10 月 3 日）和《金融新闻》（1899 年 10 月 6 日）披露了英国外交政策领域的关键人物对于德国巴格达铁路项目的强烈的地缘政治观点。

新“无畏号”战舰

直到1909年，费希尔将军将英国海军舰船改用石油作燃料的计划才开始实施，而德国刚好在这时完成了对英国“无畏号”战舰系列的第一次改进。德国的“冯·德·塔恩”号战列巡洋舰拥有8万吨马力的引擎，虽然还是用煤作燃料，但航速能达到令人震惊的28节。在英国，只有两艘军舰在速度上可与之媲美。英国的燃煤舰队受到了技术上的限制，而德国经济的迅猛发展，已经对英国的海上优势提出了挑战。

1911年，年轻的温斯顿·邱吉尔接替费希尔勋爵担任第一海军大臣。邱吉尔立即开始游说，把海军军舰的动力燃料改为石油。根据费希尔的观点，邱吉尔指出，同样大小的船，用石油可以获得更快的速度，且同样吨位的舰船，因为不必中途补充燃料，所以在活动范围上具有决定性优势。

1912年，美国生产的石油占世界产量的63%，俄国的巴库大约占19%，而墨西哥占5%。英国的波斯勘探公司还不是石油的主要供应商，但即便如此，英国政府作出战略决策：对国家利益来说，英国在波斯湾的存在是完全必要的。正如我们看到的，德国不停歇地建设柏林－巴格达铁路，对英国政府的这一决策产生了十分重大的影响。

1912年7月，在邱吉尔的敦促下，阿斯奎斯首相领导的政府任命退休了的费希尔勋爵担任皇家石油和石油引擎委员会主席。1913年初，同样是在邱吉尔的要求下，英国政府秘密购买了盎格鲁－波斯石油公司［今天的英国石油公司（BP）］的大多数股份。从这点看，石油已经处于英国战略利益的核心位置。[7]

如果英国不仅能确保自己未来石油运输和能源技术的需求，而且更为重要的是它还能阻止经济竞争对手染指世界上的石油资源储备，那么，它的霸权地位还能再维持几十年。简言之，即使英国的工业停滞不前，无法与德国新兴的戴姆勒汽车公司竞争，它也能控制戴姆勒汽车公司所必需的原料。英国的石油控制政策对世界历史进程所产生的影响正变得清晰可见。

决定命运的巴黎之旅

1914年，英国为什么要冒着世界大战的危险，去阻止德国工业经济的发展呢？按照德国银行家卡尔·黑尔费里希的解释，英国1914年8月对德宣战的最大理由是基于“英国政策由来已久的传统。通过这个传统，英国建立起强权地位，并且寻求继续保持这种强权地位”。他还强调：“英国的政策总是以对抗欧洲大陆最强大的政治经济强国而定。”

> 自从德国成为欧洲大陆最为强大的政治经济强国后，英国在全球的经济地位和海上优势，都感受到了来自德国的威胁。自此，英德分歧无法弥合，它们在任何一个问题上都难以达成一致。

1897年，黑尔费里希伤感地记述了俾斯麦宣言的精髓：“只有一种情况能促进英德之间关系的改善，那就是勒住我们经济发展的缰绳。然而，这是不可能的。”[8]

1914年4月，在巴黎，英王乔治七世和外交大臣爱德华·格雷爵士对法国总统庞加莱进行了一次特别拜会。这也是爱德华·格雷爵士为数不多的离开英国本土的出行之一。俄国驻法大使伊斯沃尔斯基也加入其中，三个国家结成了一个对抗德国和奥匈帝国的秘密军事联盟。出于谨慎，格雷没有发出警告，预先让德国人知道这个秘密联盟——一旦英国发动一场战争，为了对抗德国而小心建立起来的联盟中的所有成员国都将参战。[9]

早在1914年前，英国当局的许多人都认定，只有战争是控制欧洲局势的唯一途径。英国的利益集团根据其均势逻辑，使英国从19世纪传统的“亲奥（斯曼）反俄”联盟策略转变为“亲俄反德”。而早在19世纪 80 年代后期，这一转变已经十分明显。当时法国的加布里埃尔·阿诺托和俄国的谢尔盖·维特之间形成的联盟，连同新兴的工业化德国一起，就已初见端倪。

法国的失误和俄国的雄心

的确，到 19 世纪 90 年代末，英国上层对新兴德国的经济挑战的恐惧达到了顶点。为了使欧洲的事态发展有利于自己的利益，英国对十年未变的大陆联盟策略进行了一次彻底的调整。

直接导致联盟策略调整的是发生在埃及的一次重大军事对峙事件。在埃及，英法两国都在历史上通过苏伊士运河公司拥有巨大经济利益。1898 年，马尔尚上校率领的一支法军，穿过撒哈拉沙漠抵达东部。在那里，他们遭遇由基钦纳将军率领的驻尼罗河法绍达的英军。两军对峙，互不相让，局势剑拔弩张。最后，马尔尚请示巴黎后，率法军先行撤离。这就是著名的法绍达危机事件，最后因英法两国为联合抗德达成均势联盟而结束。在这次事件中，法国错误地放弃了使非洲工业化的好机会。

当时的法国殖民部部长是泰奥菲尔·德尔卡塞，正是他给在非洲法绍达与英军对峙的马尔尚上校率领的法国远征军下达了撤退命令。尽管自拿破仑时代起法国对这一地区就有领土主张，但英国却步步推进，事实上占领了埃及和苏伊士运河。自 1882 年英国军队“暂时”占领埃及后，英国公务员为“保护”英法在苏伊士运河公司的利益事实上管理着埃及政府。最后，英国人在法国人的眼皮底下悄悄地窃取了埃及。

德尔卡塞的撤退命令违背了法国的利益，也违背了法国外交部部长加布里埃尔·阿诺托明确的政策设想。阿诺托原本对法国非洲殖民地的发展和工业化有一个完整构想，可是在处理法绍达冲突的关键的六个月当中，他偏偏没有参与。阿诺托是一个著名的反英共和主义者，他的构想是以法属非洲乍得湖为中心，再用铁路将位于内陆的法属塞内加尔达喀尔和位于红海的法属吉布提连接起来，使之形成一个经济共同体。这个设想在法国国内指的就是跨撒哈拉铁路项目，它将从西到东改变整个非洲撒哈拉地区的面貌。这一构想也将阻断英国的主要战略目标，即控制从非洲横跨埃及进入印度的整个地区。

阿诺托小心翼翼维护法德之间关系的正常化，法德关系是英国“均势”策略的最大威胁。1896 年初，德国外交大臣就曾询问法国驻柏林大使，法国是否愿意考虑加入非洲联合行动，“限制英国的贪得无厌……必须让英国知道，它们不能再从法德对抗中渔翁得利，肆意攫取任何资源”。

然而就在不久之后，臭名昭著的德雷菲斯事件就在法国媒体上公开曝光，它的直接目标是破坏阿诺托努力打造的法德稳定关系。当时，一位名叫德雷菲斯的法国陆军上尉被指控向德国人出卖军事秘密。阿诺托在 1894 年审判开始的时候进行干预，警告说德雷菲斯事件会导致“与德国外交的破裂，甚至战争”。几年之后德雷菲斯被判无罪，因为有证据显示，在罗斯柴尔德银行的支付凭证中，斐迪南·威尔辛－艾什泰哈齐伯爵伪造了对德雷菲斯不利的证据。到 1898 年，阿诺托被赶下台，由亲英派人物泰奥菲尔·德尔卡塞取代其职务。

1898 年法绍达危机事件后，在法国新外交部部长德尔卡塞的任期内，英国使用各种招数，诱骗法国放弃其在埃及的重要殖民地和经济利益，并挑动法国集中精力对抗德国。英国还秘密同意支持法国对阿尔萨斯－洛林地区的主权要求，法德在这一地区历史上一直存在主权争议。同时，它还支持法国在其他地区的野心，因为这些地区对英国来说并不重要。数年后（1909 年），阿诺托描述了英国所有围绕法绍达的外交阴谋。他评论道：

历史证明，法国的任何殖民扩张都伴随着英国的恐惧和关注。长期以来，英国认为，在海上霸权方面，法国凭借大自然赐予的英吉利海峡、大西洋和地中海三条海岸线，成为它最大的竞争对手。在 1880 年之后，法国在当时的环境影响和朱尔·费里的杰出思想启发下，开始重构被割裂的殖民地。每一次，法国都遇到了同样的抵抗，无论是在埃及、突尼斯、马达加斯加，还是在印度支那，甚至在刚果和大洋洲，它总是与英国狭路相逢。

在法绍达事件后，英法之间亲睦协商的机制已经成形，且最后在 1904 年，由德尔卡塞与英国秘密签署了一项正式协议。德国的经济威胁是这两个并不可靠的盟友之间的黏合剂。在事后评论这个悲哀的转变时，阿诺托还说，英国成功地将这个外交新政策强加给法国，这是“一个英国外交天才为离间对手而想出来的绝妙的发明”。

在其后的八年中，英国在另一个具有深远意义的问题上，再次改变了它的地缘政治联盟政策，即利用俄国的发展强化自己的优势。1891 年初，俄国开始着手实施一项雄心勃勃的工业计划，通过了一项严格的关税保护计划和一个铁路基础建设项目。1892 年，承接这个铁路项目的谢尔盖·维特伯爵成为俄国财政部部长。维特与法国的阿诺托关系密切，在围绕建设俄国铁路系统方面为法俄关系奠定了良好的基础。

当时，俄国启动了一个铁路建设项目，这条铁路全长 8690 千米，横跨西伯利亚，把俄国西部和远东的符拉迪沃斯托克（海参崴）连接起来，它的建成将改变整个俄国经济。这是当时世界上最雄心勃勃的项目。维特是弗里德里希·李斯特提出的德国经济模式的忠实信徒，是他将李斯特的《政治经济学的国民体系》翻译成俄文，并将其奉为解决俄国问题的良方。

维特说，这条铁路将对俄国文化落后的内地的发展产生影响。在 1890 年，他写道：

> 这条铁路就像一块酵母，将在人群中产生文化发酵的效果。即使穿过的是一个完全荒蛮的地区，铁路的运行也将在短时间内提高当地的人口素质。

维特计划的核心部分是，通过西伯利亚铁路促进陆地全面开放，与中国建立和平与富有成效的关系，以摆脱英国对中国港口和海上通路的控制。

从1892年任财政部部长到1905年在俄国革命中被罢免，维特使俄国由从前作为英国粮食贸易商“粮仓”，转变为一个潜在的现代工业国家。铁路成了这个国家最大的产业，并且带动了钢铁和其他相关行业的发展。此外，科学家德米特里·门捷列夫（维特的朋友与亲密合作者）根据德国科学家尤斯图斯·冯·李比希的理论建立了俄国农业化学，被维特任命为新成立的度量衡标准制定办公室的负责人，由他介绍引进的公制度量衡系统大大促进了俄国与欧洲大陆的贸易往来。

对维特的经济政策和跨西伯利亚铁路项目，英国千方百计极力阻挠，包括尝试影响那些反动的、与英国粮食贸易休戚相关的俄国贵族地主。在跨西伯利亚铁路项目开始不久，英国评论员科奎姆表达了英国外交部和伦敦金融城的主流观点，提到在法国资助下的俄国新铁路计划最终将巴黎、莫斯科和海参崴连成一线。科奎姆声称：

> 这条铁路将不仅是世界上最伟大的贸易路线之一，还将成为俄国人手中的政治武器，其力量和意义难以估量。该铁路还会使俄国以外的一个国家，不再需要通过达达尼尔海峡或苏伊士运河，实现经济独立，而且它将变得比过去任何时候都更加强大。

几十年来，英国在欧洲的均势策略是围绕支持奥斯曼帝国而制定的，作为所谓的“大博弈”策略（阻止一个强大的工业化俄国崛起）的一部分。奥斯曼帝国控制着至关重要的、使俄国到达温暖水域的达达尼尔海峡，支持奥斯曼帝国一直都是英国地缘政治学的重要组成部分。然而，由于德国与奥斯曼帝国的经济联系在18世纪末和19世纪初变得更加紧密牢固，英国也向俄国示好，以反对奥斯曼帝国和德国。

虽然英国发动了一系列的战争和危机事件，但它试图阻挠俄国到达海参崴的跨西伯利亚铁路的阴谋还是失败了。俄国人在1903年完成了这条铁路的大部分工程。然而，在1904—1905年的日俄战争中，英国与日本结盟对抗俄国，使俄国蒙受了战败的耻辱。1905年后，维特被迫辞去了沙皇尼古拉二世当政时期的部长委员会主席的职位，他的继任者极力主张俄国与英国和解，并着手把在阿富汗的权力和波斯的大部分地区转手给英国，还同意大大抑制俄国在亚洲的野心。因此，英-法-俄三国协约到1907年成功建立。英国布下了一张联盟的网络包围德国，为接下来与德意志帝国一决雌雄打下了基础。其后七年，它为最终铲除德国的威胁，进行了一系列的准备。[10]

随着英国包围德国及其盟国的新三国协约策略的巩固，在欧洲“柔软的下腹部”——巴尔干发生了一系列连续不断的危机和地区性战争。在1912年第一次巴尔干战争中，塞尔维亚、保加利亚和希腊，在英国的秘密支持下，对奥斯曼帝国宣战，导致奥斯曼帝国失去了它在欧洲的大部分土地。紧随其后，1913年由于第一次分赃不公发生了第二次巴尔干战争。在这次战争中，伴随着罗马尼亚的加入，帮助并击败了保加利亚。这些都为英国在欧洲发动一场大战埋下了伏笔。

在爱德华·格雷巴黎会谈三个月后，1914年6月28日，奥匈帝国王储弗兰茨·斐迪南大公在萨拉热窝被一个塞尔维亚青年暗杀，触发了一连串可预见的悲剧事件，导致了第一次世界大战的爆发。

第四章

运筹帷幄：

开辟近东石油战场

The Near East Becomes the Battleground

第一次世界大战凸显了石油对于战争胜负的决定性影响。就在欧洲各国激战正酣、相持不下的时候，英国人却不动声色地把军队投向石油储量丰富的阿拉伯地区……

破产后的英国选择了战争

1914—1918年第一次世界大战期间，人们一直坚守着一个秘密，即在1914年8月英国向德意志帝国宣战前夕，英国财政部和英帝国的金融体系实际上已经破产。对主要参战各国实际财政关系的考察揭示了秘密贷款非同寻常的背景，它往往与战后全球范围内的原材料和物质财富的重新分配的详细计划，特别是奥斯曼帝国认为，储藏有巨量石油的地区的重新分配，密不可分。

1914年6月28日，在波斯尼亚首都萨拉热窝，一名塞尔维亚刺客刺杀了奥匈帝国的皇太子斐迪南大公，这是触发第一次世界大战的最直接因素。经过一个月互不相让的讨价还价之后，奥匈帝国认为塞尔维亚应当对斐迪南大公的遇害负责，于7月28日公开对塞尔维亚宣战。7月29日，也就是在奥匈帝国宣战的第二天，俄国下令进行全国军事动员以备战争的需要。

就在同一天，德意志帝国皇帝给沙皇尼古拉二世发出一封电报，请求沙皇不要动武，这一电报还真让沙皇临时取消了国防动员的命令。7月30日，俄国最高指挥部说服了犹豫不决的沙皇，再次动员军队。7月31日，德国驻圣彼得堡大使向沙皇递交了对俄宣战的战书。据说，这位大使递交完战书从房间里跑出去时泪如泉涌。

一直在为东西两线作战做准备的德军总参谋部，正式实施施利芬计划。因为法国和俄国之间有协防承诺，德国决定必须迅速击败法国，使得俄国来不及动员。1914年8月3日，德国对法宣战，与此同时，德军取道比利时进攻法国。

8月4日，奥匈帝国对塞尔维亚宣战仅八天之后，英国对德宣战。名义上是，英国事先承诺过要保护比利时的中立，而真实原因绝不是基于唇亡齿寒的道理。

1914年8月，英国对德宣战的决定可以毫不夸张地说是非同寻常的，因为英国财政部和英镑体系（当时在国际贸易和金融中占主导地位的货币体系），事实上已经破产。最近解密的一份英国财政部的内部备忘录，引起了更多的疑问。这份内部备忘录是由英国财政部工作人员写给当时的财政大臣劳合－乔治的。1914年1月，在萨拉热窝事件前六个月，英国财政部高级官员乔治·佩什爵士应财政大臣的要求，对所有重要的英国黄金储备状况进行了一次深入的研究。

1914年，英镑金本位是世界金融体系的基石。事实上，英镑已经被国际商业和金融领域广泛接受，七十五年来，英镑本身被认为"等同于黄金"。在1914年，英镑的作用堪比1971年8月15日之前的美元。

乔治爵士的机密备忘录揭示了当时伦敦金融城高层的想法：

> 在金融界存在着另一种鼓动银行改革的影响因素，这就是德国日益增加的商业和金融的力量，而且有一种不安情绪也在持续增强，那就是担心在两国发生大的冲突之前或冲突伊始，德国会对伦敦的黄金储备进行掠夺。

这一秘密备忘录写于奥地利王储在萨拉热窝遇刺之前六个多月。

佩什爵士记下了他的担心。1911—1912年巴尔干危机之后，德国一些大的贸易银行越来越老练成熟，它们一直在增加黄金储备。佩什爵士向财政大臣提出警告说，在目前的情况下，任何向伦敦银行的进一步挤兑，"都会严重阻碍这个国家募集资金来打一场大战"。[1]

1914年5月22日，英国财政部高级官员巴兹尔·布莱凯特为劳合－乔治草拟了另外一份备忘录。该备忘录涉及“战争对黄金储备的影响”。布莱凯特写道：

十分准确地预测一场欧洲大战的后果当然不可能，大多数的欧洲大陆国家及英国都会卷入其中。在全世界可以利用的资金市场中，只有纽约（假定美国保持中立）还能够吸引到战争所需要的黄金。

同样令人震惊的是，就在英国作出参战决定的关键日期8月4日之前的几天，一封注明时间为1914年8月1日星期六凌晨两点由乔治·佩什爵士写给劳合－乔治的信发挥了重要作用。

亲爱的大臣先生：

国家商业必须以信用系统为基础，但我们的信用系统已经支离破碎，当务之急是毫不犹豫地尽快采取行动，修复已经受损的信用系统；在这个紧要关头，如果我们最大的几家银行纷纷倒闭，我们就不可能募集到战争所需要的资金。[2]

英格兰银行立即中止了（用金条和银锭进行的）硬通货支付，并中止了1844年《银行法》。这一决定大幅增加了英格兰银行手中的黄金储量，使英国政府有钱应付刚刚宣布的对德战争。因为战争需要大量的金钱来支付食品和军用物资。除了黄金，英格兰银行还向英国国民发行纸币，这种纸币作为一种紧急状态下的法定货币。截至8月4日，英国的金融机构已经为战争做了一切准备。

但是，正如我们很快就要看到的，又出现了后来的秘密武器：英国皇家财政部与纽约摩根银行财团之间的特殊关系。

第一次世界大战中的石油

从 1914 年战争开始到 1918 年战争结束，对于军事战略的革命，石油起到了举世公认的关键作用。在空战、机动坦克战和快速海战的年代，安全可靠而又充足的新型燃料供应日益成为成败的关键条件。

在爱德华·格雷爵士的外交政策指导下，在 1914 年 8 月的前几个月里，英国突然陷入被认为是现代史上最血腥、破坏性最大的战争之中。根据官方统计，直接或间接因战争而死亡的人数达到 1600 万人—2000 万人之间，其中大多数（1000 多万人）是平民。在这场持续四年之久的“足以结束所有战争的战争中”，英帝国自己就有 50 万人直接死于战争，伤亡人数达 250 万人。

但是，很少有人谈起的是，英国地缘政治的战略目标，不仅仅是击垮其工业竞争的最大对手德国，还包括通过赢得战争获得对宝贵资源的绝对控制。到 1919 年时，这种宝贵资源已经被证明是未来经济发展的战略性原材料，那就是石油。这是“大博弈”的一部分——造就一个世界性的全新的大英帝国，其霸权在 20 世纪上半叶将无人挑战，这是英国领导的世界新秩序。

一项对 1914—1918 年第一次世界大战主要战场的研究表明，确保石油供应已经成为军事计划的核心。在整个战争过程中，石油为现代战争的惊人机动性开启了大门。在冯·马肯森元帅的率领下，德国出征罗马尼亚，主要考虑就是要把以前分属于英国、荷兰、法国和罗马尼亚的炼油、生产和管道企业重组成一个大型联合企业。在战争中，唯一能够保证德国空军、坦克部队和潜水艇舰队石油供应的就是罗马尼亚。英国在达达尼尔海峡的战役，就是为了确保俄国巴库的石油能够供给英法用于战争，此役在加里波利遭到惨败。奥斯曼皇帝下达了禁运令，俄国石油难以通过达达尼尔海峡运出。

截至 1918 年，位于里海巴库的富油区一直就是德国的军事和政治目标的一部分，同时，也是英国的军事和政治目标的一部分。英国先发制人，于1918年8月最为关键的几周时间里，先行占领了这一地区，断绝了德军总参谋部关键的石油供应。巴库断油，对德国来说是致命的打击，几周之后就缴械求和。仅在数月前，德国似乎已经击败了协约国。这无疑证明了石油在地缘政治中的核心地位。

第一次世界大战即将结束时，鉴于石油这种新燃料对未来军事安全和经济安全所发挥的重大战略性作用，所有大国都对此给予了高度重视。战争结束时，40%的英国海军舰队是用石油作燃料。战争开始时的1914年，法国军队只有110辆卡车、60辆牵引车和132架飞机。到四年之后的1918年，已经增加到70000辆卡车和12000架飞机。同一时期，英国投入到战争中的装备包括105000辆卡车和4000多架飞机，这一数字包括了在战争的最后几个月里美国的投入。英、法、美在最后的西线进攻中每天消耗的石油达到了出乎人们想象的12000桶。

到1917年12月，法国的石油供应严重不足，福煦元帅敦促克雷蒙梭总理向伍德罗·威尔逊总统提出了一项紧急请求，“如果不能及时供给石油，我们的军队立即就会瘫痪，这将迫使我们不得不在对协约国不利的条件下媾和”。克雷蒙梭在给威尔逊的信中写道：

> 协约国的安全正处于危险之中。如果协约国不希望在战争中失败，那么，在德国进攻的时候，一定不能让法国缺油。在明天的战争中，石油就像血液一样重要。

洛克菲勒的标准石油集团满足了克雷蒙梭的要求，为福煦元帅的军队准备了救命油。由于从罗马尼亚得不到足够的石油供应，又远离巴库，德国军队没能在1918年组织最后的进攻（尽管俄德《布列斯特－立托夫斯克和约》已经停止了敌对状态），因为运输足够石油储备所需的卡车得不到油料保障。

英国外交大臣寇松勋爵十分准确地评论说：

> 协约国是被石油的洪流带进胜利的……在战争开始时，石油

和石油产品开始被列为协约国军队必需的主要物品，靠石油才能打仗，靠石油才能赢得战争。没有石油，怎么能保证舰队的机动能力、军队的运输和各种炸药的生产呢？

1918年11月11日，胜利的时刻终于来了。停战协定签订十天后，在一次庆功晚宴上，时任战时石油委员会主任的法国参议员亨利·贝朗热说道：石油就是“胜利的血液，德国过于夸大它在钢铁和煤炭方面的优势，而对我们在石油方面的优势却没有给予足够的重视”。[3]

鉴于石油在战争中日益明显的作用，我们应当继续沿着战后凡尔赛重组的线索，对英国的目标给予特别的关注。

通过1919年的凡尔赛和会，英国建立了国际联盟（简称“国联”），“国联”成为其为赤裸裸的领土占领寻找国际合法性的遮羞布。对于伦敦金融城的金融机构来说，为了主导未来世界经济发展，必须控制原材料市场，特别是新的石油资源，成千上万英国人的生命似乎只是为达此目的而支付的小小成本。

英国秘密开辟东方战场

在第一次世界大战中，协约国在抗击德国、奥匈帝国和奥斯曼帝国等中央国家*的过程中，如果说还有一个不为人知的绝招，那就是在战争进行到最激烈的1916年，签署了一份秘密外交协议。在这份协议上签字的有英国、法国，后来还有意大利和沙皇俄国。这份协议被称作《赛克斯－皮科协议》，以起草这一文件的两位英国和法国官员的名字命名。这份协议道出了一个秘密，英国的意图是在战后控制未经开发的阿拉伯湾的石油。

---

* 在第一次世界大战中，中央国家是指德意志帝国、奥匈帝国、奥斯曼帝国和比利时。——译者注

当时，法国正与德国进行惨烈而无果的激战，而英国却把超过 140 万人的庞大军队投入到了东方战场。

英国把宝贵的人力与物资投入到地中海的东部地区和波斯湾，对这一非同寻常之举，英国的公开解释是，这样做既能确保俄国军队对抗中央国家的更为有效的战斗力，又能使俄国的粮食通过达达尼尔海峡运进西欧，当时西欧急需粮食。

但是，事实并非如此。1918 年后，英国继续在整个中东驻扎了上百万的军队。1919 年时，波斯湾变成了“英国湖”。愤怒的法国人只能软弱无力地进行抗议，因为他们数以百万的军队正在西部前线流血。英国人巧妙地利用了相持阶段的优势战胜了相对较弱的奥斯曼帝国。法国牺牲了将近 150 万士兵，并有 260 万士兵受重伤。

1917 年 11 月，布尔什维克在俄国掌权之后，列宁领导的共产党人在沙皇外交部的档案里发现了一份秘密文件，并迅速将其曝光。这就是列强们分割奥斯曼帝国并在战后进行瓜分的计划。它的细节是在 1916 年 2 月拟定的，1916 年 5 月，得到了各相关国政府的秘密批准。整个世界几乎对这一战时的秘密外交阴谋一无所知。

在英国方面，负责战争事务的国务大臣喀土穆勋爵基钦纳的东方事务顾问马克·赛克斯爵士起草了这份文件。这份文件用来争取法国对英国的默许，同意其将欧洲战场上的大批英国军队调往中东。为了赢得法国的同意，英国政府授权赛克斯向法国谈判代表、前驻贝鲁特总领事乔治·皮科让步，战后把奥斯曼帝国在阿拉伯的部分土地让给法国，这一条件是非常有诱惑力的。

这样一来，法国将有效地控制所谓的“A 地区”。这一地区涵盖大叙利亚地区（叙利亚和黎巴嫩），包括阿勒颇、哈马、霍姆斯和大马士革等主要内陆城镇，以及东北部石油相当丰富的摩苏尔地区和这一地区石油开采的特许权（当时，德国银行以土耳其石油公司的名义拥有这一地区的石油开采权）。法国获得这一区域控制权的代价十分简单，只需口头承认阿拉伯独立，成为法国的保护领地。

THE PETROLEUM DEPOSITS OF MESOPOTAMIA.

A SECOND BAKU IN THE MAKING.

ACCORDING to all indications, the near future will itness the opening of the extensive oilfields of Meso-otamia, which have been mentioned in Babylonian

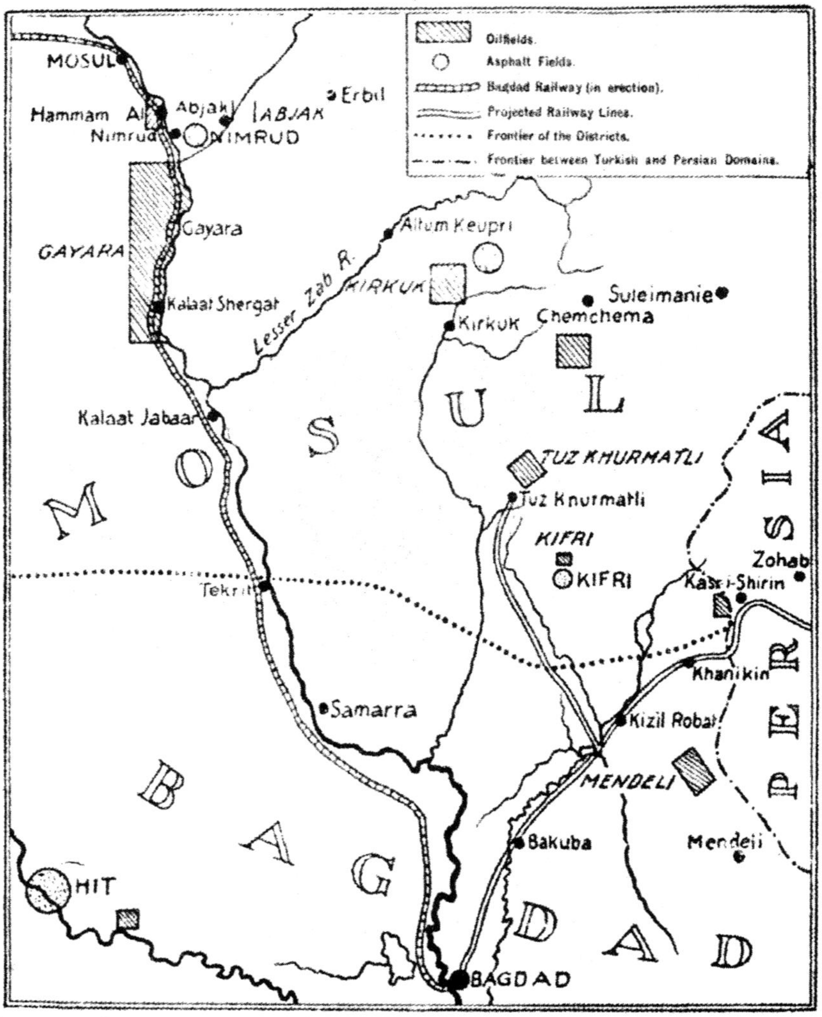

scriptures as well as in the Bible, and which in the form of asphalt contributed to the erection of the magnificent buildings of Babylon and Assyria.

The rich oil treasures of Mesopotamia will, with the aid of modern technical science and the new Bagdad railway, at last be opened for widespread use and international trade. The rôle to be played by Mesopotamian oil in the world's market may be of great magnitude and importance. The subject is also of political importance, as it is of great interest both to Germany and England, and if only the German bank which participates in the erection of the Bagdad railway line obtains concessions, the influence of Germany

美索不达米亚（今天的伊拉克）油田的详细分布图，摘自第一次世界大战爆发前的 1914 年 5 月 23 日的伦敦《石油评论》。战争结束后，这些油田就转到了英国手中。

根据《赛克斯－皮科协议》，英国将控制法控地区东南部的“B地区”，从今天的约旦往东，到伊拉克和科威特的大部分地区，包括巴士拉和巴格达。另外，英国还控制着海法和阿卡等港口，拥有从海法穿过法控地区到达巴格达的铁路建设权，并且可以用来运输军队。

意大利得到承诺，奥斯曼帝国安纳托利亚和佐泽卡尼索斯群岛沿岸多山的广大地区归它所有，沙皇俄国将得到奥斯曼帝国亚美尼亚和埃里温西南部的库尔德斯坦。[4]

在《赛克斯－皮科协议》中除了这些秘密条款之外，英国还开创了随意划分领土的先例。这些领土划分大部分保留至今天，包括把叙利亚和黎巴嫩划分为法国“保护领地”，把外约旦、巴勒斯坦、伊拉克和科威特作为英国的属地。正如前文所述，自1905年以来，波斯一直在英国的有效控制之下。当时从战略利益来看，英国认为沙特阿拉伯并不重要——这是它犯下的为数不多的大错之一。后来，当它认识到这一点时，深感沮丧。

后面我们将会看到，英国在控制世界石油供应的长期战略中，放弃摩苏尔只是它的战术性权宜之计。由于在1915年征讨加里波利时惨遭失败，英国除承认此前法国对地中海东部沿岸诸国和岛屿黎凡特地区的权利要求外，还不得不把摩苏尔的石油开采权也让给了法国。

“一女二嫁”

当《赛克斯－皮科协议》中密约的细节公之于众的时候，英国的处境十分尴尬，进退维谷。一方面英国与列强签订协约瓜分中东，另一方面英国为了确保阿拉伯人在战争中反抗奥斯曼帝国的统治，又对阿拉伯领导人信誓旦旦，承诺将在战后保证阿拉伯的主权和独立。

英国人得到了谢里夫·侯赛因·阿里领导的阿拉伯军队在军事上的宝贵支持，侯赛因当时是麦加的埃米尔、麦加和麦地那穆斯林圣地的守护人。英国人向听从劳伦斯指挥的阿拉伯军队担保，作为他们帮助打败土耳其人的回报，英国保证他们得到战后整个阿拉伯的主权与独立。这样的保证在当时英国驻埃及最高长官亨利·麦克马洪爵士给谢里夫·侯赛因的一封信中有详细的叙述。当时，侯赛因自称是阿拉伯领袖。

劳伦斯当时完全意识到英国人对阿拉伯人的欺骗行为，正如他在很多年之后的回忆录中承认：

> 我甘冒欺骗之不义，是因为我确信，要想以低廉的代价迅速取得东部的胜利，就必须得到阿拉伯人的帮助，而胜利加欺骗总比失败来得要好……阿拉伯人的士气是我们赢得东部战争的主要手段。因此，我向他们保证，英国将信守诺言。在这样的许诺之下，他们干得十分漂亮。当然，除了为我们共同成就的大业感到自豪外，我还时常感到深深的愧疚。[5]

十万阿拉伯人牺牲生命就是为了这“以低廉的代价迅速取得的胜利”。为了得到大量石油和阿拉伯中东的政治财富，英国人很快背叛了自己的诺言。

不仅如此，英国人还变本加厉。因为，一旦《赛克斯-皮科协议》公开，对法国和对中东自相矛盾的许诺就会暴露，于是，在1918年11月7日，也就是结束对德战争的欧洲停战协定签署的四天前，英国又炮制了一项新的英法宣言。新宣言坚称，英国和法国一直在“为长期受奥斯曼帝国压迫的人民的完全彻底解放，为建立通过当地人民自发和自由选择而获得权威的国家政府和管理机构”而战斗。[6]然而这一高尚的目标并未实现。在凡尔赛签订的庄严誓约墨迹未干之时，英国就在中东地区屯兵百万，确立了其在这一地区包括法属领地的军事优势。

到1918年9月30日，法国同意了英国建立所谓的“临时军事占领区”的条件。根据这一协议，英国将占领奥斯曼帝国所属的巴勒斯坦，与其他英国占领的领土共同组成所谓的“占领区政府”。

由于法国在欧洲战争中被拖得精疲力竭，已经无力在指定的法属地区部署足够的军队，英国便慷慨地提出，承担起全部最高军事和行政监护人的角色。1918 年后，英国将军埃德蒙·艾伦比爵士（当时的埃及远征军总司令）在整个中东阿拉伯地区（包括法属地区），已经成为事实上的军事统治者。在 1918 年 12 月伦敦的一次私下谈话中，英国首相劳合－乔治告诉法国总理克雷蒙梭，英国希望法国“把伊拉克的摩苏尔，还有巴勒斯坦从丹地区到贝尔谢巴地区的广大地区交给英国控制”。作为回报，据说英国承诺，法国不仅可以拥有摩苏尔石油一半的开采权，还可以保留在大叙利亚地区的权利，英国还担保在战后的欧洲支持法国，这将是法国对付德国在莱茵河的军事行动必不可少的筹码。[7] 我们将看到，这一私下交易为以后一系列惨痛悲剧的上演搭建了舞台。

罗斯柴尔德收到的一封奇怪信件

战后，英国对奥斯曼帝国军事与经济地图进行了重新划分，其中包含了一个极不寻常的新因素，就是要在巴勒斯坦为犹太人建立犹太人家园。在这些众多最具影响力的英国“非犹太人犹太复国主义”吹鼓手[8]中最不同寻常的一个就是首相劳合－乔治。

1917 年 11 月 7 日，在第一次世界大战最黑暗的日子里，由于俄国经济混乱，布尔什维克取得政权，俄国站在英法联盟一边继续参战的如意算盘落空了，美国还没有作为参战国站在英国一边将其力量全部投入到欧洲战场。英国外交大臣亚瑟·巴尔弗给英国犹太复国主义者联盟的代表罗斯柴尔德写了一封信：

亲爱的罗斯柴尔德勋爵：

我非常高兴代表英国政府给你写信，以下声明表达了我们对犹太复国主义愿望的同情，此声明已呈至英国内阁并获批准：

英国政府赞同在巴勒斯坦为犹太人建立国家，并将尽一切努力实现这一目标。不言而喻，在巴勒斯坦，不应对任何现存非犹太社区的民事和宗教权利予以歧视，同样，在任何其他国家，不应对犹太人享有的权利和政治地位予以歧视。

如果你能把这一声明转告犹太复国主义联盟，我将不胜感激。

你忠实的亚瑟·巴尔弗[9]

这封信构成了1919年后国际联盟授权英国托管巴勒斯坦的基础，在英国一手操纵下，影响世界格局的领土瓜分战略即将出笼。

巴尔弗和英国内阁漫不经心提到的“巴勒斯坦的现存非犹太社区”是指占这一地区人口85%的巴勒斯坦阿拉伯人，而在1917年，只有不到1%的巴勒斯坦居民是犹太人。

应当注意的是，这封信是两个好朋友之间的交流。巴尔弗和罗斯柴尔德两人都是英国新兴的帝国主义派成员。这伙人企图建立一个永久性的全球帝国，一个建立在巧取豪夺、肆意宰割基础之上的大英帝国。

另一个值得注意的事实是，罗斯柴尔德勋爵不是任何一个犹太人国际组织的领导人，他只不过是英国的犹太复国主义联盟的成员（他出资建立了该联盟）。当时的犹太复国主义联盟的主席是哈伊姆·魏茨曼。自1900年以后，逃离波兰和俄国而移居到巴勒斯坦的犹太人，一直通过犹太殖民协会受到罗斯柴尔德的资助（他是该协会的终身主席）。在拿别国土地做人情时，英国人表现得十分慷慨，而与此同时，对于那些饱受迫害的犹太难民，英国却并未打开国门，张开手臂欢迎。

但是，比在巴尔弗－罗斯柴尔德通信中所表现出的伪善更为赤裸裸的目的是隐藏在巴尔弗话语背后的英国“大博弈”策略。英国人选择的犹太人新家园的地理位置，并不是没有意义的。这是英国最重要的战略区域之一，扼守着1914年扩张以后的英帝国的战略要道，是通往印度和刚刚从奥斯曼帝国手中抢占的阿拉伯石油产区的咽喉。巴尔弗在伦敦与人交流时说，在英国的保护领地，犹太少数民族定居巴勒斯坦，将会为英国带来巨大的战略机遇。对巴尔弗和他圈子里的人来说，这至少是一种讳莫如深的诡计。

巴尔弗的帝国新概念

大约从 19 世纪 90 年代初开始，一群主要来自牛津大学和剑桥大学的英国精英，形成了一个政策圈子，这个圈子在此后半个多世纪中非常有影响力。这个圈子并不承认自身的正式存在，但是它的影子可以在 1910 年创办的刊物《圆桌》里找到。

这个圈子认为，对全球帝国来说，需要一个更加睿智和有效的制度去扩展盎格鲁－撒克逊文化在新世纪的霸权。

在成立之初，这个"圆桌"圈子明显具有反德国而拥护英帝国的倾向。在英国对德宣战三年之前，一位非常有影响力的圈内人洛西恩勋爵菲利普·克尔在 1911 年 8 月号《圆桌》中撰文宣称：

> 当前，存在着两种国际道德准则——英国（或盎格鲁－撒克逊）准则和大陆（或德国）准则。两者不分伯仲。但是，英帝国如果不够强大，不能在公正处理国际事务中具有实际影响力，那么，德国官僚主义的反动准则注定会取得胜利，国际社会在处理类似阿加迪尔事件*时的停滞不前，必然会牺牲英帝国，这只是时间问题。除非英国人能够强大起来，让竞争对手在进攻时没有任何取胜的可能，否则，就不得不接受虎视眈眈的军事强国的政治标准。[10]

为了取代对英帝国殖民地代价高昂的军事占领，他们主张更为抑制的包容政策，呼吁建立"英联邦"国家。让每一个成员国都抱有独立的错觉，这样，英国就可以减少派驻印度和埃及占领军的高额成本，而且

---

* 1911 年 7 月，德国向阿加迪尔派遣黑豹号军舰，试图挑战法国在摩洛哥的权利。这一事件也被称为第二次摩洛哥危机。——译者注

现在地盘还扩大到了非洲和中东。“非正式帝国”的说法有时就用来说明这种转变。

这一日益壮大的帮派聚集在颇具影响力的伦敦《泰晤士报》周围，包括外交大臣艾伯特勋爵格雷、历史学家和英国秘密情报部门的成员阿诺德·汤因比及 H.G. 韦尔斯、负责南非项目的阿尔弗雷德勋爵米尔纳，还有地缘政治学这一新领域的倡导者、伦敦政治经济学院教授哈尔福德·麦金德。这一帮派的雏形形成于 1919 年凡尔赛谈判期间的凡尔赛宫走廊，后来成为英国皇家国际事务研究所（Chatham House）的基础。

在相互割据、争吵不休的阿拉伯国家的包围之中，由犹太人主导巴勒斯坦，只有求助于英国的庇护才能勉强存在下去，这一想法正是上述帮派的英帝国新概念的一个组成部分。在凡尔赛和会期间，麦金德描述了他们的这一设想，即英国保护下的巴勒斯坦领地将在英国迈向 1918 年后的全球帝国的“大博弈”策略中所起的作用，这个帝国将在英国操纵和主导下的国际联盟影响下形成。

麦金德在 1919 年这样描述了英国政府对巴勒斯坦的长远打算：

> 如果我们把这个世界看成是一个岛，人类是这个世界的主宰，如果把阿拉伯半岛看成从欧洲到印度、从北部腹心地带到南部腹心地带的走廊，是世界岛的中心，那么，在当今世界，耶路撒冷这个山地城堡的战略地位，与在中世纪或者在古代巴比伦和古埃及时期同等重要。

他写道：

> 在苏伊士运河上，成千上万的船只穿梭于印度和欧洲之间，这些船只处于巴勒斯坦驻军的有效打击距离之内，而且穿越雅法附近海岸的铁路干线一直在修建，通过这条铁路干线可以将南部腹心地带和北部腹心地带连接起来。

巴尔弗是麦金德的朋友，对于巴尔弗 1917 年给罗斯柴尔德所提建议背后的特殊意义，麦金德写道：

> 在巴勒斯坦成立犹太国是战争最重要的胜利果实之一。现在，我们可以讲出真相了……这是一片处于世界的实际中心和历史中心的国土，是使犹太人凝聚成一个民族的国土……有人试图区分犹太宗教和希伯来人，但是，可以肯定，对他们民族身份的普遍看法基本相同。[11]

“圆桌”圈子的宏伟蓝图是把英国的广大殖民占领区连接成片，从南非的塞西尔·罗得斯开办的金矿和钻石矿与罗斯柴尔德的联合金矿往北到埃及，并通过苏伊士运河到达美索不达米亚、科威特和波斯，进入东方的印度。

1916 年，英国占领德国在中非的殖民地坦噶尼喀，这一战虽然不是迫使德国求和的关键之役，却使英国完成了控制好望角到开罗这一链条中最关键的一环。

有控制这一广袤地区的巨大能力，就能够控制世界上最有价值的战略原材料——黄金和石油。前者是世界贸易交易标准的基础，后者是从 1919 年开始现代化工业时代最重要的能源。

进入 21 世纪初期的现实与 1919 年的现实没有两样，仍然是地缘政治的现实。只要控制了黄金和石油，地球上的每一个国家都会臣服于大英（美）帝国的权杖之下。塞西尔·罗得斯直到 1902 年去世一直都是这一所谓的“非正式帝国”精英帮派的主要财政资助人。

布尔战争（1899—1902 年）是这个帮派的又一计划，为了保证英国对德兰士瓦丰富矿藏资源的牢固控制，罗得斯出资并亲自挑起了这场战争。当时，这一地区控制在荷兰裔布尔人手中。罗得斯和米尔纳等圈内其他成员贸然挑起了这次战争，温斯顿·邱吉尔也在这一战争中脱颖而出。这次战争的主要目的就是把被认为是世界上最丰富的黄金产地牢牢地控制在英国人手中。

自 1848 年加州“淘金热”以来，德兰士瓦是世界上发现的最大的黄金产地。控制这一地区，对于继续巩固伦敦作为世界金融体系龙头老大的地位和金本位主宰的角色至关重要。米尔纳、简・斯马茨和罗得斯都是新帝国帮派的成员，作为“大博弈”策略的一部分，击败了独立不羁的布尔人，建立了南非联盟。[12]

截至1920年，通过军事占领、两面三刀，以及在巴勒斯坦建立英国保护领地作为犹太人家园等种种手段，英国不仅牢牢控制了之前奥斯曼帝国新发现的巨大石油财富，而且成功地控制了南部非洲，包括以前的德属西南非洲。但是，1920年并不太平。英帝国刚刚走出战争，又面临破产，其境况或许比参战时更糟。

第五章

明争暗斗：

英美争当世界霸主

The United States Rivals Britain

第一次世界大战之后，美国的政治与经济势力明显增强，英帝国的三大权力支柱受到全面威胁。为了确保在经济与政治角逐中的主导地位，英国进一步加紧对石油控制权的争夺。

英国打仗，摩根出钱

英国从 1919 年凡尔赛和会中脱颖而出，成为在许多方面主宰世界的超级大国。然而，放在第一次世界大战的背景下，一个极不引人关注的细节就是，英国是靠借钱打赢了这场战争。

总额达到几十亿美元的美国存款，是英国打赢战争的决定性因素。这些存款都是由华尔街的摩根公司募集的。在 1919 年凡尔赛和会期间，英国欠美国的战争借款数目惊人，达到了 47 亿美元。当时，英国的国内经济已经深深地陷入战后萧条，工业一片混乱。在经历了四年战争之后，国内物价上涨了 300%。英国的国家债务增长了 9 倍多，从 1913 年到 1918 年战争结束时，增长了 924%，达到了 74 亿英镑之巨。

如果说英国是以领土征服者的姿态成为凡尔赛和会的胜利者，那么美国，或者至少是美国某些强大的国际银行和工业利益集团，已取代英国成为最强大的世界经济力量，这一点在 20 世纪 20 年代初表现得更加清晰明确。为了解决这个问题，随后几年里，英国和美国的国际利益集团之间展开了残酷的权力争夺。

至 20 世纪 20 年代初期，支撑英帝国权力大厦的支柱主要有三个：控制世界海上航线，控制世界银行业和金融，控制具有战略意义的原材料。美国新生的“国际主义”派，对每根支柱都形成了威胁。这个曾经亲英的美国帮派几十年一直受伦敦栽培，现在它们决定不再当温顺的小学生了。在接下来的十年间，英国和美国之间为了共同而又冲突的目标，相互争斗，十分惨烈。第二次世界大战的种子也就是在这个冲突中埋下的。

美国要下的赌注十分巨大。美国能否借助其经济地位成为政治上具有统治地位的超级大国？抑或在凡尔赛和会以后，在英国主导的英美共同统治的框架内，美国是否甘当一个有用的、但明显居于小兄弟地位的伙伴？换句话说，凡尔赛和会后的这个世界新帝国的首都是继续留在伦敦，还是移到华盛顿？在1920年，这一问题的答案还不是十分清楚。

1921年，英国驻美大使在给英国外交部的一份急件中对英美经济政治竞争的紧张关系表述得十分清楚：

> 美国政客中务实派的最大野心是，为美国赢得世界主导国的地位，同时成为英语国家的领导者。为此，他们打算建设强大的海军，组建世界上最大的商船队。他们还打算阻止我们通过向美国输送货物冲抵我们的欠款，他们在寻找机会把我们当成附属国对待，因为我们的欠款没有还清。[1]

从19世纪70年代开始，英国最重要的海外投资市场一直是美国，通过与精心选择的纽约银行建立联系，投资铁路和其他领域。于是，1914年10月，英国陆军部向中立的美国派驻了一位特别代表，专门安排采购战略物资和其他一些重要物资，当时以为战争并不会打很久。

1915年1月，第一次世界大战打响后六个月，英国政府委任纽约私人银行摩根公司作为其从美国采购全部战争物资的独家采购代理。摩根同时还担任了英国政府向美国私人银行募集战争借款的独家金融代理。不久之后，在法国、意大利和俄国对德奥的战争中，英国又成为战争物资采购和贷款的保证人。这是一个巨大的信贷金字塔，坐在塔尖上的是美国摩根银行。在如此巨额而又充满风险的赌局中，还从来没有哪家银行敢单独下注。

1914年第一次世界大战爆发时，整个英帝国和英国本身实际上已经破产。前面我们已谈到这点。但是，英国的财政官员确信，美国政府和纽约银行界的亲英派会支持英国。

摩根银行和纽约金融界，在协约国的战事中起到极为重要的作用。通过一个垄断性安排，对所有美国军需品和战争物资的采购，以及英国、法国和其他欧洲盟国的粮食和食品等必需品的供给，都由摩根银行一手操办。摩根通过它在伦敦的分支机构摩根格伦费尔公司和巴黎的分支机构摩根哈杰斯公司来完成对整个协约国的供给。摩根格伦费尔公司的一位高级合伙人是英格兰银行的董事，也是英国财政大臣劳合－乔治的亲密朋友。考虑到英国战争需求的规模，对一家投资公司来说，手握如此之大的权力，这样的先例在历史上绝无仅有。

握有整个协约国集团独家采购代理权的摩根，已经成为美国未来工农业产品出口事实上的主宰。在向欧洲的反德战争提供巨额而利润丰厚的出口订单方面上，摩根可以决定花落谁家。

像杜邦化工这样的企业成长为国际企业巨头，就是得益于它们与摩根的特殊关系。雷明顿和温彻斯特军火公司也是摩根的好“朋友”。中西部粮食贸易公司得以壮大，也是因为专供摩根的欧洲客户。这些关系是错综复杂的，因为摩根为英国和法国私下募集的绝大多数资金，都是通过杜邦和一些朋友的资源募来的。这反过来成了欧洲巨大军火市场的保证。

由于伍德罗·威尔逊总统当时表示严守中立，所以，摩根作为一家私人银行的地位显得尤为重要。但是，随后几年里，当数十亿美元的战备物资和信用贷款流向英国时，中立变成了一层掩人耳目的面纱。仅采购代理一项，摩根就根据所有装船物品的净价抽取 2% 的佣金。生意做得太大了，于是，摩根邀请后来担任国务卿的斯特蒂纽斯作为摩根的高级合伙人，负责处理业务量庞大的战争采购事务。

美国作为一个中立国，所有这些活动都严重违反国际法。国际法禁止中立国为交战国建立物资补给基地。在后来的美国参议员质询中，摩根本人受到的指控是牟取暴利，并直接从与摩根的合伙人有利益关联的企业采购。到 1917 年，英国陆军部已经通过摩根银行下了总额超过 200 亿美元的采购订单，英国、法国和其他国家通过摩根及其设在纽约的金融财团直接筹集的贷款还没有包括在这里面。

1915 年，美国财政部部长麦卡杜说服一筹莫展的威尔逊总统，为了维持美国的出口，美国私人贷款十分必要。资金和物资源源不断地流向欧洲。到 1915 年时，在 1913 年的基础上，美国对英国的出口增长了 68%。到 1917 年美国参战支持英国前，协约国通过摩根银行、花旗银行和其他纽约的大投资机构募集了大约 12.5 亿美元，在当时这几乎就是一个天文数字。对于私营金融机构来说，进行如此大规模的资金调动，必须与纽约的联邦储备银行有良好的关系。恰好，这个刚刚成立的金融监管机构的领导是摩根银行的前任行长本杰明・斯特朗。即便如此，这一业务的巨大风险也曾几次险些引来灭顶之灾。

1917 年 1 月，被战争拖得精疲力竭的俄国有意撤出战争，英法面临崩溃的威胁，这使得摩根及其纽约的金融财团产生了发起更大的宣传攻势和动用更多资源的动力。只有美国出兵才能扭转欧洲的败局，改变摩根及其欧洲代理客户们的困境，当这一点变得十分明确时，他们开始行动。英国秘密情报机关最高层和美国新闻界对他们的行动给予了大力支持。美国新闻界认为，美国应当站在“正义”的一方加入欧洲战争，支持英国。摩根公司和英国的努力如果失败，那么他们将在 1917 年上半年就面临彻底的金融崩溃。

对摩根公司和伦敦来说，它们实在是太幸运了，德国将军埃里希・鲁登道夫为盎格鲁－摩根利益集团避免了一场金融崩溃。1917 年 2 月，德国宣布全面开展潜艇战，其意图是切断美国对协约国的石油供给。美国油船连续被击沉，为摩根控制的美国新闻界大肆鼓吹结束中立立场提供了很好的借口。[2]

1917 年 4 月 6 日，当美国国会对德宣战时，纽约金融界在纽约的联邦储备银行行长斯特朗的支持下，发起了有史以来最雄心勃勃的一次金融运作。

1913 年 12 月 23 日，如果伍德罗·威尔逊总统没有被说服签署联邦储备法的话，美国是否会把如此巨大的资源投入到欧洲战争中就不好说了。如果没有这部新的法律，英国是否会策划如此大胆的计划来对抗欧洲大陆的帝国，也很值得怀疑。就在欧洲战争爆发之前几个月，美国联邦储备系统成立，摩根公司和伦敦金融城的国际金融巨头们在其中发挥了关键作用。

德国的情况与此形成鲜明对照。19 世纪 90 年代，德意志帝国国会对金融投机进行严格的限制，而参与制定 1913 年联邦储备法的这个利益集团，完全是由摩根家族的精英们控制的，他们追求的目的是把纽约变成国际资本中心。从此，纽约的银行家开始采用英帝国的财政风格。

1917 年 8 月，美联储启动“自由债券”和其他债券的销售，为美国政府募集战争经费。在这一伟大的“爱国主义”活动中，以个人为主要销售对象的美国国库券，是通过摩根银行和其他一些大型纽约投资机构发售的。这些债券的规模巨大，数目惊人，截至 1919 年 6 月 30 日达到了 214.78 亿美元。历史上从来没有在如此短暂的时间内动用过如此巨额的资金。当然摩根公司从这笔生意中拿到的佣金也相当可观。

到 1920 年，针对这场为期四年的战争和全球性浩劫，摩根的合伙人托马斯·拉蒙特曾带着满意的口吻写道：“全世界的国债规模已经增加到 2100 亿美元，是过去六年的 475%。很自然，各类公债的规模和参与其中的投资者数目翻了无数倍。”拉蒙特还说道：“发行如此巨额的债券，其影响在世界所有投资市场上都十分明显，但是尤以美国为甚。”[3]

一旦摩根家族和纽约投资银行家们品尝到了作为世界金融领域领导者的好处，为了巩固他们的权力，他们将联合起来，不惜一切代价。

摩根家族主事的人，包括托马斯·拉蒙特，以及他们在华尔街的密友伯纳德·巴鲁克等人，在凡尔赛和会的秘密会议上，便拟定了为第一次世界大战赔款的“账单”。

他们共同建立起一个专门的赔款委员会，这个委员会是一个常设机构，专门为德国向协约国支付战争损害赔款设定准确的数额和方式。

尽管巴尔弗和某些英国政府官员认为，战争结束后，接踵而来的往往是债务免除，体现战胜国的宽宏大量。但是，作为精明而又保守的银行家，摩根和他的朋友们，在享受和平带来的歌舞升平的同时，并没有忘记协约国欠下的巨额战争贷款。美国一宣布正式参战，摩根公司就悄悄地把他们手中握有的英国政府贷款全部换成了美国国库券的普通债，转手的过程神不知鬼不觉。其结果是，战争结束后，英国债务已经成为美国纳税人沉重的负担。这样一来，摩根利益集团十分肯定地获得了战后凡尔赛赔款的大头。随着美国政府的战争债务达到史无前例的规模，摩根集团的利益和美国政府利益之间的界限变得模糊不清了。渐渐地，美国政府已沦为纽约国际银行家们扩张其新势力的有用工具。

纽约银行家挑战伦敦金融城

就在凡尔赛和谈的过程中，成立了一家专门协调英美之间战略事务的新机构——皇家国际事务研究所。莱昂内尔·柯蒂斯是组建这一研究机构的倡议人。莱昂内尔·柯蒂斯长期以来一直是一个包括巴尔弗、米尔纳等人在内的秘密“圆桌”会议（也被称为“新帝国”圈子）的积极参与者。这一建议是1919年5月30日提出的，正是凡尔赛和谈期间，地点在马加斯饭店的一个私人聚会场所。洛西恩勋爵菲利普·克尔、罗伯特·塞西尔勋爵和圆桌会议的其他成员参加了此次的重要聚会。这个新机构的第一个名义上的任务就是撰写凡尔赛和会的“官方”历史。这个皇家研究所接到的第一份捐赠就是由摩根集团的托马斯·拉蒙特捐献的2000英镑。历史学家阿诺德·汤因比是这个机构第一个领工资的正式成员。

在凡尔赛，这些人还决定，为这家伦敦的研究所建立一个美国分支机构，为了掩盖与伦敦研究所的联系，他们把美国的分支机构命名为“纽约外交关系协会”。该协会最初的组成人员几乎全部来自摩根集团，资金全部由摩根承担。他们希望通过这种密切联系，在凡尔赛和会之后，美国的利益能够与英国的利益协调一致。但是，过了很多年，这一目的并未达到。[4]

在 20 世纪 20 年代整整十年的时间里，英美在战争赔款条件、橡胶协议、海军协定、新的金本位平价，尤其是在对未开发的世界石油产区的控制等每一方面都锱铢必较、剑拔弩张，经历了这一艰难过程，英美对全球的联合共管才出现现在的局面，摩根集团的外交关系协会与伦敦的皇家研究所之间的政策协调才产生效果。1922 年，华尔街律师约翰·福斯特·杜勒斯——凡尔赛和谈的关键人物，以及和谈协议第 231 条款（臭名昭著的德国“战争罪”条款）的主要起草人——在外交关系协会创办的杂志《外交》上撰文阐述了摩根及其纽约银行家同仁们的思想。这一思想十分简单，即“有战争必然有损失。战争造成的损失通过债务来衡量。债务表现为多种不同形式：内部的、赔款的、盟国之间的……一般体现为债券或纸币”。

根据杜勒斯的计算，英国和其他同盟国欠美国的债务总额是 125 亿美元，利率为 5%，而根据《凡尔赛和约》，德国欠英国、法国和其他协约国 330 亿美元。这一数字在当时是无法想象的。1921 年 5 月最终敲定的数字为 1320 亿金马克。德国只有六天时间决定是否接受上述条款；如果拒绝，协约国将对鲁尔工业区实施军事占领。在全球石油争夺起关键性作用的背景下，军事占领的问题很快将再次出现。

德国是凡尔赛和会的主要目标，在凡尔赛和会上，德国的所有殖民地都被瓜分了，因此，它也失去了宝贵的原材料资源。德国在土耳其石油公司中 25% 的股份被剥夺，最终由英国转给了法国。

美国国会拒绝批准《凡尔赛条约》，包括实施协议的机构——国际联盟，但是，以摩根集团和纽约的美联储为轴心的利益集团并没有停止掌控战后的欧洲金融命脉的步伐。凡尔赛和会之后至 1929 年 10 月华尔街崩盘这段时期，德国的战争赔款，以及同盟国之间的“三角债”，如法国、意大利、比利时欠英国的钱，以及英国欠美国的钱，如同雪上加霜，左右着世界金融和财政政策。这一时期整个国际金融金字塔，完全是由惩罚性战争债务的大厦支撑着。在债务问题上，摩根和纽约银行的新贵们拒绝妥协。

在20世纪20年代，欧洲国家的债务总规模十分巨大，以致每年国际金融体系处理债务的业务量甚至都超过了每年美国的外贸的业务量。纽约国际银行界将世界资本的流向调整到处理这一数额巨大的债务问题上。处理债务业务是以牺牲投资为代价的，这些投资对于满目战争疮痍的欧洲经济重建和现代化如久旱逢甘霖。

由于欧洲经济遭受严重破坏，摩根公司取得了竞争优势，纽约的信贷支配着一切。与其投资于美国的战后经济扩张，把钱贷给战后的欧洲利润要丰厚得多。以摩根和摩根集团成员本杰明·斯特朗领导下的纽约联邦储备银行为核心，纽约金融界不遗余力地维持美国的低利率。其结果是，美国的贷款如洪水般地涌入战后的欧洲和世界其他地方，在这些地方资本获得了比在美国本土多得多的风险收益，而伦敦和新任英格兰银行行长蒙塔古·诺曼只能眼巴巴地看着美国金融侵占他们的传统市场。

1924年，在银行业这一关键领域，英美之间的争斗达到了战后的白热化程度。当时，美国威胁，要进入英帝国的这一黄金和原材料中心，英国刚刚在二十年前通过血腥的布尔战争占领了这一地区。1924年下半年，南非政府成立了一个国际委员会，该委员会由美国金融专家、普林斯顿大学教授埃德温·凯默勒任主席，专门就是否置英国于不顾而重返国际金本位制提供咨询。

直到1924年，英国仍深陷战争的灾难不能重返金本位，如果重返金本位，英国经济会遭受严重挫折，因为那时仍然有近150万英国人失业。

凯默勒告诉南非人，他们应与纽约银行建立直接的金融联系，绕开对伦敦的传统依赖。伦敦金融城的金融家们心知肚明，这样一来，就会为美国从经济上占领英国用军事力量取得的地区打开大门，获得了南非，就获得了世界黄金供给的主导权，进而获得世界信贷的主导权。伦敦迅速行动起来，采取了先发制人的策略，然而战争的伤痕远未痊愈。[5]

在凡尔赛和会期间，美国退守新孤立主义（这一直存在很大争议），英国因此坐收渔利。当时美国国会转变了态度，不支持英国的国际联盟的想法，尽管威尔逊总统支持。经过凡尔赛和会的充分协商之后，世界新秩序的绝大多数特征已经形成。由于美国退居幕后，英国得以在欧洲、非洲和中东横冲直闯，建立起自己长期的关键性霸权。

但是，有一点变得越来越清楚，强大的美国银行业和石油利益集团绝不会甘当孤立主义者。英国要么击溃这个威胁，要么有效地将其纳入一个新的大西洋联盟。

英国为石油霸权而战

《凡尔赛条约》墨迹未干，美国石油巨头洛克菲勒标准石油公司就很快认识到，它的英国盟友十分巧妙地把它排除在战争分赃之外。通过英国秘密拥有的荷兰皇家壳牌公司和盎格鲁－波斯石油公司，英国政府实际控制着新近划分的中东边界和战后的欧洲市场。

1920 年 4 月，在意大利的圣雷莫召开了协约国最高理事会部长会议，拟定了对之前奥斯曼帝国在中东的石油利益进行瓜分的细节。英国首相劳合－乔治和法国总理亚历山大·米勒兰达成了《圣雷莫协定》，英国人让出了在美索不达米亚 25% 的石油开采份额，而法国则同意，在新的国际联盟保护下，美索不达米亚由英国托管。

而英国给法国的份额是从德国人那里抢来的，这些份额曾经是德意志银行在以前的土耳其石油公司中的 25% 的股份，是凡尔赛和会战利品的一部分。对剩下的广袤的美索不达米亚地区 75% 的石油开采权，通过盎格鲁－波斯石油公司和荷兰皇家壳牌公司，仍然牢牢控制在英国政府手中。法国政府成立了新的国家支持的公司——法兰西石油公司

（CFP）。第二年，在法国实业家欧内斯特·梅西埃的领导下，法兰西石油公司在美索不达米亚发展了许多新的业务。

亨利·德特丁爵士是领导荷兰皇家壳牌石油公司的英国人，同时也是英国秘密情报机构信赖的间谍，他承诺法国可以拥有毗邻法属叙利亚的一部分石油开采权，作为交换，英国牢牢控制了摩苏尔和美索不达米亚地区未开发的巨量石油储备。《圣雷莫协定》本身就是约翰·卡德曼爵士的杰作，那时，他是帝国石油政策委员会的主任，后来是英国政府所属盎格鲁－波斯石油公司的领导人。卡德曼和德特丁两人私下就定下了《圣雷莫协定》的条款。毫不奇怪，英国的国家石油霸权地位由此得到了极大的加强。

根据《圣雷莫协定》，英国给予法国美索不达米亚地区开采出的石油总量的25%。作为交换，法国慷慨地授权英国石油公司在法属叙利亚至地中海石油港口之间铺设石油管道。石油管道及与此相关的所有业务在法国都可以免除征税。卡德曼计算过，由于法国缺乏实质性的石油生产能力，英国必然会在整个中东的日益增长的石油财富中形成实际上的垄断。《圣雷莫协定》还包括一项条款，英国可以排除任何外国公司在其领地内进行开采。

此外，圣雷莫达成了一项协议，在对罗马尼亚和苏俄的石油关系上，法国将与英国采取协调一致的政策。这一协议的影响很快就变得明朗起来。由于在第一次世界大战中，法国在经济上遭受的打击大大超过了英国，《圣雷莫协定》似乎是伦敦获得的一个意外收获，它确保了法国对英国全球石油版图的支持，这一全球版图是以古老的奥斯曼帝国的阿拉伯中东地区的石油财富为中心的。

邱吉尔及其领导下的阿拉伯局

1921年3月，在开罗，英国殖民事务大臣温斯顿·邱吉尔召集了大约 40 名研究近东问题的一流专家，讨论对这一地区新获得的版图进行最终政治分割的问题。出席这次会议的人几乎囊括了所有一流的英国阿拉伯问题专家，有邱吉尔的亲密朋友劳伦斯、珀西·考克斯爵士、格特鲁德·贝尔等人，这次会议的结果是成立英国殖民部中东局，取代 1916 年成立的阿拉伯局。根据在开罗拟定的计划，美索不达米亚被重新命名为伊拉克，由麦加的哈希姆家族的侯赛因·伊本·阿里的儿子费萨尔·伊本·侯赛因统治。英国皇家空军飞机永久驻扎伊拉克，伊拉克政府被置于盎格鲁－波斯石油公司官员的有效控制之下。

1921 年 4 月 21 日，美国国务院代表美国标准石油公司正式发表声明，强烈要求参与中东的石油开采，英国外交大臣寇松勋爵给英国驻华盛顿大使发了一封简短而又粗暴的回信，声称在英国控制下的中东不允许任何美国公司进行石油开采。[6]

《圣雷莫协定》点燃了英美之间对世界石油控制的激烈争夺战，并在 20 世纪 20 年代持续了整整十年。这一争夺战对形成美国和英国与新生的布尔什维克政权在关键性的最初岁月中的外交和贸易关系起到了决定性的作用，当时布尔什维克政权先是在列宁领导之下，后来是在斯大林领导之下。惊慌不安的美国石油集团和银行集团担心，英国正一步一步地取得全球石油的垄断权，不惜牺牲美国的利益。德特丁领导的荷兰皇家壳牌石油公司用铁腕控制住了荷属东印度、波斯、美索不达米亚和战后中东大部分地区的巨量石油开采权。

进入 20 世纪 20 年代后，拉丁美洲也变成了英美之间激烈争夺的焦点。

为控制墨西哥而战

1910 年，在墨西哥湾的墨西哥沿海城市坦皮科市发现了巨大的石油田。不久，美国总统威尔逊就派军队进驻墨西哥。此举的真正目标不是墨西哥政权，而是墨西哥政权后面的英国利益。1912年，美国海军陆战队员在坦皮科港逗留期间被拘留，威尔逊总统以这件芝麻小事为借口命令美国军舰前往韦拉克鲁斯。美国海军陆战队武装登陆，强行占领墨西哥海关，其代价是20名美国人和200名墨西哥人阵亡。

他们的目标是把维克托里亚诺·韦尔塔将军赶下台，韦尔塔将军是由墨西哥鹰石油公司一手扶上台的，并得到其财政支持。墨西哥鹰石油公司的总裁威特曼·皮尔逊是英国石油公司的吹鼓手，后来被英国女王封为考德雷勋爵，曾经为英国情报部门工作，在为英国瓜分墨西哥石油方面与德特丁和壳牌石油有十分密切的合作关系。当威尔逊派兵的时候，墨西哥鹰石油公司已经设法得到了墨西哥石油一半的开采权。

眼看就要与德国开战了，英国决定巧妙地放弃对韦尔塔政权的支持，卡兰萨将军政权的合法性立即得到了美国总统威尔逊的承认。洛克菲勒的标准石油公司为卡兰萨出枪又出钱，包括十万美元现金和大笔的燃料贷款。美国石油巨头从英国石油巨头手中接管了墨西哥。当时，坦皮科的油井令全世界羡慕，塞罗·阿苏尔一口井一天的产油纪录达到20万桶。

随后，当卡兰萨开始着手维护墨西哥的国家利益而不是美国石油公司的利益时，他变成了1916年一场激烈运动的焦点，标准石油公司出钱支持游手好闲的潘乔·比利亚，反对卡兰萨。

就在美国参加欧洲战争之前不久，潘兴将军率部队被派往墨西哥执行短暂任务，但无功而返。后来，美国即将站在英国一边参与欧洲战争，英国和美国决定联手抵制卡兰萨领导下的墨西哥。对墨西哥来说，十分幸运的是，由于战事频频，无暇他顾，这个国家暂时躲过了英美石油争霸的硝烟，成了世外桃源。卡兰萨总统继续执政。直到1920年，凡尔赛和会之后，他被暗杀。

卡兰萨留下了许多遗产，其中之一就是1917年批准的墨西哥第一部宪法，该法包括了专门一段，即第27条，规定“所有矿产、石油和所有固态、液态或气态碳氢燃料……都由国家直接所有”。非墨西哥国民获得石油开采权的唯一条件就是，承认墨西哥法律在商业事务上具有完全主权，没有来自外国政府的干预。为了墨西哥的石油，在整个 20 世纪 20 年代，英国和美国的石油利益集团一直在明争暗斗，十分激烈。这种争斗甚至持续到 20 世纪 30 年代后期，直到卡德纳斯政府决定，对所有外国石油股份实施国有化。这一决定引起了英美石油巨头的不满，此后的四十年里，墨西哥一直受到这些石油巨头的抵制。

英国控制石油的秘密

在 1910 年墨西哥发现了大油田到 20 世纪 20 年代中期这段时间里，英国的墨西哥鹰石油有限公司在董事会主席威特曼·皮尔逊（考德雷勋爵）的领导下，在墨西哥的石油开采市场频频亮相，重拳出击，与咄咄逼人的美国洛克菲勒石油公司形成抗衡。

像其他所有的英国大石油公司的经理人一样，皮尔逊也为英国秘密情报机构工作。1926 年，他把墨西哥鹰石油有限公司的权益卖给了荷兰皇家壳牌集团。皮尔逊成了考德雷勋爵，他把墨西哥的石油财富组建成一家受保护的托拉斯，这就是后来的皮尔逊集团。它是伦敦最具影响力的企业集团之一。这个集团拥有伦敦《经济学人》和《金融时报》，在影响很大的伦敦－纽约－巴黎商业银行拉扎德中占有很大的股份。

在控制主要石油储备的全球角逐中，英国外交部、秘密情报机构和英国石油利益集团的政策，以一种十分隐蔽但却非常有效的方式相互配合着。当时，除了苏联，其他国家都很难做到这一点。[7]

到 20 世纪 20 年代早期，英国政府还控制着庞大的私营军工企业。实际上，这些军工企业直接服务于政府的利益，即主导直至最终控制所有具有巨大石油储备的地区。其中有四家公司发挥着重要作用，它们全部都是英国秘密情报活动的组成部分。

荷兰皇家壳牌石油公司，尽管它叫这个名字，已经落入英国政府代理人的秘密控制之中。荷兰人德特丁在荷属东印度的苏门答腊时，第一次认识到石油民用的潜力。后来，他升任荷兰皇家石油公司总裁，这家公司专营印度尼西亚石油。

1897 年，德特丁意识到，控制其贸易的海上航运期限至关重要，于是他与一家船运公司结成战略联盟。他把自己的荷兰皇家石油公司和一家伦敦的壳牌运输与贸易公司合并。壳牌运输与贸易公司是由精明的英国运输巨头马库斯·塞缪尔（比尔斯特德勋爵）建立的，他还建造了世界上第一艘油轮。德特丁的荷兰皇家公司与塞缪尔的壳牌运输与贸易公司的合并，成为后来世界上最强大的托拉斯，当然这离不开英国政府的秘密支持。即使在美国，通过加州油田公司和俄克拉何马的洛克萨那石油公司，这家公司很快成为洛克菲勒标准石油集团的竞争对手。上述两家公司完全由海外的壳牌公司拥有，却不必担心受美国的反托拉斯法的管制。在美国境内，反托拉斯法对洛克菲勒标准石油公司有许多限制。

与此同时，他们还组建了盎格鲁－波斯石油公司，专门开采英国政府在波斯和中东的专属石油资源。为了寻求对未来全球石油勘探的控制，英国政府还建立了另外一家关系公司，这家鲜为人知的公司与英国外交部和秘密情报机构在全球范围内有紧密联系。这家公司名为达西勘探公司。

20 世纪 20 年代早期，石油争夺带有鲜明的政治特征，英国的达西勘探公司就处在这一政治的中心。“达西勘探公司在中美洲或西非、中国和玻利维亚的代理人，似乎首先总是英国政府的代理人”，一位同时代的人评论说。[8]

在这一时期，英国政府在全球从事秘密石油战争的第四个也是最后一个实体是一家名义上的加拿大公司，由一个叫阿尔维斯先生的人领导，名叫英控石油公司，简称 BCO。如同壳牌公司和其他公司一样，BCO 由英国政府秘密控制。阿尔维斯的任务是为英国在中南美洲攫取新的重要石油油井，以抗衡美国洛克菲勒所属公司的种种图谋。

1918 年，阿尔维斯设法让英国承认哥斯达黎加蒂诺科政府，作为回报，BCO 得到了靠近巴拿马边境和重要的运河地区超过 28300 平方千米土地的石油开采权。美国拒绝承认蒂诺科政府，就在 1921 年，巴拿马和哥斯达黎加发生了边境冲突，美国站在哥斯达黎加新政府一边进行干预，这就是外号为中美洲的“玩具战争”。哥斯达黎加新政府立即宣布，所有以前由蒂诺科政府签署的石油开采权，尤其是授予 BCO 的石油开采权一律无效。美国的石油公司立即得到了大批的开采权，哥斯达黎加新政府也很快发现，他们很容易从纽约银行得到贷款，而且贷款条件十分优惠。

针对这一情况，BCO 开始向南往委内瑞拉的马拉开波市发展。1922 年在入海口附近，大批高产油井被发现。阿尔维斯为他的英控石油公司拿下了油水最大的油井。荷兰皇家壳牌石油公司很快跟进，设立了全资的委内瑞拉石油开采有限公司和科隆开发公司。当然，洛克菲勒的标准石油公司也很快加入了石油争夺战，成立了委内瑞拉标准石油公司。20 世纪 20 年代早期，委内瑞拉成为世界上最重要的石油生产国之一。

有英国政府的背后支持，又在世界范围内得到了英国秘密情报部门的配合，英国石油企业的成功是有目共睹的。1912 年第一次世界大战前，英国通过其石油公司控制的世界石油产量不足 12%。到 1925 年，英国控制了世界未来的大部分石油供应。

爱德华·麦凯·埃德加爵士在 1919 年 9 月英国金融杂志《斯珀林杂志》发表的一篇文章中，这样回顾当时的整体情况：

> 我要说，中南美洲三分之二改良过的油田都掌握在英国人手中……阿尔维斯集团其所属公司实际圈掉了加勒比海三分之二的油田，完全属于英国，其制度安排就是为了保证该集团的所有业务永远掌握在英国手中……或者，再以壳牌集团为例，它是所有石油公司中最大的一家公司。壳牌石油在世界每一个重要的油田都独家拥有或控制着相关业务，这些产油区包括美国、俄国、墨西哥、荷属东印度、罗马尼亚、埃及、委内瑞拉、多米尼加、特立尼达、印

度、锡兰、马来群岛、中国北部和南部、暹罗、海峡殖民地（马来西亚的马六甲地区）和菲律宾。这一局面的优势要充分发挥出来并结出硕果，还需要再等上几年，但是最后的收益将是巨大的，这一点丝毫不容置疑……用不了多久，美国将不得不从英国公司手上买油，而且支付的美元会越来越多，因为离开了石油，它就无法生存，又不能自给自足。[9]

但是，在1922年发生了一起意想不到的事件，导致了多年后美英战后冲突的“停战”期。来自东方的具有威胁的新联合迫使华盛顿和伦敦形成具有全球霸权的共同治理机制，在这样的机制下形成了一直延续至今的全球霸权的战略重心。我们必须到热那亚去看一看，这一事态促成了一系列具有世界影响的事件。

这一次又是德国，无视英国的指挥棒，迫使英国与其对手华盛顿开展更加紧密的合作。

第六章

步调一致：

英美联手对付苏德

The Anglo-Americans Close Ranks

面对苏联（苏俄）巨大的石油储备，英美各自打起了自己的如意算盘。德国半路杀出，搅乱英美人的美梦。英美联手，一方面配合西欧国家利用军事和经济手段压制德国；另一方面组建石油卡特尔——“七姊妹”公司。英美还精心密谋，为希特勒上台铺路。

热那亚会议

1922 年 4 月 16 日，在热那亚的阿尔贝蒂庄园，参加战后国际经济会议的德国代表团在会上扔出了一个重磅炸弹，其冲击波远及大西洋彼岸。这是一枚政治炸弹。德国外交部部长瓦尔特·拉特瑙向包括苏俄外交部部长契切林在内的与会各国部长宣布，德国和苏俄已经达成了双边协议，在这个协议中，苏俄同意放弃向德国索要战争赔偿，条件是德国同意向苏俄出口工业技术及其他事项。

《拉帕洛条约》是以热那亚附近的一座小村的名字命名，在那里，德国人和苏俄人最终达成了一致，令参加阿尔贝蒂庄园会议的所有代表震惊。该消息立即引起了恐慌式反应，特别是与会的英国人和法国人。

热那亚会议是在英国的敦促下召开的，其目的是为了达到 20 世纪 20 年代初期凡尔赛和会后英国确定的一系列战略目的，首先是为重新建立 1914 年之前的以伦敦为中心的国际金本位制奠定基础；其次是通过邀请苏俄参会，英国打算利用这次会议与苏俄重修旧好。此前，苏俄一直受到国际社会的排挤，因为新的布尔什维克政府单方面拒绝偿付沙皇俄国时期的所有债务。有意思的是，美国政府一直不打算以任何官方形式参与热那亚会议，这就给英国更大的空间来主导这次会议。

英国向莫斯科伸出橄榄枝是别有用心的。恢复与苏俄的外交关系旨在打开与苏俄做赚钱生意的大门，让荷兰皇家壳牌石油公司和其他英国石油公司控制遭受战争蹂躏的巴库油田。壳牌公司的德特丁与英国殖民事务大臣温斯顿·邱吉尔一唱一和，从1918年开始，向白军反革命集团秘密提供资金支持，与此同时，他又神不知鬼不觉地来到法国，买下了俄国革命前签署的开发俄国巴库油田的租约，他预计遭受经济孤立和战争重创的苏俄政权会很快垮台。

这一系列事件正是发生在臭名昭著的洛克哈特阴谋期间，这期间，英国驻莫斯科使节罗宾·布鲁斯·洛克哈特爵士与西德尼·赖利一起，因试图在1918年8月刺杀列宁遭到缺席审判并判处死刑。这也是英国与盟军在阿尔汉格尔登陆的时期。邱吉尔领导的殖民事务部一直都在执行一项政策，对俄国倒霉的克伦斯基政权的前陆军部部长鲍里斯·萨芬科夫领导的流亡政府提供支持，这位领导人声名狼藉，是个吗啡瘾君子。在邱吉尔和英国政府的支持下，到1920年，德特丁已经向弗兰格尔将军和邓尼金将军、高尔察克上将和其他将军领导的白军反革命集团输送了巨额现金。德特丁建立了盎格鲁－高加索公司，期望拿到巴库油田的开采权。迫不及待的德特丁甚至募集资金，建立巴库的分裂主义组织，让其承诺给予德特丁石油开采权。[1]

四年来，英国政府使尽浑身解数，利用各种公开的或秘密的手段，试图推翻新生的布尔什维克政权，最终落得个竹篮打水一场空。到1922年，英国不得不改变策略，试图介入英国看来更为务实的、列宁制定的1921年新经济政策。

美国觊觎苏俄石油

获得开发和控制苏俄大油田的垄断权，是1922年德特丁和英国的美梦，而包括洛克菲勒标准集团在内的强大的美国石油利益集团也在做同样的梦。

但是，直到1922年，英国想进入苏俄的新招数看起来还是不切实际。在获得苏俄石油开采权方面，英国最主要的竞争对手是哈里·辛克莱领导的美国辛克莱石油公司，但是，这家公司此时正好被牵涉进在美国爆发的“怀俄明茶壶顶海军储备”石油租约的丑闻中。

哈里·辛克莱把自己装扮成俄克拉何马“独立”的石油商人，实际上是标准石油公司和银行利益集团的一位“中间人”，在一些由标准石油公司直接出价可能会引起怀疑的市场上，往往由辛克莱出面进行投标，这样的怀疑主要是来自英国强有力的竞争对手壳牌集团。在20世纪20年代初期，辛克莱并不像看上去那样“特立独行”。在辛克莱炼油公司的董事会里有小西奥多·罗斯福，他是美国前总统的儿子，其兄弟阿奇博尔德·罗斯福是辛克莱石油公司的副总裁。威廉·博伊斯·汤普森也是辛克莱石油公司的董事，他还是洛克菲勒大通银行的董事，这家银行隶属于标准石油公司。

20世纪20年代初期，哈里·辛克莱与苏俄代表列昂尼德·克拉辛在伦敦举行会谈。他们会谈的结果之一是，他与美国参议员艾伯特·福尔和阿奇博尔德·罗斯福一起访问莫斯科。在那里，他们就珍贵的巴库油田（包括萨哈林岛油层）的开采权进行谈判并达成一致。他们还将与苏俄政府成立一家各占一半股权的合资公司，平等享受全球石油销售的利润。经辛克莱等人同意，在项目中的投资不少于11500万美元，并且同意为苏俄政府申请更多的美国贷款。莫斯科知道辛克莱与美国总统哈丁和华盛顿的共和党政府关系很密切。要获得美国的贷款必须在外交上得到美国对苏俄的承认，这将打破国际上对苏俄的孤立。辛克莱同意并说服哈丁总统承认苏俄政府。

但是，在怀俄明，一件丑闻突然浮出水面，牵涉到辛克莱、福尔，甚至哈丁总统，丑闻涉及他们把美国政府在怀俄明茶壶顶地区利润丰厚的石油资产以租赁合同的方式授予了出去。据传闻，这件丑闻是竞争对手德特丁的壳牌集团的代表暗中唆使而成的。在随后的传媒丑闻和国会质询中，没人提到这一惊人的巧合，即“茶壶顶”事件发生时，正值辛克莱和美国从德特丁和英国的眼皮底下获得珍贵的巴库油田开采权。[2]

1922 年 4 月 14 日，正好在哈丁总统准备宣布与苏俄外交和贸易关系正常化的节骨眼上，《华尔街日报》头版上赫然刊登了“茶壶顶”事件和哈里·辛克莱卷入其中的报道。没过一年，哈丁总统莫名其妙地暴死。柯立芝总统的继位使辛克莱和巴库项目胎死腹中，承认苏俄的计划也无果而终。老辣的英国情报人员四处活动，阻挠了美国主宰苏俄石油开采的企图，这一点毫无疑问。

苏德结盟甩开英国

这就是热那亚会议召开前的大背景，在美国作出的种种努力惨遭挫败之后，英国打算在控制苏俄丰富的经济资源方面取得突破。但是，就在历时数周的热那亚会议期间，德国外交部部长拉特瑙和苏俄外交部部长契切林签署了一个全面的条约，英国、法国或美国政府事先对此却一无所知。

拉特瑙的首选绝对不是与苏俄打交道。在凡尔赛和会之后，他以德国经济重建部部长的身份，反复向英国和其他盟国政府提出建议和请求，允许德国重振其经济，这样，德国才能用出口收入来支付《凡尔赛条约》规定的战争赔款重负。他的请求一次又一次遭到拒绝。雪上加霜的是，1921 年英国政府对所有德国进口物资征收 26% 的禁止性关税，这给德国为制定现实的支付战争赔款方案而做的努力进一步制造了障碍。

面对英法挥动的大棒，拉特瑙这位出生于德国著名工程师家族的后代、大型电子公司——德国电气股份公司（AEG）的前董事局主席，决心通过发展向苏俄出口重工业产品，来制定让德国工业重建的战略。

凡尔赛和会之后，在德国战后经济的废墟上，赤字财政政策一直是德国政府的一个必要的应急办法。德国中央银行实际上是用印刷钞票的方式来弥补国家赤字，20 世纪 20 年代初期，德国的货币供给远远大于德国经济的实际产出，导致不可避免的通货膨胀。但是，可供选择的其他办法似乎很有限，且对国家经济发展不利。

拉特瑙深知，战败本身所导致的巨额成本已经埋下了整个经济通货膨胀的祸根。到 1919 年，帝国马克的黄金平价已掉至战前水平的一半。官方统计表明，战争造成了批发价格上涨 150%，而且黑市价格还远远高于此。为了征集战争所需资金，德国政府采取了权宜之计，向民众大量举债。而英国一直有能力从海外募集战争所需经费，特别是通过纽约的摩根公司，德国则被挡在这些主要的信贷市场之外。

而且在战后，协约国胜利者有步骤地剥夺了德国最重要的经济资源。所有像坦噶尼喀和西南非洲这样对德国有价值的殖民地，都被英国接管了。通过建设巴格达铁路而打开的奥斯曼帝国日益增长的经济市场也被拿走。德国还失去了对其钢铁工业最为宝贵的铁矿石资源：阿尔萨斯－洛林及其以东地区，包括西里西亚，有着丰富的矿物和农业资源。在凡尔赛和会之后，德国失去了 75% 的铁矿石资源、68% 的锌矿石资源和 26% 的煤炭资源。阿尔萨斯的纺织工业和钾盐矿也失去了。凡尔赛和会以后，它的整个海上商船队、河运船队的 20%、渔船队的 25%、5000 辆机车、150000 辆有轨电车和 5000 辆卡车都由协约国军队接管了。所有这些都是在德国战争赔偿的合法名义下进行的，而战争赔偿从来就没有过严格的界定。

1921 年 5 月，赔款委员会开会，草拟了被称作“伦敦最后通牒”的德国“最终”赔款计划。该计划把德国给胜利方的战争赔款确定为 1320 亿金马克的天文数字，甚至英国的经济学家约翰·梅纳德·凯恩斯都认为，这一数字超出德国实际能够承担的最大支付数额的三倍。赔款债务每年还要征收 6% 的利息。所有德国出口货物按报关价值征收 26% 的关税，直接支付给柏林的赔款代表处。另外，还有众多苛刻的条件，包括几种作为“保金”的税。任何一笔赔款的支付方式可以由赔款委员会单方决定。

“伦敦最后通牒”并不仅仅是名义上的最后通牒。对于协约国方面所提出的令人难以置信的条件，除非德国国会在六天内完全同意，否则协约国将占领并且控制德国的鲁尔工业区腹心地带。毫不奇怪，德国国会以微弱多数批准接受了这一措辞极为严厉的最后通牒。[3]

对伦敦某些有影响的人物来说，《拉帕洛条约》真正引起他们警觉的是，条款中隐藏的某些含义。大量德国的机械和设备、钢铁和其他技术将被卖到苏俄，用于重建和扩展巴库油田。

反过来，德国将在德国境内建设由苏德共同拥有的原油和汽油分销中心，为苏俄石油打开市场，此项工作具体由苏德石油销售公司（DEROP）承担。这有利于德国摆脱英美石油利益集团的铁腕控制，自凡尔赛和会以来，英美石油利益集团完全垄断了德国的石油销售。拉特瑙从来没有拒绝过伦敦在最后赔偿通牒中的要求，但他坚持用实际的手段来实现这些要求。[4]

军事占领鲁尔地区

《拉帕洛条约》很快就引起了反应。4 月 18 日，该条约在热那亚正式宣布两天内，德国代表团就收到了协约国的抗议，指责德国“背着”赔款委员会与苏俄谈判。

1922 年 6 月 22 日，《拉帕洛条约》公布两个月之后，德国外长拉特瑙在离开位于柏林的家时被暗杀。两名右翼极端主义分子（后来被指认为拥护君主制的“C 组织”成员）被指控实施了这起谋杀，这起事件被描述为日益增长的极端主义和反犹太主义浪潮的一部分。但是，在德国内部，舆论矛头直指“外国利益集团”，还有一些人认为，英国或者说英国的利益集团是两位凶手的幕后主谋。无论如何，著名政治家、《拉帕洛条约》的设计师去世了，国家的根基动摇了。对拉特瑙的谋杀仅仅是为数不多的几个国家之前和今后遭受的恐怖袭击的开端。

在公开场合，英国小心翼翼地保持着与法国庞加莱政府复仇政策的距离，在这一假象的掩盖下，英国已经提出了补偿要求。在 1916 年英法之间达成的一项秘密协议中，法国将摩苏尔地区的法属殖民地割让给英国。作为回报，我们在第三章中已经说过，英国向法国私下保证，只对法国占领鲁尔工业区提出口头抗议。这非常符合英国的“均势”需要，法国充当了征服德国的急先锋。[5]

庞加莱政权所缺的只是找一个说得过去的借口。1922 年 12 月 26 日，在伦敦的赔款委员会安排的年终会议上，法国总统庞加莱宣布，德国违反了《凡尔赛条约》，没有为法国的电话杆线路建设提供所需要的木材，提供的煤炭也缺斤短两，而这些是条约里明确规定的。[6]

德国恶性通胀的真正起因

拉特瑙被杀之后，由于对德国政治稳定的信心下降至凡尔赛和会以来的最低点，到 1922 年 7 月，在国际市场上，金马克与美元的比率降为 1 美元兑换 493 马克。帝国银行开始大量增加货币供应，以近乎疯狂的方式满足尚未支付给英国的赔款要求，与此同时，维持就业，加强国内出口工业，以满足赔款要求。到当年 12 月，马克比率降到了 1 美元兑换 7592 马克的警戒水平。

1923 年 1 月 9 日，赔款委员会以 3∶1 的投票结果（在正式的记录中英国反对，法国、比利时和意大利新成立的墨索里尼政府赞成）通过决议，他们认为，德国没有履行好赔付义务，1 月 11 日，庞加莱命令法国军队开进德国鲁尔工业区的埃森和其他城市，强行占领了这一地区。比利时和意大利的军队也象征性地参加了这一行动。英国假惺惺地谴责了这一占领行为，尽管 1921 年它曾威胁要采取同样的行动。

作为对侵略行为的反应，德国政府号召全体公民进行全面的消极抵抗。德国政府命令所有的官员，包括帝国银行职员，不执行占领当局发布的任何命令，工人不要到鲁尔区的工厂和钢铁厂去上班。为了帮助罢工矿工和其他工人家庭，政府只能借助于扩大货币供应。被占领的区域仅长100公里，宽约50公里，人口也只占德国人口的10%，但这个地区的煤炭、铁和钢的产量占德国总产量的80%，货运量占德国全部货运量的70%。

法国的占领造成了德国工业活动的停滞不前。这种情况一直持续到1923年底，尽管法国军队和工程师费尽九牛二虎之力，整个鲁尔区的生产也只及1922年平均水平的三分之一。这段时间超过15万德国人被迫离开被占领的鲁尔工业区，约400人被杀，2000多人受伤。

德国人的抵抗给经济造成了无法估量的压力。法国占领军切断了鲁尔工业区与德国其他地区的经济联系。德国各银行和帝国银行分支机构的资金，工厂和矿山的存货，全部都被占领军控制。抵抗期间，德国停止了对法国、比利时和意大利的所有赔款偿付，对英国的赔款则不折不扣地交付了。

其结果是，德国的货币体系遭到了彻底破坏。正如我们已经注意到的，截至1922年底，当法国庞加莱政府打算强行实施军事占领的意图变得十分明显时，马克的价值开始下降。到1月份鲁尔区被占领后，马克对美元的比价已经降为18000：1。在5月之前，帝国银行采取了所有可能采取的措施，不惜一切代价才将货币维持在原有水平上。到5月，鲁尔区的经济损失如此巨大，柏林不得不放弃拯救货币的努力。

从那以后，局面完全失控。到7月，马克对美元的比价呈指数下降，降到了353000：1；到8月，这一指数达到令人难以置信的4620000：1。这一跌势一直持续到11月15日，对美元的比价指数达到了42000亿：1。这种现象在世界各国的经济史上还从来没有过。

经过几个月的滞后期，德国的批发价格也开始反映出货币的崩溃。以1922年7月拉特瑙被刺杀后不久的价格指数水平为100计算，到1923年1月底，鲁尔区被占领时，价格指数涨了将近30倍，达到2785。1923年7月，价格指数涨到了令人难以置信的74787，而一年前仅为100！ 1923年9月，更是达到了23949000高点，最后到11月达到750000000000。所有人的存款全部变成了废纸。生活水平急剧下滑。一开始还有几个巨富，但绝大多数人彻底陷入了贫困。政府债券、抵押贷款、银行存款——所有这些都变得一钱不值。国家稳定依赖的中间阶层都成了贫民。

到 1923 年 9 月，由古斯塔夫·施特雷泽曼领导的联合政府命令结束消极抵抗。1923 年 11 月，德国政府与法国和其他占领军签署了一份正式协议。此时恶性通货膨胀已经达到最高峰。签署这一协议只是德国为获得略有希望的援助而做出的缓兵之计。

1923 年 10 月，美国国务卿查尔斯·埃文斯·休斯（曾任洛克菲勒标准石油公司的首席律师），向卡尔文·柯立芝总统提交了一份新的计划书，建议继续维持巨额赔款偿付，这笔赔款自 1922 年 4 月拉帕洛危机以来一直摇摆不定。休斯说服总统，获得了对与摩根集团有联系的银行家查尔斯·道威斯将军的一项任命，这个人劣迹斑斑，曾收受过伊利诺伊州共和党的贿赂。

道威斯后来成为道威斯委员会的主席，他于 1924 年 4 月 9 日向赔款委员会提交了一份计划。这个计划立即引起了各方的关注，包括精疲力竭的德国政府。5 月，法国的庞加莱在选举中失败，爱德华·赫里欧领导的内阁立即对道威斯的赔偿计划表示同意。9 月 1 日，道威斯赔偿计划正式开始实施。道威斯计划第一次表明，凡尔赛和会后期，英美人越来越倾向于采取一致的方式加强合作。英国人精明地认为，让美国人做舞台的主角更好，与此同时，英国人仍然保持对美国政策强大的影响。[7]

道威斯计划是英美银行集团对德国财政和金融进行全面控制的再次加强。它比庞加莱的士兵要有效得多，但是只有以军事干预和随之而来的恶性通货膨胀危机为条件才能保证其实施。

1923 年 11 月，德国银行家希尔马·沙赫特被任命为货币局局长。这一段时期，沙赫特与英格兰银行行长蒙塔古·诺曼沟通频繁，沙赫特实施了“地产抵押马克稳定计划”，这是一次以虚构的申报不动产为依托，促进马克稳定的尝试。11 月 20 日，“地产抵押马克稳定计划”公布的那天，帝国银行总裁鲁道夫·哈芬施泰因去世了（从 1908 年开始，他就一直是帝国银行的领导），这只是一系列此类重大事件的开端。德国总理施特雷泽曼和财政大臣鲁道夫·希法亭曾经几次尝试解除哈芬施泰因的职务。个中原因很快就水落石出。

1923 年 12 月 4 日，帝国银行的行长会议以压倒多数投票选举卡尔·黑尔费里希作为帝国银行行长，接替去世的哈芬施泰因。黑尔弗里希曾是德意志银行的前董事、战前巴格达铁路项目的总设计师。施特雷泽曼及其政府却还有更好的人选。在 1923 年 12 月 18 日，施特雷泽曼的意中人、英美摩根利益集团的朋友沙赫特被任命为帝国银行行长。实施道威斯计划的障碍已经扫清。几个月后，黑尔费里希在一起可疑的列车车祸中丧生。[8]

根据道威斯计划，德国要在 1929 年之前的五年内付清赔款。但是到了 1929 年末，德国的欠款反而比赔付开始时还要多。这就是由伦敦和纽约主导的国际银行财团有组织的抢劫阴谋。在德国还设立了特别基金作为对赔款支付的担保。在柏林，英美银行还安排了一个赔款总代理人，专门为它们收受赔款，这个人叫帕克·吉尔伯特，此人是摩根的合伙人，也是欧文·扬格的门生。由于没有任何风险，伦敦和纽约的银行开始为德国提供巨额贷款，于是资金便以赔款的形式，加上佣金和利息，又源源不断地回流进伦敦和纽约的银行，这真是一笔好买卖。这就形成了一个庞大的国际信贷金字塔，而塔尖上先是坐着伦敦的银行，后来是纽约的银行。

1924—1931 年，德国共支付了 105 亿马克的战争赔款，但从海外却借了 186 亿马克。1923 年后，在蒙塔古·诺曼和他在德国帝国银行的同行沙赫特的指挥下，德国的战后恢复全部被英美的借款所控制。此时英美对《拉帕洛条约》会扰乱英美秩序的担心荡然无存，但是 1929 年当源源不断从纽约和伦敦的银行流入德国以维持赔款的信贷突然中止时，整个金字塔坍塌了。[9]

英美的“红线协议”

至此，英美之间主宰世界金融和经济事务的权力争夺已平息。世界十多年动荡的石油战争，也最终“停火”，正是这一背景，导致了一个更具影响力的英美石油卡特尔的建立，这个卡特尔俗称“七姊妹”。1927年，在壳牌石油公司亨利·德特丁爵士的苏格兰城堡阿克那卡里，和平协议正式签订。代表英国政府的盎格鲁－波斯石油公司（现为英国石油公司）的约翰·卡德曼和洛克菲勒新泽西标准石油公司（即埃克森公司）的总裁沃尔特·蒂格尔以打猎为名作掩护，达成了建立现代历史上最强大的经济卡特尔的协议。

他们的秘密协议正式称为1928年“既成事实”协议，或称为阿克那卡里协议。英国和美国的石油巨头同意接受现有的市场划分和份额，同意制定保密的世界石油卡特尔价格，同意停止破坏性竞争和打了十年的价格战。两国政府在同一年批准了这一私人协议，这就是后来广为人知的“红线协议”。从此以后，英美控制世界石油储备的霸权便形成了，少有中断。任何企图打破这一霸权的尝试都遭到了无情的打击，这一点我们在后面会看到。

1927年，英国和被削弱的法国同意让美国人进入中东，并且对战时的秘密协议进行了修改以反映这一变化。从达达尼尔海峡往下穿过巴勒斯坦到也门，往上直到波斯湾，划了一条红线。区域内包括土耳其、叙利亚、黎巴嫩、沙特阿拉伯、约旦、伊拉克和科威特。红线内，三国的石油利益集团划定了大部分延续至今的利益版图。在伊拉克，盎格鲁－波斯石油公司、皇家荷兰壳牌石油集团和法国的法兰西石油公司（它“得到”了1914年以来原属德意志银行的土耳其石油公司的份额），洛克菲勒集团获得了伊拉克油田七十五年的垄断开发权。科威特的油田则分给了盎格鲁－波斯石油公司和美国梅隆家族的海湾石油公司。[10]

到1932年时，英美的七大公司全部成为阿克那卡里卡特尔的组成部分。这七家公司是：埃索（新泽西标准石油）、美孚（纽约标准石油）、海湾石油、德士古、加州标准石油（雪佛龙），以及荷兰皇家壳牌石油公司和盎格鲁－波斯石油公司。

随后，卡特尔制定了对付非卡特尔公司（他们称为“局外人”）的战略。根据卡特尔的协议条款：

（我们）认识到，应该将不受控制的经销渠道转变成受控制的渠道；基于这个考虑，建议“既定事实”协议各方（即阿克那卡里卡特尔成员公司）收购“既定事实”协议各方之外的活跃于市场上的分销公司，这样可以提高市场的稳定性。

卡特尔也做好了对付不听话“局外人”公司的准备，这一点很快变得清晰了。[11]

毫无疑问，英美“特别关系”的脊梁是由对石油的控制支撑起来的。要采取哪些新行动，到目前为止，也一目了然。

英国的“希特勒计划”

凡尔赛和会以后，国际货币秩序一直不稳定，这一货币秩序是由伦敦和纽约的银行家们强加给中欧战败国的，这一秩序在 1929 年突然中止了。蒙塔古·诺曼是当时世界上最有影响力的中央银行英格兰银行的行长，酿成了 1929 年 10 月华尔街股市的崩溃。诺曼要求纽约的联邦储备银行行长乔治·哈里森提高美国的利率水平。哈里森顺从了，随后几个月内，美国历史上最剧烈的金融和经济崩溃便接踵而来。

到 1931 年初，蒙塔古·诺曼和英国方面一小撮人，就开始谋划以令人意想不到的方式改变中欧的政治状态。当时，奥地利最大的银行机构是维也纳信贷银行。20 世纪 20 年代，维也纳信贷银行与罗斯柴尔德家族在奥地利的分支机构密切合作，通过收购存在麻烦的小银行而壮大起来。1929 年 10 月，在股票市场暴跌的时候，当局要求维也纳信贷银行接管维也纳地产信贷银行，一次最大的并购案被强加给了维也纳信贷银行。前些年，维也纳地产信贷银行也吞并过几家遇到麻烦的银行。

1931 年初，在人们的印象中，维也纳信贷银行是世界上最有实力的银行之一。实际上，它已病入膏肓。由英国、法国和美国通过《凡尔赛条约》强加于人的苛刻条件支解了奥匈帝国，切断了奥地利经济与匈牙利等东欧国家有价值的经济联系和原材料供应。奥地利的工业经济再也没有从第一次世界大战的灾难中恢复过来。整个奥地利工业千疮百孔，到处都是废弃的工厂、陈旧的设备，还有还不清的巨额战争贷款。奥地利 20 世纪 20 年代的政治环境把大部分濒临崩溃的奥地利工业拱手交给了不断扩大的信贷银行手中。

因此，1931 年初以前，整个奥地利，尤其是维也纳信贷银行，是国际资金信贷链条上薄弱的一环，这个链条是在纽约的摩根银行与英格兰银行和其他伦敦的银行联手打下的不健康的基础之上打造而成的。维也纳信贷银行并不能从处于不景气的奥地利经济中获得足够的资本，来支持其经营活动，只得越来越多地依赖于来自伦敦和纽约的短期贷款。对维也纳信贷银行来说，英格兰银行就是一个重要的贷款方。

1931 年 3 月，法国政府和法国外交部部长白里安宣布，坚决反对柏林和维也纳为缔结奥德贸易和关税同盟而宣布进行的谈判，但是这一企图抑制几个月前发生在美国、正在全球蔓延的经济萧条的努力为时已晚。据报道，法国命令它的银行削减对维也纳信贷银行的短期贷款，以此给奥地利政府施压。接下来的 5 月，随着维也纳新闻界曝出维也纳信贷银行遭到挤兑的谣言，震撼整个欧洲的信用危机爆发了。奥地利国家银行，最终是整个奥地利，被迫倾全力解维也纳信贷银行之危，这酿成了历史上最大的银行倒闭案。后来的分析表明，其实危机从来没有达到过如此严重的程度。某些实力强大的伦敦和纽约的金融家这样做的意图是，准备在欧洲的地缘政治中发动一次重大改变。[12] 到 20 世纪 20 年代，英美一小撮权贵已决定支持德国走激进的道路。

摩根的银行家们已经证明，用自上而下的政治解决方案来确保银行贷款的偿还十分奏效，当时他们将国外信贷贷给了意大利政治强人墨索里尼领导的法西斯政权，就是一个典型的例子。1925 年 11 月，意大利财政部部长米苏拉塔宣布，墨索里尼政府已就向英美偿还意大利应付的《凡尔赛和约》的战争赔款达成一致，一周之后，摩根公司（墨索里尼政府在美国的金融代理）宣布向意大利提供关键性的 1 亿美元贷款，以稳定意大利里拉。

实际上，摩根已决定为巩固墨索里尼的法西斯政权而出力。在摩根公司和英格兰银行行长蒙塔古·诺曼的敦促下，米苏拉塔于 1926 年建立了意大利中央银行——意大利银行，用来控制国家的货币政策，进一步确保对外国债务的偿还。墨索里尼向世人表明，他在调教意大利工会、降低工资并实行有效的紧缩政策，以保证在对外国银行的借贷偿还方面是一个铁腕人物，或许纽约的摩根家族是这么想的。

当时控制美国货币政策的人是前摩根银行家本杰明·斯特朗，他也是英国中央银行行长蒙塔古·诺曼的亲密朋友和合作者。斯特朗与米苏拉塔和意大利银行行长博纳尔多·斯特林格尔进行了会面，确定意大利“稳定”计划的最后细节。20 世纪 20 年代，还是这帮有权有势的人十分有效地组织起来，实施对欧洲大陆从波兰到罗马尼亚等多个国家的经济控制，他们包括摩根公司、蒙塔古·诺曼和纽约联邦储备银行，他们的借口是建立“有信用”的国家政策，这就是国际货币基金组织的早期雏形。纽约银行充当了借贷的巨额短期资金来源，英格兰银行与英国外交部一起，为政策的实施提供政治经验。[13]

20 世纪 20 年代，德国是让这帮盎格鲁－撒克逊人最费心思的国家。1923 年，他们成功地将希尔马·沙赫特推上帝国银行总裁的宝座之后，沙赫特立即加紧了对摩根公司起草的道威斯还款计划的实施，20 年代德国经济越来越依赖于伦敦和纽约银行，以及它们在巴黎的合作伙伴。对于这些银行来说，给德国的这些短期贷款是当时整个世界金融市场上最赚钱的买卖。对许多德国银行来说，包括第四大银行达姆施塔特国民银行（达纳特银行），已经对纽约和伦敦的短期资本借贷产生了实质性依赖，尽管利率很高，还带有惩罚性质。20 年代早期，魏玛时期的恶性通货膨胀已经极大地破坏了德国的几家主要银行的资本和储备。20 年代末期，德国银行的借贷扩张是建立在不稳定的小额资本基础之上的，这主要是为了避免欠债不还和其他危机。当 1929—1930 年纽约股市崩溃的时候，德国的情况在主要欧洲工业国中独一无二。它在这些短期债务中欠外国银行的借款总额估计为 160 亿帝国马克。

这是一种不健康的银行业务结构，只要有一点风吹草动，就会彻底崩溃。引起风吹草动的是纽约联邦储备银行和英格兰银行。1929 年，它们采取了一系列行动来提高利率，而此前的两年时间里，它们一直采取低利率政策，推动了史无前例的股市投机。由于预计到纽约股市和伦敦市场会崩盘，美国和英国银行开始从德国和奥地利大规模地撤回资金。1931 年 5 月 13 日，炸弹引信被点燃了。

就在那天，维也纳信贷银行倒闭了。法国人决定对奥地利与德国谈判组建关税同盟的行为实施货币惩罚。维也纳信贷银行是一家与法国银行业有紧密联系的罗斯柴尔德银行。当法国资金从奥地利抽回时，脆弱的维也纳信贷银行倒闭了，这是奥地利最大的银行，在奥地利约 70% 的工业中占有很大利益。为了防止对维也纳信贷银行的挤兑，奥地利银行抽回所有存在德国银行里的资金。信贷银行成了引发整个中欧银行多米诺崩溃中最薄弱的一个环节。

在奥地利和德国，接踵而至的银行危机、经济萧条和相关的一系列悲剧性事态发展，都是由英格兰银行行长蒙塔古·诺曼、纽约联邦储备银行行长乔治·哈里森，以及摩根家族和他们在华尔街的朋友们一手周密策划和导演的。他们作出了一个决定，即削减所有对德国的贷款，而在早期阶段，哪怕只是名义上的一点点滚动资金，都可能防止危机失控。

相反，资本开始大量流出德国。在蒙塔古·诺曼和乔治·哈里森的要求下，新的帝国银行总裁汉斯·路德唯唯诺诺，没有采取任何措施阻止德国大银行的崩溃。维也纳信贷银行倒闭的直接后果是导致德国达纳特银行运转失灵。对于严重依赖外国贷款的达纳特银行来说，当年 5 月损失了几乎 1 亿马克的存款。接下来的一个月，达纳特银行又损失了 8.48 亿马克，是它全部存款的 40%。与此同时，德累斯顿银行损失了 10% 的存款，就连德意志银行也损失了 8% 的存款。到 6 月末，银行家信托公司——一家摩根家族银行——削减了对德意志银行的贷款。

哈里森要求帝国银行总裁汉斯·路德实施严格的信贷紧缩政策，收紧德国的资本市场，声称这是阻止外资流出的唯一办法。接踵而至的是德国银行体系的全面崩溃，德国工业陷入了可想而知的最严重的萧条之中。

蒙塔古·诺曼支持哈里森指责德国是这次危机的祸首，后来法国银行行长也加入了进来。尽管德国布吕宁政府作了最后的努力去说服路德，要求他向其他中央银行寻求紧急稳定信贷来遏制这场全国性的银行危机，但是遭到了路德的拒绝。当路德最后不得不让步，请求蒙塔古·诺曼帮忙时，却吃了闭门羹。结果，德国找不到一家没有面临严重危机的借贷银行。

到 1931 年 7 月，也就是维也纳信贷银行倒闭大约两个月后，德国资本外流的闸门打开了，巴塞尔的《国家报》报道说，达纳特银行陷入“困境”，在这个一触即发的关头，这一报道足以引发对这家银行的全面挤兑恐慌。达纳特银行的主席戈尔德施密特后来谴责说，帝国银行带有歧视性的信贷比例分配，有针对性地造成了他的银行倒闭。1931 年冬天到 1932 年，随之而来的银行业危机和工业崩溃造成了后来广为人知的德国“一百年来最寒冷的严冬”。这为激进的政治选择提供了温床。

1930 年 3 月，在英美银行家强行断绝对德国的信贷之前几个月的时间里，帝国银行总裁沙赫特提交了辞职报告，这让德国政府倍感意外。他辞职的真正原因是，瑞典实业家和金融家伊瓦尔·克雷于格（瑞典著名的“火柴大王”）向德国政府提出了贷款 5 亿帝国马克作为紧急稳定信贷的建议。在伦敦和纽约银行取消了对德国和其他一些国家的贷款后，克雷于格和他的美国伙伴李·希金森银行家成为德国和其他这些国家的主要贷款人。但是，克雷于格 1930 年初的贷款提议对蒙塔古·诺曼的朋友们的长期战略具有爆炸性的、不可接受的政治影响。德国财政部部长鲁道夫·希法亭敦促沙赫特接受克雷于格的贷款，在道威斯赔款计划设定的条件下，所有外国贷款必须经沙赫特批准。但沙赫特拒绝了，3 月 6 日他向帝国总统冯·兴登堡递交了辞呈。其实，沙赫特另有打算。

大约几个月之后，人们发现克雷于格死在巴黎的酒店里。正式验尸登记的死亡原因是自杀。但几十年后，瑞士研究人员经过详细调查得出的结论是，克雷于格死于谋杀。尽管实际的细节将永远随着克雷于格之死而一同埋葬，但从克雷于格的死亡中得利最大的仍然是伦敦和纽约的某些人。克雷于格的死亡同时终结了德国自救的希望。德国从国际上获得贷款的渠道被彻底堵死了。[14]

从帝国银行辞职后，沙赫特一点儿也没闲着。他将全部精力都用在为一个人募集资金上，这个人是他和他的朋友英格兰银行行长诺曼看好的人，一个将把德国再次带进危机的人。

自 1926 年后，沙赫特成为德意志国家社会主义工人党（NSDAP，即阿道夫·希特勒的纳粹党）的秘密支持者。在辞去帝国银行的职务后，沙赫特在实力强大而又心存疑虑的德国工业领袖（主要是鲁尔地区的“产业大亨”）与外国金融领袖（特别是英国的诺曼勋爵）之间充当了主要联络人的角色。

在这个节骨眼儿上，英国的政策是制定“希特勒计划”，对于这一计划的地缘政治和军事目标是什么，大家都心照不宣。事隔半个世纪之后，在一次相关的私人讨论中，英国精锐部队特种航空大队的创始人、空军上校戴维·斯特林这样说道：“我们英国犯下的最大错误是，我们以为可以挑动德意志帝国去反对俄罗斯帝国，让它们彼此争斗，两败俱伤。”

英国对“希特勒计划”的支持达到了登峰造极的地步，其中包括英国首相内维尔·张伯伦，此人因 1938 年慕尼黑绥靖协定而臭名昭著，该协定导致希特勒的军队开进捷克斯洛伐克的苏台德地区。菲利普·克尔（后来的洛西恩勋爵，我们前面提到过的塞西尔·罗得斯圆桌会议成员）是张伯伦首相过从甚密的顾问。像比弗布鲁克勋爵一样，洛西恩勋爵支持将“希特勒计划”纳入英国上层制定的臭名昭著的克利夫登计划，比弗布鲁克勋爵是当时英国新闻界最有影响力的人物，他控制着发行量极大的《每日快报》和《标准晚报》。但是，或许当时在英国，对希特勒表示支持的最有影响的人物是威尔士王子，他于 1936 年初继位成为爱德华八世，同年底退位，一直不遗余力地支持希特勒。

某些重量级当权派对希特勒的图谋心知肚明。在纳粹运动的早期阶段，华尔街和美国国务院的圈内人物就获得了许多情报。甚至在 1923 年倒霉的慕尼黑“啤酒馆政变”之前，当时作为《凡尔赛条约》规定占领德国的代表、美国国务院驻慕尼黑官员罗伯特·墨菲通过埃里希·鲁登道夫将军曾亲自会见过年轻的希特勒。墨菲后来成为战后彼尔德伯格俱乐部的核心人物。第一次世界大战期间，在伯尔尼，墨菲曾经在艾伦·杜勒斯手下工作，负责收集德国的情报。墨菲当时正与美国政府另一位有影响力的官员杜鲁门·史密斯一起在慕尼黑，史密斯的任务是为占领德国的美国军队收集情报。

史密斯后来在回忆录中回忆起 1922 年下半年他到达慕尼黑的情形：

> 就国家社会主义（纳粹）的问题，我与驻慕尼黑领事罗伯特·墨菲先生（后来成为非常卓越的美国大使）、埃里希·鲁登道夫将军、巴伐利亚王储鲁佩特和阿尔弗雷德·罗森贝格（后来成为纳粹党的政治哲学家）谈了很长时间。在这次访问期间，我还经常见到出自慕尼黑艺术名门、外号叫“普奇”的恩斯特·汉夫施丹格尔。“普奇”毕业于哈佛大学，后来成为希特勒的外事新闻主管……我与希特勒的会见持续了几个小时。我在慕尼黑保留的日记表明，我被希特勒的个性深深打动，并且认为他有可能会在德国政治生活中发挥重要的作用。

1922 年 11 月，在写给华盛顿上司们的报告中，史密斯就希特勒小团体的评价问题提出了以下建议。提到希特勒，史密斯认为：

> 他的基本目标是推翻马克思主义……赢得劳工对民族主义国家和财产理想的支持……政党利益的冲突已经表明，通过民主把德国从当前的困境中解救出来已经没有可能。他的目标是通过非议会方式建立国家独裁。一旦目标实现，他要求把战争赔款降至一个合理的数额，如果就合理的数额达成协议，就必须分毫不差地进行偿付，这事关国家的荣誉。为了实现这一目标，独裁者必须引入普适的赔款服务机制并动用国家的力量强制执行。在实施期间，他的权力不能受到任何立法机关或议会的阻挠……

为确保华盛顿军事情报局的同事能掌握要点，史密斯补充了他个人对希特勒的评价："在私下的交谈中，他展现出富有说服力和逻辑性的演讲魅力，时不时流露出狂热的热情，即便是中立的听众也会留下非常深刻的印象。"[15]

1931年深秋，有一个人从德国来到了位于伦敦利物浦大街的地铁站。他的名字叫阿尔弗雷德·罗森贝格。罗森贝格会见了伦敦《泰晤士报》的总编辑杰弗里·道森。在随后的几个月里，《泰晤士报》对希特勒及其领导的运动进行了非常有价值的正面的国际宣传。但是，1931年罗森贝格第一次英格兰之行期间的最重要的活动是与英格兰银行行长蒙塔古·诺曼会面，诺曼是当时国际金融领域最有影响力的人物。根据他最信任的私人秘书透露，诺曼最恨法国人、天主教徒和犹太人。诺曼和罗森贝格发现，他们谈得十分融洽。把罗森贝格介绍给诺曼的中间人是沙赫特。从1924年第一次见面，沙赫特与诺曼的友谊一直持续到1945年诺曼去世。

在与伦敦施罗德银行的一位领导人会面之后，罗森贝格结束了他具有重大意义的伦敦之行。伦敦施罗德银行是纽约施罗德银行和科隆的一家私人银行的分支机构，这家私人银行便是库尔特男爵冯·施罗德的施泰因银行。罗森贝格所见的伦敦施罗德银行的领导人名叫蒂阿克斯，他也是英格兰银行的董事和蒙塔古·诺曼的密友。

1931 年后，当沙赫特与库尔特男爵冯·施罗德找到德国工业和金融界的领袖人物寻求对德国国家社会主义工人党的支持时，这些紧张而又心怀疑虑的德国实业家提出的第一个问题是："国际金融界，特别是蒙塔古·诺曼，对希特勒领导下的德国政府的前途怎么看?"他们的第二个问题是："如果希特勒上台，诺曼乐意向德国提供金融信贷吗?"当时的实际情况是，在 1930 年大选的关键时刻，希特勒的德国国家社会主义工人党仅有 600 万多一点的选票，蒙塔古·诺曼、蒂阿克斯和伦敦朋友的国际支持具有决定性的作用。

1932 年 1 月 4 日，在库尔特男爵冯·施罗德的科隆庄园，阿道夫·希特勒、冯·巴本和科隆银行家冯·施罗德等人密谋为希特勒的国家社会主义工人党提供资金支持，一直到希特勒按计划掌权为止。当时，德国国家社会主义工人党已负债累累，无力偿还。希特勒和冯·巴本在 1933 年 1 月 4 日在冯·施罗德的科隆庄园还见过一次面，那次见面他们最终敲定了一项计划，推翻软弱的施莱谢尔政府，建立一个右翼联合政府。1933 年 1 月 30 日，阿道夫·希特勒成为帝国总理。

1933 年 5 月，作为希特勒新政府的核心人物，阿尔弗雷德·罗森贝格最后一次访问了伦敦。他直接来到了亨利·德特丁爵士位于阿斯科特赛马场附近巴克赫斯特公园的乡村别墅，德特丁是荷兰皇家壳牌石油公司的领导，是无可争议的世界最具影响力的商人。根据英国新闻界的说法，他们两人进行了热烈而重要的交谈。罗森贝格在 1931 年访问伦敦时第一次与德特丁见面。荷兰皇家壳牌石油公司与德国国家社会主义工人党有十分密切的联系，并为其提供支持。虽然细节是保密的，但是当天的英国媒体报道十分肯定地说，在早期关键时期，德特丁为希特勒提供了巨额的资金支持。

在 1931 年的关键时期，诺曼和英格兰银行坚决拒绝为德国提供哪怕是一分钱的贷款，因此导致了金融和失业危机，使得像希特勒这样具有极端主义思想的人，在德国领导层看来也是可以接受的。1933 年上半年，希特勒刚刚巩固了权力，就是这个蒙塔古·诺曼又急不可耐地投之以桃，向希特勒政府提供了至关重要的英格兰银行的贷款。1934 年 5 月，诺曼对柏林进行了一次特别的访问，为新政府的金融稳定作进一步的秘密安排。作为回报，希特勒安排诺曼的好朋友沙赫特当上了经济部部长兼帝国银行行长。直到 1939 年，帝国银行行长一职一直由沙赫特担任。[16]

第七章

排兵布阵：

建立英美石油美元秩序

Oil and the New World Order of Bretton Woods

第二次世界大战后，英美利用石油与金融的联姻，获得了巨额的经济利益。为了对抗日益强大的英美石油卡特尔，各国纷纷采用国有模式经营石油产业，加强对石油生产和销售的控制。

战争催生的新帝国

1945年，经过一场席卷全球、夺去5500多万人生命的第二次世界大战，世界在很多方面发生了重大变化。但是，对世界广大地区，特别是东欧和南半球不发达地区来说，1945年只不过是向一场新式漫长战争的过渡，这场持久战通常体现为经济战。

1919年，凡尔赛和会之后，英帝国达到发展的巅峰，它统治了地球面积的四分之一，被称为“日不落帝国”。仅仅三十年之后，到了1949年，伴随着世界范围内争取民族独立的浪潮，英帝国正面临分崩离析。它正处在也许历史上任何一个帝国都没有经历过的动荡痛苦之中。

1946年2月，皇家印度海军发生叛乱，由克莱门特·艾德礼首相领导的英国战后工党政府任命缅甸子爵蒙巴顿为最后一任印度总督，其任务就是以最快的速度撤出英国的军队和政府管理机构。在到达印度之后五个月，也就是1947年8月15日，蒙巴顿把南亚次大陆分成了以穆斯林人口为主的东、西巴基斯坦和印度两大部分。

在短短的几年时间里，英国正式放弃了对非洲、太平洋和地中海地区大部分殖民地的控制权。这并不是因为它大发慈悲或是对殖民地民族自决原则的突发热情，而是因为这是一种必然趋势，这一趋势成为20世纪40年代末到50年代初战后对海外领地管理的全新形式。

战争的结果是，构成英国金融强权基础的贸易体制不复存在。大量的海外投资被出卖，用于支付战争费用。英国的国家债务扶摇直上。在国内，工厂残破，设备陈旧，甚至连电力供应都不能保证；房屋破败，人口减少。战争结束时，英国的出口只有战前 1938 年的 31%。

第二次世界大战期间，英国完全依靠美国的战后支援。美国人，或者说东海岸利益集团中主张向外扩张的人士认识到，要想成为战后的世界统治者，美国需要在世界范围内得到英国的合作及其统治世界的知识。第一次世界大战前由洛西恩勋爵、米尔纳、塞西尔·罗得斯等，以及前文提到的“圆桌骑士”定义，经长期讨论形成的帝国新概念，很快变成了现实。1945 年之后，英国只能通过发展和加深与美国的“特殊关系”对世界发挥间接影响。

在凡尔赛和约之后，英美两国就开始小心翼翼地栽培某种特殊关系的种子，英美两国分别成立了皇家国际事务研究所和纽约外交关系协会，作为讨论战略政策的途径。

战争期间，合作又增加了新的内容。英国和美国都同意军事指挥的一体化，同时，羽翼未丰的美国情报系统在战略情报局（OSS）的领导下，与英国特种行动局（SOE）合作，在伦敦指挥中心的指挥下一起工作。战后美国中央情报局的出现，美国秘密政府机构的整个部署，都是战时与英国合作的直接结果。这对随后的美国政策的影响是巨大的，也是悲剧性的。

战争刚结束，英国就介入美国国内的讨论，这成了影响美国能源和政策的重大转折点。在一次经过精心准备的最高级别动议中，温斯顿·邱吉尔来到了杜鲁门总统的家乡密苏里的富尔顿，在 1946 年 3 月 5 日，发表了著名的“铁幕演说”。人们大都没有想到的政策收获是，邱吉尔精心准备的花言巧语保住了英国在战后的地位。本来，斯大林已经做好了放弃战争时期与邱吉尔、罗斯福达成的一系列协议的准备，无论是形式还是内容。邱吉尔访问富尔顿的目的，是说服天真而缺少经验的美国总统发展美英之间的特殊关系。

在此次非同寻常的访问之后不久，邱吉尔这位前首相便扭转了局势，英国已经掌握了明显的优势。值得一提的是，在与杜鲁门总统玩扑克牌时，他故意输掉了 75 美元。中央情报局的原型就是建立在伦敦训练的战略情报局战时网络的基础之上的。美国国防政策也是以美英共享情报和军事国防机密为基础。杜鲁门开始清除其政府内任何反英的因素，最有名的是农业部部长和反英派人员亨利·华莱士。在许多关键领域，美国和英国的情报机构恢复了紧密的合作。

石油与美元联姻

英美石油利益集团首先出现在第二次世界大战中，并且影响力越来越大。由参加 1944 年新罕布什尔布雷顿森林会议的英美谈判者打造的战后经济和金融“世界新秩序”安排最终协议中，英美在世界石油业中的霸权地位使它们达成了一致意见，双方的主要人物是英国财政部部长凯恩斯勋爵和美国财政部部长助理哈里·德克斯特·怀特。

布雷顿森林体系建立在“三个支柱”之上：一旦产生支付平衡危机，国际货币基金组织成员国的捐赠是可资使用的紧急储备；世界银行向成员国政府发放大数额的公共项目贷款；关贸总协定则用来建立一个可控制的“自由贸易”。

但是，为了确保战后英美在世界货币与贸易事务上的霸权，凯恩斯和他的美国同仁们还设计了一些极富技术性的条款。首先，国际货币基金组织和世界银行内的实际投票权控制在美国和英国手中；其次，布雷顿森林体系建立了所谓的金汇兑本位制。在这一体制下，每一个成员国的货币必须锚定住美元。反过来，美元与黄金的比值设定为 35 美元 / 盎司（1 盎司约为 31.1 克），这是罗斯福总统在 1934 年设定的，当时正处于大萧条最严重的时候和世界大战的前夕。

战争期间，纽约的联邦储备银行已经集聚了世界各国的官方黄金储备，数量巨大，而且由于战争的破坏，美元以强势货币的面貌出现，受到世界最强势的经济支撑，几乎没有人站出来质疑战后的美元标准。

对布雷顿森林货币秩序几乎毫无抱怨的是美国的大石油公司，洛克菲勒集团的标准石油公司和匹兹堡梅隆家族的海湾石油公司。它们在取得中东特别是沙特的石油开采权中得到了大头。由于罗斯福总统充满智慧的外交和邱吉尔的疏忽，战争期间沙特阿拉伯脱离了英国的控制。沙特国王阿卜杜勒·阿齐兹于 1943 年从罗斯福总统手中得到了一份土地租借协议，这是前所未有的，是美国为确保沙特战后对美国石油利益集团保持亲善所作出的一种姿态。

罗斯福的这一举动是哈罗德·伊克斯建议的。当时，伊克斯是美国国防部的石油协调人。1942 年 12 月，美国国务院指出："我们最坚定的信念就是，沙特阿拉伯的石油资源开发应当体现更加广泛的国家利益。"这是美国第一次把国家安全与一个相距万里的海湾沙漠王国的命运正式联系在一起。但这不是最后一次。国务院的战略家们认识到，这样做的意义在于，美国的外交政策，至少在一些关键领域，应当更像一个帝国，就像英国一样，要对远离本土的战略利益进行控制，这应当成为美国战后权力的支柱。[1]

但是，在第二次世界大战结束后的头几年，其他美国人很少认识到这一点。他们更渴望的是尽快从萧条和战争中恢复过来，过上正常的生活。

美国的战后石油霸权

人们很少注意到被称为"马歇尔计划"的战后欧洲复兴计划中石油的重要作用，该计划以其设计者、美国国务卿乔治·马歇尔的名字命名。从 1947 年开始，西欧的欧洲复兴计划受援国的最大单项支出就是利用援助美元购买石油，而这些石油主要是由美国公司供给的。根据美国国务院的官方记录，美国用于马歇尔援助的美元中，大约 10% 因为购买石油又回到了美国人手中。[2]

战争结束时，美国石油产业已经变得跟英国石油公司一样，具有国际公司的架势。它们主要的石油资源位于委内瑞拉、中东等遥远的地区。战后，人们将新泽西的标准石油公司（埃克森）、索可尼－威康姆石油公司（美孚）、加州标准石油公司、德士古和海湾石油五大石油公司称为“石油巨头”，它们决定采取行动对欧洲的战后石油市场进行绝对控制。

战争使欧洲以煤为主要能源的局面受到严重破坏。德国失去了东部煤田的储备，西部地区的煤产量只有战前的40%。与1938年的水平相比，英国的煤产量下降了20%。在邱吉尔定义的“铁幕”下，由于不能进入西欧市场，东欧的石油产量也下降了。1947年，一半的西欧石油是由五家美国石油公司供给的。

美国的石油大佬们毫不犹豫地抓住了这一难得的好机会。尽管有时国会会过问，一些中级官员也会抗议，但“马歇尔计划”的资金还是明显被滥用了，“石油巨头”迫使欧洲支付高昂的价格，非常高昂的价格。这一价格高出1945—1948年欧洲石油价格的一倍，从1.05美元/桶涨到2.22美元/桶。虽然石油是来自并不昂贵的中东油田，但运费却是经过一个精心设计的复杂公式计算出来的，与加勒比海运往欧洲的运费挂钩，远远高于成本。

即便在欧洲市场内部，石油成本差别也是巨大的。希腊被迫支付每吨燃料油8.3美元，同样的燃料油英国只支付3.95美元每吨。另外，在华盛顿政府的支持下，美国公司拒绝使用“马歇尔计划”中的美元建设欧洲本土的炼油能力，进一步加剧了美国“石油巨头”对战后欧洲的控制。[3]

当两家主要的英国石油公司——盎格鲁－波斯石油公司和壳牌石油公司——恢复了它们的生产能力，美国的五家公司不得不扩展为七家公司，共同瓜分战后欧洲和世界其他地方的石油市场。到20世纪50年代，英美石油公司的地位无人匹敌。它们控制了便宜得令人难以置信的中东石油供应，控制了欧洲、亚洲、拉丁美洲和北美洲的市场。

在20世纪50年代，人们的日常生活中石油似乎成了常用品。通过把石油销往世界新的市场，石油公司赚进了大把的美元。当时的汽车及其相关产业是美国经济中最大的产业部门。在艾森豪威尔国防高速公路法的指引下，美国把亿万美元的税收投向全国范围内的现代高速公路基础设施建设，理由是，一旦苏联发动核战争，可以利用高速公路系统从城市撤离。尽管铁路相对于节能效率不高的汽车具有优势，但铁路基础设施还是被忽略并且任其朽坏。这个时期正是底特律一家主要汽车公司的前董事长威尔逊当国防部部长的时候，他甚至大言不惭地说："只要对通用汽车公司有好处就是对美国有好处。"他还应该再补上一句话：这对埃克森、德士古和石油老板们也有好处。石油变成了推动经济发展的最重要商品。

石油与纽约银行集团

美国主要石油公司战后对全球市场这种异乎寻常的掠夺，一个不为人们注意的结果是，与石油联系紧密的纽约银行集团的国际垄断力也得到了相应增强。从 20 世纪 20 年代的"道威斯赔偿"贷款和有关借款时期开始，纽约银行逐渐将业务从国内金融领域转向了国际市场。在第二次世界大战期间，由于美国石油公司占据了国际石油供给中最大的份额，纽约银行也从世界石油贸易的资本流动中得到了无穷的好处。为了保住这些优势，强大的纽约银行发挥了影响力，修改了由凯恩斯和德克斯特・怀特设计的布雷顿森林计划。

20 世纪 50 年代初，纽约银行界掀起一股不太引人关注的合并浪潮，这对增强银行业的国内政治和金融影响力具有重要意义。1955 年，洛克菲勒的大通国民银行与曼哈顿银行和布朗克斯县信托公司合并建立大通曼哈顿银行。国民城市银行也和大通银行一样，与标准石油集团的国际业务有密切联系，它收购纽约第一国民银行，改组成了第一国民城市银行，也就是后来的花旗银行。银行家信托公司收购公共银行和信托、名士担保信托及几家小的地区银行，形成另一个强大集团。与此同时，化学银行和信托与谷物交易银行、纽约银行信托公司合并成立纽约第三大银行集团——化学银行纽约信托公司，也与标准石油有密切联系。同一时期，J.P. 摩根与担保信托公司合并成立了摩根担保信托公司，成为第五大银行。

战后，美国银行业出现了卡特尔化，金融权力越来越集中于少数几家纽约银行手中，这些银行都以国际石油市场和政策为导向，这种趋势的直接后果是，其后三十多年的美国金融史，各方面的政策和国际政策都打上了纽约银行的烙印，唯一的例外就是它们没有为越南战争的财政赤字提供过资金。

纽约银行具有国际导向的传统，但与以往相比，这次它们拥有了对国际金融领域非同寻常的影响力。它们的影响力类似于伦敦的老牌帝国银行集团，如米德兰银行、巴克莱银行等。到了 1961 年，集中到五家最大的纽约银行的存款是整个纽约市区所有存款的 75%，而纽约市区又是美国最大的经济区。[4]

在 20 世纪 50 年代，纽约外交关系协会的影响力日渐提高，其会员资格也反映出上述金融和经济实力的集中。外交关系协会主席是华尔街律师约翰·麦克洛伊，他同时也是大通银行董事长和洛克菲勒标准石油利益集团的前任律师。

20 世纪 50 年代早期，多数美国人只是模糊地认识到，经济和金融大权集中到少数纽约银行、公司和有关律师事务所手中并不是好事，但他们更关心的是不要落到了伦敦的英国兄弟手上。美国社会正沿着英国“非正式帝国”的路线被重塑，主要是以控制金融、原材料和国际贸易条件为基础，而不是以技术和工业进步为基础，而后者才是美国的传统。

挑战英美石油利益的伊朗人

20 世纪 50 年代，尽管英国似乎从很多方面失去了其帝国时期的威风，但它仍牢牢控制着殖民地重新组合的优先权。它不是把一切押在维持远至印度的正式的庞大帝国，而是在美国的支持下，把自己重新打造成一个有能力控制世界石油和战略原材料的帝国，而且更具有盈利能力。因此，埃及和苏伊士运河成为英国的战略重点，大量的中东石油通过这里流入欧洲，据此要地，英国可以维护在中东特别是伊朗的利益。在伊朗，英国政府通过盎格鲁－伊朗石油公司，维持对这个国家政治和经济前途的控制，尽管有世界大战的压力。

早在威廉·诺克斯·达西的年代（在前面已谈到），也就是1901—1902年间，英国就在不遗余力地取得对波斯湾地区石油的垄断权，为了控制伊朗石油，英国像老虎觅食一样在这一地区四处奔忙。第二次世界大战期间，英国扮演了一个背信弃义、见利忘义的角色，它说服苏联的斯大林加入入侵伊朗的行列，其说辞是，这个中立国家出现德国工程师，本身就足以构成开战的理由。1941年8月，英苏军队占领伊朗一个月后，伊朗国王被迫让位给儿子穆罕默德·礼萨·巴列维，正因为如此，巴列维国王能够接受英苏的军事占领。

后来得到小股美国军队补充的英国占领军，得知战时“盟国”苏联征用由苏联军队占领的伊朗北部地区大部分的粮食时，却坐视不管。数以万计的伊朗人死于饥饿，而十万苏联军人和七万英国及印度军人却优先得到补给。在伊朗各地伤寒肆虐，哀鸿遍野。运输英美租赁物资的火车经过伊朗铁路去了苏联。在1944—1945年的严冬，由于取暖用油匮乏，成千上万的人被冻死。在这个时期，英国的政策是使伊朗民族主义者和政府全面蒙羞，并鼓动伊朗国内的迷信和封建主义情绪。

伊朗政府急切寻求第三方的支援，请求美国提供援助。1942年，美国的军事指挥官诺曼·施瓦茨科普夫（1990—1991年美国沙漠风暴行动司令官的父亲）来到伊朗，在这里，他花六年的时间训练了一支国家警察部队，直至1948年。后来证明，在1953年8月推翻伊朗民族主义者、首相穆罕默德·摩萨台的过程中，施瓦茨科普夫和他在伊朗军队的联系人起了十分关键的作用。

尽管战时德黑兰会议作出了恢复战后伊朗主权的庄严宣言，并且由斯大林、邱吉尔和罗斯福签署，但苏联还是对与阿塞拜疆交界的伊朗北部地区提出了独家开采石油的要求，而英国则要求给予与政府有联系的荷兰皇家壳牌公司更多开采权。这种无耻的外交勒索最终导致占领伊朗领土，1944 年 12 月，伊朗民族主义领袖摩萨台博士向伊朗议会提出了一项法案，禁止与外国进行石油谈判。

摩萨台引用 1944 年 11 月 2 日伦敦《泰晤士报》的社论。该文建议，战后应由英、苏、美三方分治伊朗。摩萨台的方案在议会获得通过，但方案在盎格鲁－伊朗石油公司在伊朗南部的石油开采权问题上存有异议，没有解决，这一开采权是从 1901 年老达西时代就有的。

到了 1948 年，经过激烈的斗争，包括把这一问题提交到新成立的联合国讨论，伊朗终于迫使外国军队离开了伊朗。但是，通过盎格鲁－伊朗石油公司，英国政府仍然有效地控制着伊朗国家的经济。全世界都知道，伊朗南部地区的某些省份具有丰富的石油储藏，这些地区的石油开采权在几十年以前就授予了英国，而且是独家垄断开采权。为了确保垄断，自 1919 年后，英国政府官员已经事实上管理着伊朗的国家机构。至于伊朗主权，则被搁置到了一边。

但是，随着第二次世界大战的结束，首先出现在印度的反殖民主义运动风起云涌，从亚洲到非洲，迅速遍及全世界，伊朗再也不能忍受对其国家主权的践踏。1947 年下半年，伊朗政府提出，鉴于盎格鲁－伊朗石油公司是世界上盈利最丰的采油公司，但伊朗政府在其收入总额中所占份额却低得可怜，因此应当提高。

伊朗援引了委内瑞拉的例子。在委内瑞拉，美国标准石油公司同意与当地政府五五分成。伊朗提出了同样的条件，如果方案通过，宝贵的石油每年将为伊朗换得 1 亿美元而不是区区 3600 万美元，在当时 1 亿美元是一个很大的数额。伊朗政府计算过，即使这样，盎格鲁－伊朗石油公司和英国人事实上也只是支付了石油净利润的 8%。英国拥有独家垄断开采权的地区有 26 万平方千米之大，在这些地区，英国拒绝进行有实际意义的开发。伊朗计算过，在 1948 年，伊朗石油产量为 2300 万吨，盎格鲁 – 伊朗石油公司的利润是 3.2 亿美元，只付给伊朗特许权使用费 3600 万美元。根据这些数据，伊朗政府提出，开采权必须在公正与公平的原则下重新谈判。[5]

对于这一建议，伦敦当然不满。英国广播公司（BBC）开始大量播出对伊朗政府不利的虚假新闻，声称伊朗外交部部长埃斯凡迪亚尔已经向英国外交大臣欧内斯特·贝文作出了令人耻辱的让步，同意修改伊朗宪法。这还只是最初的反应。

修改英伊协议的谈判拖拖拉拉，到了 1949 年，英国方面没有任何实质性的让步。他们的战略是拖延，这对伊朗政府很不利。伊朗议会选举将于 1949 年底开始，摩萨台博士和他小小的民族阵线党积极主张进行石油谈判。民族阵线党在新议会中赢得了六席，至 12 月，摩萨台被任命为议会石油委员会主任。伊朗已经提出了利润五五分成和参与盎格鲁 – 伊朗石油公司管理的要求。由于在这个问题上争论不休，导致伊朗政府不断更迭。直到 1951 年 4 月，摩萨台当选为首相，英国连伊朗政府要求的一半条件也没有满足。与随后华盛顿和伦敦各界的宣传不同，摩萨台不是伊朗人民党中的共产主义者或苏联的代理人，也不是狂热的极端主义者。无论他有什么缺点，他是一名充满激情的爱国主义者，是苏联的坚定敌人。

3 月 15 日，伊朗议会投票通过了摩萨台委员会的建议，在公平补偿的基础上对盎格鲁 – 伊朗石油公司进行国有化。就在摩萨台组建其政府的前一天，1951 年 4 月 28 日，最终的国有化计划由议会批准。

在英国人看来，伊朗犯下了不可饶恕的罪行。伊朗采取了有效的行动维护自己的国家利益，而无视英国的利益。英国立即威胁要报复。几天之内，英国海军便开到了阿巴丹附近。这次，英国的虚伪再次暴露无遗。之前，英国外交部已经拒绝干预盎格鲁 – 伊朗石油公司与伊朗政府的谈判，声称不会干预“私营公司”的事务，尽管存在着不争的事实，即英国政府拥有盎格鲁 – 伊朗石油公司 53% 的股权。现在，随着伊朗对盎格鲁-伊朗石油公司的国有化。英国政府不仅干预了伊朗与这家公司的谈判，而且支持其要求，将英国皇家海军派往伊朗水域，并威胁要用伞兵占领阿巴丹港，而美其名曰保护英国的利益。

阿巴丹港当时是世界最大的炼油基地，是盎格鲁-伊朗石油公司的一部分。[6]

在摩萨台任首相的28个月里，英国遇到了一个极大的障碍。只要提供了公平的补偿，伊朗完全拥有对其领土内的任何一家公司进行国有化改造的法律权力，摩萨台政府就是这么做的。此外，伊朗还向英国保证，继续保持国有化前英国人享有的石油供应，并且继续在公司内雇用英国人。

1951年9月，英国宣布对伊朗进行全面的经济制裁，包括对伊朗石油实行全面禁运，冻结伊朗在英国银行里的所有海外资产。英国战舰已经停泊在伊朗海岸边的水域里，陆军、空军也开往英国控制的伊拉克巴士拉，那里靠近阿巴丹炼油联合企业。所有英美石油公司都加入到英国人的禁运行列。经济制裁是伦敦和华盛顿对发展中国家主张国家主权的反应，只要发展中国家威胁到它们的核心利益，它们就会采用制裁手段。英国的秘密情报人员利诱伊朗中央银行和其他政府机构的告密者，实时了解经济制裁对伊朗的影响。

实行国有化后的伊朗石油的潜在买家时常受到英美石油公司的恫吓：他们将面临法律诉讼，因为盎格鲁-伊朗石油公司与伊朗之间的补偿协议还没有签署。这种含糊其辞的法律说辞掩盖了它们自己的战略。盎格鲁-伊朗石油公司和英国政府都拒绝签署任何补偿协议。与此同时，时间一个月一个月地过去了，禁运对伊朗脆弱的经济的影响已经显现，困扰摩萨台政权的经济麻烦迅速增大。对外出口收入的主要来源——石油收入直线下降，1950年为4亿美元，而自1951年7月至1953年8月摩萨台下台为止还不到200万美元。

同年9月，摩萨台以个人身份访问美国，在联合国安理会发表演讲，安理会小心翼翼地投票拖延此事。之后，摩萨台来到华盛顿谋求得到美国的支持，但却无功而返。摩萨台政治上的主要失策在于，他对英美利益集团在石油控制这一战略问题上的牢固关系缺乏认识。美国“调停人”哈里曼去了伊朗，由一个与“石油巨头”利益有着密切关系的人员组成的代表团陪同，包括国务院的经济学家沃尔特·利维。哈里曼建议伊朗接受英国的条件。当摩萨台到华盛顿时，他听到的美国国务院的唯一建议就是，请荷兰皇家壳牌公司来管理伊朗的公司。

当英国坚持把这个案子提交到国际法庭去仲裁时，摩萨台认为伊朗会赢，因为他本人就是在比利时和瑞士接受的法律教育。1952 年 7 月 22 日，国际法庭否决了英国的管辖权，建议此案退回伊朗国内审理。

评价 1952 年 12 月的形势时，《纽约先驱论坛报》记者内德·拉塞尔准确地写道：小国领导人很少有摩萨台这样的勇气，当他的国家遭受英国然后是美国强加的经济和金融封锁时，摩萨台径直对杜鲁门和邱吉尔说“不”。拉塞尔注意到，邱吉尔的花招是“把美国和英国紧紧地捆在一起对付摩萨台”。

到了 1953 年，英美情报机关也作做了反应的准备。同年 5 月，新的美国总统德怀特·艾森豪威尔接受了国务卿约翰·福斯特·杜勒斯和中央情报局局长艾伦·杜勒斯的建议，拒绝了摩萨台提出的经济援助要求。8 月 10 日，中央情报局局长艾伦·杜勒斯在瑞士会见了美国驻德黑兰大使洛伊·亨德森和伊朗国王的妹妹。与此同时，即 1953 年 8 月，在消失五年之后，诺曼·施瓦茨科普夫将军来到德黑兰看望“老朋友”。他与国王和一些重要的军队将领有很亲密的关系，这些将军早期都接受过他的训练，这些人得到许诺，推翻摩萨台的政变成功后他们将得到相应的权力。

在伊朗军队中的保皇分子的帮助下，英国和美国的情报人员发动政变，强行逮捕摩萨台。通过两年冷酷无情的经济战，加上政府的主要支持者已经倒戈，摩萨台的影响力被严重削弱。英国秘密情报局（SIS）说服了美国中央情报局局长艾伦·杜勒斯和他的兄弟美国国务卿约翰·福斯特·杜勒斯，后者又说服了艾森豪威尔。推翻摩萨台已不可避免。

中央情报局以“阿贾克斯（AJAX）行动”为代号，在英国秘密情报局的全力配合下，于1953年8月推翻了摩萨台政府。在英美支持下，年轻的巴列维国王充当了反对摩萨台的先锋。国王回来了，经济制裁解除了，英美公司的石油利益保住了。这一事件表明，战后，任何人只要胆敢挑战英美石油公司的旨意，它们就会采取同样的办法来对付。富有讽刺意义的是，在约二十五年之后，同样的一幕又在国王身上重演。[7]

战后美苏冷战刚开始的头几年，为英国和美国情报机构施展拳脚提供了千载难逢的机会。任何一次对它们政策的实质性反对，都很容易被扣上共产党或“共产主义倾向”的红帽子。无论从哪个方面讲，在对付发展中国家或是新近独立的前殖民地国家名不见经传的领导人时，这样做要比直接反对他们容易得多。在战后的几十年里，这一招已经被伦敦和华盛顿屡试不爽。结果，摩萨台在西方人嘴里变成了与共产主义者合作、威胁西方战略安全、不负责的野蛮激进分子。

意大利人的石油战略

有一家欧洲公司表达了从摩萨台国有化的石油公司购买石油的强烈兴趣。这是意大利的一家公司。更具体地说，这是一个人——恩里科·马太，一家新成立的意大利国有公司的创建人，他后来让英美石油卡特尔十分头痛。

恩里科·马太在古普鲁士语中有“决心”的意思。第二次世界大战期间，他是意大利最大的非共产党抵抗组织的领导人。当1945年阿尔奇·德加斯贝利组建基督教民主党政府时，任命马太担任意大利北方地区一家濒临倒闭的企业的领导人，这家公司名叫意大利石油总公司（AGIP），是一家成立已有二十年的石油公司。

在经历了墨索里尼长达二十多年的法西斯统治之后，1943年，意大利转向同盟国。历时两年的战争和轰炸，给这个国家留下了满目疮痍。1945 年，意大利的国民生产总值仍停留在 1911 年的水平，与 1938 年的水平相比下降了 40%。意大利尽管在战争中死亡人数巨大，但由于其殖民地丢失，大批殖民地居民遭遣返，人口增加很快。因此，饥饿时刻威胁着人们，生活水平十分低下。

在这种情况下，马太提出，为了意大利战后的经济重建，必须建立本土能源。尽管有命令让他尽快准备意大利石油总公司的私有化，但他还是提出要找油气。为此，在意大利北部波河平原，他积极进行勘探，取得了一系列有意义的发现。首先是 1946 年在卡维亚附近，然后是 1949 年在科尔泰马焦雷的克雷莫纳南部，都获得重大发现，在那里不仅有天然气，而且第一次在意大利发现了石油。在发现这一切之后，马太得到全权委托，建立自己的企业，此时他已经是意大利石油总公司的最高领导人了。

垂涎欲滴的美国石油巨头联合起来，试图在意大利能源市场上共同对付马太，但他们的图谋却无果而终。马太是一位坚定的意大利民族主义者，决心建立自给自足的国民经济。使用宝贵的美元储备去买美国和英国的石油，是意大利沉重的负担，是意大利战后贸易赤字的主要原因。马太凭借胆识解决了这一问题，他勇往直前，跨过了一个个令人畏惧的障碍。一条 4000 千米长的天然气管道建起来了，把天然气从科尔泰马焦雷输送到米兰和都灵等工业城市。从天然气销售中得到的收入用于建设意大利石油总公司遍布意大利北部整个工业区的工业基础设施。

正是这个马太，在提到世界石油市场上无情的卡特尔化时，给七家在 20 世纪 50 年代统治世界石油市场的英美石油公司起名为“七姊妹”公司。马太认为，意大利不应当屈服于这七家公司的权威，他一针见血地指出，这些公司追求的政策是在全世界限制产量，维持高价格，把它们的原油以远远高于生产成本的价格出售给贫油的欧洲国家。马太提出，要最大限度地提高产量，降低成本。毋庸置疑，他很快就与这七家公司以及它们在政府里的代言人产生了激烈冲突。

1953 年 2 月，马太成功地游说通过了一项新法案，根据该法案设立一家由马太任总裁的半自治的国家能源控股公司（ENI，即埃尼公司），下辖石油和天然气提炼子公司（AGIP）和管道子公司（SNAM），该公司很快就在全意大利建立了油船队和加油站网络，在质量和客户服务上超过了埃索和壳牌，第一次融入了现代化的餐馆和现代化设施。运用与意大利石油总公司同样的模式，马太投资于炼油厂、巨型化工企业、用 ENI 的天然气作为原料的合成橡胶厂，以及专门建设 ENI 的炼油厂及相关设施的重型工程建设公司。公司还收购了一支油船队，专门帮 ENI 从海外运送石油，打破了英美船队的垄断。

到 1958 年，意大利天然气销售中仅由 ENI 经手的部分就达到了每年 7500 万美元。这完全是省下来的钱，不然的话，像以前一样，这些宝贵的美元储备主要将会用于购买进口石油和煤炭。或许，在战后十五年的时间里，在建设意大利工业方面，没有哪个人的贡献比他大。[8]

早在 1954 年，美国驻罗马大使馆就对马太的活动敲了警钟，在给华盛顿的大使备忘录中写道："在意大利经济史上，一家国有公司拥有如此好的财务偿还能力，这是第一次。这完全归功于这家企业卓越而负责的领导者。"[9]

意大利石油巨人的意外死亡

如果说马太在意大利的能源独立计划激怒了"七姊妹"公司和它们背后的英美利益集团，那么，他在海外寻求独立原油供应的努力，特别是当"七姊妹"公司得知马太与发展中国家签署合同的条件时，更是将这种愤怒转变成对这位意大利实业家疯狂的仇恨。

摩萨台倒台后，伊朗国王在英美情报部门的积极支持下重新掌权，他没有完全否定前首相所做的工作。伊朗国家石油公司仍然保留国有实体，控制所有石油和天然气的地下储备。但是，到 1954 年 4 月时，即政变后不到一年，英美石油公司，加上它们的“小妹妹”——法国国有CFP公司，开始与伊朗政府和伊朗国家石油公司谈判，希望得到参与伊朗境内26万平方千米范围内二十五年的石油开采合同。

盎格鲁-伊朗石油公司（这一年已更名为英国石油公司）得到了这一地区40%的石油开采权（即过去达西获得的地盘）。另外荷兰皇家壳牌公司获得了14%的开采权，名列第二。两者合起来，英国公司得到了这一地区产量的大头——54%的开采权。另外有40%在美国的石油巨头们与少数洛克菲勒集团的“独立”石油公司之间分配，6%给了法国CFP公司。马太找到“七姊妹”公司，要求分给ENI一杯羹，但却遭到英美的“羞辱”和拒绝。

但马太并不气馁。1955年，即英国在苏伊士问题上受挫的前一年，马太成功开启了与埃及新的民族主义领导人纳赛尔的谈判。ENI获得了埃及西奈半岛石油开发的一部分份额，到1961年，已经差不多每年可以得到250万吨原油，这是一个不小的数目，其中的大部分石油都是由ENI的炼油厂来提炼，基本满足了意大利日益增长的石油需求，而这些都不必支付美元。

马太对英美主要的石油公司的真正挑战是1957年进入伊朗。1957年春，马太就一项前所未有的安排开始与伊朗国王谈判。交易的条件是，在新成立的伊朗国家石油公司里，公司将得到总利润的75%，ENI得到总利润的25%，该公司拥有在伊朗22800平方千米可能富藏石油的未分配地区二十五年的垄断开采权。一位英国高级官员表示，“意大利人在中东的石油产区又伸进来一条腿”。

华盛顿和伦敦的观点与“七姊妹”公司完全一样。马太的行为如果不加限制，有可能扰乱全世界的石油秩序。英美石油公司与发展中国家的标准协议是石油产量五五分成，并且操纵下游的巨额利润。如果允许马太加入到“七姊妹”俱乐部，它们担心比利时、德国和其他一些国家的公司会有同样的要求。因此，美国和英国政府正式向伊朗提出抗议，要求中止与马太的合作。

但是，抗议并没有立竿见影。1957 年 8 月，马太和伊朗达成了开创性的协议。在谈到这一合同的潜力时，马太表达了自己的观点，“中东现在应当是工业化欧洲的中西部”，标志着他打算由欧洲帮助建设中东的工业和技术基础设施，石油协议只是第一步。

到了 1961 年 3 月，第一批 ENI 油船停靠意大利的巴里港，带来了与伊朗人合作的第一批成果——18000 吨波斯湾原油。马太还在 SIRIP 合资企业中第一次成功开采水下石油，成为这一领域的领先者。

在意大利内部，马太继续对“七姊妹”公司施加压力，他对消费者采取累进制价格优惠政策，并且说服意大利政府降低过高的汽油税。这一政策的直接结果就是，迫使英美石油公司在意大利降低油价，1959—1961 年降低了 25%，这对意大利战后第一次真正的经济恢复具有非常重要的意义。

在国外，马太继续推行积极的外交政策，寻找那些英美石油公司认为太小而没有引起注意的地区。ENI 和马太亲自走访了非洲和亚洲新独立的一些国家，与它们讨论发展前景，这些前景与以前这些前殖民地听到的迥然不同。

马太还在一些国家建设本地炼油厂，这些厂都由这些国家所有。这打破了“七姊妹”公司对盈利能力最强的炼油业务铁板一块的控制。产油国不再仅仅是原材料供应来源，而且开始建设现代化的本地工业，加工自己的矿产资源。反过来，ENI 也得到了在该国投资的稳定回报，它还得到了炼油设施建设的垄断合同，还有独一无二的世界石油市场。

但是，就是在 1960 年 10 月，马太的行为引起了白宫和唐宁街 10 号以及“七姊妹”公司总部的极大不满。这位意大利最大的非共产主义抵抗组织的领导人、坚定的基督教民主人士，去了莫斯科。苏联丰富的石油资源再次成为欧洲人谈判的焦点，如同 20 世纪 20 年代在拉帕洛的情况一样，而且，英美又一次坚决站在谈判的对立面，想方设法阻挠谈判取得成功。

自 1958 年后，ENI 已经与苏联签署了购买少量原油的合同，每年不到100万吨。但是，西方人得到的传闻是，在莫斯科，马太和苏联外贸部部长帕托利切夫之间谈的盘子远大于此。1958年10月11日，马太签署了一项协议，在今后五年，每年从苏联购买240万吨石油，作为交换，ENI确保扩大苏联对西方的石油出口能力。石油不再用现金支付，并且在运输方式上改用一种大口径的油管输送。这将有助于建设一条从伏尔加河－乌拉尔到捷克斯洛伐克、波兰、匈牙利输送苏联石油的大型管道网。当这一网络完成后，每年可把1500万吨苏联原油输送到东欧，在那里，再换成苏联所需要的工业品和粮食。当时，苏联迫切需要大口径的输油管，但缺乏必要的生产能力。

ENI得到意大利政府支持，国有芬赛德矿业集团受委托在意大利东南部城市塔兰托建设一座新钢厂，每年生产200万吨的大口径钢管。塔兰托的工厂很快建成了，而且于1962年9月开始为苏联市场生产管道。

意大利可以从苏联手中以1美元/桶的离岸价格买到石油，装运地点是黑海，同样质量的石油在科威特的价格是每桶1.59美元，加上0.69美元的装运成本；1960年初，在美国的价格是2.75美元/桶。意大利钢铁和化工部门吸纳了大量的劳动力，增加了许多工作机会，因此，在意大利几乎听不到英美新闻界大肆宣称的马太是个“地下共产党员”的流言，人们顶多只是议论“他爱去莫斯科旅游”。[10]

就在芬赛德的工厂开始为苏联生产输油管一个月之后，即1962年10月27日，马太乘坐的一架从西西里到米兰的私营航空公司的飞机坠毁了，机上三人全部遇难。在今天看来，这一事件必然会引起猜测，并会被认为是一场精心策划的阴谋。

马太那年56岁，正处于权力的顶峰。此后，当时的美国中央情报局驻罗马负责人托马斯·卡拉梅辛斯在没有作出任何解释的情况下离开了。他后来在智利反对萨尔瓦多·阿连德的军事政变中发挥了作用。马太遇难的时候，中央情报局局长约翰·麦科恩拥有加州标准石油（雪佛龙）公司100多万股的股份，也许这仅仅是巧合。卡拉梅辛斯于1962年10月28日提交的关于马太之死的报告，从来没有公开过，美国政府以“关系国家安全”为由拒绝提供。

去世之前，马太已经在设法争取意大利第一座试验性核电站的建设权，并且在 ENI 下成立了新的分支机构，即意大利国家电力公司，这是一家雄心勃勃、致力于开发国家电力网，并且十分看好核能的国有电力企业。此外，除了与伊朗、埃及和苏联签署了石油供给协议，他还与摩洛哥、苏丹、坦桑尼亚、加纳、印度和阿根廷签署了类似的开发协议。

在写到马太之死时，伦敦《经济学人》（19 世纪 40 年代因废除《谷物法》而创立，由荷兰皇家壳牌公司的考德雷爵士拥有）作了以下评论：

> 今后很长一段时间里，不管说他多么好，还是多么坏，马太将是人们激烈争论的话题，他既有些像（荷兰皇家壳牌的）德特丁，又有点像克雷于格（瑞典金融专家，1943 年莫名其妙地死去）。在世界石油界或是在意大利，在马太深深地留下烙印的地方，很难再有人能与他相提并论。他的突然离去，给世界石油市场，也给意大利带来深刻的影响。

《纽约时报》称他为“意大利最重要的人”，他对意大利“战后经济奇迹”的贡献超过了任何一个意大利人。[11]

遇难之前，马太一直在做会见美国总统约翰·肯尼迪的旅行准备。肯尼迪总统当时正在给美国的石油公司施压，要求它们与马太达成某种形式的缓和。肯尼迪与马太的会谈没有变成现实，人们只能设想一下可能性。仅仅一年之后，肯尼迪总统遭暗杀。透过复杂的有组织犯罪线索网络，血迹都通向了美国情报部门的大门。

第八章

内外交困：

英镑危机和德法联盟的威胁

A Sterling Crisis and the Adenauer-de Gaulle Threat

20世纪中叶，英美两国都遭受了经济衰退和政治动荡的困扰。即便如此，它们仍然千方百计阻挠欧洲走独立自主的经济复兴之路，戴高乐与阿登纳领导的法德联盟最终被美英联手扼杀。

从废墟中崛起的欧洲大陆

到了20世纪50年代末，世界终于有了些许希望，这是三十多年来没有过的。至少对大多数西欧国家和一些雄心勃勃的、当时被称为“发展中地区”的南半球国家来说，是这样的。

1957年，一种新的经济合作形式——以法国、西德以及意大利为中心的欧洲经济共同体，随着《罗马条约》的签署而形成。1959年1月，按照《罗马条约》的条款，欧洲经济共同体诞生了。德意志联邦共和国（西德）已经从战争的废墟中恢复过来，正在重建欧洲生产能力最强大的工业基地。在法国，夏尔·戴高乐将军于1958年再度执政，在经济顾问雅克·吕夫协助下起草了经济重建计划，启动了生机勃勃的经济计划，建设现代基础设施，恢复遭到毁坏的工业和农业，恢复国家财政稳定。到20世纪50年代末，意大利迎来了经济繁荣，在很大程度上，这是采纳了国家能源控股公司（ENI）的恩里科·马太的建议的结果。

实际上，在第二次世界大战后的头二十年间，西欧经济以及许多发展中地区经历了空前的工农业繁荣和增长。到20世纪60年代初，欧洲大陆的制造业一直保持着每年5%的旺盛增长率。在1938年之后的十年中，世界贸易总量一直停滞不前，但是，1948—1963年间，却增长了250%，而且前景乐观。到1957年，制成品的世界贸易总量历史上第一次超过了初级产品——粮食和原材料的贸易量。

快速增长的动力是欧洲共同市场贸易的增长。1953年，欧共体的成员国占据了世界出口贸易的19%；到1960年，它们在相对量和绝对量上都超过了美国，占世界出口总量的26%，大约300亿美元。

西欧投资建设新的钢厂、公路、电力设施，以及为诸如汉堡、鹿特丹等大型港口城市改造现代化的港口，为西欧的经济繁荣和生产率增长奠定了基础。按照工业劳动生产力每人每小时的产出量计算，20世纪50—60年代，西欧大陆国家的劳动生产率一直保持在7%的年增长率，比同一时期美国的增长率足足高出1.5倍。[1]

在欧洲大陆工业和贸易急剧增长的过程中，从20世纪50年代末开始，欧洲与发展中地区大力开展贸易合作，使得许多发展中国家的工业增长速度比20世纪任何时候都快。这一过程中值得注意的是发展中地区占世界制造业生产份额的增长，从1953年的6.5%达到1963年的9%，十年中产出的相对额增长了50%，绝对量增长更多。[2]

戴高乐于1958年再度执政，给处于经济增长中的欧洲大陆带来了新的强有力的政治声音。戴高乐是一位经验丰富的军事家和政治家，对英国的欧洲计划不抱任何幻想，而且他日益确信，美国战后的欧洲计划与英国的计划同样危险。自1958年上任以来，戴高乐与艾森豪威尔总统进行了一系列交流，特别提出要对北大西洋公约组织进行根本性的结构改革，法国应当拥有核武器使用的“否决权”，但无果而终。1959年9月，戴高乐总统在给美国总统的信中表达了他的担心：

> 两次世界大战期间，美国是法国的盟国，法国不会忘记美国的帮助。但它也没有忘记，在第一次世界大战期间，经过了长达三年的战争后，法国快要灭亡时，美国才来帮助它；在第二次世界大战期间，在法国被打垮之后，美国才来帮助它……我像你一样明白，一个国家意味着什么，它拥有自己的疆土、自己的利益、自己的政治体制、自己的民意、自己的激情以及自己的恐惧和自己的过失。它可以帮助别人，但不能把自己和别人视为一体。这就是为什么尽

管我忠诚于联盟，但还是不能接受让法国与北约一体化的要求。[3]

由于华盛顿对法国的提议置若罔闻，戴高乐开始建设法国独立的核威慑力量，并宣布法国地中海海军舰队不再接受北大西洋公约组织司令部的指挥。1960年，法国在撒哈拉沙漠成功地试验了第一颗原子弹。戴高乐为战后崛起的欧洲大陆十分清楚地表达了新的、独立的声音。

1958年再次执政后，戴高乐采取的第一步行动就是向联邦德国总理康拉德·阿登纳发出邀请。1958年9月，戴高乐在他的私人休养地科隆贝双教堂村与阿登纳进行了会面。这不仅是两个战时敌对国之间政治和解的开始，也是两位老练的政治家私人之间亲密友谊的开始，具有重要的历史意义。大约五年后，他们之间的交往到达顶峰。1963年1月22日，戴高乐和阿登纳签订了《法兰西共和国和德意志联邦共和国协定》，协定规定了两国国家元首之间紧密合作的程序，以及协调经济和工业政策的形式。

戴高乐－阿登纳协定对华盛顿和伦敦敲响了警钟。欧洲大陆，在戴高乐、阿登纳以及意大利总理阿尔多·莫罗的领导下，在追求自主方面越来越独立，令某些人颇不舒服。具有历史意义的法德协定签署那天，并不是没有引起伦敦的注意。法国政府宣布，它将否决英国加入欧洲共同市场的申请，这是戴高乐总统对英国的动机深感不信任的结果。多年来，在建设强大而独立的欧洲大陆的问题上，戴高乐对英国始终不信任。

英美联手对付欧洲的大构想

在阿登纳领导下的联邦德国和夏尔·戴高乐领导下的法国之间越来越紧密的合作表明，欧洲日益独立。1962年初，对华盛顿约翰·肯尼迪政府有影响力的政策派系明确提出了应付这一状况的办法。这群政策顾问，包括一直非常有影响力的约翰·麦克洛伊（他曾是杜鲁门政府

1949—1952 年驻德国的高级专员）、白宫国家安全顾问麦乔治·邦迪、财政部部长道格拉斯·狄龙、助理国务卿乔治·鲍尔和中央情报局的罗伯特·鲍伊，制定了详细的反击方案（被称为“大西洋大构想”）来阻止法德建立强大而独立的欧洲。

对让·莫内统一欧洲的设想，美国表面上激情洋溢、花言巧语地表示支持，但实质上，华盛顿的政策是希望新的共同市场对美国开放，并且要牢牢受控于由美国和英国主导的北大西洋公约组织军事联盟。华盛顿的计划还要求，同意英国成为六国共同市场的成员国。对于这一提议，戴高乐有充分理由坚决拒绝。

1963 年 1 月戴高乐与阿登纳见面之前，在与英国协商之后，美国竭尽全力进行反对。肯尼迪政府的国务院毫不掩饰他们对法德协定的极端不快。美国驻波恩使馆接到指示对阿登纳的基督教民主党和埃里希·门德的自由民主党的部分成员以及社会民主党的反对派施加最大压力。在西德联邦议会第一次正式审议法德协定的两天前，也就是 1963 年 4 月 24 日，戴高乐的坚决反对者路德维希·艾哈德被选举为阿登纳的继任者，他坦率地承认自己是赞同英国加入共同市场的大西洋主义者。阿登纳生命中最重要的任务就是批准法德协定，不料在最后一刻却毁在了英美利益集团手上。

此后，尽管批准了法德协定，但只相当于一纸空文。艾哈德总理领导的政府由于党派不合，鲜有政绩。1964 年 7 月，当记者问戴高乐法德协定的进展情况时，他描绘了一幅法德关系的暗淡图像。在谈到他本人与阿登纳继任者的关系时，戴高乐不无苦涩地说：“你不能说德国和法国还没有就共同制定政策达成一致；你也不能就这一事实提出争议，即到目前为止，波恩还不相信，这一政策应该是欧洲人自己的，而且应当是独立的。”

到这个时候，神通广大的伦敦和华盛顿智囊团已经成功地化解了一个不同于英美大西洋构想的、赞成欧洲大陆政策的强大集团构成的威胁。欧洲政治链条上最脆弱的一环——战后“被占领的”德国，在关键时刻掉了链子。像 1914 年以前一样，英国 19 世纪针对欧洲大陆最根本的“均势”政策再一次得到了维持。不过，这次英国“均势”政策的重新确立是通过美国国务院插手而实现的。现在是英美直接对付戴高乐的时候了。但后来证明这并不是一件容易的事情。[4]

1957 年：美国的转折点

为了给美国的工业出口和资本输出提供一个更加有效的市场，对于建立欧洲经济共同市场，华盛顿最初是鼓励的。但英美的某些派系最不想看到的是一个政治上和经济上都独立的欧洲大陆。从 1957 年底开始，当美国经历第一阶段严重的、持续的战后经济不景气时，这一问题就变得十分险恶了，工业停滞不前，失业增长，这次萧条一直持续到 20 世纪 60 年代中期。

经济萧条的根本原因不难预见，但仁者见仁，智者见智。在 1939—1943 年战时工业形成时，对工业厂房和固定设备的大量投资曾经把美国经济从 20 世纪 30 年代的萧条中挽救出来，但投资早了几乎二十年。到 1957 年，工厂、设备以及劳动力技术水平都需要更多的现代资源注入，以保持新的活力。到 20 世纪 50 年代末，如果还想继续保持世界第一的工业经济的话，美国需要向劳动力、教育体系以及科技基础再进行大量投资。但是，对美国以及全世界其他地区来说不幸的是，当 1957 年萧条来临时，政策圈子里的人为华盛顿选择的方案明显是错误的。

关于如何应对这次危机，美国政策圈子曾经展开过内部讨论。纽约外交关系协会、洛克菲勒兄弟基金会等机构起草了各种政策方案。一个雄心勃勃的哈佛年轻教授亨利·基辛格这时候成了洛克菲勒集团的附庸。

这次讨论的议题是如何应对美国经济萧条的深层影响。工业和农业对获得低息的贷款、技术进步以及资本投资的需要，被东海岸自由主义权势集团忽视了。正如我们曾经指出的，到 20 世纪 50 年代末，纽约银行已经联合成一个非常强大的金融集团，正在美国以外的地区寻找利益源泉。

讨论中起决定性作用的是纽约外交关系协会主席约翰·麦克洛伊。当麦克洛伊的外交关系协会中的“谋士”为国家准备好政策选择方案后，麦克洛伊50年代末亲自从哈佛大学请来基辛格进行修改。麦克洛伊是华尔街的律师，当时任美国大通曼哈顿银行的董事长。正如我们先前提到的，大通曼哈顿银行是“石油巨头”的银行。20世纪50年代，美国大石油跨国公司以及它们在纽约的银行家把整个世界市场当作自己的领地，而不仅仅局限于美国的范围内。从某种意义上说，沙特阿拉伯比得克萨斯州更具“战略意义”。正如我们能够预见的，这一差别将变得至关重要。

1957年后，通过国家电视台和新闻媒体，美国的政策辩论已经倾向于“下曼哈顿”地区和华尔街的国际银行家。他们控制了当时刚刚出现的电视台，以纽约为中心，他们可以与麦克洛伊及其朋友们的大银行保持密切联系，还控制了《纽约时报》这样一些新闻媒体，对于纽约利益集团成功推进与国家和人民利益完全相反的政策，这些都非常关键。正是在这个时期，形成了被大众称作自由主义的“东海岸权势集团”的利益集团。

美国工业落入陷阱

在20世纪50年代末，也就是艾森豪威尔总统任期的最后一段时间里，艾奥瓦的农场主或者辛辛那提的技术熟练工对临头大祸毫无察觉。但是那时，纽约面向国际的银行已经开始准备放弃在美国的投资，转而投向国外的新市场。

亨利·福特曾经声明，他很乐意支付行业内最高的工资，出售世界上最便宜的汽车，在这一过程中他成为世界上最富有的人，但这一切都必须通过最先进的技术才能实现。不幸的是，到20世纪60年代初，美国大多数有政策影响力的组织已经忘记了福特的训导。他们过于迷恋商人们“贱买贵卖”的游戏规则，希望能赚快钱。到 20 世纪 50 年代末，美国公司已经不对以下领域投资了：重建美国城市、培养更熟练的劳动力、建设更现代化的生产工厂、改善国民经济。相反，美元流出美国，流向了西欧、南美和亚洲新兴经济体，去争夺这些地区价格便宜而且已经投产的工业公司。在福特汽车公司，到 20 世纪 50 年代末，会计师出身的罗伯特·麦克纳马拉就已经接管了公司。

1957 年危机之后，越来越多的美国大工业和银行开始追随“英国模式”的工业政策。在产品质量方面的系统性欺骗成为当时的流行趋势。米尔顿·弗里德曼以及其他的经济学家更喜欢把这一现象称为“货币主义”。但是，它本质上就是英国 1846 年后以“贱买贵卖”方法进入美国生产领域后的翻版。为手艺而自豪和追求工业进步开始让位于公司的财务“利润底线”——每隔三个月就要为公司股东计算的一个指标。

美国人只需要观察自己的家用汽车就可以看出问题了。1957 年之后，底特律不做必要的改进，不使用现代化的工厂设备，也不提高技术生产力，而是开始投机取巧。到 1958 年，通用汽车公司雪佛兰牌汽车使用的钢材量只有 1956 年的一半。不用说，结果必然是公路死亡率剧增。国内钢铁业的状况也反映了这一巨大下降。美国钢厂 1955 年生产的钢材中有 1900 万吨用于汽车生产，但到了 1958 年已经降到 1000 万吨。到 20 世纪 60 年代初，对“通用汽车有利的因素”逐步变成对美国和全世界来说都是有害的了。

1958 年，美国工人购买雪佛兰汽车需要支付更多的金钱。麦迪逊大街上华而不实的广告，采用巨大铬合金进行装饰的鱼鳍，以掩盖事实真相。美国工业已经陷入系统自杀，那就是欺骗消费者，以弥补下降的利润。但是，就像一个从 20 层楼落下的醉汉，刚开始他以为自己是在享受自由飞翔。大多数美国人意识不到，20 世纪 60 年代的“后工业”走向对以后十年甚至二十年的真正含义。

启动美元战争

以较低价格购买西欧的公司可以获得较高的利润率，因此，纽约的银行开始抛弃美国市场。由于战争和工业崩溃，欧洲当时正好需要大量的资金。结果，欧洲不得不支付非常高的利率，吸引当时唯一的“国际”货币——纽约大银行的美元。

大通曼哈顿、花旗等银行趁机在欧洲谋取暴利，对它们来说，投资欧洲的利润通常是投资市政债券用于重建美国的污水系统、桥梁或住宅的利润的两倍。问题是，华盛顿害怕疏远强大的纽约金融界，拒绝以任何严肃的方式讨论这一重要问题。资金逃离美国，到国外谋取高额利润去了。

到 1957 年初，第二次世界大战以来美国资本输出第一次在数量上超过了资本输入。1957—1965 年，美国每年对西欧的资本输出净值从不到 250 亿美元迅速增长到 470 多亿美元，在当时，这是一个非常令人震惊的数字。

但是，如果当时流出的只有美元，那问题还简单一些，问题是，美国的黄金储备也开始连续下降，有时甚至是急剧下降，尤其是在 1958 年以后。战后布雷顿森林货币体系迅速崩溃，但是，美国的政策制定者并不关心这些。他们正在全神贯注地倾听纽约银行的声音。1957 年经济萧条以后，大的石油公司以及大的美国公司正在转向美国之外的廉价劳动力市场，以提高利润率。

20 世纪 50 年代末，作为世界货币，曾经在战后布雷顿森林体系中占绝对优势的美元，彻底变成了劣币。当西欧再次着手实现工业独立时，其生产率远远高于美国，到 1961 年初肯尼迪总统就职以前，美国经济形势每况愈下。

1944 年，美国谈判代表用布雷顿森林体系制定了他们关于战后国际货币体系的条款，他们建立的这个体系有一个致命的缺陷。布雷顿森林体系建立的基础是“金本位制”，在这一制度下，所有国际货币基金组织新成员国都必须同意固定他们的货币价值。但是，其货币价值并不是直接相对于黄金固定，而是直接相对于美元固定，而美元相当于固定重量的黄金所具有的固定价值，即每盎司黄金35美元。

每盎司黄金35美元的价格是罗斯福总统在1934年经济大萧条期间定的，一直沿用了下来。尽管爆发了世界大战，以及战后世界经济的快速发展，但在二十五年多的时间里，美元对黄金的比率一直没有改变。

只要美国能一直维持西方世界唯一经济强国的地位，这些根本性的缺陷就可以忽略。战后的十年间，欧洲的重建以及为了经济复苏购买美国和英国的石油都急需美元，美国拥有世界上绝大多数的黄金储备。但是，到了20世纪60年代初，当欧洲经济开始以超过美国的速度增长时，很多人越来越清晰地认识到，布雷顿森林体系里固定的某些安排必须作出改变了。

但是，在纽约银行界越来越强大的影响下，华盛顿拒绝按照它在1944年强加给同盟国的规则行事。纽约银行开始投资于国外新的资源，谋取更高利润。艾森豪威尔和肯尼迪两任政府都没能有效地阻止大量的投资外流，这就是导致20世纪60年代国际货币危机的原因所在。

纽约的国际银行家并不急于做广告，因为他们并不依靠对美国未来进行投资来获得巨额利润。根据1967年1月提交给国会的总统报告，在1962—1965年间，美国公司在西欧投资的盈利水平都在12%—14%之间。而对美国工业进行同样投资的盈利水平还不到在西欧的一半！

银行业悄悄地游说华盛顿保持现行政策。它们继续在欧洲持有美元，而且不急于把利润运回美国，投资于美国的发展。这就是欧洲美元市场的开始。它是到20世纪70年代末威胁整个世界货币体系的症结所在。

当然，如果美国国会和白宫坚持，运用税收和信贷政策，以公正的收益率引导这些美元资金投资于美国工厂和设备、先进科技、交通运输设施，投资于改造日益陈旧的铁路系统使之现代化，投资于开发对美国工业出口潜力巨大的第三世界的市场，对美国和全世界来说，这些都是利好。对美国来说，这也许是更加明智的选择，但是，对某些神通广大的纽约银行来说，却并非如此。

在一段时期内，例如十年，如果一个国家以同样的技术水平生产同样数量的适销物品，但是发行的货币量却相当于以十年之初的价格计算的物品总价的两倍，“消费者”把这一结果称为巨大的物价膨胀。比如，买 1 片面包在 1960 年需要 2 美元，但在 1950 年买同样的面包仅仅需要 1 美元。由于美元的统治地位，当这一影响波及全世界时，通货膨胀的隐藏时间会更长。但是，结果将更具破坏性。

在高参们的建议下，林登·约翰逊总统刚一就职就推翻了约翰·肯尼迪总统的决定。约翰逊是一位来自得克萨斯州偏僻小镇的政治家，对国际政治几乎不懂，更不要说货币政策。有人故意误导约翰逊总统，使他相信，在东南亚发起全面军事战争将会解决美国经济停滞不前的许多问题，并且可以向全世界显示，在解决现实问题上美国依然是有办法的。

发动越南战争

自悲剧性的越南战争以来，人们出版了大量关于战争起因的论著。但是，坦率地讲，尽管有各种荒唐的军事理由和社会各界的不同反应，但美国国防工业和纽约金融业是最重要的因素，是它们怂恿华盛顿发动了这场战争，因为军事集结会给它们的利益提供一个政治上冠冕堂皇的借口。美国工业将发生重大转变，多数产业将会因生产军需品而复苏。20 世纪 60 年代，美国经济的重心越来越多地转向了军事经济，针对共产主义威胁而采取冷战的借口，被用来证明花费千百亿美元的合理性。军费支出成了纽约金融业和石油业利润的支柱，石油业这个 19 世纪英帝国的应声虫，披上了 20 世纪反共的外衣。

越南战争是国防部部长罗伯特·麦克纳玛拉、国家安全顾问麦乔治·邦迪、五角大楼的官员和林登·约翰逊总统的主要顾问一起蓄意策划的。这场战争一开始就注定毫无取胜的希望，只能解决经济中国防工业部门的长期发展问题。华盛顿推理认为，为了阻击所谓“共产主义”在越南的“邪恶侵犯”，美国选民应当可以接受巨大的战争成本，尽管美国财政将会因此而加大赤字，但国防工厂却能够提供更多的就业。

按照布雷顿森林体系的规则，华盛顿可以通过国内巨大的支出赤字使美元膨胀，这样就可以强迫欧洲和其他贸易伙伴以美元贬值的方式“吞下”美国的战争成本。只要美国拒绝降低美元与黄金的比价，欧洲就不得不以 20 年前的美元价格接受美元，承担战争费用。实际上，1944 年以来，美国经济表现恶化，美元与黄金的比价已经不能反映美元的真实价值。

约翰逊总统因为担心失去选票，拒绝提高税收，但是，为了给“伟大社会”计划*和越战筹集巨额资金，只能印刷美元，发行长期国债，弥补财政资金的不足。20 世纪 60 年代初，美国联邦预算赤字每年平均在 30 亿美元左右。随着战争支出急剧上涨，1967 年财政赤字达到了惊人的 90 亿美元，1968 年达到了令人震惊的 250 亿美元。

这一期间，欧洲中央银行开始聚集大量的美元作为官方储备，这就是所谓的存于欧洲非美国银行的美元在国外的聚集现象。具有讽刺意味的是，1961 年华盛顿要求欧洲盟国、日本以及十国集团保留日益增长的美元储备，减少美国黄金储备的流失，而不许按照布雷顿森林体系的规定调整美元对黄金的比值。

欧洲各国的中央银行通过投资美国政府的长期国库券获得利息。这样做的实际效果是，美国 20 世纪 60 年代因越南战争而产生的巨额财政赤字，实际上使用了欧洲各国的中央银行的资金来弥补。据说美国的未来主义者赫尔曼·卡恩得知这些财政赤字是怎么被弥补时，对他的一个朋友惊叫道：“我们已经赢得了历史上最大的盗窃！我们比大英帝国做得巧妙多了。”但是，到底谁做得更巧妙，这个时候还不那么明显。我们马

---

* 20 世纪 60 年代，约翰逊总统推行一系列改革措施，以消除歧视和贫困，他自己把这一改革称为“伟大社会”（Great Society）计划。——译者注

上就会看到，伦敦金融城正准备回收境外的这些美元。

很明显，与布雷顿森林体系拟定时的1944年相比，1964年德国和法国等欧洲国家的经济地位已经明显不同。但是，美国的政策圈子拒绝倾听欧洲的主张，特别是法国总统戴高乐的劝告。他们认为，美元贬值会削弱纽约银行在世界资本市场上“无所不能”的力量。华盛顿已经重蹈了1914年之前英国的覆辙，英国当年的损失是十分惨重的。

起初，当纽约的银行家刚开始在美国筹集资金，到西欧或拉丁美洲进行投机时，肯尼迪总统曾试图鼓励复兴美国的科技乐观主义精神，通过实施阿波罗登月计划，建立国家航空航天局，鼓励投资新科技。1962年，美国的大多数人仍然认为，一个国家应该找到自己走出危机的出路。

但是，1963年11月22日，约翰·肯尼迪总统在得克萨斯州的达拉斯被暗杀。当时参与调查该案件的新奥尔良地区检察官吉姆·加里森也在调查过程中被暗杀。几年后大家坚持认为，暗杀是中央情报局操纵的，得到了某些犯罪集团成员包括卡洛斯·马尔切洛的帮助。在被暗杀的几天前，肯尼迪总统与退役五星上将道格拉斯·麦克阿瑟进行了谈话，据肯尼迪的一位密友兼顾问亚瑟·施莱辛格证实，肯尼迪决定改变政策，当时他正在考虑要撤出越南。

约翰·肯尼迪被暗杀的原因仍众说纷纭。但有一点是清楚的，为了建立自己的美国政策模式，这位年轻的总统当时正在调整各种战略重点。其中，在一个个关键问题上，他与控制着东海岸自由派权势组织的强大金融和政治利益集团意见不一。

1961年5月，在那次致命的达拉斯迪利广场汽车巡游两年多前，肯尼迪总统去巴黎会见了戴高乐将军。在《希望回忆录》（*Memoirs of Hope*）一书中，戴高乐对这位美国总统进行了生动的个人评价。肯尼迪向戴高乐表达了美国的观点，美国支持吴庭艳在南越的专制统治，并且以对东南亚国家的经济援助为掩护，安置美国远征军。肯尼迪跟戴高乐说，有必要建造一个壁垒，阻止苏联向印度支那的扩张。“我并没有给他想要的回答，而是告诉总统说他选错了道路。”戴高乐写道。

戴高乐告诉肯尼迪，“你会发现干涉这个地区会引来无休止的纠缠”。戴高乐得出了他的印象：“肯尼迪离开了巴黎，我是在与这样一个人打交道，他的年龄和他的雄心壮志都会激起巨大的希望。在我看来，他像雄鹰一样搏击长空。”而回到华盛顿的肯尼迪在 6 月 6 日“致美国人民的报告”中讲，他发现戴高乐将军是一个“对于未来的英明顾问，对于他参与创造的那段历史，他无疑是一个见多识广的领路人……我对这个人再信任不过了”。

法国总统和年轻的美国总统之间建立起的这种信任将导致美国外交政策方向的全面改变，对此英美世界的某些强大利益集团看起来并不抱多大热情。林登·约翰逊于 1963 年 11 月 22 日成为总统，从来没有人指责他激起了类似的希望。作为总统，约翰逊从来不敢违抗强大的华尔街的利益集团。[5]

林登·约翰逊很快把越南从中央情报局的“技术咨询对象”上升到全面的军事冲突，向这场自取失败的东南亚战争中投入了千百亿美元和 50 万军队。战争使华尔街债券市场变得异常繁忙，为创纪录的美国国债筹集资金，同时，某些与国防有关的美国公司从亚洲战争中不断赢利。美国持续的经济停滞曾使政客约翰逊担心，但是战争支出带来了繁荣，问题好像解决了。因此，在 1964 年大选中，他击败共和党人巴里·戈德华特，赢得了压倒性的重大胜利。但“胜利”的代价是十分惊人的。

垮掉的一代美国人

面对日益加剧的城市凋敝问题，约翰逊总统于 1964 年 8 月 20 日签署了《机会平等法》。签署法律时，总统以他典型的虚张声势的方式吹嘘道：“今天，人类历史上第一次，一个伟大的民族有能力并且也愿意作出消除贫穷的承诺。”他所谓的“向贫穷开战”和“伟大社会”基本没有消除贫穷，而是为现代历史上最大的赤字增长和金融掠夺提供了新的借口，实际上这一赤字是靠欧洲美元盈余支持的。

在20世纪60年代中期，数百万美国青年成群结队地涌向大学，其实是“隐性失业”的表现形式，大学生人数从1960年的不到400万上升到1975年的几乎1000万。这为华尔街另外发行数十亿美元的国家担保公债用于大学建设提供了借口。用于工业经济扩张的投资开始转向“后工业”或者“服务经济”，这与英国在19世纪末走向衰亡的道路类似。社会安全和福利开销增加，而各个社会阶层都有一部分人处于永久性的失业状态。

1966年，国家航空航天局的航天计划支出费用达到60亿美元的高峰，以后每年，约翰逊都大量削减。美国大学的科技动力开始停滞，随即下降。与此同时，鼓励学生利用“社会关系”或者通过信神拜佛寻找工作。大学教育曾经是“美国梦”的中心，但在20世纪60年代变成了低质量的大规模生产，因为标准被刻意降低了。

作为整个经济的一部分，对交通运输、电力电气设备、供水系统以及其他必要的基础设施的投资，正在逐步恶化。纽约的银行家的理由是，如果你不再关心工业产品的生产，那么为什么还要投资建设公路和桥梁并把产品推向市场呢？

20世纪60年代，为了兜售事实上不投资于美国经济的政策，英美智囊机构着眼于长远，认为必须改变美国传统的对科技和工业进步的投入。

越南战争、麻醉药品解禁以及奥尔德斯·赫胥黎和提摩太·李雷的性“花癫派”反文化观念，这就是一部分英美自由派权势集团提倡的事情。在一个绝密的、代号为MK Ultra的中央情报局研究项目中，英国和美国的科学家使用迷幻剂和其他改变情绪的药物进行试验。到20世纪60年代中期，这个项目引发了大家所知的嬉皮士运动，有时也被称作“新世纪思维”或者“宝瓶座时代”。当时的英雄是摇滚和麻醉药品的倡导者，例如滚石乐队和吉姆·莫里森以及作家和麻醉药瘾君子肯·克西。

神秘的非理性正在取代科技进步，迅速成为数千万美国青年的信仰。[6]

当约翰逊政府信奉华尔街的“后工业”政策时，政府减少了对科技和工业进步的投入。年轻新锐的精英层满脑子个人享乐和对国家目标冷嘲热讽，开始出现在美国大学校园，从哈佛、普林斯顿和其他一些所谓精英大学开始。哈佛大学教授提摩太·李雷曾用影响巨大的十二字箴言描述他们，即“敞开心灵，追随感受，摒弃主流”。

为了改造美国企业和工业的思想，管理人员也接受一种被称为“T群组会议”或者“灵敏度训练”的新式培训，这种培训由国家培训实验室的外聘心理学家提供。这么做的结果是使智力变得迟钝，并为人们接受即将到来的冲击做好准备。人们沉湎于增加对彼此缺点的了解和感受上，这样他们才不会看到国家正失去其目的性。

1968年，当参议员罗伯特·肯尼迪即将赢得民主党全国代表大会的选举胜利、对某些利益集团构成威胁时，在洛杉矶他被一个“独行杀手”暗杀了。就在同一年，民权领袖马丁·路德·金博士在孟菲斯的汽车旅馆外也遭暗杀。几乎没有人意识到金被杀时的战略背景。他到孟菲斯是为了支持这个城市黑人工人的罢工，这次罢工是为了推动还没有建立工会组织的南方工人成立工会。在紧随1957年经济萧条之后的“工厂外迁”时期，美国南部的“廉价劳动力”是工业生产的又一个天堂。当时，工会控制了底特律、匹兹堡、芝加哥和纽约等工业中心，只要把工会阻止在“新南部”大门之外，南部的廉价劳动力就将持续存在。

当大工厂跑到南部没有工会的廉价劳动力地区或者迁到发展中国家时，贫民窟、吸毒成瘾和失业就在北方工业城市像瘟疫一样滋生蔓延。华尔街不投资于美国成熟工业区的政策开始显示出了真正的效果。为了抢到越来越少的工作机会，北方城市中熟练的白种蓝领工人不得不与不熟练的黑人和西班牙裔工人进行竞争。在纽瓦克、波士顿、费城以及奥克兰这样的美国工业城市，像汤姆·海登这种由政府支持的暴乱分子蓄意制造骚乱。这么做的目的是，通过给他们贴上种族主义的标签，可以削弱北方城市已经建立起来的工会组织的力量。这些国内暴乱分子由福特基金会的“次贫地区计划”提供支持，这也是约翰逊总统“向贫穷开战”的典型例子。

约翰逊总统发动的“向贫穷开战”运动由政府提供资金，旨在利用由英美权势集团政策造成的经济衰退。这样做的目的是要冲破阻力，在美国推行新的工资削减政策。美国金融集团正准备把19世纪英国的殖民式掠夺强加于美国，操纵“种族战争”将是他们的武器。

刚刚建立的美国经济机会办公室削弱了传统美国劳工的政治声音和城市选区机制的影响力。仅在十年前，白种蓝领产业工人还被尊称为美国工业活力的源泉，现在突然被强大的自由派媒体贴上了“反动分子”和“种族主义分子”的标签。随着势力强大的银行实行不投资政策，这些工人眼睁睁地看到整个社会结构崩溃，充满了恐惧和困惑。

哈佛大学的院长麦乔治·邦迪，作为肯尼迪总统和约翰逊总统国家安全顾问，参与筹划了越南战争。到1966年，邦迪来到纽约，成为颇具影响力的福特基金会的领导人，他把美国带进了新的“越战”。在这个新的“伟大社会”计划里，黑人与白人竞争，失业人员与从业人员竞争，与此同时，华尔街的银行家却在削减工会规定的工资水平，减少基础设施投资，把投资转移到亚洲或南美洲等劳动力廉价的地区，大赚其钱。笔者亲身经历了美国历史上这一段令人悲哀的时期。

英镑终于顶不住了

到20世纪60年代初，戴高乐的独立自主政策并不是纽约和伦敦金融界所面临的唯一关键问题。1959年，美国的外债依然接近它的官方黄金储备的总价值，两者均为200亿美元左右。到1967年，也就是英镑危机威胁到整个布雷顿森林体系结构时，美国总的海外流动债务已经急剧上升到360亿美元，然而其黄金储备已经垂直下跌到120亿美元，只有债务总量的三分之一。

随着美国短期外债开始超过黄金储备，一些机敏的金融机构估计，某些规则早晚会被打破。1961 年 1 月，肯尼迪总统第一次向参众两院演讲时指出：

> 自从 1958 年以来，我们花费或者投资在国外的美元与重新回到我们手中的美元之间的差额大幅增加。在过去的三年中，我们的贸易赤字总额增加了将近 110 亿美元，国外美元持有者把它们转换成了黄金，数目如此之大，将导致我们近 50 亿美元的黄金储备流失。

有迹象表明，肯尼迪总统在很认真地想办法解决越来越多的美元外流问题。就在遇难前不久，肯尼迪曾在 1963 年 7 月 18 日给国会的报告中提议，通过一系列旨在增加美国制造业出口的措施，以及通过有争议的“收益均等税”措施，对日益扩大的贸易赤字问题进行调整。他计划对投资在国外的美国资本征收高达 15% 的税金，目的是为了鼓励美国资金在国内而不是在国外投资。

肯尼迪并没有活着看到他的《利息平衡税法》获得立法通过。当该法最终在 1964 年 9 月通过时，纽约和伦敦金融界的一些强权人物已经插入了一条表面上看似无关紧要的修订条款，它规定有一个国家可以免征新的财产税，这个国家就是加拿大——英联邦的重要组成部分。这样，蒙特利尔和多伦多就成了巨大漏洞的管道，通过伦敦控制的金融机构在中间调停，可以确保美国美元继续外流。这是英国历史上老辣的金融妙计之一。

另外，美国银行驻国外分支机构发放的贷款也免征新的美国税。美国银行竞相在伦敦以及其他合适的中心城市建立分支机构。英国金融界再一次通过发展新的巨额“欧洲美元”银行和借贷市场，使伦敦成为世界金融和银行业的中心。[7]

当以前的“世界银行家”开始囤积转移出来的美国美元时，江河日下的伦敦再一次看到了光明。英格兰银行和伦敦的西格蒙德·沃伯格爵士在华盛顿朋友的帮助下，特别是在副国务卿乔治·鲍尔的帮助下，非常巧妙地引诱美元进入伦敦的欧洲美元市场，这里将成为美国之外最大的美元信贷集中地。到20世纪70年代，据估计汇集有1.3万亿美元的“短期流动资金”，所有这些资金都是“离岸的”，也就是说不受任何国家或者中央银行的约束。纽约银行和华尔街的经纪人在伦敦设立办事处，办理兴旺的新欧洲美元市场业务，躲开了美国税务当局监视的眼睛，从欧洲美元市场和大跨国公司获得廉价资金。在20世纪60年代初期，华盛顿欣然打开大门，允许美元从美国海滨流向欧洲新的美元“短期流动资金”市场。

购买这些新的欧洲美元债券——被称作欧洲债券——的买主，都是匿名的，银行家戏称他们为“比利时牙医”，伦敦、瑞士以及纽约操纵着这个新游戏。这些欧洲债券是“不记名”债券，也就是买主的名字没有在任何地方注册过，对寻找机会逃税的所谓瑞士投资者，甚至是想通过洗黑钱牟取不法利益的毒枭来说，这是非常受欢迎的。拥有由通用汽车付利息的欧洲美元债券黑色收入，还有什么比这更好的事情呢？

一位对欧洲美元十分敏感的意大利分析家马尔切洛·德切科强调：“欧洲美元市场是20世纪60年代最重要的金融现象，它正是引起20世纪70年代初期金融动荡的原因。”[8]

但是，与伦敦国际金融家的利益相反，由于加拿大资金漏洞以及由此带来某些伦敦银行的美元储蓄，到20世纪60年代中期时，英国的工业经济变得越来越混乱，越来越糟糕。

对英镑这一战后布雷顿森林体系中继美元之后的第二根支柱的信心也迅速崩溃。一段时间以来，英国的对外贸易收支差额以及总的经济形势一直不稳定，官方一直对外承诺要维持帝国的地位，但是工业基地遭到破坏，储备明显不足。自工党1964年10月掌权以后，危机多多少少开始转向长期化。

战后，按照布雷顿森林体系，英国通过与其殖民地以及以前的殖民地的英镑集团联系，本来可以使英镑成为硬通货，在世界上很多地方作为稳定的储备货币，与美元抗衡。英国要求英联邦成员国（当然表面上很绅士）在伦敦存放各自国家的黄金和外汇储备，以维持伦敦银行的英镑平衡。英国在国际货币基金组织中的配额仅次于美国。这样，对于维持20世纪60年代的布雷顿森林体系中的美元秩序，英镑的稳定性就显得非常重要了，尽管其经济条件已经明显变坏。

在20世纪60年代，英国同美国一样，是向世界其他地区输出金融资金的资本净出口国，尽管其工业和科技事实上已经停滞不前，造成了渐增的贸易逆差。相反，由于得益于新的共同市场内部日益增长的贸易以及对科技进行大力投资获得的生产优势，欧洲大陆的经济得到了繁荣发展。

比较起来，英国对于新技术的投资就明显不足了。伦敦的金融利益集团总是热衷于吸纳资金，在整个20世纪60年代中期，通过维持高于所有主要工业国家的利息率，吸引世界资金流入伦敦银行，而工业却陷入衰退，没有能力贷款进行必要的技术创新。

到1967年，英国的地位变得令人担忧。尽管几次通过向国际货币基金组织紧急借款稳定了英镑，但是英国的外债还在持续增长，仅这一年又增长了20亿美元，增幅约20%。1967年1月，戴高乐的首席经济顾问雅克·吕夫来到伦敦，建议提高主要工业国家黄金的官方价格。美国和英国拒绝接受这一建议，因为这事实上意味着使它们的货币贬值。

整个1967年，英国银行的黄金储备一直在减少，国外债权人一旦得知日益疲软的英镑即将大幅贬值的消息，一定会用纸币换回黄金，他们认为黄金的价格肯定会上升。1967年6月，戴高乐政府宣布，法国已经从美国煽动建立的黄金总库中撤出。1961年，在华盛顿的强大压力之下，十个主要工业国的中央银行成立了后来大家所知的十国集团。除了美国、英国、法国、德国和意大利外，这个集团还包括荷兰、比利时、瑞典、加拿大和日本。1961年，十国集团同意把储备集中到一个特定的基金——黄金总库，由位于伦敦的英格兰银行管理。按照规则，当出现紧急事件时，最好采取临时补救办法，美国中央银行只承担把世界黄金价格维持在1934年35美元/盎司的人为低价所需成本的一半。如果只是暂时的，那么另外九国，还有瑞士，同意负担“紧急”干预成本的另一半。

到1967年，“紧急情况”已经转向长期化，这是由于华盛顿拒绝控制其战争开销赤字，另外，随着英国经济的崩溃，英镑持续疲软。戴高乐从黄金储备池中撤出，不想再向无底洞中投入更多的法国中央银行的黄金储备。以伦敦《经济学人》杂志为首的美英财经新闻界，开始对法国政策进行强烈抨击。

但是，在这一过程中，戴高乐犯了一个战术错误。1967年1月31日，法国通过了一项新法律，在法国允许对法郎进行无约束的兑换。当时，法国的工业增长居欧洲各国前列，并且法郎有最强大的黄金储备支持，其可兑换性被看作是自1958年戴高乐任职以来法国经济政策成功的证明。但是，这很快就成了把戴高乐时代的法国葬送给英美金融利益集团的命门。

在1967年2月的公开演讲中，法国总理乔治·蓬皮杜重申，法国坚持由黄金支持的货币体系作为唯一避免国际操纵的手段，并补充说：“国际货币体系不能有效运作的原因，是因为它给予拥有储备货币的国家（如美国）一些有利条件：这些国家能够担负得起通货膨胀的后果而不用付出代价。”实际上，约翰逊政府和联邦储备系统只需要印刷美元以代替黄金，然后把它们发往国外。

1967年法国的中央银行决定把它的美元和英镑储备兑换成黄金、退出1961年自愿加入的黄金储备池协定时，冲突变得更加尖锐。其他的中央银行纷纷效仿。形势到了近乎恐慌的地步，因为到年底有大约80吨黄金在伦敦市场被卖掉，这是五年里从来没有发生过的，阻止投机的努力无效。越来越多的人担心，整个“布雷顿大厦”行将倒塌在它最脆弱的链条——英镑面前。

1967年下半年的金融投机者都忙着在所有可能的市场上卖掉英镑，从法兰克福到比勒陀利亚都在购买美元或者其他能购买商业黄金的货币，这引起了黄金价格的急剧上涨，再也不是美国官方 35 美元 / 盎司的价格。英镑危机间接地把注意力指向了国际货币体系核心中越来越明显的脆弱点——美元。

到 1967 年 11 月 18 日，尽管有来自华盛顿的强大压力，英国的哈罗德·威尔逊工党政府还是听天由命，宣布英镑贬值 14%，由每英镑兑换 2.8 美元降到 2.4 美元，这是 1949 年以来英镑第一次贬值。英镑危机结束了，但是美元危机才刚刚开始。

一旦英镑贬值，投机的压力马上转向了美元。国际上的美元持有者到纽约联邦储备系统的黄金折价窗口要求合法地兑换黄金。结果，黄金的市场价格直线上升，尽管美国联邦储备系统向市场抛售黄金储备，以阻止价格上涨，但难以挽救局势。华盛顿在以美元为基础的纽约银行的操纵下，坚决拒绝调整每盎司 35 美元的黄金官方价格。但是，法国——黄金最大的拥有者之一从十国集团黄金储备池中的撤出，加剧了问题的严重性。到年底，华盛顿官方黄金储量又下降了 10 亿美元，降到了只有 120 亿美元。

戴高乐下野

1968 年，危机势头不减。当年的 3 月 8—15 日之间，伦敦的黄金储备池不得不提供将近 1000 吨黄金，以维持黄金价格。英格兰银行称重室地板上堆满了黄金，不堪重负，几乎要被压垮了。甚至动用了美国空军飞机从位于诺克斯堡的美国储备系统紧急运进黄金。3 月 15 日，美国要求伦敦黄金市场闭市两周。

到 1968 年 4 月，在华盛顿的要求下，在斯德哥尔摩召开了十国集团特别会议。美国官员计划公开另一个方案，通过国际货币基金组织创造一种新的“纸黄金”替代品，就是所谓的特别提款权（SDRs），进一步推迟清算日的到来。

斯德哥尔摩会议本来是打算为接下来一个月举行的国际货币基金组织会议上正式采用华盛顿特别提款权计划创造条件的，但是由于法国的反对，协议没有得到一致同意。法国部长米歇尔·德勃雷再三强调法国政府的一贯政策，要求回到布雷顿森林体系最初的规则上去。戴高乐的顾问吕夫曾经反复建议，美元对黄金进行“休克”式贬值，贬值100%。这简单明了，不仅可以使美国的官方黄金储备以美元计算加倍，并且足以使美国兑得大约100亿美元的国外美元，同时维持与以前一样的黄金储备价值。从人性角度看，这理性得多，又没有痛苦。但不幸的是，建议没有被采纳。[9]

在法国拒绝支持华盛顿的特别提款权救援方案的几天之内，法国自己就成了战后政治最不稳定的国家。以斯特拉斯堡大学的左翼学生为首，学生在全国发动暴乱和罢工，整个法国很快陷入混乱。与政治上动荡的局面相呼应（有趣的是，法国共产党试图平息这场动乱），美国和英国的投资家开始恐慌性地挤兑法郎，因为法郎一直受到英美金融媒体的大肆追捧。

1968年5月的学生暴乱，是法国以一国之力违抗伦敦和纽约金融利益集团的命令并持续与之对抗的结果。法国的新法律允许货币随意兑换，利用这一点，金融机构开始用法郎兑换黄金，到1968年底，法国黄金储备几乎流失了30%，法郎出现了全面危机。

令人悲哀的是，英美的反击成功了。一年内，戴高乐被迫下台，法国的话语权被严重削弱。1969年2月，戴高乐在任上的最后几次会谈中，会见了英国驻法国的大使克里斯托弗·索姆斯。戴高乐又一次告诉索姆斯，回顾法国战后的政策，欧洲必须独立。但是，这一独立的立场已经受到许多欧洲国家“亲美”情绪深深的危害，特别是英国。[10]

这时敢公开违抗伦敦和纽约强大金融利益集团意愿的另一个国家，是西方最大的黄金生产国——南非共和国。1968年初，南非拒绝按35美元/盎司的官方价格出售新开采出来的黄金来换取英镑或美元。为了建立以黄金为基础的新货币秩序，改革布雷顿森林货币体系，法国和南非曾经举行过会谈。但这激起了美国领导下的各国中央银行对南非的联合抵制。这一抵制行动，几乎正好在20年后，也就是20世纪80年代中期，再次被同样的利益团体重新采取过。

尽管法国的“威胁”明显降低了，但是，华盛顿和伦敦的成功同时也证明，这是一场代价极大的胜利。

第九章

逆流而动：

人为制造石油危机

Who Made the 1970s Oil Shocks?

为避免金融上的毁灭性打击，美国不惜人为地制造石油禁运，操纵大规模反核运动，制造经济增长极限的恐怖气氛，为的是控制世界石油流通，获得石油溢价的巨额利益。

推倒多米诺骨牌

理查德·尼克松总统任职第一年的年末，也就是1969年末，美国经济又一次开始出现衰退。到1970年，为扭转低迷的经济形势，美国大幅度降低利率。结果，投机“游资”再一次创下美元历史的新纪录；为寻求更高的短期收益，投机者纷纷把资金转往欧洲和其他地方。

美国坚持美元不贬值的政策，对规模巨大、不受监管的欧洲美元市场也不愿采取严厉的控制措施，到1970年时已经持续了近十年，这一政策的后果之一是，短期货币投机日益加剧了不稳定性。正如全世界大多数银行家所熟知的，在短时期内，就连克努特大帝也无力回天*。

1970年尼克松施行扩张性货币政策的后果之一是前些年资本流入的趋势出现逆转，导致净资本外流达到65亿美元。但是，美国经济不景气状况依然没有改变。由于利率进入1971年后仍连续下降，货币供应量持续增加，资本外流规模空前巨大，总额达到了200亿美元。此外，1971年5月，美国出现了有史以来的第一次月度贸易逆差，并触发了世界范围内对美元的恐慌性抛售。局势到了濒临绝望的程度。

到1971年，美国的官方黄金储备不及官方负债的四分之一：理论上讲，如果国外所有的美元持有者都把美元兑换成黄金，除非采取激烈

---

* 克努特，1017—1035年英格兰国王，他曾坐在大海旁令潮水后退，但还是被海浪溅湿了衣服。他对那些阿谀奉承的朝臣说：“你们虽然奉我为国王，但是我却连潮水也阻挡不了。”——译者注

手段，华盛顿将没有能力满足这样的要求。[1]

华尔街劝说尼克松总统不要对抗美元兑换黄金的全球性风潮，因为这样做是徒劳的。不幸的是，华尔街也不想看到美元兑黄金的贬值，保持美元坚挺是它近十年来一直热衷追求的目标。

1971 年 8 月 15 日，尼克松总统采纳了内部智囊团的建议，这个智囊团包括总统首席预算顾问乔治・舒尔茨和当时的财政部政策小组成员保罗・沃尔克和杰克・贝内特，后者后来担任埃克森公司的董事。一件影响全世界的事件就发生在那个平静而充满阳光的 8 月里，美国总统正式宣布中止美元与黄金的兑换，世界完全变成没有黄金储备支持的美元本位，此举单方面撕毁了 1944 年布雷顿森林体系的核心协定。国外的美元持有者从此不能用其持有的美元兑换美国的黄金储备。

同年 12 月，美国在华盛顿与主要欧洲国家、日本等国进行对话。对话中，尼克松总统再次强调了其单方面的行动，对话得到了一点儿少得可怜的妥协，即所谓的《史密森协定》。尼克松的夸大其词甚至超过了他的前任林登・约翰逊，在《史密森协定》谈判后，他宣布谈判是“世界历史上最具意义的货币协定的总结”。美国正式使美元兑换黄金的价格降低了 8%，使得长久以来 35 美元兑换 1 盎司黄金的比率提高到 38 美元兑换 1 盎司——刚刚达到它的盟国所要求贬值的程度。此协议同时也正式允许一系列的美元价格在 2.25% 的范围内波动，而不像以前国际货币基金组织布雷顿森林体系所规定的 1% 的波动范围。

随着向全世界的美元持有者宣布他们手中的美元将不能够兑换黄金，尼克松“推倒”了世界经济的“多米诺骨牌”，触发了一系列事件，给世界带来了前所未有的震动。仅在几星期之内，人们对《史密森协定》的信心开始崩溃。1968 年，由于黄金问题和对布雷顿森林体系规则的执着，戴高乐对华盛顿的政策不予配合，进行了坚决的对抗，这虽然没有对重新安排国际货币系统形成足够的压力，但是却对华盛顿为掩盖美元出现的问题而制定的国际货币基金组织特别提款权计划造成了足够的破坏。中止美元兑换黄金和随之带来 20 世纪 70 年代初的国际“浮动汇率”

并没有解决任何问题，只是争取了一些时间而已。

对美国来说，本来有一个非常好而且可行的方案，即把美元币值确定在一个更加现实的水平上。这一方案源自于法国，由戴高乐的前经济顾问雅克·吕夫提出。他始终认为，美元应该定位于70美元兑换1盎司黄金的价位上，而不是美国政府坚持而又没有守住的35美元兑换1盎司黄金的价位。吕夫称，这样不仅可以缓解全世界的投机行为，还可以使不稳定的欧洲美元恢复平衡，而且不会使美国国内经济出现严重混乱。如果实行恰当，还可以给美国工业增长带来巨大动力，因为这样，以非美元计算，出口成本更低。美国的产业利益就会再一次成为国内金融政策圈的主流。但是，这个理由并没有被人们广泛接受。华尔街的理论是：哪怕是牺牲经济发展或美国繁荣，它在金融领域的权力也不容许他人染指。

黄金本身并没有多少内在的价值，只有一些工业用途。但从历史上看，由于其稀缺性，它扮演着价值标准的角色，根据这一标准，不同国家限制了黄金的交易条件并且以黄金为基础发行货币。当尼克松决定美元不再与黄金挂钩后，他打开的是防洪堤，世界范围内史无前例的拉斯维加斯式投机狂欢开始了。1971年8月以后，长期的经济活动与固定汇率标准挂钩的情况发生了改变，世界贸易简直成了投机竞技场，博弈各种不同货币汇率浮动方向。

尼克松战略的真正制定者来自极具影响力的伦敦金融界商业银行。1971年夏，从尼克松对布雷顿森林体系金本位制的拆解当中，西格蒙德·沃伯格爵士、埃德蒙·德·罗斯柴尔德、乔斯林·汉布罗等人看到了极其难得的机会。伦敦再一次成为世界金融的主要中心，而且又是靠“借来的钱”，只是这次借的是欧洲银行的美元。

1971年8月以后，白宫国家安全顾问亨利·基辛格主持下的美国政策重点是为了控制世界经济，而不是为了发展世界经济。美国的政策官员们开始自豪地称他们自己为“新马尔萨斯主义者”。20世纪70年代，在发展中国家，控制人口增长而不是促进科技转移和工业增长开始占据优先地位，这是19世纪英国殖民思想的又一次回潮。我们很快就会看到，这些变化是如何发生的。

由于《史密森协定》缺乏有效的支撑基础，到1972年时，情况进一步恶化，大量的资本流动再一次使美元涌向日本和欧洲，直到1973年2月12日，尼克松总统不得不再次宣布将美元兑换黄金的价格贬值10%，美元兑换联邦储备黄金的比价变为42.22美元兑换1盎司黄金。

这就意味着世界上所有主要货币开始了所谓的“有控制的浮动”过程。1973年2—3月，美元兑德国马克的汇率再次贬值40美分。自此，货币开始陷入永不停歇的变动之中，这是自20世纪30年代以来从未有过的。但是这一次，为了从失去金融支柱的毁灭性打击中赢得上风，纽约、华盛顿和伦敦的战略家们准备采取非常手段抢占先机。

一次不寻常的会议

尼克松1971年8月15日的美元战略背后的构想，直到两年多以后的1973年10月才浮出水面，甚至在那时，也只有少数内部人士才了解其间的联系。1971年8月，伦敦－纽约的金融集团不再把美元作为货币本位，目的是为了争取宝贵的时间，而内部政策人士则在同时准备大胆的新货币构架——一些人更喜欢把它称为“范式转换”。英美金融机构中某些有影响力的人士已经制定了再次制造强势美元的计划，这也是为了增强自身在世界上的相对政治实力，但恰恰在此时，他们似乎也处于注定的失败之中。

1973年5月，美元的急剧贬值依然持续，84位世界顶尖金融和政界人士聚集在瑞典的萨尔特霍巴登——瑞典银行业名门瓦伦堡家族的一个隐秘的海岛度假胜地。在由伯恩哈德王子的彼尔德伯格俱乐部组织的这次聚会上，美国与会者沃尔特·利维描绘了欧佩克（OPEC）石油收益即将出现四倍增长的“前景”。萨尔特霍巴登秘密会议的目的，不是为了阻止可能产生的石油价格波动，而是为了操纵即将产生的石油美元洪流，美国国务卿基辛格后来称之为“石油美元潮的回流”过程。这位美国的发言人对大西洋－日本的能源政策阐释得十分清楚。在描述了未来世界石油需求将由少数几个中东产油国来供给的前景后，发言人预言：“石油进口成本将大幅度提高，石油消费国的贸易平衡将遭遇巨大困境。沙特阿拉伯和阿联酋等国家的外汇盈余积累将导致严重后果。”

彼尔德伯格会议
1973 年 5 月 10—13 日萨尔特霍巴登会议美国与会者名单

（有 20 位美国与会者下榻萨尔特霍巴登宾馆，不包括记录人和我。有 10 位是会议指导委员会委员，因此有 10 个空缺名额。）

以下人员有一个或两个推荐人——包括两种推荐并用。考虑到可能参加的与会者，我们必须记住让年轻人和女士参与会议的重要性。如果有可能的话，我们也需要邀请一两位媒体或是工会领导人参与。

美国政府——行政人员
亨利·基辛格（备选：副国务卿拉什）
乔治·舒尔茨（备选：唐纳德·拉姆斯菲尔德、埃伯利大使）
詹姆斯·艾金斯（白宫及国务院能源专家）

美国政府——国会人员
参议员约翰·托尔（备选：参议员布鲁克、珀西和斯科特）
参议员杰克逊（备选：参议员蒙代尔或普罗克斯迈尔）
众议员约翰·卡尔弗

媒体人士	其他	
唐纳德·库克	格雷厄姆·艾利森	理查德·霍尔布鲁克
奥斯本·克利奥特	罗伯特·安德森	罗伯特·亨特
凯瑟琳·格雷厄姆	罗伯特·鲍伊	林肯将军
安德鲁·海斯克尔	哈维·布鲁克斯	鲍登学院迪安·罗宾逊
马克斯·弗兰克尔	兹比格涅夫·布热津斯基	
弗罗拉·刘易斯	威廉·邦迪	罗伯特·谢策尔
汤姆· 威克	米丽娅姆·坎普斯	卡罗尔·威尔逊
	帕特里夏·哈里斯	
	斯坦利·霍夫曼	

美国彼尔德伯格俱乐部官员罗伯特·墨菲 1973 年 1 月 8 日关于 1973 年 5 月推荐与会人名单的备忘录，其中包括了亨利·基辛格。本备忘录是墨菲在胡佛研究所内保存的文档之一。

该发言人还补充道："在石油出口国、石油进口国、石油生产国、国际石油公司的所在国以及石油生产和进口国的国家石油公司之间，政治、战略和权力关系的全面调整刚刚开始。"他随后预测，欧佩克的原油收益将提高四倍以上，上涨幅度正好和基辛格即将向伊朗国王提出的要求一样。1973年5月参加萨尔特霍巴登会议的有：大西洋里奇菲尔德石油公司的罗伯特·安德森、英国石油公司董事长格林希尔勋爵、欧洲债券创始人和瓦伦堡集团的埃里克·罗尔爵士、雷曼兄弟投资银行的乔治·鲍尔、大通曼哈顿银行的戴维·洛克菲勒、后来即将成为卡特总统国家安全顾问的布热津斯基，意大利人詹尼·阿涅利和德国人奥托·沃尔夫·冯·阿梅龙根等。亨利·基辛格也是彼尔德伯格会议的常客。[2]

改善能源进口国之间关系的任务应当从欧洲、美国和日本之间的磋商开始。这三个地区代表了世界60%的能源消费，而且它们的能源产品贸易总量在世界上占更大的比例，因为世界上80%的能源产品都出口到这三个地区。

合作的另外两个原因就是这些国家对世界的责任。首先，不管是能源危机还是能源增长都可能不可挽回地危及自身本来就没有多少资源的发展中国家的经济发展。其次，石油生产国对金融资源的滥用或控制不严完全有可能使世界货币体系无序化并遭到破坏。

B. 合作的总则和限制：在欧共体有一个非官方的共识，那就是欧洲乐意与美国和日本开展能源合作，主要是解决进口国之间的恶意抬价……

石油进口的成本将大幅度提高，暗示了石油消费国家的贸易平衡将遭遇困境。沙特阿拉伯和阿联酋等国家空前的外汇盈余积累将导致严重后果。

在石油出口国、石油进口国、石油生产国、国际石油公司的所在国以及生产和进口石油的国家石油公司之间，政治、战略和权力关系的全面调整刚刚起步。

摘自1973年5月彼尔德伯格俱乐部在瑞典萨尔特霍巴登会议中的机密协议。请注意会议讨论了"石油生产国对金融资源的滥用或控制不力完全有可能使世界货币体系无序化并遭到破坏"的危险。摘录内容还谈及"从中东进口石油的巨大增长，进口的成本将大幅度提高"。稍后在讨论中公布的数字预示了欧佩克原油价格将近四倍的增长。

PERSONAL AND
STRICTLY CONFIDENTIAL

NOT FOR PUBLICATION
EITHER IN WHOLE OR IN PART

BILDERBERG MEETINGS

SALTSJÖBADEN
CONFERENCE

11–13 May 1973

SHAKESPEARE AND COMPANY
Kilometer Zero Paris

1973 年在萨尔特霍巴登召开的彼尔德伯格会议机密协议书封面。笔者在巴黎的一个书商处购得，封面上盖有书商的印章。

与会者名单

主席：荷兰王子殿下

欧洲荣誉秘书长：恩斯特·范·德·贝鲁格

美国荣誉秘书长：约瑟夫·约翰逊

荣誉财务官：弗里茨·卡斯滕

吉安尼·阿涅利	意大利
罗伯特·安德森	美国
乔治·鲍尔	美国
威尔弗里德·鲍姆加特纳	法国
弗雷德里克·贝内特爵士	英国
塞拉哈丁·贝亚兹特	土耳其
努里·比尔吉	土耳其
埃尔林·比约尔	丹麦
安德斯·比约加德	瑞典
马塞尔·布瓦特	法国
比吉特·布罗伊尔	德国
兹比格涅夫·布热津斯基	美国
威廉·邦迪	美国
西塔迪尼·塞西侯爵	意大利
埃米利奥·科罗多	美国
阿瑟·迪安	美国
埃里克·德雷克爵士	美国
罗伯托·杜奇	意大利
拉斐尔·吉罗蒂	意大利

1973年彼尔德伯格会议部分正式与会者名单，包括ARCO公司首脑罗伯特·安德森、兹比格涅夫·布热津斯基和乔治·鲍尔。

一年一度的彼尔德伯格俱乐部会议最早开始于1954年5月，当时在极为保密的情况下，一个由亲英派人士组成的集团指定了第一次会议场所——阿恩海姆附近的彼尔德伯格酒店，会议因此而得名。这个集团的成员包括乔治·鲍尔、戴维·洛克菲勒、约瑟夫·雷廷杰博士、荷兰王子伯恩哈德殿下以及乔治·麦吉（美国国务院幕僚，后来成为美孚石油公司的高级执行官）。欧洲和美国的顶尖精英常常聚集在彼尔德伯格年度会议上进行秘密协商和讨论政策问题。在接下来的媒体评论和报道上，一致协议“形成”了，但他们私下讨论的机密却并未透露。彼尔德伯格会议是战后英美政策形成的最有效手段之一。

显然，彼尔德伯格聚集的巨头们在那年5月份作出的决定是，要发起一次对世界工业增长的巨大打击行动，使权力的天平重新偏向英美的金融利益集团和美元一边。为了这次行动，他们决定使用他们最具威力的武器——对世界石油流通的控制。彼尔德伯格的政策是引发全球性的石油禁运，以此来大幅度提高世界石油价格。自从1945年以来，由于美国的石油公司主导了战后石油市场，美元作为石油标价的标准货币已经成为国际惯例。因此，世界油价的突然急剧上涨，意味着购买这些石油的美元需求量也同样在全球急剧上升。

这是一个以伦敦和纽约为中心的利益集团，有史以来，从来没有哪个利益集团对世界经济前景的控制力达到如此强大。英美金融利益集团对石油的控制力超出了所有人的想象。它们清楚地知道，它们的方式之所以如此强蛮，是因为它们有优势。

1973年的石油危机

1973年10月6日，埃及和叙利亚攻击以色列，点燃了世称“赎罪日战争”的硝烟。与一般大众的印象相反，“赎罪日战争”不是简单的误算、失误或阿拉伯国家决定对以色列发起军事打击的结果。围绕这场“十月战争”的开打，华盛顿和伦敦秘密策划了一系列事件，并动用了由尼克松总统的国家安全顾问亨利·基辛格博士建立的强大秘密外交渠道。通过以色列驻华盛顿大使西姆哈·迪尼茨，基辛格有效地控制住了以色列的政策反应。另外，基辛格还开辟了与埃及和叙利亚的沟通渠道。他的做法十分简单，就是在关键问题上向对方误传消息，确保战争和接下来的阿拉伯石油禁运的发生。

美国情报机构的报告，包括截获的阿拉伯官员之间关于确认已经开始战争集结的通信，被当时尼克松总统的情报“沙皇”基辛格全部压了下来。那场战争及其后果，基辛格声名狼藉的“穿梭外交”，都是华盛顿根据5月召开的（也就是开战前大约6个月）萨尔特霍巴登会议纲领安排的。全世界对此十分愤怒，阿拉伯产油国成了替罪羊，而应该负责的英美利益集团却躲在幕后平安无事。[3]

1973年10月中旬，联邦德国政府总理维利·勃兰特告诉美国驻波恩大使，联邦德国在中东冲突中保持中立，而且不允许美国使用联邦德国的军事基地对以色列进行补给。伴随着某种不祥预感，尼克松总统于1973年10月30日给勃兰特总理发了一封措辞激烈的抗议信，该信的大部分内容有可能是基辛格起草的。

> 我们认识到，欧洲人比我们更加依赖阿拉伯石油。但是，我们认为，在如此重大的问题上，不与我们保持一致，并不会减少你们的脆弱性……你们认为，这场危机不是联盟的共同责任，而且给以色列提供军事补给也不是联盟责任的一部分。我认为，我们实难苟同你们的观点……[4]

在中东冲突这个问题上，华盛顿绝不允许联邦德国宣布保持中立。但是，值得注意的是，英国可以明确表示中立，因此它也避免了受到阿拉伯石油禁运的影响。伦敦再一次巧妙地躲过了国际大危机，在这方面，英国总是很有办法。让欧佩克油价上涨四倍的一个巨大后果是，英国石油公司、荷兰皇家壳牌公司和其他英美石油公司冒险投资的北海油田可以因此而产生利润，否则数十亿美元的投资将石沉大海，血本无归。当时，如果欧佩克油价不涨，这些新建的北海油田是否能赚到钱还是未知数。当然，这可能仅仅是一个巧合。

1973年10月16日，石油输出国组织（欧佩克）在维也纳召开了一次关于油价的会议。之后，它将油价从每桶3.01美元提高到每桶5.11美元，涨幅高达令人惊愕的70%。在同一天，该组织中的阿拉伯成员国在历数美国在中东战争中支持以色列种种罪状的同时，宣布停止对美国和荷兰出口石油——鹿特丹一直是西欧主要的石油港口。

1973 年 10 月 17 日，沙特阿拉伯、科威特、伊拉克、利比亚、阿联酋、卡塔尔和阿尔及利亚宣布，它们 10 月份的石油产量将在 9 月份的基础上削减 5%，而且以后每个月再降低 5%，“直到以色列从 1967 年 6 月所占领的所有阿拉伯领土上完全撤离，并且巴勒斯坦人民的权利得到恢复”。世界上第一次“石油危机”，或者像日本人所说的“オイルショック”（石油冲击），已经迫在眉睫。

值得注意的是，石油危机在 1973 年末才真正到来。当时，美国总统尼克松正好卷入所谓的“水门事件”，亨利·基辛格因此成为事实上的总统，全权负责处理危机中的美国政策。

1974 年，为了设计一项迫使欧佩克降低油价的战略，尼克松政府派遣一位白宫高级官员前往财政部，但被粗鲁地赶出了门。在一份备忘录中，这位官员描述道：“是银行界的领袖们不愿意接受让石油降价的建议，极力主张使用‘回流’计划来适应高油价。这才是致命的决定……”

当时的美国财政部，在部长助理杰克·贝内特的领导之下，与沙特阿拉伯货币局（SAMA）达成了一项秘密协定，该协定于 1975 年 2 月在由财政部部长助理贝内特写给国务卿基辛格的备忘录中被最终定了下来。贝内特曾经帮助尼克松总统制定了至关重要的 1971 年 8 月的美元政策。秘密协议条款规定，沙特阿拉伯的大部分石油税收收益将用于弥补美国政府的财政赤字。年轻的华尔街投资银行家、当时的怀特·维尔德公司驻伦敦分公司专门经营欧洲债券的负责人戴维·马尔福德被派往沙特阿拉伯，担任沙特阿拉伯货币局的首席“投资顾问”。他的任务是指导沙特阿拉伯把石油美元投资到正确的银行，自然都是些伦敦和纽约的银行。彼尔德伯格计划正在按计划推进。[5]

作为尼克松总统最权威的国家安全顾问，基辛格已经牢牢控制了整个美国的情报系统，还控制了美国的外交政策，就在十月赎罪日战争之前，他说服尼克松总统提名他为国务卿。由于扮演着重要角色，基辛格拥有两个头衔：白宫国家安全事务助理和国务卿，这是空前绝后的。在尼克松总统任期的最后几个月，没有任何人像基辛格一样拥有这么大的权力。更加有意思的是，基辛格还在1973年获得了诺贝尔和平奖。

就在1974年1月1日德黑兰会议之后，第二次石油价格上涨开始了，这一次油价上涨了一倍，欧佩克原油基准价达到11.65美元。这是伊朗国王强烈要求的结果，是基辛格秘密施加压力让他这样做的。他提出这样的要求，真是令人吃惊，就在几个月前，他还反对欧佩克提高油价，因为他害怕这会使西方出口商提高出口到伊朗的工业设备的价格，这些设备是伊朗推进雄心勃勃的工业化进程所急需的。华盛顿和西方国家在十月战争中对以色列的支持，激起了与会欧佩克国家的愤怒情绪。就连基辛格掌管的国务院都不知道基辛格与伊朗国王之间的秘密诡计。[6]

从1949年到1970年末，中东原油价格平均约为1.90美元/桶。在1973年初涨到了3.01美元/桶，也就是在那时，彼尔德伯格俱乐部在萨尔特霍巴登会议上讨论了未来欧佩克石油价格上涨4倍。到1974年1月，油价上涨4倍已成事实。

石油危机的经济影响

1973年底，对美国的石油禁运所产生的社会影响可以用“恐慌”二字来形容。从整个1972年到1973年初，以埃克森公司为首的大型跨国石油公司一直在奉行造成美国国内原油短缺的政策，这一点十分奇怪。尼克松在幕僚建议下所作的一系列不寻常决策，为这些公司开了绿灯。因此，在1973年11月石油禁运的时候，影响可以说是剧烈的。根据1959年美国贸易协议法的规定，白宫有责任控制美国的石油进口。

1973年1月，尼克松任命财政部部长乔治·舒尔茨为总统经济事务助理，主管白宫的石油进口政策。财政部副部长威廉·西蒙曾是华尔街债券商，他被委以石油政策委员会主席的重任，导致10月石油禁运的关键几个月的石油进口供应政策，就是由该委员会制定的。

1973年2月，尼克松被说服建立一个特殊的“能源三人执政”体系，也就是白宫特别能源委员会，其中包括舒尔茨、白宫幕僚约翰·埃里希曼和国家安全事务助理亨利·基辛格。尽管在华盛顿或其他地方没有人意识到，但一切正在悄悄地按照彼尔德伯格的计划布局。到1973年10月，美国国内原油库存已经处于令人担心的低水平线上。欧佩克的原油禁运引发了公众购买汽油的恐慌，纷纷呼吁实行配给制度，随之产生了排长队加油的现象和经济衰退迹象。[7]

石油危机对美国最大城市纽约的影响最为严重。1974年12月，世界上最大的九家银行，由戴维·洛克菲勒的大通曼哈顿银行、花旗银行和伦敦-纽约投资银行、拉扎德兄弟银行牵头，通知老派古板的政客——纽约市长亚伯拉罕·比姆，要他把纽约的巨额养老基金的管理权交给这些银行成立的委员会，即市政协助公司，否则这些银行和它们的媒体伙伴将施加影响，摧毁纽约的财政。毫不奇怪，这位强势市长屈服了，而且纽约市被迫大幅削减了公路、桥梁、医院和学校的投资，用于偿还银行债务，使得数万工人下岗。这座美国最大的城市开始变得支离破碎。拉扎德兄弟银行的费利克斯·罗哈廷开始成为新银行家们的收款代理人，他也被媒体授予“巨无霸”称号。

在西欧，油价上涨的冲击和禁运也同样产生了巨大的影响。从英国到欧洲大陆，一个又一个国家相继感受到了20世纪30年代以来最严重经济危机的影响。整个欧洲，破产和失业已经达到令人担忧的程度。

德国政府制定了周末禁止开车上路的紧急规定，为节约石油进口成本进行最后的努力。到1974年6月，石油危机的影响导致德国赫施塔特银行的倒闭，德国马克陷入危机。1974年，随着德国的进口石油花费增至骇人听闻的170亿德国马克，估计有将近50万人由于石油危机而失业，通货膨胀率已经达到了令人担忧的8%。危机带来的影响使德国基础能源价格突然增长400%，对工业、运输业和农业带来了毁灭性打击。

关键产业如钢铁、造船和化工也陷入了深重的危机。

受国内石油危机的影响，再加上其顾问京特·纪尧姆涉嫌东德间谍活动被曝光，维利·勃兰特政府倒台。1974 年 5 月，勃兰特向联邦总统海涅曼递交了辞呈。随后，总统任命赫尔穆特·施密特为总理。那个时期，多数欧洲国家的政府首脑都因为石油危机影响经济而被迫下台。

对世界上的欠发达国家来说，能源价格一夜之间上涨四倍的影响显得更为严重。它们大多数没有多少国内石油资源，现在突然不得不面对出乎意料的四倍能源进口成本，已经支付不起，化工原料和肥料就更不用说了，因为这些都是从石油里提炼的。这个时候，评论家开始讨论“治疗类选法”，这是一种根据紧迫性和救活的可能性等因素决定在战场上优先治疗哪些伤员的方法，并且出现了“第三世界”和“第四世界”（非欧佩克国家）等新词汇。

1973 年，印度贸易收支盈余，正处于经济发展的健康轨道上。1974 年，印度外汇储备为 6.29 亿美元，但要支付的年石油进口账单几乎是这个数字的两倍，达到 12.41 亿美元。苏丹、巴基斯坦、菲律宾、泰国和所有非洲及拉丁美洲国家在 1974 年都面临巨额的贸易赤字。国际货币基金组织称，1974 年，发展中国家承受了总额为 350 亿美元的贸易赤字，这在当时已经是相当巨大的数字了。而且，毫不奇怪的是，这比 1973 年的赤字增加了 4 倍，油价也正好上涨了 4 倍。20 世纪 70 年代初，工业和贸易在经历了几年迅猛增长之后，发生了 1974—1975 年席卷世界的工业滑坡，严重程度超过了战后任何一次。

就在基辛格谋划的 1973 年石油危机给世界工业增长造成毁灭性打击时，却给某些人带来了巨大的利益——主要是纽约和伦敦的大银行和号称“七姊妹”的英美跨国石油公司。到 1974 年，埃克森公司超过通用汽车公司而成为美国总营业收入最多的公司。它的姐妹公司——美孚、德士古、雪佛龙和海湾石油公司——与埃克森公司的情况也相差不多。

欧佩克美元的大量收入，即基辛格的“回流石油美元”，被存入了伦敦和纽约的主要银行，这些银行不仅处理美元业务，同时也参与国际石油交易。大通曼哈顿、花旗、汉华实业、美国银行、巴克莱、劳埃德、米德兰都在石油危机中发了横财。接下来，我们将看到它们在 20 世纪 70 年代如何回流使用它们的石油美元，以及这一点是怎样为 20 世纪 80 年代严重的债务危机埋下伏笔的。[8]

剪掉“核玫瑰之花”

关于油价上涨 4 倍，笔者关注的主要一点是，如何确保这一激烈行动不会驱使全世界加速另一个已经很强的势头——建设核电站，这是一种效率更高、花费却更少的替代能源。

基辛格在哈佛时的院长也是他短暂担任约翰·肯尼迪政府国家安全委员会顾问时的上司麦乔治·邦迪。邦迪 1966 年离开白宫，担任美国当时最大的私人基金会——福特基金会的董事长。在任福特基金会董事长期间，他扮演了影响美国国内政策的重要角色。1971 年 12 月，邦迪拿出 400 万美元和三年时间，在基金会设立了一个新的重点项目——能源政策项目，项目负责人是戴维·弗里曼。在 1974 年的石油危机中，邦迪主政下的研究报告《抉择时刻：美国能源的未来》在争议声中发表，目的是为了在石油危机的关键时刻形成公开辩论。

美国权势集团内部第一次出现了欺骗性的论题，而且被公之于众：“能源增长和经济增长是可以分开的，它们不是双胞胎。”弗里曼的研究提倡新奇且效率低下的“替代”能源，例如风力、太阳能光伏板和燃烧可循环废料。福特报告对核能进行了猛烈的攻击，声称与核能发电有关的技术理论上可以用来制造原子弹。该报告宣称：“燃料本身或它的副产品钚，可以直接用作或加工成为制造原子弹或其他爆炸装置的原材料。”

福特报告准确地注意到，未来将挑战石油而成为能源霸主的主要竞争者是核能，并警告：“由于核技术的发展，核能在世界上每一个地方都将快速蔓延，特别是快速核反应堆（快堆）和提炼浓缩铀的离心分离机技术。”邦迪项目确定了美国金融机构的“绿色”反核框架。[9]

到20世纪70年代早期，核技术已成为未来高效发电方法的首选，比石油或煤炭更加高效（而且更有利于环保）。在石油危机的冲击下，欧共体已经开始了大型核能开发项目。1975年，参与此计划的成员国主张，到1985年要在欧洲大陆建立160—200座核能发电站。

对于1974年石油危机的影响，1975年，西德的施密特政府作出了理性的反应，决定建设发电量420亿瓦的核电站项目，其发电总量将在1985年占整个德国用电量需求的约45%。在欧洲，只有法国超过了西德，法国要在1985年前建成发电量450亿瓦的核电站。在1975年的石油危机冲击中，意大利工业部部长卡洛·多纳特·卡廷指示意大利核能公司ENEL和CNEN草拟一个在20世纪80年代早期建成约20座核电站的计划。甚至刚刚从佛朗哥四十年的统治下摆脱出来的西班牙，也提出要在1983年前建设20座核电站的计划。1座常规的十亿瓦核设施基本可以满足一座百万人口的现代工业城市的所有电力需求。

1974年石油危机发生时，欧洲的核能工业开始快速增长，尤其是法国和西德。法国和西德第一次在核出口市场成为美国的竞争对手，此前一直是美国主导着这一市场。法国方面收到伊朗国王的一封信，要求帮助伊朗建设4座核反应堆，联邦德国电力公司也收到了同样内容的信。而此时，法国已与巴基斯坦布托政府签订了协议，帮助巴基斯坦建设现代化的核基础设施。西德政府与巴西的谈判在1976年达成协议，在和平利用核能方面加强双方的合作。协议包括由西德建立8座核反应堆和再生及浓缩铀反应堆燃料。德法两国的核能公司完全按照艾森豪威尔1953年“和平原子能宣言”的精神，在各自政府的全力支持下，开始与经过挑选的一些国家进行谈判。很明显，英美对能源的控制，是以控制世界主要能源资源为基础的，如果这些相当可行的计划继续下去，那么英美的地位将会受到威胁。

战后，与石油相比，核能更能代表技术的进步，这如同在19世纪末，当费希尔勋爵和邱吉尔争论是否应该把英国海军从使用煤作燃料转向使用石油时，石油要比煤炭更加先进一样。不同的是，在 20 世纪 70 年代，英国及其美国兄弟牢牢地控制了世界的石油供给。特别是，如果商用快速核反应堆和热核反应堆计划得以实现，核能技术将预示着世界能源供给可能将不受限制。

1974 年石油冲击的直接结果是，在世界核工业内部建立了两个组织，很有意思的是这两个组织的总部都设在伦敦。1975 年初，一个非正式半秘密组织——“核供应商集团”或者叫“伦敦俱乐部”成立了。这个组织包括了英国、美国和加拿大，还有法国、西德、日本和苏联。这是英美早期的一种努力，目的是为了在核出口问题上自我约束。1975 年 5 月，另一个秘密组织——“伦敦铀学会”成立，核供应商集团得到了补充。伦敦铀学会由历史上的英国殖民地国家所主导，包括加拿大、澳大利亚、南非和英国。这些“内部”组织是必要的，但却还不足以让英美利益集团遏制住 20 世纪 70 年代初期的核“威胁”。就像一位来自阿斯彭研究所的美国杰出反核人士所说：“我们必须把‘核玫瑰之花’剪掉。”他们确实也做到了。

“绿色行动”遏制核能发展

无独有偶，在 1974—1975 年石油冲击衰退之后，西欧人口不断增长，特别是西德，由此引发了战后第一次讨论“增长极限”或者说环境威胁问题，而且人们开始对他们的工业增长和技术进步的信念产生疑问。很少有人意识到，在一定程度上，他们的新“观点”受到某个网络的精心操纵，这个网络由英美金融和工业圈子建立，它们与躲藏在萨尔特霍巴登石油战略之后的利益圈子完全相同。

从 20 世纪 70 年代开始，一批经过精心挑选的英美智囊和杂志发起了一轮可怕的宣传攻势，目的是为了形成一种新的“增长极限”议程，以确保猛烈的石油冲击战略取得“成功”。出席 1973 年 5 月在萨尔特霍巴登举行的彼尔德伯格俱乐部会议的美国代表、石油巨头罗伯特·安德森是执行英美生态议程的关键人物。这是历史上又一次非常成功的欺诈行动。

这一次，他们将目标对准了核能，安德森和他的大西洋里奇菲尔德石油公司通过大西洋里奇菲尔德基金会将数百万美元注入被选定的机构。安德森慷慨赠予的主要受益人是一个名为“地球之友”的组织，它当时是靠安德森拿出的20万美元成立的。安德森的地球之友最早期的行动是，通过其反核行动对西德核工业进行突袭。1976年，地球之友的领导人霍尔格·斯特罗姆发动的早期行动之一就是“反对布洛克多夫核电站大游行”。地球之友在法国的主管布里塞·拉隆德是洛克菲勒家族的公司——库代尔兄弟公司的巴黎合伙人，他后来在1989年成为密特朗的环境部部长。正是地球之友组织阻止了日本–澳大利亚供铀协议中的一项主要条款。1974年11月，日本首相田中角荣在堪培拉会见了澳大利亚总理高夫·惠特拉姆。双方达成了一项承诺，澳大利亚向日本提供潜在价值达数十亿美元的铀矿石来满足日本未来的需求，并与日本合作开发浓缩铀技术。英国铀矿开采巨头力拓锌业公司为了动员各方反对未决的澳日协议，在澳大利亚秘密安插了地球之友组织，结果造成了几个月后惠特拉姆政府的垮台。地球之友在伦敦和华盛顿的高层有许多“朋友”。

不过，在美国和欧洲传播“增长极限”，罗伯特·安德森主要依靠的是阿斯彭研究所的人文研究项目。阿斯彭研究所所长是安德森本人，副所长是大西洋里奇菲尔德基金会领导人桑顿·布雷德肖。20世纪70年代初，阿斯彭研究所曾是研究机构中开展反核活动的主要财务渠道。

当时，在人们所熟知的阿斯彭研究所理事中，世界银行总裁、越南战争的主谋罗伯特·麦克纳马拉也是其中之一。其他精心挑选的理事还包括牛津大学的布洛克勋爵、亲英派美国经济学家理查德·加德纳（后来的美国驻意大利大使）、华尔街银行家和雷曼兄弟公司的拉塞尔·彼得森，以及埃克森公司董事会成员杰克·克拉克、海湾石油公司的杰瑞·麦卡菲和美孚石油公司董事乔治·麦吉，他也是出席1954年彼尔德伯格俱乐部成立会议的前美国国务院官员。同样在早期加入安德森的阿斯彭研究所的还有汉堡《时代周刊》出版人马里昂伯爵夫人登霍夫，以及大通曼哈顿银行前董事长和驻德高级专员约翰·麦克洛伊。

罗伯特·安德森还从麦乔治·邦迪管理的福特基金会邀请约瑟夫·斯莱特担任阿斯彭研究所的所长。在20世纪70年代早期，这确实是一个团结紧密的英美大家庭。在阿斯彭研究所，斯莱特启动的最初项目的目的，是为在全球范围内有组织地反对工业增长——特别是核工业——做准备，这一项目用的是联合国的赞助（和资金）。斯莱特保证，即使面对发展中国家的强烈反对，瑞典常驻联合国代表斯韦克·阿斯特罗姆也会提议联合国召开一次关于环境问题的世界大会。

1972年6月，联合国环境大会在斯德哥尔摩召开。从一开始，这次会议就是由安德森的阿斯彭研究所操办的。加拿大石油商人、阿斯彭研究所理事莫里斯·斯特朗担任了大会主席。在联合国的支持下，阿斯彭研究所还筹资建立了国际零增长网络——国际环境和发展研究所，其理事成员包括罗伯特·安德森、罗伯特·麦克纳马拉、斯特朗和英国工党的罗伊·詹金斯。这个组织立即编写了一本书——《只有一个地球》，作者为洛克菲勒大学副教授雷内·杜博斯和英国的马尔萨斯主义者巴巴拉·沃德。这一次，他们还说服国际商会支持莫里斯·斯特朗和阿斯彭研究所举办的研讨会，向国际商业人士宣传新的环保主义理念。

1972年斯德哥尔摩大会建立了一个国际组织和宣传平台。到1973—1974年发生石油危机时，大西洋里奇菲尔德公司与石油的相关业务渠道、洛克菲勒兄弟基金和其他英美公司已经准备了数百万美元的资金。在这些资金的资助下，大规模的反核宣传攻势得以启动。这些资金赞助的机构，包括超级精英人物参与的世界野生动物基金会，该基金会先是由彼尔德伯格俱乐部成员伯恩哈德王子掌控，后来是荷兰皇家壳牌公司的约翰·劳登操纵。[10]

这些机构对美英媒体有着不可抵抗的影响力，主要表现是：在罗伯特·安德森资助的反核攻势中，没有听到任何可能产生利益冲突的公众的声音，而且事实上大西洋里奇菲尔德石油公司就是1974年油价上涨后的主要受益公司之一。安德森的ARCO公司、埃克森公司、英国石油公司、壳牌公司和其他“七姊妹”公司已经投入数千万美元在阿拉斯加的普拉德霍湾和英国的北海建立高风险的石油基础设施。

如果1974年的石油危机没有使石油市场价格上涨到11.65美元/桶或邻近价位的话，那么安德森在北海和阿拉斯加的投资，以及英国石油公司、埃克森公司和其他公司的投资，就会导致财务崩溃。为了保证英国媒体出现友好的声音，安德森当时买下了伦敦的《观察家报》。事实上，也没人会问，安德森和他那些影响力巨大的朋友们怎么知道基辛格将为他们创造油价上涨4倍的条件。[11]

为了不错过任何一个宣传零增长的机会，罗伯特·安德森还给另一个项目捐助了一大笔资金。在洛克菲勒的意大利贝拉焦别墅，洛克菲勒家族和奥雷利奥·佩切伊、亚历山大·金启动了这个项目。1972年，罗马俱乐部及罗马俱乐部美国协会，在公众中大肆宣扬由丹尼斯·梅多斯和杰伊·弗雷斯特尔通过计算机模拟出来的、名叫“增长的极限”的科学欺诈理论。梅多斯和杰伊·弗雷斯特尔在毫无可信度的马尔萨斯理论中加入了现代计算机图表，并坚称世界由于缺乏足够的能源、食物和其他资源而即将毁灭。马尔萨斯也是这样认为的，但他们忽略了技术进步为改善人类生活条件带来的影响。他们所要表达的是一种紧张阴暗的文化悲观主义情绪。

这次新的英美反核攻势的首要目标之一是联邦德国。法国的核能计划即使不比联邦德国更加宏大，至少不差，但由于第二次世界大战后联邦德国被占领，英美情报机构更有可能取得成功。1975年，施密特政府关于核能发展计划协议的墨迹未干，突袭行动就开始了。

这次行动的关键人物是一位名叫佩特拉·凯利的年轻女性，她的母亲是德国人，继父是美国人，而且她一直在美国生活到1970年，除了为美国参议员休伯特·汉弗莱工作以外，没有做过任何其他工作。在美国期间，佩特拉·凯利与自然资源保护委员会建立了亲密联系，该委员会是麦乔治·邦迪任董事长期间福特基金会创立的英美反核组织新的领导机构之一。当时自然资源保护委员会的理事包括巴巴拉·沃德（杰克逊女士）和劳伦斯·洛克菲勒。70 年代中期，凯利在西德开始组织合法的抗议活动，攻击政府的核能建设计划，结果是导致花费巨大的计划停滞。最终，西德的整个核能计划被削减。

控制别国人口增长以保美国安全

1798 年，默默无闻的英国牧师托马斯·马尔萨斯由于其著作《人口原理》受到极力吹捧而一夜成名。他当时在英国东印度公司的海利贝里东印度学院任政治经济学教授。他的著作本身就是一种科学欺诈，他大量剽窃了一位威尼斯人对美国人本杰明·富兰克林积极人口理论批评的内容。

1774 年，那位威尼斯人对富兰克林理论的抨击被贾马里亚·奥特斯记录下来。马尔萨斯的奥特斯“理论”的改写版经过炮制，披上了数学合理性的外衣，他称其为“几何级数法则”。“几何级数法则”认为，人类的人口总是呈几何形式扩张，然而从算术上说生存的资料却是有限的，或者说是呈线性增长的。马尔萨斯论点的缺陷是，自 1798 年以来，人类文明、技术和农业生产力的大力发展无可辩驳地证明：马尔萨斯故意忽略了科学和技术进步对粮食总产量、劳动生产率和其他方面的贡献。[12]

到 20 世纪 70 年代中期，英美机构的新宣传攻势取得明显效果，美国政府在记者会上公开自夸他们是忠实的“新马尔萨斯主义者”就是证明。仅仅在十年以前或稍早，他们还在茶余饭后取笑马尔萨斯主义者。但是在美国，没有什么地方比基辛格的国家安全委员会更加疯狂地迎合英国马尔萨斯主义经济学了。

1974 年 4 月 24 日，在石油危机中期，白宫国家安全顾问亨利·基辛格签发了《国家安全委员会研究备忘录 200 号》（NSSM 200），主题是

“世界人口增长对美国安全和海外利益的含义”。备忘录被转发给所有的内阁部长、参谋长联席会议成员，以及中情局和其他重要机构。1975年10月16日，在基辛格的力主下，杰拉尔德·福特总统签发了“加强美国在世界人口问题上的领导”的备忘录，该备忘录的基础是NSSM 200。这份文件在美国历史上第一次让马尔萨斯主义成为关乎美国安全政策的重要内容。更具讽刺意义的是，这是由一位在德国出生的犹太人发起的。甚至在纳粹统治时期，德国政府官员也对是否给予这些内容以官方支持持谨慎态度。

NSSM 200声称，在某些发展中国家，人口增长对美国国家安全产生了“威胁”，而这些国家往往都拥有对美国经济而言非常重要的战略资源。这份研究备忘录警告，在国内人口增长的压力下，在与美国的贸易中，拥有重要战略资源的国家将试图寻求更高的价格和更好的条件。在备忘录的内容中，有13个国家被列入名单，成为美国人口控制努力的“战略目标”。这个1974年拟定的名单是指导性的。毫无疑问，正如基辛格作出的其他重大决定一样，这些目标国家都是在与英国外交部紧密磋商后选定的。

基辛格在备忘录中明确表述道：“与提高生产能力而额外对水利、发电站和工厂等项目的直接投资相比，控制人口的开销要少得多。”这与英国19世纪帝国主义的解释没什么两样。到20世纪70年代中期，已经作出秘密政策宣言的美国政府已经奉行这样一项议程，它不仅会导致美国经济的崩溃，而且会给广大发展中国家带来无尽的饥荒、痛苦和不必要的死亡。这13个被基辛格的研究备忘录选定的目标国家是：巴西、巴基斯坦、印度、孟加拉国、埃及、尼日利亚、墨西哥、印度尼西亚、菲律宾、泰国、土耳其、埃塞俄比亚和哥伦比亚。[13]

第十章

各个击破：

压制一切独立的发展力量

Europe, Japan and a Response to the Oil Shock

英美精心设计的石油美元体系，席卷了世界各地的财富。围绕着控制与反控制，欧洲共同体、不结盟运动以及其他国家与英美金融集团之间展开了一场持久、血腥而不见硝烟的战争。

深受石油危机之害的发展中国家

虽然1974年的石油价格暴涨对世界造成了巨大的经济和金融冲击，但到1975年下半年，尽管遭受了巨大的打击，部分地区的工业已经开始恢复发展，回到了原有的发展道路上。1974年的石油冲击为达成英美彼尔德伯格集团的某些目标提供了保证，但是全球工业发展的指标并没有完全朝着令它满意的方向改变。它长期支配世界经济的战略构想仍然面临致命的威胁。

世界钢铁产量和航运贸易量，是世界经济发展健康状况的明显衡量指标。20世纪50年代初，全世界在第二次世界大战的废墟中开始重建，世界粗钢产量开始稳步上升。钢铁的产量，直到今天都是用来评价一国经济的总体发展程度的重要标准之一。不像现在比较时髦的国民生产总值（GNP），后者衡量的是价格水平，而不考虑该经济活动是生产性的还是非生产性的。举个例子来说，对于一项经济活动的统计，GNP并不管你是基础设施建设还是在拉斯维加斯赌场中的赌博消费。而钢铁产量是无法造假的。此外，钢铁还是运输、建筑和各种基础设施建设的基础。

西方世界，包括发展中国家，钢铁产量从1950年的不到1.75亿吨稳步上升到了1974年受石油危机影响时的差不多5亿吨的峰值。钢铁产业同时也是能源最密集的产业之一。在石油危机之后的两三年里，世界钢铁产量反映了经济所受到的影响，从1974—1975年的钢产量高峰期迅速滑落了几乎15个百分点。但是，从1976年起，钢铁产量又开始稳步增长。

世界海运贸易也发生了同样的变化。作为对1974年石油冲击和世界经济严重滑坡的反应，海运总量急剧下降，但是在1977—1978年又得到缓慢而稳固的恢复。1975年见证了从1945年第二次世界大战结束以来世界贸易的第一次大幅下降，降幅达6个百分点，但是后来还是得到缓慢复苏。[1]

然而，战后没能从金融和通货膨胀的大冲击中恢复过来的地区之一是南半球的那些欠发达国家，尤其是石油不能自给的国家。整个20世纪60年代，对绝大部分发展中地区来说，石油危机意味着发展的结束，金融业和农业也无法改进，使很多地区人们改善生活的希望落空。

似乎祸不单行，此次石油危机在1974—1975年间正好与几十年来最严重的一次全球干旱不期而遇，农作物严重歉收，特别是在非洲、南美洲和亚洲的部分地区，石油危机的经济影响达到最大。当时，大多数发展中国家正面临饥荒，它们急需从美国和西欧进口比以往更多的谷物和其他食物，但无法负担食品进口增长所需的资金，也就谈不上为应对石油冲击提供资金了。

英美在1971年8月将美元与黄金脱钩，以及后来强迫油价暴涨4倍，给世界上大多数生活在发展中地区的人民带来了灾难。

意大利银行董事长圭多·卡利指出，在当时，“人们越来越对银行怀有敌意……不信任的感觉是从人们确信商业银行对货币的主导权太大开始的”。卡利于1976年初在一次对银行界同仁们的演讲中描述了石油冲击对世界金融的影响。在1971年美元与黄金脱钩和浮动汇率的情况下，新的油价造成了世界性的通货短缺。“国际通货短缺是由银行造成的”，卡利指出：“很大一部分是由美国的银行通过它们的海外机构造成的。”

卡利评论道，有人把这个过程看成是对某些人的“邪恶企图的验证”，这些人躲在后台，推动建立所谓新的与黄金兑换无关的美元货币秩序，“黄金与金融体系的脱钩，而且未能用官方认可的工具取代，证实了这是一种为强化美国银行的主导地位而设计的恶意图谋”。[2]

确实有人认为这是恶意的。到1975年，工业化国家从最初的石油冲击中缓慢恢复，然而，由于石油价格上涨4倍，发展中国家经济的总体状况进一步恶化。发展中国家常规项目的总赤字从20世纪70年代初的平均每年约60亿美元上升到1974年的超过260亿美元（又一次上涨4倍，与油价上涨倍数相等），到1976年又上升到无法承受的7倍——420亿美元。这些赤字绝大多数发生在处于发展中地区的国家，而这些国家的人均收入水平也是世界上最低的。

在无法从世界银行和其他工业化国家的私人银行借到更多钱的威胁下，这些欠发达国家被迫将本应用于工业和农业发展的宝贵资金用来减少贸易赤字。它们必须支付石油进口所需的费用，而且是用美元，但是它们的原材料出口收入却在1974—1975年间的全球经济不景气中急剧下降。

在彼尔德伯格集团“石油美元回流”战略下，美国和欧洲的私人银行开始打开向这些国家借钱的突破口，但是它们这么做只是为了“平衡”那些由英美造成的石油冲击废墟中残留下来的账户，而不是为建设必要的生产基础设施或技术发展提供资金。这些私人的石油美元贷款来自以伦敦为基地的美国和英国的欧洲美元银行。沙特阿拉伯、科威特和其他国家的石油收入是用美元支付的，而且这些美元被输送和“引导”流向海外的伦敦欧洲美元银行，由这些银行再借给那些在石油危机中受到伤害的发展中国家。

基辛格博士和他的朋友们没有给这个过程留下任何漏洞。一家美国投资银行的一位处在欧洲美元市场中心的资深合作伙伴——戴维·马尔福德，当时是怀特·韦尔德公司驻伦敦的欧洲美元业务主管，被委任为沙特阿拉伯中央银行的沙特阿拉伯货币局（SAMA）局长和首席投资顾问；作为欧佩克最大的产油国，沙特阿拉伯被美国大石油公司所控制。

这个极不寻常的任命并没有让多少人知晓，而仅在数月前，沙特阿拉伯也宣布了石油禁运。同怀特·韦尔德公司一道，沙特阿拉伯货币局也得到了来自伦敦的商业银行——巴林兄弟银行的秘密投资建议。

作为沙特阿拉伯货币局局长，戴维·马尔福德是确保沙特当局“明智地”利用其新的金融横财的关键人物。为了让马尔福德先生的角色轻松一点，与埃克森公司和参与到沙特阿拉伯美国石油公司（ARAMCO）里面的美方石油公司联系密切的纽约花旗银行，令人费解地成为当时能够在沙特开展业务的唯一全外资银行。毫不奇怪，1974 年，整整 70% 的欧佩克石油剩余收益被投资到境外的股票、债券、不动产或其他领域。在这总计 570 亿美元的巨额资产中，有 60% 以上直接进入到美国和英国的金融机构。[3]

早在 1974 年 6 月 8 日，在美国国务卿的权力范围之内，亨利·基辛格签署了一项建立美国－沙特经济合作联合委员会的协议，这一协议没有引起人们的关注。除了其他一些项目以外，协议范围还包括“金融领域的合作”（基辛格占据了空前的双重职位：总统国家安全事务顾问和国务卿，后一职位一直担任到福特总统任期时）。

到 1974 年 12 月，尽管利雅得和华盛顿都严格保守了秘密，但这种合作的性质是比较清楚的。美国财政部在利雅得与沙特阿拉伯货币局签署了一项协议，此协议的任务是为了“通过纽约的联邦储备银行，与（美国）财政部借贷业务建立一种新型关系。在此安排之下，沙特阿拉伯货币局将购买持有期至少为一年的美国财政部的新有价证券”。美国财政部部长助理杰克·贝内特对此作出了说明，他后来成为埃克森公司的董事。对这些两个月以前达成的协定进行解释的贝内特备忘录，标注的日期为 1975 年 2 月，被全文报送国务卿基辛格。[4]

对于不了解英美在波斯湾利益发展史的人来说，对美国与沙特阿拉伯之间的这一系列协议真正感到震惊的是，欧佩克石油国家只接受美元作为石油交易的结算货币，这是一项排他性政策；只是美元，不是德国马克，也不是日元、法国法郎或是瑞士法郎，尽管它们都有明确的价值。

用美元给石油定价，最初是第二次世界大战以后美国主要石油公司和纽约的银行家们推出的一个做法。在 1974 年初石油危机之后，为了满足石油进口的需求，主要欧洲国家都启动了与阿拉伯石油供应国的认真谈判，确保长期石油购买合同，它们打算用本国货币来支付——这是一个极其明智的举动，因为这可以大幅降低石油冲击对欧洲的影响，这对欧佩克来说非同寻常。德国或者法国本来可以更加容易地使用它们的货币——德国马克或法国法郎——来确保支付石油进口费用，而不需要购买美元来换取同样的石油。更令人好奇的是，欧佩克的部长们在 1975 年开会同意接受美元作为石油出口的唯一支付货币，其余货币概不接受，就连英镑也不行。

这样的安排，不用解释，事实上证明对美元和纽约的金融机构以及伦敦欧洲美元市场具有极大的价值。整个世界被迫不断地购买大量美元，来支付它们至关重要的石油进口。更不寻常的是，即使在接下来的十年甚至更长的时间里，美元螺旋式的涨跌使欧佩克也遭受了巨大的损失，但这种美元定价协议依旧保持了它的影响力。

这些石油美元在伦敦和纽约受到引导的回流的一个后果，是使得美国的银行成为世界银行业的巨头，同样也使它们的客户——“七姊妹”石油跨国集团成为世界工业的巨头。英美石油界和银行业的联合，压倒性地打破了一般企业的平衡，以至于它们的影响和权力看起来变得不可战胜。

通过美国财政部和戴维·马尔福德的行动，以及欧佩克奇怪的美元定价规定与沙特的美国-沙特联合协定等秘密安排，华盛顿和纽约的银行有效地将它们已经有缺陷的战后布雷顿森林黄金交易体系转换成了一种新的、极度不稳定的以石油为基础的美元交易体系，这个体系不像黄金交易体系那样可以通过它们的算计来控制。基辛格和纽约及伦敦的金融界有效地将战后世界旧的黄金交易本位替换成了他们自己的“石油美元本位”。

说到底，究竟是谁真正控制着欧佩克呢？只有在政治上天真的人才会相信阿拉伯国家会突然获得允许在关乎英国和美国重要利益的问题上独立行事的权利。如果真的认为石油冲击是一件致命的事情的话，华盛顿会有很多的办法让欧佩克把油价恢复到合理的水平。它要的就是高油价，而且它需要的就是让欧佩克来背黑锅。

布雷顿森林体系的两种储备货币——英镑和美元——在 20 世纪 70 年代的石油美元新秩序中保持了它们的中心地位。英镑可以通过对北海石油的大量开采轻松获利，也可以像前面提到的那样，及时从油价膨胀 4 倍中受益。英镑被公认为“石油货币”。

美元也是通过上述途径获利的。显然，1973 年 5 月，彼尔德伯格集团在萨尔特霍巴登会议上的谋划就已经算计好了谁赢谁输。对它来说，不管怎样人为制造油价暴涨，都只是一种操纵世界经济的方式，它确实造成了全世界整体财富向极少数国家转移的空前后果。如果不是这样的话，那亚当·斯密的市场“魔力”还有什么意思呢？

如果把这些方式看成是老式黑手党“保护伞”游戏的一种不正当变通，似乎就可以理解了。通过操纵政治事件使油价上涨四倍的英美利益集团，把目标转向了那些石油冲击的受害国，“主动”借给它们石油美元来资助它们购买昂贵的石油和其他至关重要的进口货物——当然，这些都是要用极高的价格才能买得到的。

世界上绝大多数地区的工业和农业发展以及居住在欠发达地区人们的生活，深受英美石油政策之害。石油美元只是用来填补赤字，而不是用来资助建设新的基础设施，从而发展农业和提高世界人民的生活水平。

在整个 1975 年，英美自由派的政策机构——纽约的外交关系协会——在纽约律师赛勒斯·万斯的指导下，草拟了一系列为 20 世纪 80 年代设计的政策蓝图，就像 20 世纪 50 年代后期经济萧条转折点时所做的一样。在考虑未来全球货币秩序时，该协会声称：“世界经济中一定程度的‘有控制的解体’对 20 世纪 80 年代来说是一个合理的目标。”但是，正在解体的是传统工业和农业发展的整体结构，这在发展中地区尤为明显。[5]

在接下来的 8 月份，在斯里兰卡首都科伦坡，85 个国家的首脑和所谓不结盟运动的成员国的政府要员在主办国总理西丽玛沃·班达拉奈克夫人的主持下召开了一次会议。出席的领袖中，包括印度的英迪拉·甘地和众多非洲、亚洲和拉丁美洲国家的首脑，还包括阿尔及利亚和伊拉克的政府首脑和要员。

不结盟运动

科伦坡会议在短暂的奏乐中开始。它与充满无休止争论、花言巧语的许多前殖民地国家的会议其实没有什么区别。但是，班达拉奈克总理是一位经验丰富的政治家，她在早期与英国和美国殖民者的斗争中积累了丰富经验，在 20 世纪 60 年代早期又刚刚没收了英国和美国的石油公司，因此，她决定将 8 月的峰会开成对不断恶化的发展中国家经济进行干预的会议。基辛格搞的石油危机已经造成了这种恶化。[6]

科伦坡会议在 1976 年 8 月 20 日发表的最终宣言，与其他任何一次发展中国家领导人在战后制定的文件都不同。这次由 85 个不结盟国家参加的会议主题公开宣布为“公平公正的经济发展”。宣言认为，“经济问题已经成为国际关系中最艰难的方面……发展中国家已经成为世界性危机的受害国”，这场危机正在阻碍这些国家消除饥饿、疾病和文盲的努力。

宣言中提到了自 1973 年石油冲击发生以来已经接近翻番的外债负担，以及原材料出口贸易条件灾难性的恶化。宣言提出了建立一种国际经济新秩序的几个具体步骤。

宣言正确地指出，现有秩序已经崩溃，而且它也是导致限制性的保护主义政策、萧条、通胀和失业的原因。因此，宣言主张：“对国际贸易体系进行根本性的重组，以改善贸易条件……对工业生产进行世界性的重组，让发展中国家以更加优惠的条件获得工业产品和技术转移。”在提到现有布雷顿森林体系的混乱情况时，宣言提到了“汇率浮动的无政府状态”，主张对国际货币体系进行一次彻底的改革，以确保将足够的投资资本转移到发展中国家。但是，从纽约和伦敦金融机构的观点看，科伦坡宣言最让人担忧的一个方面，是呼吁对“公共债务问题提供令人满意的解决方案（特别是对那些最不发达和受到严重影响的国家）”。外债这个爆炸性的问题第一次摆到了谈判桌上，这不是由一国政府提出，而是85个国家的集体行动。

班达拉奈克夫人领导的斯里兰卡（前英国殖民地）和英迪拉·甘地总理领导的印度为在大会上进行85个国家参与的辩论仔细准备好了议程，并与另外一个位于南美洲东北岸的前英国殖民地国家圭亚那达成一致。圭亚那在科伦坡会议上的主要谈判代表是外交部部长弗雷德里克·威尔斯。值得注意的是，三个新独立的前英国殖民地国家领导人领导了科伦坡倡议，该倡议主张并创建了一个新的联盟，这一联盟很可能把工业化和发展问题提上优先考虑的日程。

对不结盟倡议来说，最重要的是确定了下一步行动计划。一个月后在纽约举行的联合国大会将是一个论坛，在这个论坛上，这些国家将向全世界提出它们的建议。1976年9月底，威尔斯被指派作为科伦坡会议的代表。在小心翼翼地宣布与战后两大超级大国集团“不结盟”之后，威尔斯继续向大会代表宣布近期通过的科伦坡宣言。

在过去的那些年里，为了发展经济，发展中国家不断地进行尝试，这也符合工业化国家经济安全的利益。说到这里，威尔斯扔下了一颗政治炸弹：

> 国际货币基金组织和布雷顿森林货币体系必须为其他可供选择的组织机构留有发展的空间，比如各类国际开发银行，这类机构的目的不是欧洲的恢复和重建，也不是为了市场经济发展而设置的优惠协议，而是对不平等的全球经济体系统中的收益进行公平分配。

威尔斯总结说：

沉重的债务和偿债问题已经到了相当严重的地步。正如在科伦坡会议中提到的，如果不采取某些形式的债务调整或延期偿还，发展中国家就没有能力满足最基本的要求。我们必须尽一切努力来反对通过“一事一议”分裂我们的企图。我们决不允许让我们的子孙替我们背负沉重的债务包袱，进行毁灭性的债务偿还。延期偿付债务的时候到了。

科伦坡宣言和联合国宣言相结合产生的影响是直接的。在华尔街，交易商们开始讨论起“信心危机”。美国各家银行的股价开始下滑，特别是那些参与欧洲美元市场、把钱大量借给发展中国家的银行——花旗银行、摩根担保银行、银行家托拉斯和大通曼哈顿银行。联邦储备银行被迫进行干预，支持不断下滑的美元。发展中国家对美元债务协调一致的行动暗示，已经把这场冲击渗透到了整个金融体系。

但是，威尔斯代表85个不结盟国家在当年秋天的联合国大会上提出的科伦坡解决方案，只是某个可能正在迅速形成的联盟的一部分，即主要产油国与某些欧洲工业国家（可能还有日本）形成的联盟——这是一种从没有过的，能对英国和美国布雷顿森林体系秩序发起决定性挑战的联合。

回顾1976年发生的事件，威尔斯若干年后告诉笔者：

当人们知道什么是第三世界时，约80%的人类生活在超级大国的对立一方，他们为第一世界和第二世界的加工经济提供原材料，而且努力想成为第一世界市场经济中的延伸市场。

然而，当时第三世界的政治家们对他们在世界上扮演的角色有不同的看法。他们认为，政治独立仅仅只是增长和发展道路上的一个实质性步骤。他们寻求普遍的科技进步，这些技术进步应当与农业的多元化和能够促进工业化的基础设施建设关联起来，从而弥补三个世界之间的巨大差距。

威尔斯继续解释了如何实现上述行动：

由英国和法国领导的第一世界经济理论家认为，第三世界的出口收入将决定它们发展的快慢和质量，而且当发展的速度和质量不尽如人意时，就应当求助于布雷顿森林体系，其机制建立于20世纪40年代后期。最重要的是，这意味着请求国际货币基金组织的同意，而且要接受该组织的一系列苛刻甚至粗暴的条件，这些条件是国际货币基金组织干预的依据。

这就是1976年斯里兰卡科伦坡不结盟国家峰会的背景。世界在呼唤一种新的基金机构——国际资源银行——来替代国际货币基金组织不公平的新殖民主义。同时，还呼吁减少第三世界国家对英国、法国和美国经济的纵向和结构性依赖，增加第三世界国家之间的横向联系，并呼吁建立地区性的关税同盟或海关联盟，以保护第三世界工业，并呼吁开展技术转让，以缓解不发达国家的严峻局面。

联合国被选定为期待中即将出现的全球合作新时代的舞台。这些期待从没有实现过。第三世界的杰出倡导者们一个接一个地在他们各自的国内斗争中被赶下了台，而且他们之间的团结被惯用的“各个击破”原则破坏殆尽。出口收益和进口价格仍被操纵，造成巨大的收支缺口，第三世界国家被告知，在得到国际货币基金组织的许可之前，任何国家或私人机构不得预付任何贷款。国际货币基金组织坚持以货币贬值为基础的紧缩计划，这增加了第三世界国家的苦难；它应对疾病的蔓延负直接责任，还怂恿了毒品的种植，因为这些不幸的国家追求来钱快的经济作物，以此作为医治它们捉襟见肘的财务状况的万能灵药。

关于第三世界的石油出口国，威尔斯继续补充道：

第三世界在经济领域中唯一受欢迎的原材料就是石油了，但大部分的石油储量都集中在中东。对阿拉伯国家之间和阿以冲突的操纵，加上灌输对赢得威望的项目的偏好，不切实际地追求好项目，意味着第三世界的石油储量无法成为第三世界发展的推动因素。通货膨胀和饥荒在一个又一个第三世界国家接连发生。相伴而来的是低寿命和高婴儿死亡率。坎宁和卡苏里、皮特和迪斯雷利*的旧秩序依然如故。

这里应该提一提英国19世纪外交大臣卡苏里的方法，这位英国外交艺术大师在1815年维也纳会议上运用了均势外交策略。那位利用美国政府和情报系统的权力和经济影响力打击1976年科伦坡会议的倡议人——美国国务卿亨利·基辛格——正是卡苏里的一位虔诚的信徒。

当欧共体的外长们在1976年开会讨论与不结盟运动国家开展合作的可能性时，基辛格给与会代表发了一封电报，警告说：

> 美国认为，工业化国家加强与世界经济合作大会（也是南北大会）和欧佩克之间的联系是危险的。许多欧佩克成员国的发言人希望公开澄清，最终决定油价的因素在很大程度上依赖工业化国家向世界经济合作大会作出的让步幅度。这样将造成我们想要的（与欧佩克国家的）联系向相反方向发展，从而使欧佩克国家与其他不发达国家的关系得到加强。

基辛格遮遮掩掩的威胁成功地干扰了欧洲国家对欧佩克和不结盟运动国家的任何可能的支持。亲自参与了这些谈判的外交官们称，当时对合作最开放和响应最积极的两个国家就是意大利和联邦德国。1967年12月12日，意大利报纸报道了一场由政府、工业界和贸易协会主要代表参与的会议。联邦德国和意大利政府主办了此次会议，主题是针对不稳定的石油美元带来的破坏性影响而建立一个欧洲的防御体系。据报道，施密特领导的联邦德国政府曾经与华盛顿有过一次私下会谈，华盛顿称，

---

* 均为殖民主义时期的英国首相或高官。——译者注

如果波恩胆敢以任何严肃的方式接受不结盟国家的建议，美国将撤走军队。安德烈奥蒂领导的意大利政府被孤立了，它不可能单独行动。基辛格的“各个击破”战术至少在当时是再一次得逞了。

科伦坡不结盟宣言的主要战略家们，在数月内就都被迫下台了。按基辛格的话说，这也是“一事一议”。在印度，总理英迪拉·甘地被迫参加 1977 年 2 月的选举，而在选举过程中，以贾格吉凡·拉姆为首的几个国大党重要人物公开变节，决定与激进的人民党成立一个新的反对党联盟。争论的关键问题是国际货币基金组织主导的国内紧缩政策。同年 3 月，也就是不结盟运动在联合国发表宣言后不到六个月，甘地下台。1 月初，在斯里兰卡，一个与工会有联系的由“托洛茨基分子”领导的政党发起了一轮罢工，使得班达拉奈克夫人执政的自由党和整个国家陷入瘫痪，传闻该党与英美情报机构有密切的关系。当时，班达拉奈克夫人作出的恢复秩序的努力毫无作用，她指控有“外国势力干预”。到 1977 年 5 月，班达拉奈克夫人被迫下台。1978 年 2 月 14 日，也就是情人节那一天，在圭亚那，在不断受到外部压力的情况下，总理福布斯·伯纳姆和外交部部长弗雷德里克·威尔斯也被迫辞职，威尔斯是不结盟运动国家经济发展倡议的第三位重要战略家。

根据熟悉情况的外交情报来源，每一次的权力更迭都有基辛格插手。观察家称，“这也是与英国人密切合作的结果，要知道，英国人是非常狡猾的。他们很乐意让美国在前面干脏活和背黑锅，而他们自己却小心翼翼地躲在后面行动。这种事情不像是吉姆·卡拉汉这样的人干的。而只有‘查塔姆之家’里面诸如迈克尔·霍华兹、塞西尔勋爵这样的人和军情五处这样的情报圈子里的人才会采取这样的行动反对科伦坡。”[7]

很显然，第三世界针对英美秩序和反抗英美通过石油美元向全球征税的斗争被镇压了。伦敦和纽约的主要欧洲美元银行开启了泄洪闸，借更多的钱给选定的服从国际货币基金组织严厉条款的第三世界国家，用以弥补后者的石油赤字。

和平利用原子能成为干涉内政的借口

但是，世界各地越来越多的迹象表明：从主要欧洲国家和日本向特定的发展中国家转移技术的现象时有发生，而且存在进一步采取更加有力、更具决定性作用的行动的可能性。当科伦坡前线实质上失守时，南北经济合作的观念正以戏剧性的新方式产生实质结果。

1975年末，巴西政府与联邦德国的施密特政府达成了一项关于建设核电站、浓缩燃料设备和相关技术的协议，与联邦德国核反应堆制造商——德国电力公司签订了当时世界上最大的单一核能合同。联邦德国将以“交钥匙”方式建设八座核电反应堆，以及包括浓缩设备在内的全套核燃料循环设施。此项工程预计在1990年之前完成，总耗资达50亿美元。欧洲的铀浓缩集团尤伦科公司将在初期提供铀燃料。1975年，巴西还与法国签订了25亿美元的合作协议，建设试验性快速核反应堆。华盛顿采取一切办法迫使联邦德国和巴西取消这个项目。如果此计划付诸实施，巴西将成为能源上不受英美控制的国家，而且更重要的是，还可以摆脱英美的石油勒索。

墨西哥在20世纪70年代还不算一个重要的石油出口国，但出于明显的经济原因，也决定发展核电，作为其快速工业化计划的一部分。这样，它的石油“遗产”就可以用在其他方面，例如出口赚取美元。在初期的核能计划中，墨西哥与日本三菱公司和联邦德国西门子公司签订了合同。1975年，石油危机初期，墨西哥国家能源委员会决定，燃烧碳氢化合物发电是一种浪费和效率低下的方式。随即他们宣布在二十年内建设15座新核电反应堆的计划。

在布托总理领导下的巴基斯坦政府以加快小规模核能计划的方式回应了1974年的石油危机。为了追寻独立的国家发展政策，布托带领巴基斯坦退出了英联邦。

布托政府与法国就在巴基斯坦建设燃料浓缩设施问题进行了谈判，谈判在1976年3月终结。巴基斯坦正在成为一个有说服力的说客，游说所有中东国家，让它们相信除石油资源以外，发展核能最重要。1976年8月，美国国务院和基辛格本人开始对法国和巴基斯坦施压，目的是让它们的交易流产，并声称这显露了发展核武器的野心。尽管巴基斯坦有国际原子能机构的批准，认为其有足够的安全监督人员来保证原子能的和平利用，但还是于事无补。据巴基斯坦方面称，这一年年初，在拉合尔，基辛格直接威胁说：如果布托不放弃与法国的核再处理项目谈判，那么“他将使巴基斯坦成为恐怖的榜样”。

1977年，齐亚·哈克将军领导的政变推翻了布托政府。在被处以绞刑之前，布托控诉了美国国务卿基辛格是此次政变的幕后黑手，因为他坚持发展巴基斯坦独立的核能计划。行刑前，布托在狱中写下的自辩书称：

> 作为美国的国务卿，亨利·基辛格博士有着聪明的大脑。我不该说为了满足巴基斯坦的能源需求就有必要建设再处理厂，这样的言论惹恼了美国情报部门。作为回应，我告诉他，我不是以讨论巴基斯坦能源需求的方式来惹恼美国情报部门，但是同样地，他也完全不应该以讨论核设施的方式来侮辱巴基斯坦人的主权和尊严……我被判了死刑。[8]

齐亚·哈克将军放弃了布托的独立外交政策，迅速投入了华盛顿的怀抱。随之而来的是大量的军事援助。

但是，发展中国家在1974年石油危机初期最令人印象深刻的一次核能举动，绝对是来自伊朗国王的。伊朗国王的上台，归功于1953年英美情报机构策划的一次政变，那次政变推翻了民族主义者摩萨台政府，恢复了亲美的君主政体。伊朗国王看起来是一位对美国二十多年来军事和其他援助充满感激的接受者。在1974年1月的欧佩克大会上，他甚至同意基辛格关于欧佩克基准油价上涨到11.65美元/桶的主张。

但是，随着新的石油收益越来越多地流入美国财政部，伊朗国王看到了实现古老梦想的机会。伊朗可以用石油财富建立世界上最现代化的能源基础设施之一，在核能发电的基础上，它将改变整个近东地区对电力和其他能源的需求。

到 1978 年，伊朗制定了世界上第四大、第三世界国家第一大的核能计划。伊朗国王计划在 1995 年以前建设 20 座核能反应堆，提供总量为 23 兆千瓦的电力。伊朗国王认为，核电是改变伊朗对汽油的依赖、使能源更加多样化的一种合理方式，而且也是抵抗华盛顿和伦敦使伊朗的石油美元流向纽约和伦敦银行的一种方式。

伊朗国王发展核能计划的主要伙伴是法国和联邦德国。早在 1974 年，伊朗就已经和法国签订了一项建设 5 座核反应堆和 1 座核能研究中心的临时协定。此项协定在 1975 年扩充至建设 8 座总耗资为 86 亿美元的反应堆。另外，伊朗购买了法国在特立卡斯坦正在兴建的铀浓缩设施 10% 的股份，还给这项设施的建设提供了 10 亿美元的贷款。

1976 年，伊朗和联邦德国的核能公司——德国电力公司签订了一项总额为 78 亿德国马克的合同，建设两座核反应堆和基础设施。接下来在 1977 年，又签订了一项提供另外 4 座总耗资为 190 亿德国马克联邦的反应堆协议。除此之外，伊朗以国王的名义对主要的欧洲工业公司进行投资，包括在联邦德国克虏伯公司持股 25%，并投资法国的核浓缩设施。伊朗与欧洲大陆的经济联系正在大幅增加。那个时期，在卡特总统严厉的反核能政策下，美国并没有参与出口核反应堆技术，而且一直在努力封锁联邦德国和法国的交易。

1973 年石油危机之后，无论是西欧还是发展中地区，在每一个国家，核能设施正逐步成为除石油外增长最快的能源基础设施。

“危险”的欧洲新生力量

1975 年 4 月，由大通曼哈顿银行董事长戴维·洛克菲勒和彼尔德伯格集团创始人乔治·鲍尔组织的一次私人内部会议在东京举行，精心挑选的政策发言人在会上讨论了一项特殊计划。华宝银行董事长罗尔勋爵和英格兰银行的一位董事出席了会议；戴维·奥姆斯比·戈尔、哈莱克勋爵也出席了会议，其中哈莱克勋爵在关键的 20 世纪 60 年代肯尼迪时期担任英国驻华盛顿大使。巴克莱银行董事长安东尼·图克爵士也参与了那年 4 月的东京秘密讨论；克罗墨伯爵乔治·巴林也同时与会。乔治·巴林与纽约的摩根信托担保银行和荷兰皇家壳牌石油公司有着密切的关系（在基辛格的石油冲击时期，巴林还是驻华盛顿的大使，当时美国国务卿对其与英国外交部政策非同寻常的紧密协调是比较认可的）。出席东京重要谈话会议的还有荷兰皇家壳牌公司董事局主席约翰·劳登，他也是洛克菲勒的大通曼哈顿银行顾问委员会成员之一。

在 4 月洛克菲勒新成立的三边委员会会议上，关于国务卿基辛格和共和党政府对世界其他国家继续推行咄咄逼人的外交政策，一百多位有影响力的政策制定者对此表示关心，认为这一立场是非常危险的。不管是欧洲、发展中国家还是欧佩克国家，基辛格将它们一个又一个地孤立起来，为的是“各个击破”，并把欧佩克描绘成破坏发展中国家经济增长的坏蛋，让它为彼尔德伯格集团 1973 年的石油政策背黑锅。

到了 1975 年，基辛格赤裸裸的“暴徒式”国际外交手段十分危险，正引起国际社会的强烈反对。有必要树立一个新“形象”，来说服全世界相信仍需要维持美国的霸权。因此，4 月在东京的三边委员会会议上，也就是离 1976 年美国总统大选还有差不多一年半的时间，洛克菲勒向他那些有影响力的国际友人介绍了一位成为下届美国总统的人。这位来自佐治亚州小镇、喜欢人们称他为吉米·卡特的花生种植者，即使是在美国也默默无闻，更不要提外国了。[9]

在 1975 年东京会议露面之后，《纽约时报》等自由派媒体集团为卡特打造了不同寻常的公共关系形象，他被吹捧为美国“新南方”充满活力的代表。1976 年 11 月，尽管在选举中被怀疑有违规行为，卡特还是成了美国总统。

卡特让许多三边委员会成员成为他的顾问，以至于人们给了他一个

“三边总统”的称号。不光是他的副总统沃尔特·蒙代尔，就连他本人也是三边组织的秘密骨干成员。还有他的国家安全顾问兹比格涅夫·布热津斯基、国务卿赛勒斯·万斯、财政部部长迈克尔·布卢门塔尔、国防部部长哈罗德·布朗、常驻联合国代表安德鲁·扬格以及国务院高级官员理查德·库珀和沃伦·克里斯托弗，都是这个三边俱乐部的成员。

卡特总统对外展示的执政形象是，为了第三世界国家的“人权”，“提倡协商，放弃对抗”。他将自己塑造成一个华盛顿权势集团的“圈外人”，但是在卡特领导下的美国政府，连同他的选举委员会顾问们，推行的政策是不惜一切代价维护“美国世纪”。在“改革美国外交政策”的外衣下，卡特政府继续推行“新马尔萨斯主义”的基本战略，这一战略是由基辛格在国家安全委员会上根据“国家安全研究备忘录200号”制定的。其目的是阻挠第三世界发展，推行“增长极限论”的后工业政策，用以维护美元霸权。为了证明对第三世界目标国家内政进行干涉的正当性，“人权”成了卡特政府的一个有力武器。

石油冲击之后，产生了一个严重问题，威胁到新的英美“石油美元货币体系”。1974年，欧共体委员会就已经向其成员国的中央银行提出建议，用黄金解决欧共体成员国内部的贸易结算余额，市场价标准为约150美元兑换1盎司黄金。欧洲提出的这项建议，将大幅减轻许多欧洲国家购买石油的负担，也将降低美元的影响力。出于维护美元霸权地位的政治原因，美国财政部强硬地坚持中央银行将美元与黄金的比价人为地维持在42.22美元兑换1盎司黄金的低水平。黄金价位定在较高的水平，可能会打开欧共体与两个主要黄金出产国——南非和苏联建立大规模贸易关系的大门。美国财政部部长助理保罗·沃尔克在1974年秋访问伦敦，严厉警告那些在石油危机期间想把黄金拉回到货币体系中的欧洲国家，不要轻举妄动。

但是，欧洲的想法并不会自然消亡，而是与此相反。约翰·沃斯特领导下的南非政府，其石油主要依赖进口，正在油价暴涨开始时艰难地维持着南非的经济稳定。同时，尽管在国内有着严格的种族隔离制度，南非还是试探性地向非洲国家伸出了加强经济合作之手。

安哥拉富藏石油，而南非有安哥拉和其他非洲国家所需要的工业技术和基础设施。这个地区需要经济投资和对外贸易出口。1974 年末，南非财政部部长尼古拉斯·迪德里赫斯对欧洲的辩论作出了响应，公开要求各国中央银行，把黄金价格重新拉回市场水平。

> 我一直在向货币当局施压，应当允许中央银行之间以市场价格买卖黄金……中央银行金库里的黄金应被重新定价，而且将会有更多的钱支付给阿拉伯国家；其次，美元应贬值。

与此同时，德国和意大利启动了一个双边协议，在此协议下，黄金将作为德国贷款的抵押，价值为当前市场价格（150 美元 / 盎司）的 80%。很明显，就如何有效地利用黄金，使之成为占统治地位的美元本位之外的另一个本位，欧洲国家讨论这一问题的动力越来越大。

但是，这些加强欧洲大陆和南非之间贸易和经济联系的可能性遭到了破坏性的打击。在苏联和古巴的支持下，安哥拉马克思主义人民解放运动（MPLA）将安哥拉带入了与南非敌对的政权统治下。此外，美国官方的储备黄金不断地进行不公开销售，大量流入市场，极大地压制了世界金价，使南非至关重要的采矿业陷入不断加重的经济困境。随后，1976 年 5 月，在南非的索韦托镇发生了骚乱。凑巧的是，这次骚乱正好与美国国务卿基辛格访问南非的时间一致。南非警察在索韦托对暴民残忍的镇压引起了国际上的政治反响，也使得南非与欧洲国家建立有效的经济联系变得更加困难。但是，在随后的几个月，形势变得相对稳定以后，会谈继续进行；在任何稳定世界货币关系的行动中，让世界上最大的黄金出产国参与是至关重要的。

1977 年 7 月，南非商业月刊《国际观点》发表了对联邦德国重要银行家、德累斯顿银行董事长于尔根·蓬托的采访报道。采访中，蓬托阐述了他对解决整个南部非洲经济和种族危机的办法。蓬托强调，欧洲必须在解决非洲危机中扮演重要的角色。为此，欧洲必须首先在与石油有关的经济危机之后，恢复它自身的经济秩序。为了做到这些，蓬托谈道：

> 必须把建立稳定的货币体系放在优先位置；只要欧共体这样的虽然面积不大但经济上十分重要的地区首先动手，消除其自身的货币混乱，我们将会很快走上实现上述目标的正确道路。

蓬托进一步阐述了欧洲经济发展对整个南部非洲的意义，包括让非洲富裕国家如南非、科特迪瓦和阿尔及利亚帮助那些最穷的国家发展，“假如消除某些发展限制，它们可以为整个大陆生产足够的粮食，提供工作机会和教育机会”。蓬托是南非财政部部长尼古拉斯·迪德里赫斯和其指定继任者罗伯特·斯米特的私人密友。更高级别的讨论显然已经在有影响力的欧洲银行业、工业与资源丰富的南非之间继续展开。一个潜在的联合体正在浮现，这个联合体将改变整个英美世界的地缘政治布局，让纽约和伦敦处于明显的不利地位。

然而这一年 7 月 31 日，在法兰克福，于尔根·蓬托被自称属于巴德尔–迈因霍夫帮的恐怖分子暗杀。数星期后，在科隆，德国雇主联合会主席汉斯–马丁·施莱尔被同一个组织绑架并杀害。尽管刺客的踪迹指向东边，但有足够的理由相信，某些强大的西方国家情报系统在这两起暗杀事件里扮演了某种角色。在此次事件中，联邦德国陷入了政治混乱，而且恐惧还在蔓延，这在战后时期从未有过。与南非发展关系的可能性也随着蓬托和施莱尔的被杀而消失。打破美元统治地位的尝试暂时告一段落。

围剿伊朗

采访中蓬托预测的一种可能确实发生了。1978 年 6 月，由于在核能政策、国际货币政策、美元自由贬值和其他所有对欧洲大陆有重要意义的政策上，欧洲与卡特政府的摩擦和公开政策冲突日益增长，在法国和德国的倡议下，欧洲采取了一系列行动，进入建立欧洲货币区的第一阶段，这是第一次将欧洲大陆从美元体制冲击中摆脱出来的尝试。

联邦德国总理施密特和法国总统吉斯卡尔·德斯坦提议，建立一个机构，使其作为欧洲货币体系（EMS）的第一阶段。在此体系中，九个欧共体成员国的中央银行同意相互稳定它们的货币。随着欧共体内部商业贸易量持续增长，欧洲货币体系为保护欧洲内部贸易和货币关系提供了基础。

1979 年初，欧洲货币体系开始运作，而且它在稳定欧洲货币方面的效果是明显的。但欧洲货币体系的前景令伦敦和华盛顿担忧。不祥的预兆显示，欧洲货币体系将成为世界货币的新种子，这样一来，必将威胁到当前“石油美元货币体系”的霸权地位。确实，当时的一位联邦德国官员私下把新的欧洲货币体系比作“代替国际货币基金组织的种子”，而且当时的法国政府也这样公开评论。欧洲货币体系以每个成员国 20% 的黄金和美元储备作为启动资本，建立了一个欧洲货币基金，总价值约为 350 亿美元。另外，瑞士也在事实上将其货币与欧洲货币新体系联系起来。

早在 1977 年，德法两国政府就已经开始考虑与某些欧佩克产油国签订某种协议的可能性，在此协议之下，西欧国家将向欧佩克出口高科技产品，作为回报，欧佩克向西欧长期提供价格稳定的石油。在此协议下，欧佩克国家轮流将它们的财政盈余存入欧洲大陆的银行，而且这笔资金最终将进入欧洲货币体系，以此来建立一个基金，用于其他发展中国家的长期工业发展。

伦敦对德法欧洲货币新体系概念的每一处都持反对意见。由于不能阻止此项计划的实施，伦敦拒绝加入这项新安排。伦敦金融界另有想法。

1978 年 9 月在亚琛召开的德斯坦和施密特的首脑会谈中，德法两国达成了一项关于科技教育和核能合作协定。另外，德斯坦的法国民主联盟为欧洲大陆和其他发展中国家提出了一项总计 1000 亿美元的五年发展计划建议。1978 年 7 月，卡特总统对波恩和西柏林进行了国事访问，只是增强了法国和联邦德国追求独立政策的决心。

卡特政府制定的《核不扩散法案》并没有成功阻止施密特政府放弃向发展中国家出口核技术的计划，法案的基础是基于和平利用原子能技术会带来核扩散威胁，这种论调本身就是错误的，完全站在英美石油和金融公司的战略立场上。

因此，尽管从20世纪70年代初期开始就作了很多努力，在华盛顿和伦敦的政策制定者心里，以低于至高无上的美元价格来独立自主地发展工业和贸易，这一政策措施对美元霸主地位的“威胁”变得越来越真实。他们认为需要用更加猛烈的打击来动摇某些国家追求科技和工业进步的决心。

确实，他们下手也够狠的。

1978年11月，卡特总统任命彼尔德伯格集团的乔治·鲍尔领导白宫的伊朗特别工作组，这个工作组隶属于国家安全委员会的布热津斯基。鲍尔同时也是三边委员会的成员，他建议白宫取消对伊朗国王巴列维的支持，转向支持伊斯兰激进派阿亚图拉·霍梅尼领导的反对派。中情局的罗伯特·鲍伊是此次由中情局领导的反国王巴列维政变行动的现场指挥官之一，在二十五年前，也是在他们的秘密行动中国王巴列维才登上了权力的宝座。

他们的计划以对宗教激进主义现象的细致研究为基础；研究先由英国伊斯兰专家伯纳德·刘易斯博士提出，后来又在美国的普林斯顿大学继续推进。刘易斯的计划在1979年5月于奥地利举行的彼尔德伯格会议上披露，为了鼓励整个近东伊斯兰世界部族和宗教的割据，计划认可了霍梅尼身后的穆斯林兄弟运动。刘易斯辩称，西方应该鼓励诸如库尔德人、亚美尼亚人、黎巴嫩马龙教派、埃塞俄比亚科普特教派、阿塞拜疆族土耳其人及其他人自治。他把这种混乱的蔓延称为“危机拱门”，混乱也将延伸到苏联的伊斯兰地区。

针对伊朗国王巴列维的政变，就像1953年针对摩萨台的政变一样，由英国和美国的情报机构策划，夸夸其谈的布热津斯基骗取公众的“信任”，称这是为了帮助伊朗清除“腐败”，英国再次安然地躲在了后台。

整个 1978 年，国王巴列维领导的伊朗政府与英国石油公司关于修订已经有二十五年历史的石油开采协定的谈判一直在进行中。直到 1978 年 10 月，谈判破裂，破裂原因是英国要求对伊朗未来的石油输出拥有专有权，但又不保证一定会购买。显然，依赖英国控制的石油出口几近结束，伊朗似乎快要独立制定自己的石油销售政策了，这是自 1953 年以来的第一次，而且有像联邦德国、法国、日本等急切的大买家。当年 9 月，伊朗刊物《世界报》在其社论中评论道：

> 回顾与（大英石油公司）财团之间二十五年的合作和之前五十年的关系，伊朗并不满意……展望未来，伊朗国家石油公司应该自己计划管理所有的经营事务。

通过拒绝购买伊朗的石油产品，英国当时正在勒索伊朗并对其施加巨大的压力；英国当时每天只向伊朗购买约 300 万桶石油，但两国的协议是英国必须每天购买不少于 500 万桶。这给伊朗造成了巨大的收益压力，并创造了一种环境，英美情报机构到处安插受过严格训练的煽动者，大肆煽动对国王的不满情绪。另外，在这个节骨眼上，石油工人的罢工使伊朗石油生产几乎瘫痪。

由于伊朗的国内经济麻烦不断，伊朗秘密警察的美国“安全”顾问实施了空前残酷的镇压政策，以最大限度地激起民众对国王巴列维的不满。与此同时，卡特政府不无恶意地开始对国王巴列维“践踏人权”提出抗议。

有报道说，依靠其对伊朗金融和银行业的巨大影响力，英国石油公司开始策划从伊朗撤资。BBC 波斯语广播节目，将许多说波斯语的“通讯员”派往甚至是伊朗最偏僻的乡村，报道针对国王巴列维的抗议，大肆鼓吹反对政府的言论。当时 BBC 在伊朗内部给阿亚图拉·霍梅尼提供了足够的宣传平台。这个受英国政府控制的广播机构拒绝给国王平等的回应机会。国王巴列维本人对 BBC 不断的抗议并没有结果。英美情报机构继续着颠覆国王统治的行动。1979 年 1 月，国王巴列维逃亡；2 月，霍梅尼飞往德黑兰，宣布取代国王巴列维的政府。

几个月后，也就是国王巴列维去世前，他在流亡中记录道：

> 当时我并不知道——也许我并不想知道，但是，现在我很清楚——是美国想除掉我。显然，这也是那些美国国务院的人权鼓吹者想要的结果……我为什么要让白宫的前副国务卿乔治·鲍尔当伊朗的顾问呢？……鲍尔就是那些想遗弃我并最终遗弃我祖国的那些人中的一员。[10]

随着伊朗国王巴列维的倒台和政权转向霍梅尼的拥护者，混乱开始滋生。到 1979 年 5 月，霍梅尼政府搁置了伊朗的核电发展计划，并且宣布取消与法国和德国的核反应堆建设计划。

伊朗对世界每天约 300 万桶的石油出口突然被切断。令人好奇的是，沙特的石油产量在 1979 年 1 月也每天削减了大约 200 万桶。为了给世界石油供应施加更大的压力，英国石油公司宣布，由于不可抗力，取消有关石油供应的合同。鹿特丹石油市场的价格受到英国石油公司和荷兰皇家壳牌公司这些最大的石油公司影响，在 1979 年急剧攀升。20 世纪 70 年代第二次的石油冲击全面开始。

所有这些都表明，在伦敦的极少数人和美国自由派权势集团的高层人物实际策划了伊朗的这次政变，他们决定对卡特总统隐瞒相关政策及其最终目的。接下来在美国发生的能源危机是卡特一年后竞选连任失败的一个主要原因。

全世界从没有经历过真正意义上的石油供应短缺。数月后，一项由美国审计总署进行的美国国会调查确认，沙特和科威特的现有产能可以在任何时候弥补每天 500 万—600 万桶石油供给的临时性不足。

“七姊妹”石油跨国公司的石油储备量下降，造成了对世界油价毁灭性的冲击，在某些等级的原油市场上，原油价格从 1978 年的约 14 美元 / 桶向天文数字般的 40 美元 / 桶的价格攀升。抢购石油的长队遍及美国，造成了普遍恐慌。1979 年 2 月，卡特的能源部部长和中情局前局长詹姆斯·施莱辛格告诉国会和媒体，伊朗石油不能供应世界市场的后果比 1973 年阿拉伯石油禁运“预计更加严重”。这不仅没有对缓解紧张局势有所帮助，反而使之进一步恶化。[11]

为缓和国际关系，德法两国曾希望与苏联发展更具合作性的贸易、经济和外交关系，但卡特政府三边委员会的外交政策进一步使联邦德国和法国在欧洲作出的所有努力陷入混乱；而且许多苏联与西欧之间的能源协议也难以幸免。

卡特的安全顾问布热津斯基和国务卿万斯施行了他们的“危机拱门”政策，将伊朗革命的不稳定因素扩散到整个苏联周边地区。横贯巴基斯坦到伊朗的伊斯兰区域，美国的行动造成了不稳定甚至更坏的结果。

接下来，布热津斯基开始打“中国牌”，1978 年 12 月给予中国外交承认，同时恢复了中国在联合国安理会上的合法席位，允许中国获得美国的技术和军事援助。在 1979 年 1 月的一次峰会上，联邦德国总理施密特向卡特总统提出强烈抗议。他认为，卡特的新“中国牌”政策会使莫斯科感到，北约正在以制造混乱和军事敌对的弧形带包围苏联，从而恶化本来就很脆弱的德苏关系。

1979 年 10 月，在第二次石油危机最严重的时候，英美再次发起了新一轮的毁灭性的金融冲击。当年 8 月，在戴维·洛克菲勒和其他华尔街银行机构的建议下，卡特总统任命保罗·沃尔克为联邦储备委员会主席，在 1971 年 8 月，他也曾是美元与黄金脱钩政策的主要策划者。沃尔克，这位洛克菲勒大通曼哈顿银行的前官员，当然也是洛克菲勒三边委员会的成员，成为纽约联邦储备委员会这个世界上权力最大的中央银行的主席。

尽管 40 美元 / 桶的油价代表了美元地位戏剧性的提高，但是石油危机的规模，加上国际社会对卡特政府的无能越来越警觉，进一步造成了美元的弱势。从 1978 年初开始，美元兑德国马克和其他主要货币就已经下降了 15 个百分点。黄金价格迅速上涨，在 1979 年 9 月达到了创纪录的 400 美元兑换 1 盎司黄金。阿拉伯国家和其他投资者更愿意在黄金上投资，而不是美元。1978 年 9 月，当人们得知沙特阿拉伯货币局已经开始抛售数十亿美元的美国财政部债券时，美元遭遇了近乎恐慌性的崩盘。甚至对美国坚定的盟友来说，在卡特的总统任期内似乎问题太多。

纽约和伦敦的政策战略家接下来准备在石油危机之后实施马尔萨斯主义货币冲击，以使世界发展的天平向他们的利益倾斜。

1979 年 10 月，沃尔克公布了联邦储备银行新的激进货币政策。他坚持认为，货币主义者最本质的办法就是“将通货膨胀挤出体系”，他以此欺骗震惊不已的国会和绝望的白宫。这么做的目的是为了使美元成为世界上最迫切需要的货币，阻止工业增长走向死亡的轨道，从而使政治和经济权力重新回到美元的统治下。沃尔克给予国会的令人扫兴的解释是：“抑制货币和信贷的增长并维持相当长一段时间，是治理顽固的通货膨胀和通货膨胀预期的关键措施。”

沃尔克货币休克疗法的缺陷是，它从没有涉及严重通货膨胀的基本原因——自从 1973 年以来的两次石油价格冲击。石油危机使世界基础能源和运输成本在六年里上升了 13 倍。沃尔克坚持通过削减银行、消费者和整个经济的贷款来限制美国货币供给，这是经过盘算的欺诈行为。沃尔克完全清楚，就像每一个纽约和伦敦的主要银行都知道的一样，控制美国国内的美元供应对解决问题于事无补。沃尔克知道，他的行动对美国境外的 5000 多亿美元来说是没有多少控制力的，这些钱正在伦敦、开曼群岛和其他一些境外游资天堂里回流。在 1979 年 10 月沃尔克施行他的货币休克疗法时，摩根信托担保银行计算出海外欧洲美元市场的总规模占美国国内货币供应量的 57%。美国人将为疯狂的境外货币存量买单，尽管美国从来没有这样做过。

沃尔克成功地达成了他的两个目标。美元在欧洲美元市场的利率从 10% 上升到了 16%，在几周里，就在利率向 20% 逼近时，整个世界几乎无法相信。由于世界经济陷入了自 20 世纪 30 年代以来的低谷，通货膨胀确实正在被“挤出”。美元也开始了所谓不寻常的五年上升。

通过权势集团彻底“剪掉核玫瑰之花”的决定，石油危机和沃尔克休克疗法进一步得到加强，在世界范围内发展核能资源替代对英美石油的依赖，这一令某些人担忧的趋势被阻止了。

自1977年以来，白宫施加强大的外交和法律压力并没有成功消除人们对核能的兴趣。但1979年3月28日，在宾夕法尼亚州中部的一个小镇，发生了一件奇怪的核泄漏事件，世界媒体后来把这一事件当作小说来描述，就像好莱坞电影剧本或者韦尔斯在1938年的广播节目《世界大战》一样。

哈里斯堡的三里岛核能反应堆设施的2号单元发生了几乎不可能的一系列“事故”。后来调查显示，在事故发生之前，主要的阀门被人非法地关闭了，使得应急冷却水无法进入反应堆的蒸汽发电系统。在15秒之内，紧急备份系统中止了核裂变过程。但是，一个设备操作员随后的操作违反了所有的操作程序，而且还关闭了冷却水进入反应堆的内核。接下来发生的细节在其他文献中有大量记录。

1979年8月3日，在关于此事件的官方报告中，美国核管理委员会列出了导致此事件的六个可能的原因，包括蓄意破坏或渎职行为。但是，在排除其他的五个原因之后，政府仍然拒绝考虑蓄意破坏的可能性。

在整个哈里斯堡事件中，向世界媒体的消息发布受到了新成立的白宫联邦紧急事务管理局（FEMA）的控制。除非接受了该局审查，政府官员和核设施官员一律不准公开对媒体发表评论。根据三边委员会白宫顾问塞缪尔·亨廷顿的计划，联邦紧急事务管理局由总统执行令创立。令人好奇的是，该局是在3月27日才开始运作，仅仅是在三里岛事件发生一天之前。在国家安全顾问布热津斯基的指导下，该局控制了哈里斯堡所有的消息。尽管没有辐射的迹象，联邦紧急事务管理局还是命令周围的群众疏散，而且拒绝对媒体发表简报达数日之久，这就使得一些假想的恐慌故事（例如“巨大辐射氢气泡进入大气”）甚至更坏的消息布满了报纸的头条。同样奇怪的是，就在同一个月，一部由简·方达主演的好莱坞大片《中国综合征》（*The China Syndrome*），展示了虚构的几乎是哈里斯堡事件翻版的故事，进一步为公众对核能危险的歇斯底里火上浇油。

到 1979 年底，英美金融权势集团对世界经济和工业潜能的支配权，以一种从未想象过的方式被重新确认。对世界石油流通的控制，再一次成为它们特有的马尔萨斯政策招牌和最有力的武器。从伊朗发生的混乱和沃尔克的美元冲击中，这些影响力巨大的政策主宰者，把它们自己看成是奥林匹斯山上的神。但是，在短短的十年里，它们脚下的“奥林匹斯山”将成为一座怒吼的“活火山”。

第十一章

不惜血本：

建立“世界新秩序”

Imposing the New World Order

美英政府以邻为壑的金融和外交政策不仅没有解决国内的经济问题，而且使第三世界陷入全面债务危机。为了应对国际国内日益恶化的经济局面，美国又一次把赌注押向了石油——入侵伊拉克。

“英国病人”越治病越重

在卡尔·马克思构建阶级斗争的概念之前，英国的自由主义者已经发展了社会的概念，在他们的社会概念中，他们给“上层阶级”和“下层阶级”赋予了特殊的含义。19世纪，以亚当·斯密和大卫·李嘉图为代表的自由主义者的自由贸易政策，推动英国在1846年废除了保护性的《谷物法》，从此打开了粮食进口的闸门。进口粮食像洪水一样涌入，使得粮食价格下降，对国内生产造成毁灭性的冲击，正如此前已经指出的那样，导致了大多数英国民众的贫困和社会财富向少数人集中。这少数人就是所谓的“上层阶级”。英国自由主义的政治哲学就是为这个经济上不公平的过程进行辩解。

19世纪英国自由主义最具影响力的美国吹鼓手是贵族沃尔特·李普曼。他为美国人定义了现代框架下的阶级社会。李普曼认为，社会应该被划分成精英和大众，精英领导大众，精英是由“有良心的人”组成的“特殊阶级”，他们决定“国家利益”的构成，而大众主要是由无知的“公众”组成。精英将成为职业官僚，为私有权力和私有财产的利益服务。但是，精英与私人财产支配权之间的关系从来不会向广大无知的公众透露，“因为他们不理解”。

李普曼认为，普通民众一定会有行使“民主”权利的幻想，而这一幻想必须由“有良心”的社会精英来塑造，这个过程被命名为“制造同意”。早在保罗·沃尔克涉足华盛顿之前几十年，这一概念就已经由李普曼描述为“自由民主的政治哲学”。

随着1957年美国经济衰退这个拐点的到来，具有巨大权力的少数国际银行和跨国石油公司越来越多地集中到了纽约，它们以19世纪大英帝国的榜样为基础，开始了界定美国的“自由主义”的过程，这是一个进步的美国版自由主义模式。这个模式由金融贵族们定义，而不是由世袭贵族们定义。然而，随着美国东海岸自由权势集团（之所以这么称呼是因为美国金融和石油大财团聚集于此，形成了权力中心）制定的经济政策的结果日益显现，美国已经转变方向。美国，一个曾经是全世界大多数人心目中纯粹的自由国家，正一步一步地滑向自由的对立面。特别是在20世纪70年代和80年代期间，这一过程正在加速，尽管它仍然保留了一张“自由”的美丽面孔。

20世纪70年代两次惊人的石油冲击和随后发生的恶性通货膨胀，创造了美国新的“土地贵族”。在危机过程中，那些拥有财产的人突然发现他们一夜暴富，成为百万富翁。而成为百万富翁的原因，根本就不是经营企业和投资制造业或科学发明，而仅仅是由于拥有土地和房产。

但是如果说石油冲击只是社会分化的开始，它使少数人财富增加，而大多数人的生活水平开始逐步下降，那么，1979年10月6日之后由保罗·沃尔克在美国推行的这次金融休克疗法，推动了社会分化的最终完成。

如果把这一政策看作沃尔克的发明，那就大错特错了。数月前，这一政策就已经制定出来并且在英国得到了实施，沃尔克和他纽约银行界的亲密朋友，只是在美国引入了撒切尔政府的金融休克模式。他的这些朋友包括亲英的华尔街的摩根信托担保公司的刘易斯·普雷斯顿。

1979年5月初，玛格丽特·撒切尔击败工党对手詹姆斯·卡拉汉赢得了英国大选。竞选中，她极力鼓吹“抑制通货膨胀”。但是，撒切尔夫人和聚集在她周围的现代亚当·斯密“自由市场”理论家们误导了消费者。他们声称，政府赤字开支是造成通货膨胀达18%的“罪魁祸首”，而不是伊朗国王巴列维垮台后油价上涨 140% 导致的。

撒切尔政府主张，膨胀的价格只需简单地通过减少经济的货币供给，就可以得到降低。它认为，资金剩余的主要原因是持续的政府预算赤字。为了减少“资金的膨胀”，必须坚决削减政府开支。英格兰银行，作为对财政政策的补充，同时采取高利息政策限制信贷。可以预测，这一政策的结果是萧条，但却被称为“撒切尔革命”。

减少货币供应和提高利率，这就是撒切尔夫人所做的一切。1979 年 6 月，当选仅一个月，撒切尔政府的财政大臣杰弗里·豪爵士就开始了提高基本利率 5 个百分点的过程。在 12 个星期的时间里，银行利率从 12% 上升到 17%。对企业和小业主来说，借款成本上升了 42%，这是史无前例的。在现代史上，除了在战时经济紧急状态的情况下，从来没有哪个工业化国家在如此短暂的时间里，经历了如此剧烈的震荡。

为维持利率的高水平，英格兰银行同时开始削减货币供应量。因为无法支付贷款，企业破产，家庭无法买新房；撒切尔货币主义革命的结果是，能源、地铁、铁路和其他基础设施的长期投资最终停了下来。

但是，20 世纪 70 年代末英国经济的主要问题不是政府拥有英国莱兰汽车集团、劳斯莱斯或其他许多企业（这些企业已经被拍卖给了私人投资者），而是在公共基础设施的升级、培养训练有素的劳动力和科研开发上缺乏政府投资。在应对过去十多年的经济动荡时，不是政府有错，而是政府政策有错。

在“治疗”英国经济病时，撒切尔夫人的“经济革命”是个错误的药方。而伦敦金融城的国际利益集团和围绕在壳牌、英国石油公司周围的财大气粗的石油公司，以及它们的盟友才是真正的受益者，这与英国设想中的“均势”战略的结果完全相同。撒切尔夫人只是个杂货店主的女儿，而把她扶上台的支持者们则要她充当他们更大的地缘政治战略的炮灰。

撒切尔夫人的政策为她赢得了“铁娘子”的美称。但与此同时，英国的失业人数却成倍上升，从她入主唐宁街 10 号时的 150 万人增至 18

个月后的300万人。在撒切尔夫人看来，工会是货币主义“革命”取得成功的障碍，而革命的主要敌人就是通货膨胀。英国石油公司和荷兰皇家壳牌公司给它们的北海石油定价36美元/桶，这是当时的天价，可是，在英国却听不到批评这些大石油公司和伦敦银行的只言片语。在这种情况下，北海石油为它们带来了巨大的资本财富。撒切尔夫人的政策还在继续推进，她取消了外汇管制，资本没有投在重建英国行将腐朽的工业基础上，而是流向香港从事房地产投机或流向拉丁美洲从事更加赚钱的贷款。[1]

撒切尔夫人和沃尔克货币主义政策像病毒一样在传播，从英国开始，逐步转向美国，并从英美向全世界扩散。这一政策的主要内容是削减政府开支，降低税收，放开对产业的管制，并且削弱劳工组织的力量。世界范围内利率上涨到从前认为根本就不可能的水平。

在美国，沃尔克的金融休克疗法使美国的利率在20世纪80年代早期上升到了英国的水平，而且在以后几个月内甚至超过了英国，达到了令人惊讶的20%的水平。经济学上利率政策的紧缩含义对所有人来说都是十分明显的。20%的利率，哪怕是17%，意味着任何投资周期超过四五年的正常投资根本不可能盈利。对建设项目的利息开支就会让这样的投资止步不前。

在美国，三里岛反核活动使已经投入建设的核工厂推迟了好几年才完工。之后，美国的核管制环境又发生了变化。在沃尔克利率体制之下，美国禁止电力公司投资核电厂。1979年之后，美国再也没有新建核反应堆，并且在建或计划建设的核项目由于财务成本过高而被迫取消。一个最先进的生产性经济部门就这样被迫走向死亡。

沃尔克休克疗法是被强加给了绝望而无知的卡特总统的。卡特于1980年3月自愿签署一部非同寻常的法律，即1980年的《存款机构放松管制和货币控制法》。该法授权沃尔克的联邦储备委员会对银行提出储备要求，哪怕该银行不是美联储成员。该法确保了沃尔克的抑制信贷奏效。此外，这部新法律还取消了银行可能施加给客户的最高利率限制，并且撤销所有州法律设置的利率限制（所谓的反高利贷法），此前有一部被称为“Q 条例”的联邦储备委员会规定对贷款利率也是有限制的。

在英美新货币主义的教义之下，利率无极限；金钱至高无上，全世界则是它忠实的奴仆，至少，对于向伦敦和纽约银行借高利贷的借款人来说是这样的。

在 20 世纪 80 年代早期，诸如铁路、高速公路、桥梁、水利和电力建设这些由政府提供资金支持的基础设施和资本投资被撒切尔－沃尔克的政策攻势摧残殆尽。根据国际钢铁学会（IISI）的计算，从 1975 年第一次石油危机到 1985 年，与 20 世纪 70 年代中期的水平相比，主要工业化国家政府支出总额中用于公共基础建设的费用下降了一半。世界钢产量、航运吨千米数和真实的物质经济流通量反映出英、美货币政策的灾难性后果。世界钢铁工业处于 20 世纪 30 年代以来最严重的萧条之中。[2]

保罗·沃尔克的金融休克疗法和接踵而来的美国经济不景气是吉米·卡特 1980 年 11 月竞选失败的主要原因。新的共和党“保守派”总统、前好莱坞电影演员罗纳德·里根，全力支持沃尔克的休克疗法。里根在任加利福尼亚州州长时，就一直受到货币主义的宗师、朝圣山学社*经济学家米尔顿·弗里德曼的影响。英国的玛格丽特·撒切尔夫人精心培育着她与里根之间所谓的“特殊关系”。她“鼓励”里根支持沃尔克的休克疗法和政府的经济紧缩政策，以及反对工会的政策倾向。在此期间，为了确保英、美两国政策的一致性，里根和撒切尔夫人共享同一个经济顾问团，这些顾问主要来自教条的朝圣山学社。朝圣山学社是弗里德曼 1947 年建立的，包括卡尔·布伦纳、米尔顿·弗里德曼、艾伦·沃尔特斯爵士。

在 1981 年入主白宫不久，里根首先采取的行动之一就是解散空中交通专业管制员工会。这一举动向其他工会发出了强烈的信号，告诫它们不要因飙升的利率而要求救济。里根与他的英国伙伴撒切尔夫人一样，热衷于“抑制”通货膨胀。某些伦敦金融城的消息灵通人士甚至暗示，撒

---

* 又译为“朝圣者学会”“朝圣者会社”等。——译者注

切尔政府存在的主要理由首先是，影响世界上最大的工业国——美国的货币政策，使整个工业化世界的经济政策远离长期发展核能和工业的方向。

如果事实上这是一个有预谋的计划的话，它的确成功了。在撒切尔夫人担任首相职务之后的六个月，罗纳德·里根当选为美国总统。据报道，里根总统总喜欢利用一切机会向其内阁成员重复他的口头禅："通货膨胀就像电波，一旦开启，它就会传播开来并且不断增长。"里根继续让米尔顿·弗里德曼担任非正式的经济政策顾问。里根政府里到处都是弗里德曼货币主义的信徒，就如同卡特政府里到处都是戴维·洛克菲勒的三边委员会成员一样。[3]

这种彻头彻尾的货币主义构想，首先在 20 世纪 80 年代初由撒切尔夫人的英国政府提出，随后由美国联邦储备委员会和里根政府跟进，是一种最残酷的经济欺骗行为，其目的与供给学派经济学倡导者们所提出的主张完全不同。

为了打入皮诺切特军事独裁下的智利经济，弗里德曼使用上述手段，伦敦和纽约强大的权势集团也决定使用同样的手段。不过，这次的目的是为了给工业和基础设施需要长期投资的世界经济以致命的第二次打击。因此，英美金融巨头的权力变得更具支配性。对于还没有在 20 世纪 70 年代危机中休克和迷失方向的世界来说，20 世纪 80 年代将发生什么还不可想象。

马岛战争和墨西哥债务危机

毫不夸张地说，如果没有玛格丽特·撒切尔和保罗·沃尔克激进的货币冲击政策，也就没有 20 世纪 80 年代第三世界的债务危机。

随着 1979 年初伊朗的石油冲击，以美元计价的石油进口均价上涨了几乎 140%。这次，发展中国家发现，由于受到沃尔克政策的影响，美国的利率不断走高，以当地货币计算的美元，也像阿波罗飞船一样蹿升。自

1974年石油危机以来，为了弥补石油赤字，发展中国家不得不大量借款，高利率不仅使绝大多数困难重重的发展中国家不堪重负，而且到了1980年，它们又面临一个全新的问题——它们借的欧洲美元也实行浮动利率。

正如先前指出的，早在1973年，英美彼尔德伯格集团的金融权威人士就已经讨论，在以伦敦为中心的欧洲美元市场，利用纽约和伦敦的私营商业银行，回流新的欧佩克石油美元盈余。20世纪70年代，欧佩克的石油资金激增，突然充斥伦敦的银行，是20世纪20年代以来最疯狂放任的贷款狂潮的起源。

自20世纪60年代以后，在相当长的一段时期内，英格兰银行已经清楚地表示，它不会试图管制或控制因外币在伦敦银行之间流通而形成的欧洲美元市场，伦敦因此发展成为欧洲美元“离岸”市场的地理中心。这只是它们把伦敦重建为世界金融中心的一步。这意味着，尽管银行家们关于欧洲美元贷款安全性的公开表态含糊不清，在20世纪70年代，还是有伦敦银行的数十亿欧洲美元流往发展中国家的借款人账户，并且这些石油美元没有最后担保——没有一个国家在法律上承担银行贷款发生重大违约时的损失。

只要欧洲美元轮盘赌的轮子保持运转，就没有人担心这个问题。据国际货币基金组织计算，发展中国家产生的外债扩大了五倍，1973年第一次石油危机之前的“太平”时期为1300亿美元，到1981年大约是5500亿美元，1982年超过6120亿美元。这还不包括大量不到一年的短期贷款。当时的纽约银行家、花旗集团的沃尔特·里斯顿认为，私营银行向一些国家（诸如墨西哥和巴西）发放贷款是正确的，因为“政府拥有的资产超过它们的债务，简而言之，政府不会破产……”

由于第一次石油危机的影响，人们忽略了这些向发展中国家发放的欧洲美元私人贷款的一个关键特征。纽约汉华实业信托公司，是一家主要的欧洲美元银行，曾经是石油美元回流的先驱，正是它使得大量的石油美元流向发展中国家，如墨西哥、巴西、阿根廷，甚至波兰和南斯拉夫。发展中国家只要保证，在经济上满足国际货币基金组织的条件，它们就能获得更有利的贷款条件，但英美银行财团榨取了由纽约汉华实业信托公司首创的不引人注意的优惠。向这些国家发放的所有欧洲美元贷款都固定在一个特定的票面价值上，这个票面价值超过了伦敦银行同业拆借利率（LIBOR）。伦敦银行同业拆借利率是一个“浮动”利率，由纽约和伦敦的短期利率决定，可能会上下浮动。1979 年夏天之前，为了弥补石油赤字向银行借钱时，这似乎是一个无关痛痒的前提条件。

但是，1979 年 6 月，撒切尔政府开始实施利率冲击政策，10 月份保罗·沃尔克的联邦储备委员会也实施了同样的政策，第三世界债务的利率负担一夜之间剧增，因为伦敦的欧洲美元市场利率从 1978 年初的平均 7% 增长到 1980 年初的接近 20%。

仅仅这一个因素，第三世界债务国债务就会陷入无力偿还的境地。因为债权银行强行修改了偿债条件，这使得第三世界债务国在沉重旧债上又添上无法偿还的新债，苦不堪言。更加令人不安的是，伦敦和纽约主要的银行家们随后也实行了类似政策，这实际上是 20 世纪 20 年代凡尔赛战争赔款的完全翻版和荒唐再现：随着纽约证券市场的崩盘，1929 年这一政策陷入了混乱。

1980 年之后，第三世界债务国的外债利率负担增长到了极限，不堪重负。曾经在偿还债务过程中发挥重要作用，也是第三世界债务国商品出口主要市场的工业国家，却由于撒切尔－沃尔克货币冲击政策的影响，陷入到自 20 世纪 30 年代世界经济大萧条以来的最严重的经济低迷期，使第三世界债务国的偿债能力彻底崩溃。

第三世界债务国开始陷入商品出口条件日益恶化的深渊，出口收入下降，偿债比率急剧增长。简言之，这就是华盛顿和伦敦所说的“第三世界债务危机”。但是，这个危机是由伦敦、纽约和华盛顿制造的，而不是由墨西哥、巴西利亚、布宜诺斯艾利斯、拉各斯或华沙制造的。

1982 年夏天，局势发展的趋势渐渐显现。很明显，在新的繁重的债务负担下，拉丁美洲债务国将会很快崩溃，玛格丽特·撒切尔和里根政府里可以左右政策的一些人，特别是国务卿亚历山大·黑格、副总统乔治·布什、中央情报局局长威廉·凯西，开始筹划树立一个“典范”，以打消债务国拒付美国和英国银行债务的念头。

1982年4月，撒切尔首相在英国议会下院宣称，“英国不会放弃诉诸武力”夺回有争议的马尔维纳斯群岛，该岛也称作不列颠福克兰群岛，位于南大西洋阿根廷沿岸荒凉的水域。多年的谈判没有结果，阿根廷加尔铁里政府宣称对那些岛屿拥有主权，并在4月1日收回，但问题不在于此，也不是因为周边地区有大量的未开采的石油储备；撒切尔夫人对阿根廷采取军事行动的真正用意是——采取19世纪“炮舰外交”的新模式强迫收取第三世界的债务。1982年4月，三分之二的英国海军舰队被派往南大西洋与阿根廷进行激战，战争中，由于阿根廷使用了法国的飞鱼导弹，英国险遭战败。

在改变了贷款条件、实行高水平浮动利率的情况下，为了把北大西洋公约组织的全部军事力量调动起来充当它们债务偿还政策的保镖，英国的真正意图是引发一场危机。阿根廷是当时第三大债务国，有380亿美元的外债，是最有可能不履行债务偿还义务的国家之一。有人建议撒切尔夫人把阿根廷作为一次尝试。几乎十年之后披露的详细资料显示，上演的马尔维纳斯群岛之战，仅仅是为了说服北大西洋公约组织的其他成员支持在所谓的“管辖范围之外”采取军事行动的借口而已。同年5月7日，在布鲁塞尔召开的北大西洋公约组织核计划会议上又向这个方向迈出了试探性的一步。但是，除了美国支持以外，英国主张在西欧防御范围之外扩张北大西洋公约组织范围的要求基本上无人响应。

1982年春天，英国对阿根廷发动军事行动的结果就是，华盛顿与拉丁美洲邻国的关系严重恶化。经过反复的内部争论，里根政府被说服支持英国炮舰外交，对付阿根廷。实际上，这有违美国自己的门罗主义*。

也许里根总统并不知道，副国务卿托马斯·恩德斯曾经在同年的3

---

* 门罗主义：1823年12月2日，美国总统詹姆斯·门罗提出了处理美洲事务的原则——反对欧洲国家继续在美洲掠夺殖民地，美洲是美洲人的美洲。这一原则成为美国反对欧洲干预美洲的工具，从而为美国在西半球的扩张扫清了道路。——译者注

月份秘密造访布宜诺斯艾利斯，向加尔铁里政府保证，美国不会参与阿根廷和英国之间在马尔维纳斯群岛的争端。在布宜诺斯艾利斯看来，这一保证是华盛顿继续参与游戏的“绿灯”。这与1990年7月伊拉克入侵科威特几天前美国大使给伊拉克总统萨达姆·侯赛因的承诺具有惊人的相似性。华盛顿的权势集团完全支持伦敦外交部的政策。阿根廷被算计了，变成了英国采取军事行动的借口。

只有一个国家认为，华盛顿不应当支持撒切尔的政策，因为这是19世纪英国殖民主义政策的重演，这个国家就是与美国接壤的墨西哥。自1976年底何塞·洛佩斯·波蒂略总统任职以来，墨西哥的现代化和工业化计划已经取得了显著进展。波蒂略政府决定用“石油遗产”使自己的国家实现现代化。港口、公路、石化工厂、具有现代灌溉技术的农业联合体，甚至核能源计划都在进行中。国家控制的大量石油资源是墨西哥实现现代化的保障。

沃尔克利率冲击后，到1981年，华盛顿和纽约政策圈内的一些人士认为，一个强大的工业化的墨西哥是“不能容忍的”，美国权势集团的人员带着嘲弄的口吻把墨西哥称作“与我们南部接壤的日本”。有伊朗的前车之鉴，一个独立而现代化的墨西哥是一些英美利益集团所不能容忍的。它们作出决定，强制要求以极高的利率偿还外债，干涉并破坏墨西哥的工业化雄心。

1981年秋，一场精心策划的对墨西哥比索的挤兑上演了。这次挤兑是由《纽约时报》采访前中央情报局头子、当时担任跨国公司“政治风险”咨询顾问的威廉·科尔比时发出的信号。科尔比声明，他正在劝告他的客户，在墨西哥的投资“将遭遇来年大选之前墨西哥货币贬值”的威胁。科尔比的观点被美国各家媒体的文章转载，包括《华尔街日报》。

科尔比与一家名为“调查国际”的“私营”国际咨询公司一直有联系，这家公司的董事会成员包括卡拉登勋爵（休·富特），他是英国外交部的中东和美国事务情报专家，也是倡导在发展中国家实施马尔萨斯人口控制政策的先驱之一。这一政策与增加工业和农业生产率正好形成鲜明对比。

“调查国际”的总裁是美国前国务院高级官员本杰明·韦纳，在1982年初的几周内，他在美国报纸上连篇累牍地发表了文章，宣称墨西哥经济即将崩溃，聪明的生意人正在竞相转移资金，转换成美元，转往得克萨斯州和加利福尼亚州从事房地产业。墨西哥的主要报纸对这些文章一字不变地进行转载，进一步助长了资本外逃。洛佩斯·波蒂略总统在当年2月5日对全国的广播演讲中，抨击了他所称的“隐藏的外国利益集团”，他们正在试图通过散布恐慌谣言和资金外流，迫使比索对美元贬值，动摇墨西哥的经济。三年前，同样是“调查国际”在推动资金外流、削弱伊朗国王统治方面发挥了重要作用，为霍梅尼上台铺平了道路。

1982年2月19日，为了制止从墨西哥向美国的资金转移活动，万般无奈之下墨西哥政府不得不强制实行严格的紧缩计划。为了阻止资本外逃，本应该加强外汇管制，对资本流动重新征税，但强大的金融既得利益者给洛佩斯·波蒂略总统施加了巨大压力，阻止他这样做。资本外逃进一步加剧。

1982年2月19日，在内外交困之中，洛佩斯·波蒂略政府屈服了。为了阻止资金外逃，稳定局势，墨西哥比索立即贬值30%。国内的后果是，以曾经强大的蒙特雷阿尔法集团为代表的墨西哥私营工业，因为几年前的投资中大量借用了美元，一夜之间破产了。它的收入是以比索计算的，而它的偿债则要以昂贵的美元计算。仅仅为了维持以前的偿债额，公司将不得不使比索增值30%，或者通过减少劳动力来降低成本。货币贬值也迫使墨西哥削减工业项目，降低生活水平，从而加剧了国内通货膨胀。墨西哥，仅仅几个月前还是第三世界经济增长最快的国家，到1982年春天时已经陷入混乱之中。在这一系列严厉的措施之后，国际货币基金组织一位负责墨西哥事务的官员宣称：“这正是要做的事情”[4]。

现在，墨西哥已经是“有问题的借款者”和“高风险国家”，成为国际瞩目的焦点。伦敦、纽约、苏黎世和法兰克福的欧洲美元银行，以及东京的银行迅速缩减它们的贷款计划。比索贬值，资本外逃，导致资金流失数十亿美元，再加上主要的国际银行决定不对旧债给予延期，在双重压力下，到 1982 年 8 月，墨西哥面临着偿还贷款的巨大危机。

同年夏天的 8 月 20 日，在纽约的联邦储备委员会总部，一百多位美国大银行负责人被召集在一起开了一个非公开会议，听取墨西哥财政部部长赫苏斯·席尔瓦·埃尔索格关于偿还 820 亿美元外债的计划说明。席尔瓦·埃尔索格告诉国际金融界的所有人士，他的国家甚至已经支付不起外债的下一期分期付款额了，外汇储备已经用完了。

在墨西哥，面对越来越混乱的经济，洛佩斯·波蒂略总统决定采取行动，首先阻止资金外逃，然后再处理危机。9 月 1 日，总统向墨西哥人民宣布，对国家的私营银行以及当时的私营中央银行——墨西哥银行实行国有化，并给予赔偿，这是恢复金融秩序、阻止资金外逃、防止整个国家经济毁灭的一系列紧急措施的一部分。

在三个小时的全国电视讲话中，他抨击了“投机和寄生的”私营银行，详细叙述了私营银行如何从墨西哥工业化过程中窃取利润换成美元外逃而投机美国房地产市场的经过。资本外逃总额达 760 亿美元，这相当于过去十年国家工业化过程中的外债总量。

洛佩斯·波蒂略已经与罗纳德·里根建立了友好密切的关系，并且亲自向里根表明，他采取过激行动的原因是由于国家面临的紧急情况，而不是针对美国的不负责任的激进主义。

接着，在 10 月 1 日纽约召开的联合国大会年会上，洛佩斯·波蒂略总统号召全世界所有国家行动起来，阻止“倒退到欧洲中世纪”的现象发生。他强烈谴责了金融体系不堪忍受的高利率以及原材料价格暴跌政策带来的危机。

墨西哥总统强调：“这是一把双刃剑，一方面使某些国家取得的成果受到削减的威胁，另一方面也切断了其他国家进步的可能。”然后，他直截了当地警告说：“如果一个普遍受益的解决方案也被阻止的话，不排除第三世界单方面停止偿还债务的可能性。停止偿还债务对任何人都没有好处，谁都不想这样做。但是，这种情况如果发生，责任并不完全在债务人。相同的情况催生一致的立场，没有必要搞阴谋诡计。”

对撒切尔夫人和沃尔克强制推行的偿债新条件，洛佩斯·波蒂略进行了抨击。

> 当前的形势与签订还款期限协议时的形势已经完全不同，墨西哥以及其他许多第三世界国家，都不能遵守此前同意的还款期限……我们发展中国家不想成为附庸。我们不能为了偿还债务而使我们的经济陷入瘫痪或者使我们的人民陷入更大的灾难，更何况这些债务的利息已是原来的三倍。这都是在我们没有参与的情况下强加给我们的条件，根本就不是我们的责任。我们为战胜饥饿、疾病、无知和附庸所作的努力，并不是引起这场国际危机的原因。

随后，洛佩斯·波蒂略向美国以及其他工业化债权国家谈到了自己的想法，希望共同合作找到解决办法，以使像墨西哥这样的国家能够找到走出危机的办法。他的言论得到了最大债务国元首的响应，巴西总统若昂·巴普蒂丝塔·菲格雷多随后谈道，这“让人们十分清晰地回想起20世纪30年代的一些症状，当时在高利率的影响下，生产投资出现了全球性的窒息”。

1982年的整个夏天，白宫政策辩论一直在幕后进行，讨论如何应对呈爆炸性扩展的债务危机。在居高不下的联邦储备利率重压之下，美国经济严重下滑，人们游说里根总统要制定一个方案，既能解决墨西哥和拉丁美洲的债务危机，同时还能刺激美国工业投资和出口。

对优柔寡断的里根来说，华尔街以及亨利·基辛格在英国外交部和伦敦金融城的朋友们的意见更具影响力。为了赢得强大的华尔街权势集团的支持，作为他竞选“交易”的一部分，里根同意任命美林公司前主席唐纳德·里甘为财政部部长，同时还任命了其他一些重要职位，特别是任命前三边委员会成员乔治·布什为副总统，任命布什的亲密朋友詹姆斯·贝克为白宫办公厅主任。他们认为：“我们必须不惜一切代价保全纽约银行。”到1982年10月，他们解决墨西哥和其他债务危机的方案已经成为里根政府的政策。[5]

就在洛佩斯·波蒂略在联合国大会上发言的前一天，新任命的美国国务卿表明了美国的态度。乔治·舒尔茨是前芝加哥大学的经济学家米尔顿·弗里德曼的朋友，并且是1971年8月15日尼克松宣布美元与黄金脱钩这一重要事件的幕后关键人物。他向联合国大会的代表们宣布了里根政府最后的答复。舒尔茨公布了华尔街解决债务危机的简单“方案”。

在8月初墨西哥宣布无力偿还债务之后，保罗·沃尔克会见了里根政府的高级官员，提出计划，逐渐放宽对纽约大银行的限制。这就是舒尔茨宣称的“里根经济复兴计划”。该计划并没有分析美国或者发展中国家发生危机的根本原因。舒尔茨提出，由国际货币基金组织监督债务国偿还债务，并刺激美国消费者的购买力。据称，这将作为“复兴”计划的一部分，吸引第三世界更多的商品出口。

这是世界历史上最昂贵的“复兴”。

华尔街故伎重演

舒尔茨在联合国的重要声明是精心设计的，用来反击洛佩斯·波蒂略以及其他拉丁美洲国家元首在联合国的演讲。对于没有涉足债权银行和债务国谈判的人来说，接下来发生的事情，几乎令人难以置信。

在联合国发言后，洛佩斯·波蒂略未能把拉丁美洲团结起来。无论如何，他成了一个即将到期的总统，两个月后就要下台了。与此同时，美国官员和其他人士接二连三地访问了巴西和阿根廷，对它们进行了非同寻常的勒索，施加压力，阻止它们加入墨西哥人要求建立的共同解决债务危机的行动中去。

亨利·基辛格组建了一个更具影响力的咨询公司——基辛格顾问公司，他精挑细选的董事会成员包括阿斯彭研究所主席、石油巨头罗伯特·安德森、撒切尔政府的前外务大臣卡林顿勋爵，还有英格兰银行和华宝银行行长罗尔勋爵。基辛格咨询公司与纽约银行家和华盛顿政府圈内的人一起，对债务国“逐个”地强加了自凡尔赛赔款以来负担最重的债务追偿条款。

在国务卿舒尔茨9月30日联合国演讲之后，纽约和伦敦强大的私营银行利益集团驳回了所有合理的意见。它们设法让联邦储备委员会、英格兰银行，最重要的是国际货币基金组织担任国际“警察”，这样就形成了现代历史上最协调的、最有组织的掠夺团伙，远远超过了20世纪20年代的所作所为。

与西欧和美国媒体上谨慎宣传的印象相反，为了偿还纽约和伦敦高利贷者的债务，债务国不得不流血甚至是“割肉”，它们的还款额已经高出本金好几倍。1982年8月以后的情况就不同了，大量第三世界债务国拒绝还款。在国际货币基金组织的压力下，债务国被人“用手枪顶着脑袋”与私营银行签订协议，这些协议被银行家们委婉地称作“债务计划”，而他们的领导者多数都是花旗银行和大通曼哈顿银行。

1982年10月以后，针对债务国的围剿有几个明显的阶段。第一个关键阶段就是纽约和伦敦的私营银行把它们的债务危机“社会化”。通过媒体的大量采访，向国际银行系统发出警告，债务延期偿还后果严重，银行界得到了国际社会对债务偿还政策的空前支持，这些政策都是花旗银行、大通曼哈顿银行、汉华实业银行、劳埃德银行等精心炮制的。

这些强大的私人利益集团利用危机，把公共机构的权力转向为少数精英——即债权银行的少数权益——服务。那年秋天，在英格兰迪奇利公园，这些私营银行召开了一次内部会议，组建了一个由纽约和伦敦主要银行参加的事实上的债权人卡特尔，这个卡特尔后来被称作“国际金融研究所”，或者非正式地称作“迪奇利集团”*。他们继续施加影响，一

---

* 迪奇利集团的第一次聚会是1982年5月在伦敦的迪奇利公园。这个聚会由哈罗德·利弗召集，当时的目的是控制美国的财政和金融政策，并呼吁国际货币基金组织控制所有国家的中央银行。1982年1月，世界上36家最大银行的代表在纽约维斯塔饭店聚会，讨论了基础性的工作；10月，这些人再一次聚会，会上报告了一项实施计划，即推动美国的参议院立法，促使到2000年时国际货币基金组织成为美国财政政策的控制者。——译者注

位观察员把这一现象描述为“银行家社会主义”的特殊形式。这种情况下，私营银行把它们的贷款风险社会化，把风险转嫁给公共纳税人，但同时把盈利据为己有。尽管有危机，这笔盈利还是相当可观的。

这些银行家与他们在里根政府里的朋友串通一气，如财政部部长唐纳德·里甘，故意危言耸听，过分渲染形势的严重性，以此来恐吓里根总统，白宫于是要求保罗·沃尔克、美国银行以及国际货币基金组织拟定一个计划，给每一个债务国强加严格的“限制条件”。美国人还提议，把国际货币基金组织及其限制性条件作为债务谈判的内容。实际上，这些条件是1919年之后纽约银行家们用来对付德国及欧洲其他国家的苛刻的道威斯计划[6]中各种条件的翻版，这些条件也曾在后来的扬格计划[7]中尝试过。

国际货币基金组织的限制性条件以及债务国与国际货币基金组织签署的协议，都是欧文·弗里德曼计划的一部分。欧文·弗里德曼先是美国政府官员，后来为国际货币基金组织工作。他因处理债务问题有功而得到了花旗银行的高层职位。1988年底，弗里德曼曾经跟一位采访者谈到了债务危机刚开始时他的想法：

> 我的想法是，把使用国际货币基金组织的资源作为对这些国家的诱饵。首先让你对国家经济状况产生一种形势严峻的感觉，然后你就会找到问题的根源，并指出需要在哪些方面作出改变。

国际货币基金组织的药方，即“限制性”的药方，千篇一律。它首先告诉债务国，如果还想从外国银行获得贷款，哪怕很少的贷款，必须大幅削减国内进口，大幅削减国家预算，特别是要削减对食品和生活必需品的政府补贴。其次，为了激发工业国对债务国出口产品的兴趣，要对货币实施贬值，这样可以使其出口商品对工业化国家具有“吸引力”，同时又买不起先进的工业品。据称，这些措施能够为偿还债务赢得硬通货。毫无疑问，如果马尔萨斯牧师了解了这一过程，也会在坟墓里发出会心的笑声。

国际货币基金组织的这个结构调整计划还只是第一步；对于一些符合条件的候选国家，它还将实施计划的第二步——与债权银行签订“重组”外债偿还计划协议，或者是调整外债偿还计划的主要内容。在第二步中，银行通过签订合同从债务国那里获得了巨大的未来权益，它们把超期未还的欠款利息变成了欠债总额。

1982年，经过无数次的债务调整后，最终结果是债务人欠债权银行的债务数额越来越大，而事实上，这期间，拉丁美洲一分钱也没有得到。据瑞士再保险公司的资料显示，发展中国家的所有外债总额，包括长期债和短期债，从1982年的刚刚超过8390亿美元稳步增长到1987年的几乎13000亿美元。实际上，新增债务都是为了偿还那些无法偿还的旧债而新增的借款。

在国际货币基金组织的体制中，墨西哥被迫大幅度削减对药品、食品、燃料以及其他生活必需品的补贴。人们，通常是婴儿，因为缺乏最基本的进口药品而无辜送命。

随后，国际货币基金组织迫使墨西哥比索进行一系列贬值以“鼓励出口”。1982年初，在第一次贬值30%之前，比索与美元的汇率是12：1。而到1986年时，1美元升值到难以置信的862比索，到1989年这个数值竟高达2300比索。但是，在纽约银行和它们的华盛顿盟友的要求下，墨西哥外债的绝大部分都从私营部门转到了政府。到1985年底，外债总额从大约820亿美元增加到近1000亿美元。墨西哥很快步上了20世纪20年代初德国的后尘。

阿根廷、巴西、秘鲁、委内瑞拉，包括赞比亚、扎伊尔和埃及在内的大部分非洲国家，还有亚洲的大部分地区，都上演了这一过程。国际货币基金组织已经成为全球“警察”，通过强迫这些国家接受历史上最严峻的紧缩政策，强制它们偿还高利贷。而国际货币基金组织则牢牢控制在美英人手中，这一机构堂而皇之地成为英美金融和经济利益在全球范围内的实施人，这是史无前例的。当受害国得知国际货币基金组织将前来考察时，它们就会发抖，这一点也不奇怪。实际上，英、美银行是向拉丁美洲贷款的最大组织，它们威胁西欧和日本的银行，要求它们与英美“团结一致”，否则将导致国际银行体系崩溃。

1982年以后的几年里，这样的威胁并不是危言耸听。没有人敢提出挑战，所有债权国家的银行都紧密团结在纽约银行周围，支持基辛格在解决债务问题上的“强硬”方法。华盛顿和纽约银行以及它们在伦敦的朋友为此大肆宣传，债务完全是腐败的、不负责任的第三世界国家政府的“错误”。

这一次，纽约和伦敦的银行界非常自信，它们甚至拒绝增加贷款损失应急储备金，以应对第三世界债务的违约损失。在20世纪80年代初，花旗银行和大通曼哈顿银行还给它们的股东分发了可观的红利，公开声称达到了“最高盈利水平”，好像没有什么特殊事件发生似的。它们对美国政府有完全的影响力，并且有国际货币基金组织债务征收。还能有什么比这更安全的呢？

随着一个个债务国被迫向国际货币基金组织和迪奇利集团的债权银行妥协，大量资金逆向流动。据世界银行统计，1980—1986年期间，对109个债务国来说，仅支付给债权国的利息就达3260亿美元；本金还有3320亿美元——两者加起来总计6580亿美元，而起初，这一数字为4300亿美元。除此之外，1986年，这109个国家对债权国的欠债总额共有8820亿美元。这是一个难以承受的债务旋涡。这就是利滚利和浮动利率产生的奇迹。

20世纪80年代“债务危机”让人感到更加震惊的另一方面是，实际上大量的资金根本就没有离开过纽约或者伦敦的银行。秘鲁前能源部部长佩德罗·巴勃罗·库琴斯基，曾在瑞士信贷第一波士顿银行一个薪金优厚的职位任职，作为这一计划的直接参与者，他写道：

> 大多数资金从来就没有流进过拉丁美洲。1976—1981年间，拉丁美洲名义上得到了2700亿美元的资金，但我们发现，它们实际只得到8.4%的现金——这些钱本来计划用于生产性投资。其他剩余

资金仍然存在银行里，从来没有到过拉丁美洲，只是改动了账簿上的数字而已。

债务国已经深陷债务陷阱之中，纽约和伦敦的债权银行提供的唯一爬出陷阱的办法是交出它们国家的经济主权，特别是重要资源的开采权，如墨西哥的石油。银行家们称之为“债转股”政策，其目标是获得对债务国资源的控制权，这对债权银行来说更有吸引力。

受联合国儿童基金会丹麦委员会委托，一位丹麦经济学家的研究阐明了这一过程：

> 1979年，共有400亿美元的净资金流从富裕的北方流向贫穷的南方。这一流向在1983年发生了逆转。那一年，约有60亿美元的资金反而从欠发达国家流向工业化国家。据联合国统计，从那时开始，这个数字急剧增长，每年大约递增300亿美元。但是，如果把整个20世纪80年代因原料价格下跌引起的资源转移因素也考虑进来的话，那么，每年从欠发达国家流向工业化国家的资金至少有600亿美元。如果把黑钱外逃也加进去的话……

这项由汉斯·拉斯穆森进行的研究指出，自20世纪80年代初开始，实际发生的情况是：财富不断从缺乏资本的第三世界流出，而主要流入国是为第三世界的赤字提供资金的美国，其次是英国。拉斯穆森估计，在20世纪80年代，所有发展中国家单单转移到美国的资金总计就达4000亿美元。实际上，这为里根政府在和平时期实行的有史以来最大的赤字政策提供了资金，但却被虚伪地赞颂为“世界上持续时间最长的和平复苏”。

随着美国利率的提高、美元的不断升值，又有美国政府的安全保障，20世纪80年代，美国高达43%的预算赤字，实际上是通过对债务国进行资本掠夺来提供资金的，而这些债务国都是发展中国家。在第一次世界大战后，通过凡尔赛赔款，英美银行家把债务仅仅当作对所有主权国家实施经济控制的手段。这些傲慢的纽约银行家认为，他们根本没必要担心那些弱小的拉丁美洲或非洲国家。毕竟，生意就是生意[8]。

1986年5月，一份为美国国会联合经济委员会准备的题为《拉丁美洲债务危机对美国经济的影响》的研究报告注意到里根政府处理这一问题的一些令人吃惊的方面。这份报告显示，因为国际货币基金组织的财政紧缩措施迫使拉丁美洲为了偿还债务而实际上中断了工业和其他产品进口，这给美国的就业和出口造成了破坏性的损失。作者指出：

> 现在，事情逐渐变得明朗起来。政府制定的政策已经大大超过了保护银行免于破产的需要。里根政府对债务危机的管理，实际上是对在债务危机中起推波助澜作用的某些机构的奖励，同时，也是对那些没有参与制造债务危机的机构和行业的处罚。

但是，这份研究报告很快就被隐藏了起来。

根据纽约的摩根信托公司的计算，截至1985年的十年，从第三世界流出的资金总计在1230亿美元以上，这些资金主要流向所谓的“安全天堂”——美国等国家。不止一家纽约银行和投资公司在拉丁美洲的城市（如波哥大、麦德林以及其他地方）设立了办事处，帮助美元黑钱离开这些国家并从中渔利。美国和西欧的工业城市中吸毒人数的上升期（说来也怪，吸毒成瘾与20世纪80年代初开始的第三世界债务危机同时爆发）与“洗出”南美洲的非法美元数额的上升期正好吻合，具有惊人的一致性，洗钱的过程则是通过像唐纳德·里甘的老雇主美林公司等的精心操作完成的。委托人被冠以“高净值个人”的雅号。

在研究拉丁美洲的资金外逃中，加利福尼亚大学教授乔·福尔雷克指出，为客户提供资金外逃的便利已经成为20世纪80年代美国大银行在债务危机中最盈利的业务之一。他指出，除了被逼无奈的债务国政府每年要偿还大约500亿美元利息外，诸如花旗银行、大通曼哈顿、摩根担保和美国银行等大银行，还要求债务国采取残酷的国内紧缩措施以“稳定”货币，由此引起的外逃资金大约在1000亿—1200亿美元之间。

对这些银行来说，这变得更加隐蔽、更加有利可图。

对每年从帮助拉美资金外逃的业务中获得的收益率，纽约和伦敦的银行实行严格保密，据可靠报道称，平均达到 70%。一位私营银行家这样说道：“一些银行拼命也要得到一单这样的生意。”这还是比较温和的说法。1983 年伦敦《金融时报》报道，花旗银行在全世界的银行业务中盈利最大的部分无疑来自巴西。

作为英美债务战略的结果，如果还有值得注意的事情，那就是非洲比拉美的遭遇更惨。自从 19 世纪殖民时期以来，除了顽强的南非，非洲大陆一直由英国、法国和葡萄牙统治。非洲一直被认为是原始的、未开采的廉价原料的主要产区。20 世纪 60—70 年代，“反对殖民主义”的独立浪潮并没有给非洲的经济状况带来重大的改善。

但是，石油危机、紧接着的 20% 利率冲击以及 20 世纪 80 年代世界工业的崩溃，都给几乎整个非洲大陆以致命的打击。直到 20 世纪 80 年代，非洲 90% 的地区仍然依赖原材料出口来筹集发展资金。20 世纪 80 年代初开始，棉花、咖啡、铜、铁矿石和糖，国际上几乎所有原材料的美元价格一直在下跌。到 1987 年，原材料价格已经跌到第二次世界大战以来的最低水平，与世界经济衰退最严重 1932 年的水平持平。[9]

如果这些原料的出口价格保持稳定，哪怕仅仅维持在 1980 年的水平，非洲在 20 世纪 80 年代还可以多得 1500 亿美元。在 1982 年，“债务危机”刚开始时，这些非洲国家欠美国、欧洲和日本等国的债务总额大约为 730 亿美元。到 20 世纪 80 年代末，经过债务“重新调整”以及国际货币基金组织以各种形式干预它们的经济，这个数字已经上升到比原来的两倍还多，达到了 1600 亿美元——简言之，这些增加的债务与价格稳定情况下的出口盈利几乎相等。

关于债务的事实，西欧和美国城市的普通市民每天在报纸上读到的是一回事，实际上则完全是另一回事。20 世纪 80 年代，强大的英国和美国跨国公司开始效仿银行，在与美国接壤的墨西哥边境建立了童工血汗工厂。这些低技能加工装配厂雇用了年龄在 14—15 岁之间的墨西哥童工，工资是每小时 50 美分，为通用汽车或者福特汽车公司或者多个美国电器公司生产产品。它们得到了墨西哥政府的允许，因为它们能“挣得”偿还债务所必需的美元。

里根自食恶果

第一次世界大战和凡尔赛战争赔款的后遗症以及随后的 20 世纪 20 年代伦敦和纽约的道威斯计划，引发了战后最具破坏力的后果，即全球性的长期投资相对停滞。与战前相比，20 世纪 20 年代，世界贸易量的绝对下降，以及整个欧洲经济和政治不稳定，使越来越多的资金倾向于短期贷款，通常不超过一年。

这导致了一种局面，即以短期投机获利作为判断投资的核心标准。这又助长了 20 世纪 20 年代纽约股票市场近似疯狂的繁荣，这种繁荣得到了来自伦敦和非洲大陆资金的推动，这些钱都希望在持续上涨的纽约交易所得到前所未有的收益。所有这些都在 1929 年 10 月破灭了。

石油危机和 20 世纪 70 年代高利率冲击的后果，有时被称作“高通货膨胀”，与 20 世纪 20 年代的后果如出一辙。对世界生产性投资造成沉重负担的凡尔赛赔款，被国际货币基金组织的第三世界债务“重组”计划所造成的繁重负担所代替。20 世纪 80 年代初，通货膨胀率达到了令人难以置信的 12%—17%，这实际上也就限定了资本的投资回报率。这个世界需要更快更多地赚钱。

在这种形势下，迎来了里根政府对“自由市场”经济难题的求解，其倡导者被称为“供给学派”。剥去这一经济思想的面纱，我们看到了它造成的恶果，它导致了有史以来个人短期牟取暴利的登峰造极，而这一切是以牺牲国家经济健康的更大利益作为代价的。

1982 年 10 月的政策施行之后，从第三世界国家征收了上千万亿美元，给美国银行系统的流动性金融资金带来了一大笔横财。但是，华尔街的意识形态以及财政部部长唐纳德·里甘想把政府从金融市场的“桎梏”中解脱出来的热情，导致了世界金融史上最大的狂妄。80年代末，当混乱局面有所缓解，一些人开始意识到，里根的“自由市场”已经破坏了整个国家的经济，而这个国家是世界上最大的经济体，也是世界货币稳定的基础。

里根以为仅仅减轻个人或者公司的税收负担就能释放出“被抑制的创造热情”以及企业家才能。在这一简单而错误的论点支持下，罗纳德·里根总统在1981年8月签署了战后历史上最大幅度的减税法案。法案包括减税优惠条款，同样适用于某些投机型房地产投资，特别是商业房地产。政府对公司兼并的管制也取消了，华盛顿给出了非常明显的信号，“只管去做吧”，只要能刺激道琼斯工业股票指数就行。

到1982年夏天，白宫征得保罗·沃尔克和联邦储备委员会的同意，将利率水平慢慢降低，投机发财的好机会来了。那年春天，一个不起眼的石油和房地产银行——俄克拉何马州宾州广场银行的破产，与墨西哥的危机结合起来，使沃尔克相信，是放弃货币紧缩政策的时候了。从当年夏天到12月这段时间内，美国联邦储备委员会的贴现率竟然连降了七次，降到不足原来的40%。随着利率的降低，金融市场开始变得疯狂起来。

里根“经济复兴”政策的真正面目是，除了小部分军事航空公司得到了政府大量的国防合同外，在鼓励投资、提高技术进步和工业生产率方面却毫无建树。相反，资金进入房地产市场、股市以及在得克萨斯州或者科罗拉多州的油田进行投机——所有这些都被认为是“合理避税”。

随着沃尔克利率的进一步走低，这种狂热变得几近疯狂。借款是一种新时尚。人们认为，在低利率水平下，今天借钱明天还钱“很划算”。但情况并非如此。美国城市经历了为期二十年的持续衰退，由于缺乏维护，桥梁倒塌、公路断裂，新建玻璃墙环绕的购物中心虽然雄伟，但里面却空无一人，因为房地产开发商已经从大量的税收减免中赚到了足够的利润。

里根供应学派信条的根本特征，又一次得到了英国的玛格丽特·撒切尔夫人的呼应，她把工会看成是“问题的一部分”。于是形成了英国式的阶级对峙，其结果是有组织的劳工运动被解体。

政府放松对交通运输业的管制是主要的政策手段。卡车运输和航空运输被认为是自由市场。一些专营“便宜”航线的航空公司和载重汽车运输公司激增，在这些公司里常常没有工会组织，它们的安全标准也通常很低，甚至没有。意外事故发生率攀升，属于工会会员的工人工资水平急降。里根的“复苏”政策使得年轻的股票经纪人很快成为千万富翁，好像就在敲打计算机的一瞬间暴富，但是这一政策降低了技能熟练的蓝领工人的生活水准。在华盛顿，没有人对此给予更多的关注。毕竟，保守的共和党人里根认为，工会“似乎就是共产主义组织”。19世纪英国式的“廉价劳工”政策在华盛顿占据主导，这在以前是从来没有过的。

到1982年，在经济不景气和对卡车行业放松管制的情况下，曾经十分强大的国际卡车司机工会不得不接受一份为期三年的合同，这实际上相当于工资冻结。全美汽车工人工会，曾经是美国技术工人最有影响力的组织，1982年与克莱斯勒、福特和通用汽车公司谈判时，也接受了降低工资的条件。钢铁工会等组织，在不顾一切地保护老年工人的养老金或者避免裁员的努力中，都作出了让步。虽然少数人的生活水平与以前相比有大幅上升，但大多数美国人的实际生活水平在持续下降。社会在不同收入水平中逐渐分化。

从华盛顿到纽约再到加利福尼亚，到处都在讲“后工业社会”的新观念。美国的经济繁荣与投资最现代化的工业生产能力再也没有关系了。钢铁曾经被认为是“夕阳”产业，因为钢铁厂已经生锈，鼓风炉实际上也被炸毁了。购物中心、闪闪发光的新大西洋赌城、娱乐场以及豪华度假饭店才是“能挣钱的地方”。

里根任职期内，投机盛行，货币也从国外流向美国为这种狂热行为提供资金。没有人注意到，在这一过程中，到20世纪80年代中期，美国已经在短短的五年内由世界上最大的债权国转变为纯债务国，这是1914年以来的第一次。债务是“便宜的”，并且以几何级数增长。为了购买住宅、汽车和录像机，家庭负债已经达到了最高纪录。为了给损失掉的税收以及扩张的国防建设提供资金，里根政府也开始举债。里根“复苏”政策的预算赤字揭示了美国潜在的经济状态，它是病态的。

到1983年，政府每年的赤字开始攀升到前所未闻的2000亿美元。伴随赤字的增加，国债扩张的部分，全都用来支付华尔街债券商和他们的客户的利息，数字达到了最高纪录。美国政府总债务的利息支付在六年内翻了一番——1980年里根当选总统时为520亿美元，1986年超过了1420亿美元，这个数字相当于政府所有收入的五分之一。尽管有这些警告信号，货币还是从联邦德国、英国、荷兰和日本流入，目的是为了利用高价值的美元以及在房地产和股票市场进行投机盈利。

对于任何一个有历史感或者有长期记忆的人来说，这一切太熟悉了。这些都在“沸腾的20年代”里发生过——直到1929年市场崩溃才使得轮盘赌的轮子突然停止。

1985年，暴风雨的阴云开始笼罩在美国经济上空，这对雄心勃勃的副总统乔治·布什竞选总统是一个威胁，石油又一次前来“救驾”。只不过，这次与20世纪70年代英美的石油冲击方式完全不同。华盛顿显然认为：“既然我们可以提价，那么，当对我们有利时，为什么不能降价呢？”因此，它说服沙特阿拉伯进行“反向石油冲击”，向已显萧条的世界石油市场源源不断地注入石油。欧佩克的原油价格像石头一样直线下降，仅仅几个月前还是26美元/桶，到1986年春天降到了10美元以下。不可思议的是，华尔街经济学家宣布，取得了抑制通货膨胀的最后“胜利”。但是，他们忘了石油在20世纪70年代引起通货膨胀或80年代降低膨胀过程中的作用。

紧接着原油价格进一步下降，不仅威胁到独立的小石油生产者的利益，而且威胁并动摇了英国和美国石油大集团的切身利益。1986年3月，乔治·布什悄悄来到利雅得。据说，他告诉法赫德国王，应该停止价格战。沙特阿拉伯石油部部长扎基·亚马尼王子理所当然地成了华盛顿制定的石油政策的替罪羊，然后，原油价格稳定在14美元—16美元/桶的较低水平。得克萨斯州和其他产油州陷入了萧条，然而，房地产投机在美国的其他地方以最快速度上升，同时股票市场开始了新的攀升，达到了前所未有的高度。

1986年的这次原油价格大跌，释放出的能量可与1927—1929年之间美国的投机泡沫相提并论。由于想在纽约股票市场上大赚一笔，大量货币流入美国，因此利率下降更为剧烈。“杠杆收购”这一新的金融行为在华尔街流行起来。货币成本下降，股票价格明显上升，里根政府发挥“自由市场”信仰，在市场上可以随心所欲地干。例如，一个经营有方的有着上百年历史的工业公司按部就班地开展经营活动，无论它是生产轮胎，还是生产机器或者纺织品，都可能成为这些新的企业“袭击者”的目标。这些“袭击者”被称为华尔街的“食腐动物”。在杠杆收购第一线的各色人物，如布恩·皮肯斯、迈克尔·米尔肯以及伊万·博斯基等都成了亿万富翁。为了给这一疯狂行为以合理解释，一些严肃的学术机构如哈佛商学院，以市场“效率”的名义提出了一种全新的公司管理哲学。

在一个典型的公司杠杆收购案例中，如布恩·皮肯斯这样的收购者会对借来的资金作出承诺，将要购买某个公司的股票控制权，例如加利福尼亚的联合石油或者是海湾石油公司，这些公司的市值是收购者所持货币价值的很多倍。目标公司的股票价格因为收购而攀升。如果成功，他将接管一个大公司，这几乎完全靠借来的钱实现。如果一切顺利的话，通过公司发行一些“低级别的投资”债券来偿还债务，这些债券就是所谓的“垃圾债券”。如果公司破产，那么债权就是一堆“废”纸。但是，在20世纪80年代，股票市场和房地产价格在攀升，所以没有人注意这一风险。里根的税制改革使得公司承担巨额债务要比发行股票更“赚钱”。

为吸引买主，这些“垃圾债券”支付的利率非常高。这些收购者被称作“鲨鱼”，非常迅速地去“剥夺”新公司的财产，为了迅速得到收益就廉价卖清资产，然后又去寻找新的目标公司，非常像南美的食人鱼。在20世纪80年代后期，这些行为毁灭了华尔街，推动道琼斯指数上升，使得公司负债达到20世纪30年代大萧条以来的最高水平。但是，这些债务并没有用于投资现代科技或者新的工厂设施。这是里根和布什政府自由市场时期允许金融投机的恶果。

在里根政府期间，几乎有一万亿美元用作投机房地产市场，这是最高纪录，几乎是前些年总和的两倍。期望保护它们的资产负债表不受拉丁美洲动乱影响的银行，第一次直接进入了房地产贷款领域而不是通过传统的公司贷款。

储蓄贷款银行，是在大萧条时期建立的独立管制的银行，目的是为了给家庭购买住宅提供可靠的长期抵押贷款资源。但在20世纪80年代初，作为财政部部长唐纳德·里甘的华尔街自由市场推进的一部分，它们被“解除了管制”，允许以很高的成本“吸引”大额存款，称作“经纪人保证金”。里根政府在1982年10月通过了《甘恩－圣哲曼法案》，取消了所有管制上的限制。这项法案允许储蓄贷款银行按照它们自己的愿望进行投资，为防止失败，美国政府为每个账户提供全额10万美元的风险担保。

在签署法案时，里根总统热情地对应邀而来的储蓄贷款银行家们预言道：“我认为，我们已经摸到了头彩。”这个“头彩”便是拥有1.3万亿美元的储蓄贷款银行系统开始崩溃。

新的法律为储蓄贷款银行打开了方便之门，使得这些银行可以肆无忌惮地滥用批发金融业务，从事投机冒险，而在此之前，这几乎是不可能的。另外，该法案还使得储蓄贷款银行成为犯罪组织洗钱的理想工具，从20世纪80年代起，美国的毒品生意规模越来越大。几乎没有人注意到，唐纳德·里甘从前的雇主美林在卢加诺的办事处就因为涉嫌在所谓的“披萨连锁案”中帮助黑手党洗钱（数十亿美元的海洛因黑钱）而受到牵连。

这种粗放而模糊的不受管制的经济环境，形成了一种氛围，那些敢冒风险受理来路不明资金的银行很快超过了守法经营、运行良好的储蓄银行。银行在为中央情报局秘密运作资金的同时，也为黑社会家族或其他有组织的犯罪家族洗黑钱。副总统的儿子尼尔·布什，是科罗拉多州希尔弗拉多储蓄贷款银行的董事，后来被政府指控违法操作。1988年，尼尔嗅觉灵敏，就在他父亲获得共和党总统候选人提名的那周，他辞职了。[10]

为了与不受管制的新银行和储蓄贷款银行竞争，所有金融部门中最保守的人寿保险公司，也在20世纪80年代开始把房地产投机作为主要业务。但是，鉴于过去的守法奉公，与储蓄贷款银行和商业银行不同，政府对保险公司从来都没进行过监管，也没有全国性的政府保险基金为保单持有人提供保障。对银行则不同，每个国家的政府都对储户提供保障。到1989年，保险公司的房地产账面价值估计有2600亿美元，而1980年这一数字仅为1000亿美元。但是，1989年是20世纪30年代以来最萧条的时期，房地产市场崩溃，由于惊慌的保单持有人纷纷索取他们的钱，保险公司经历了战后第一次破产。

事实很简单，20世纪70年代石油冲击以来，纽约的金融财团拥有压倒其他一切财团的力量，以至于在1982年墨西哥危机之后，华盛顿就没有听到过不同的言论。债务以惊人的数量增长。当里根在1980年底赢得大选时，美国的私债和公债总额为38730亿美元。到80年代末，达到了10万亿美元。也就是说在这么短的时间内债务负担增加了6万多亿美元。[11]

随着生产性经济的债务负担增大以及美国工厂设备和劳动力状况恶化，二十年来对这些忽视累积起来的后果开始显现，国家主要的公共设施大规模损毁。

公路因缺乏日常维护而断毁；桥梁因结构安全问题而有很多倒塌；在匹兹堡的贫困地区，水系污染严重；主要城市的医院无人就医；为中低收入家庭准备的住宅用房破败不堪。到1989年，据建筑业行业协会性质的美国承包商协会估计，仅仅按现代标准重建美国破败的公共设施，就急需 3.3 万亿美元的净投资。华盛顿没有人听取这一建议。到 1990 年，布什政府提议由自由市场中的私营企业解决这个问题，因为华盛顿处于预算危机之中。里根“复苏”政策导致的利益分配不平等最终体现在美国政府对生活在贫困线下美国人口的统计数据中。1979 年，当保罗·沃尔克在第二次石油危机中开始实施货币冲击政策时，政府数据显示有 2400 万美国人民生活在贫困线以下（贫困线标准定为全年收入少于 6000 美元）。到 1988 年，这个数字增长了 30% 多，达到了 3200 万人。里根－布什的税收政策把财富集中到了极少数人手中，这在美国历史上是史无前例的。据美国众议院筹款委员会的研究显示，自 1980 年以来，收入最高的 20% 的人的实际收入增长了 32%。

作为对“自由企业”补贴和政府补贴的综合反映，美国的医疗保健成本达到了历史最高水平，并且在国民生产总值中所占比例是英国的两倍；即便如此，还有 3700 万美国人没有健康保险。美国大城市的黑人和西班牙裔失业工人集居的地区，健康水平跟第三世界国家差不多，而不像是世界上最发达的工业国。

撒切尔夫人在英国十一年的统治也带来了同样悲惨的结果。她的经济政策严重歧视工业投资，歧视这个国家日益恶化的公共设施——例如铁路和公路——的现代化建设，但是，伦敦的房地产投机和伦敦金融服务“产业”的普遍增长却掩盖了上述事实。1986 年伦敦金融城放松对金融的管制，被历史学家称为“金融大爆炸”，是撒切尔夫人引以为豪的“成就”之一。但是，到 20 世纪 80 年代末，所有事情都露出了真面目：利率再一次上升到两位数，工业陷入更严重的衰退，出现了战争以来最严重的萧条，并且通货膨胀上升到撒切尔夫人 1979 年就职时的水平。

用他们自己的话说，撒切尔夫人经济学失败了。作为其孪生姐妹，里根经济学也失败了。但是，这一点也不妨碍伦敦和纽约石油和金融界的利益。在“后工业时代”石油和金融集团的统治范围是全球性的，而不是区域性的。它们要求在全世界每一个地方——法兰克福、东京、墨西哥城、巴黎、米兰、圣保罗——都减少国家对金融领域的干预。

布什涉险过关

1987年10月19日，泡沫破灭了。那天，纽约证券交易所的道琼斯指数下跌幅度达到了历史最高纪录，下跌了508点，已经跌破了里根的“经济复苏”政策底线。但是，还没有跌破英美权势集团中撒切尔－布什派系的战略预期。他们决定，继续确保提供足够的资金维持经济泡沫，直到新的布什总统就职推行世纪末大战略之前。

大量的文章论述了1987年10月的经济崩溃。这些文章证明，20世纪30年代那样的萧条已经成为过去。但这一次的经济崩溃却是一个信号，标志着解除金融投机管制的政策即将终结，正是这一解除管制的政策维持着20世纪70年代初以来英美经济的运转。

面临1988年11月总统选举的乔治·布什，召集了他的前任竞选班子负责人和亲密朋友——财政部部长詹姆斯·贝克，加上美国研究机构的强势集团的支持，确保外资继续流入美国的债券和股票市场，让投票人对里根－布什的经济复兴政策心存幻想，尽管有1987年10月崩溃的影响。

华盛顿直接向日本首相中曾根康弘呼吁，认为像格普哈特一样的民主党总统将会破坏日本的对美贸易，华盛顿的要求得到了满足。中曾根康弘向日本银行和财政部施加压力，要求它们配合。1987年10月之后，日本利率下降得越来越快，比较之下，使得美国股票、债券和房地产看起来“更划算”。于是，数十亿美元从东京流入了美国。在1988年，美元保持坚挺，布什可以确保他在选举中击败民主党对手杜卡基斯。为了确保这样的支持，布什私下向日本高级官员保证，在布什任期内将改善美日关系。

东海岸有钱的权势集团内部人士打算把布什的总统任职当成对白宫的直接控制，这是自20世纪40年代富兰克林·罗斯福以来的第一次。布什的任务是帮助美国度过1919年以来最危险的时期。在当选的前几周，处理国家面临的一些紧急问题时，他给人的印象是果断。他建议对国家几近崩溃的银行储蓄贷款体系进行根本重组，并且在埃克森石油公司瓦尔德斯号油轮奇怪的泄漏事故后，顺应民众的呼声，把环境保护问题作为任期内的优先目标，批准制定了一系列激进的惩罚性法律，这是自吉米·卡特以来的第一次。后来的事实证明，这两项措施都是灾难性的，但是，在最初的几个月里，透露给人们的所有信息都显示，与年老体衰的里根总统相比，这位新总统具有驾驭国际局势的个人魅力和魄力。

布什新政府的计划是，为了对付美国巨额的债务负担，向某些同盟国施加压力，让它们增加“分摊负担的比例”。还有人提出，苏联正在解体，其结果是，只剩下一个拥有压倒性军事力量和规模的超级大国——美国。这种情况下，联邦德国、日本和美国的其他主要经济和军事同盟国应该多承担一些财政义务，维持这个超级大国。这是一次欲盖弥彰的敲诈。

事情很快变得明朗起来，布什提倡的“更亲切和更温和的美国”除了采用夸张的手法迎合老年人的胃口，争取选票之外，什么新鲜玩意儿也没有。入主白宫后，布什很快调整了政策，转向强硬。就在1989年12月，布什成为总统后的第一个圣诞节期间，美国对中美洲小国巴拿马进行了军事入侵，并通过媒体大肆制造借口。据目击者估计，美国以逮捕被控为毒品集团的首脑人物——实际上的统治者曼努埃尔·诺列加将军——为借口，派遣特种部队和轰炸机侵略这个小国，超过6000名巴拿马人被杀，其中绝大多数是贫穷的平民。

政府的司法部部长理查德·索恩伯勒，在三里岛核事件发生时任宾夕法尼亚州州长，在处理突发核事件过程中曾引起过广泛争议。他制定了难以置信的索恩伯勒条令。该条令规定，“在跨国界实施法律的过程中”，如果有必要的话，美国联邦调查局和司法部有权在外国领土上采取行动。换句话说，这意味着只要有行政命令，利用跟踪国际毒品或者恐怖犯罪分子的借口，美国政府有权单方面进入联邦德国、法国、巴拿马或者任何它认为有必要的地方，而不用考虑有关主权国家的法律。当美国入侵巴拿马时，文明世界对此表现出无情的沉默，认为这是“美国的私事”，真是令人难以置信。

1989 年 9 月，美国中央情报局局长威廉·韦伯斯特向美国情报机构宣布了一条大胆的新情报。他指出，戈尔巴乔夫领导下的苏联渴望与北大西洋公约组织，特别是美国达成裁军协议，这一迹象日益明显。针对这一迹象，当年 9 月 19 日，韦伯斯特在洛杉矶世界事务委员会的一次精英分子聚会上讲道，为了冷战后的新任务，中央情报局正在进行重组。韦伯斯特告诉他的听众：“我提到的经济问题——贸易不平衡和科技发展——说明了一点，这一点已变得越来越明确，即我们的政治和军事盟国同时也是我们的经济竞争对手。”美国情报机构在全世界范围内的新任务是成为经济间谍以及针对关键工业“同盟国”的其他行动，而不是搜寻共产主义者的军事行动和颠覆活动。

英美对德国统一的担忧

紧接着，1989 年 11 月，东欧事件发生了戏剧性的变化。对华盛顿和伦敦的多数人来说，那是出乎意料的逆转。米哈伊尔·戈尔巴乔夫秘密会见了民主德国的共产党保守派领导人昂纳克，也许是下了命令，要求他们为那年春天开始的席卷民主德国的群众性运动让路。几周内，在一场真正的群众革命中，德意志民主共和国的原有秩序被打乱，陷入一片混乱。很明显，莫斯科已经意识到，如果继续沿用原来的办法，采用武力维持一个昂贵而效率低的帝国，很可能会把苏联拖垮。

莫斯科一直希望其对官僚体制的改革取得成效，1986 年，世界原油价格暴跌，这也许是对莫斯科这一想法最致命的打击。苏联对西方的石油出口收入是自 20 世纪 70 年代以来硬通货的主要来源，但 1986 年之后石油价格暴跌，此时苏联民众对改革的呼声迫使戈尔巴乔夫作出许多改革的承诺，而这些承诺远远超出了他能力所及的范围。接踵而来的经济混乱，是莫斯科领导人切断与东欧的华沙条约的卫星国联系的主要原因。

莫斯科希望，在联邦德国强大经济的支持下，一个统一的德国能够作为合适的伙伴帮助重建正在倒塌的苏联体系。

对苏联在东欧四十余年统治戏剧性的终结，美国官方公开表示出欢迎的态度，但私下里，布什总统对此却持完全不同的态度。布什本人曾任中央情报局的官员，他对世界政治的看法受到美国情报部门潜移默化的影响。在英国，保守党的玛格丽特·撒切尔派同样对所谓“德意志第四帝国”的前景感到恐慌。

佩里格林·沃索恩是伦敦《星期日电讯报》的主编，其观点在英国的权势集团中颇具影响，他曾明确表述过撒切尔夫人领导的保守党对即将出现的新德国的看法。沃索恩是前英格兰银行行长蒙塔古·诺曼的继子。第一次世界大战期间，诺曼与希特勒的财政部部长希尔马·沙赫特一直有联系，并在1919年之后与纽约的摩根银行亲密合作，对战败的德国施加残忍的道威斯赔款计划。

1990年7月22日，他撰写了题为《好德国人问题》的头版社论。社论中，沃索恩以嘲笑的口吻回忆起蒙塔古·诺曼：“我的继父蒙塔古·诺曼曾是英格兰银行行长，在第一次世界大战结束后，曾为拯救德国经济作出过许多贡献，他活到了可以看出德国经济奇迹出现苗头的时候。”沃索恩回忆，诺曼在去世前有过这样的评论：“我一直认为我们一定会打败坏德国人。但是，我希望我们也一定能够很好地对付好德国人。”

沃索恩得出了他的观点：

> 让我们设想一下，一个统一的德国必然会成为一个好的大国，接下来会怎么样呢？让我们设想，统一的德国会教俄国*如何变成一个好的大国，然后又会怎么样呢？……事实上，危险性可能更大，而不是更小。如果一个统一的德国打算遵循规则赢得成功，那么在这个地球上，究竟有没有一种有效的办法来对付它呢？德国将会变

* 原文如此。——译者注

> 得非常强大，而正如阿克顿勋爵教导我们的，权力导致腐败……但德国的地位最终将充当这样一个绝妙的角色——把斯拉夫民族带回礼仪之邦。

沃索恩的《星期日电讯报》由一家英美控股公司霍林格公司拥有，它的董事有亨利·基辛格博士以及英国前外交大臣卡林顿勋爵，而卡林顿勋爵也是基辛格的纽约基辛格顾问公司的合伙人。

撒切尔政府的贸易部部长尼古拉斯·里德利曾经公然把科尔政府和希特勒的帝国作对比，他本人也因此被迫辞职。在提到这一颇具争议的对比时，沃索恩总结了里德利反对德国统一的精彩评论：

> 里德利先生纯粹是在胡说八道，但也许他的胡说八道并不完全是痴人说梦……也许英国的角色应该是保持足够自由的独立，并在适当的时刻，充分利用这些抱怨。在成为好德国人的过程中，德国迟早会树敌过多，就像它过去干坏事一样，美国必然会是其中的一个敌人……早晚会重新达到均势政治。对英国来说，这可能是一次机会，因为英国深谙均势之道……

根据伦敦媒体报道，那年夏天，撒切尔政府在英国情报机构中成立了一个新部门，为的是大力加强在德国的行动。另外，布什政府开始加强其情报收集能力，监控德国的发展。1990 年春天，“前情报机构官员联合会”在华盛顿召开了一次特别会议，前中央情报局高级官员西奥多·沙克利告诫在座的美国情报专家，考虑到新德国的情况，他们应该开始从有不满情绪的前民主德国国家安全部以及相关的人士中招募人才，在柏林建立美国的情报资源。沙克利曾经参与过颠覆伊朗国王以及非法的枪支换毒品活动。

柏林墙的倒塌意味着，东欧和苏联可能将依托统一后的德国，实行开放，加速经济现代化。对伦敦和纽约的战略家来说，所有这些潜在的长远战略影响是非常清楚的。一位专门为金融人士及客户撰写投资报告的经济学家戴维·黑尔在1990年1月提出警告说，如果德国实现统一的话，对美国金融市场将构成战略"危险"。据说他与布什的财政部有联系。

> 最近几周，华尔街经济研究的最显著特征之一是，东欧经济发展可能对目前的全球金融均衡产生影响，正是这种全球金融均衡，使得美国可以在20世纪80年代借到超过10000多亿美元的资金。对于这一研究结论，他们显得洋洋得意。

黑尔随后指出：

> 实际上，在记载20世纪90年代的金融史时，分析家可能把柏林墙的倒塌看作金融动荡，足以与让人心有余悸的东京大地震相比。柏林墙的倒塌象征着一场剧变，它最终会把成千上万亿美元的资金转向一个60年来在世界信贷市场占据重要地位的地区。

黑尔的结论据说很有影响力，并且在华盛顿政策圈内人士中流传，他说：

> 近年来，德国事实上一直只是美国市场上的一个小投资者，对此，美国人不应该感到宽慰。1987年以来，在美国的最大投资者是英国（用于兼并与收购的资金超过了1000亿美元），但是，如果不使用德国剩余的储蓄，英国就不可能有这么大的投资。[12]

1989年11月29日，柏林墙倒塌几天后，职业杀手炸毁了受到高度保护的德意志银行总裁阿尔弗雷德·赫尔豪森的汽车。赫尔豪森是科尔政府的主要顾问，仅仅在几天前，他还在对《华尔街日报》记者谈论他的宏大计划，要在十年内把民主德国重新建成欧洲经济现代化水平最高的地区。

六十多年前，曾经发生过瓦尔特·拉特瑙遭暗杀的事件。瓦尔特·拉特瑙是《拉帕洛条约》的设计者，这一计划设想借助德国的工业技术实现苏联的工业化。有思想的德国人都把赫尔豪森的遇害与拉特瑙的遇害联系起来。但是，联邦德国政府继续推进统一德国的计划，并把帮助重建崩溃的苏联经济作为莫斯科支持德国统一的条件。

这位德国总理在上一年 11 月对全国宣布了建设一条现代化铁路的设想。这条现代化的铁路连接巴黎、汉诺威和柏林，并延伸到华沙，最终抵达莫斯科，这是即将出现的新欧洲的基础设施的基础。自 1948 年以来，戴高乐将军“从大西洋到乌拉尔”的欧洲经济合作的概念，第一次有了实现的可能性。

在这种思潮下，伦敦金融城的观察家注意到，法国和英国的高层商务人士和外交人士之间的非正式联系急剧增多。英国的策略是：利用法国对强大德国的潜在忧虑。社会党人、法国总统密特朗一生具有亲英倾向，是英国观念的最好听众。英国悄悄地开始重建 1914 年之前的双边联盟，并为对付“德国威胁”做好了建设新的英法协约的准备。但是，真正的战略斗争却总是在远离欧洲中心的地点发生。

1989 年的某一天，他们以中东以及它丰富的石油储备作为舞台，作出发起进攻的决定。这一次，就像 20 世纪 70 年代一样，美国和英国的战略家们决定，必须使用英美的“石油武器”反击欧洲大陆经济扩张构成的严重威胁。但是，这次行动采取的方式很快震惊了全世界。

萨达姆与沙漠风暴行动

撒切尔夫人和布什政府的高层人士决定，制造一个人为的借口，让美国和英国能在世界的要塞地区建立直接军事基地，特别是在欧洲大陆和石油产地。

20 世纪 90 年代初，英国和美国国内，经济萧条，金融困难，更使得他们在实施这个计划时敢于铤而走险。撒切尔夫人的经济“革命”很快失败了。1987 年 10 月之后，股票市场崩溃以及英国利率的上升推动形成了战后最严重的房地产、工业和银行业危机。在美国，乔治·布什面临着失控的联邦预算赤字、崩溃的银行、急剧上升的失业人数以及全面的萧条，白宫内部一些人私下把它比作 20 世纪 30 年代的大萧条。

伊拉克，一个拥有 1600 万人口的国家，刚刚从与伊朗八年无果的战争中摆脱出来，它只是给西方的武器制造商向中东地区销售武器提供了巨大的市场而已。华盛顿曾秘密怂恿萨达姆·侯赛因在 1980 年入侵伊朗，并故意在初期向他提供进展顺利的错误情报，暗示很快就会成功。到 1989 年，伊拉克的经济已是一片废墟，大部分工农业投资都因为战争而停止了，这场战争夺去了估计 100 多万人的生命。

但是，不像霍梅尼统治下的伊朗，伊拉克在战争结束时已经是负债累累。1988 年，它欠不同债权国的债务总额估计有 650 亿美元。其中最主要的债主是科威特和沙特阿拉伯，还有苏联和东欧一些国家，它们曾希望伊拉克用石油来偿还这些债务。剩下的债主大部分是法国、英国和美国银行。法国是继苏联之后伊拉克的第二大武器供应商。

为了给美国和英国进行军事干预提供借口，英美的策略表面上是为保护世界石油供应安全，实际上是把萨达姆·侯赛因引诱到他无法自拔的陷阱当中。1989 年 6 月，众所周知，一个所谓的美国 - 伊拉克商务论坛组织的高级代表团，应萨达姆·侯赛因的邀请来到巴格达，这个代表团的成员包括基辛格顾问公司的阿兰·斯托加以及信孚银行、美孚石油、西方石油和美国其他大型跨国公司的高级官员。萨达姆希望讨论伊拉克战后的农业和工业发展计划。

伊拉克有一个为期五年投资 400 亿美元的计划，即完成巴达斯大坝灌溉项目。该计划完成后，伊拉克可以实现粮食生产的自给自足；当时，伊拉克的粮食进口主要依靠美国政府的商品信用公司，1989 年进口量相当于 10 亿美元。另外，伊拉克向美国代表团提议，作为国家发展的一部分，投资将主要用于加强石化工业、化肥厂、钢铁厂以及汽车装配厂建设。美国商人告诉萨达姆，他必须首先调整他的外债，作为回报，伊拉克要同意把国家石油资源私有化，或者大部分私有化。根据英国和美国最好的地质学家计算，除了苏联以外，伊拉克也许是世界上最大的未开发的石油产地。[13]

可以预计，萨达姆拒绝以交出伊拉克石油主权来换取未来含糊不清的贷款担保。到 1989 年底，布什政府突然终止对伊拉克的大约 23 亿美元的授权贷款，这些钱本来是特意从佐治亚州的亚特兰大和意大利国家劳工银行的分支机构募集来的。随后，伦敦《金融时报》发表了一系列耸人听闻的言论，声称那些金钱正在被伊拉克悄悄地用来建造战争机器。

斯托加谈判和披露意大利国家劳工银行真相的结果就是，1990 年初，西方所有银行突然中止了对伊拉克的贷款。在这个关键时刻，一位科威特国王进入了人们的视线，他自 20 世纪末以来一直是英国外交部的盟友。在八年的两伊战争中，这位国王曾经按照伦敦和华盛顿的指示，动用科威特大量的石油收入向伊拉克提供贷款，目的是使伊拉克不求和。随着后来披露的丑闻，英美当时的意图显得十分荒唐，目的是使两伊战争继续打下去，并且维持足够的“战略紧张局势”，这样就可以把大量的西方武器卖到伊朗和伊拉克。

但是，在 1990 年早春，科威特的“任务”发生了变化。有人要求科威特用它的石油去冲击欧佩克的市场，这违反了欧佩克石油产量的最高限额，这是欧佩克在 1986—1987 年石油危机之后为稳定世界石油价格而达成的协议。1990 年夏天，科威特已经成功地将原油价格从不稳定的每桶大约 19 美元降到每桶 13 美元多一点。伊拉克以及其他欧佩克成员国通过多次外交努力，希望说服国王萨巴赫和石油大臣阿里·哈利法·萨巴赫，停止对伊拉克及其他经济已经较为困难的欧佩克成员国故意施加经济压力。所有这些努力就像是对牛弹琴。到 7 月份，石油贸易商们预言，历史将要重演，1986 年每桶不到 10 美元的情况将再次出现。伊拉克甚至没有能力偿还旧债或者为急需的食物进口筹集资金。

此前的 2 月份，在约旦首都安曼，伊拉克总统萨达姆·侯赛因曾告诫阿拉伯合作委员会的成员，其中包括埃及和北也门两国的总统，要关注东欧剧变的战略后果，很明显，美国将作为唯一的军事“超级大国”出现，这会给阿拉伯世界带来某种特殊的威胁。

萨达姆忧心忡忡地指出这样一个事实，尽管两伊战争在一年前就已经完全结束了，但是，美国在海湾地区的军队和战舰还没有任何撤离的迹象。相反，他预言：“美国作出了多次声明表示它将继续留下来。”他指出，苏联正被自己的国内事务搞得十分头疼，“现在苏联自顾不暇，两伊战争已经结束，直接威胁已不复存在。美国偏偏在这个时候不断重复它要留下来，这不能不让人关注”。

同年2月，萨达姆谈话的结论是，石油丰富的阿拉伯国家应该联合起来，利用“拥有世界上无与伦比的能源……我认为，我们能够与欧洲、日本、苏联建立一种能够使我们尽快获益的关系”。[14]

如果说什么事刺激了英美权势集团打算进行一场新的中东军事行动的话，那就是萨达姆的这番言论。1990年7月27日，当伊拉克和科威特在原油价格上的紧张对峙达到顶峰时，美国驻巴格达大使阿普里尔·格拉斯皮要求在巴格达会见萨达姆·侯赛因，讨论紧张局势。根据伊拉克的官方记录，格拉斯皮告诉萨达姆，华盛顿将不会干涉伊拉克和科威特之间的争端。该记录后来由巴格达政府发布，几乎一年后才由美国国会进一步证实。不到一个星期，伊拉克军队占领了科威特城。科威特王室成员事先已经知道这个消息，带着黄金和贵重物品，开着劳斯莱斯逃跑了。据一个流亡在欧洲的科威特前政府官员说：“中央情报局及时通知了王室，告诉他们科威特将要遭到入侵，但是王室却忘记通知自己国家的军队了。”

在占领科威特的几小时内，英格兰银行和美国政府开始采取行动，冻结科威特的所有资产，控制了被认为是世界上最大的单一投资基金——位于伦敦的科威特投资局。它的总资产虽然没有公开，但估计价值超过1000亿—1500亿美元。

接下来的六个月里发生的事情，是近代史上屈指可数的最荒唐的行动之一。尽管美国最初的声明是，派遣军队只是为了保护沙特阿拉伯免受伊拉克入侵的威胁（这些威胁后来被证明完全是华盛顿捏造的）。但是在撒切尔夫人领导的英国政府支持下，布什总统很快就提出了他的“世界新秩序”。8月初在作出此决定的那几个小时，布什一直与撒切尔夫人一起待在科罗拉多州的阿斯彭。

9月11日，布什宣布：

> 在这个多事之秋，将诞生一个世界新秩序，这个新秩序将以联合国创始人设想的方式运行。我们正处在一个非常关键的时刻。波斯湾地区的危机很严重，但也给我们迈向具有历史意义的合作时期提供了难得的机会。今天这个世界新秩序正在艰难中产生。对我们来说这是一个全新的世界。

有更多的证据表明，对于“解决”伊拉克－科威特危机，乔治·布什和玛格丽特·撒切尔除了准备采用军事方式外，从来没有考虑过其他方式。这些证据是几个月后在苏联中东特使叶夫根尼·普里马科夫的个人报告中找到的。在伊拉克遭受摧毁性的轰炸结束后没几天，在1991年3月4日出版的《时代周刊》上刊登了大量的个人采访，作为戈尔巴乔夫总统私人特使的普里马科夫，描述了1990年10月初在巴格达与萨达姆·侯赛因以及他的外交部部长塔里克·阿齐兹会见的情景，这次会见使普里马科夫相信战争“本来是可以避免的”。普里马科夫向《时代周刊》叙述了10月19日前往华盛顿履行调解使命的情况。在华盛顿，他会见了总统乔治·布什、国务卿贝克以及白宫的其他高级官员。这位莫斯科特使认为，在听取苏联的建议时，布什总统表现出十分明显的兴趣，但是仅在几小时后，他向普里马科夫清楚地传达了一个信息，即华盛顿对于探索新的办法没有兴趣。

离开华盛顿后，普里马科夫接到指示访问伦敦，向玛格丽特·撒切尔首相传达了同样的建议。普里马科夫的描述具有启迪作用：

首相在契克斯她的乡间别墅接待了我们。她很注意倾听我提供的信息，没有打断过。但是，愉快的一小时过后，她不让任何人打断她的独白，以一种简洁的方式概括性地阐述了一种越来越明确的立场：不仅仅局限于让伊拉克从科威特撤军，而是要给伊拉克以破坏性的打击，“打断萨达姆的脊梁”，摧毁他的所有军队，甚至可能是摧毁那个国家的工业潜力。

在随后的几个月里，他们小心谨慎地威逼利诱联合国安理会的主要成员国、阿拉伯国家、土耳其以及其他一些国家，不仅通过了对伊拉克实行全面经济封锁的决议，而且获得了使用武力解放科威特的授权。布什总统于1991年1月29日在向国会发表国情咨文演讲时说：“国际社会可以抓住解决当前波斯湾危机的机会，实现长期以来建立世界新秩序的夙愿……”

但是，1991年1月初，就在美国在沙特阿拉伯进行自越南战争以来最大的军事集结而准备对伊拉克进行密集进攻性轰炸时，华盛顿的权势集团内部出现了不同的声音，有人对布什明确的军事意图是否明智开始表示严重忧虑。1990年11月12日，在电视采访中，前里根政府的海军部部长詹姆斯·韦布声称：“我们驻军波斯湾的目的是推进布什政府的世界新秩序，但我不喜欢。”

大概十周后的1月31日，韦布利用给《华尔街日报》写评论的机会重申了他的观点。

尽管受到社会舆论从各个方面的攻击……布什政府还是无情地把我们的国家推进了战争。我们反思一下当年威廉·伦道夫·赫斯特的美西战争，会发现与今天面临的舆论压力有某些相似之处。我们必须进一步寻找，也许在墨西哥战争中，可以发现，一个总统在这个国家还没有被攻击之前，就这么热心地渴望把这个国家置于危险之中的理由。

美国驻沙特阿拉伯前大使詹姆斯·艾金斯是一位广受华盛顿尊敬的中东事务专家，也出来公然反对布什针对伊拉克的作战计划。艾金斯在9月12日的《洛杉矶时报》的署名文章中指出，为反对伊拉克入侵，“保护”沙特阿拉伯，就在布什总统作出派遣美国军队的决定几天之后，白宫就有了“不可告人的动机”。艾金斯控诉美国国防部部长切尼，为了获得在沙特土地上驻扎美国军队的允许，曾故意误导沙特国王说有遭受入侵的可能性，几十年来，沙特阿拉伯人一直强烈抵制美国驻军。艾金斯叙述道：1975年，为美国军队占领重要的中东油田寻找借口的计划是由国务卿亨利·基辛格怂恿的。他指出，基辛格当时是艾金斯的上级，曾反对艾金斯对这些观点提出的强烈批评。

> 亨利·基辛格作为当时的美国国务卿，肯定另有想法，但在我的外交生涯中并没有想那么远……布什政府中也许会有人指出，现在条件要比1975年时更加有利了……

值得关注的是，1990年基辛格咨询公司的前副总裁劳伦斯·伊格尔伯格和雇员布伦特·斯考克罗夫特是确保在海湾战争中使基辛格的观点占据美国外交政策主导地位的关键人物。当时，劳伦斯是詹姆斯·贝克的副国务卿，而布伦特则是白宫的国家安全顾问。此外，在这一时期，基辛格还在媒体上大肆宣传对伊拉克发动战争。在媒体上国内反对的声音被淹没在总统的战争动员中。

日德被迫“出血”

在很短的时间内，欧洲和全世界有思想的人马上明白了，除了保护美国和西方在沙特阿拉伯的石油利益外，实际上，乔治·布什的伊拉克战争还另有目的。布什难以置信地、粗俗地公开嘲笑萨达姆·侯赛因，把伊拉克的总统比作“现代的阿道夫·希特勒”，那不是在故弄玄虚。

在战争和为期六个月的集结中，华盛顿和伦敦针对伊拉克在西方的支持者展开空前的宣传攻势并施加了强大压力，尽管苏联或法国曾经是伊拉克武器的主要供应商，但并不是这次宣传攻势的主要目标。这次的主要目标是德国——更准确地说是德国的高科技工业，这对于东欧和苏联重建非常重要。法国和苏联，还有中国、美国和英国是联合国安全理事会的五大常任理事国，但法国和苏联已经同意投票支持华盛顿。在1991年1月15日的最后期限之后，华盛顿和英国就要投入作战，法国和苏联对此表示支持。它们在伊拉克的所作所为在华盛顿的宣传攻势中被故意忽略了。

相反，通过直接与英国和美国情报机构联系的渠道，汉堡的《明镜周刊》以及有影响力的共和党参议员，例如杰西·赫尔姆斯开始竭尽全力地攻击德国，宣称德国出口的所谓“两用”技术使萨达姆的军队具备了向以色列目标发射苏联飞毛腿导弹的能力。

惶恐万分的波恩政府当时正在处理统一后前民主德国的繁杂事务，被迫把宝贵的时间、精力和财力转移到乔治·布什和撒切尔夫人的世界新秩序上来。1月底，美国国务卿詹姆斯·贝克继续进行历史上最紧迫的金融筹款任务之一，他从德国、日本、科威特和沙特阿拉伯获得担保，总共筹集545亿美元以支付所谓的沙漠风暴行动。

据1991年2月6日的伦敦《泰晤士报》报道称，沙漠风暴行动轰炸伊拉克大约三周后，此次战争中最悲惨的事发生了，“曾经非常繁荣的柏林–巴格达铁路在海湾战争中遭到破坏。对伊拉克桥梁、交通枢纽和铁路货运编组站的无情轰炸使得中东本来就很少的铁路网变成了废墟”，接着，他们轻描淡写地补充道：“柏林–巴格达的这条旧铁路是英德战略竞争的焦点。”

战争结束后，前里根政府的助理国防部部长劳伦斯·科布在4月初的华盛顿记者招待会上披露，美国政府故意隐瞒了海湾战争的实际成本，其目的是使用同盟国捐款，弥补国内预算削减。据消息灵通人士估计，如果把所有同盟国对战争的捐献都计算进去，美国从海湾战争中获得的净盈利可能达到190亿美元。1991年初的几个月内，大量外币流入，单德国的现金支付就达66亿美元，给美元升值造成巨大压力，仅仅几周前美元已经跌至战后的最低纪录1.46德国马克。另外，战争还没有结束，美国就已经开始与中东国家签订进攻性武器的合同，这严重激怒了欧洲军火制造商。

布什政府宣布，美国已经证明自己是世界上最强大的国家。但是，国内失业人数越来越多，东欧国家否认可能得到数十亿的西方资金重建基础设施以及实现经济现代化。在这些事实面前，布什明显是在自吹自擂。

沙漠风暴行动以及20世纪90年代末世界石油价格每桶上升了30多美元，两种因素结合在一起，对东欧经济产生了毁灭性的影响。而石油涨价是由于从伊拉克输出石油的运输线受到破坏所致。在1991年1月以前，东欧国家通过与苏联的贸易联系，以易货贸易方式用工农业产品交换莫斯科的石油。1月1日以后，这一体制变了，它们必须使用美元购买俄国的石油。伊拉克曾对保加利亚、匈牙利以及东欧的其他国家承诺，输出十亿多美元的石油，因为海湾战争，这些承诺都无法兑现。

1990年3月，意大利《30天》杂志采访了一位与华盛顿有联系的意大利教授米利奥。米利奥对该杂志讲：

> 美国意识到，为了避免陷入苏联那样的衰退，它必须与潜在的竞争对手齐驱并驾，它们包括日本和团结在德国经济力量周围的欧洲大陆国家……美国不能接受今天的欧洲，这个大陆不仅可以在没有美国参与的情况下非常愉快地运行，并且经济和科技还会更加强大。

因为这个理由，米利奥声称："美国把注意力转向了中东，想控制日本和德国都离不开的阿拉伯石油。"

在法国，夏尔·戴高乐的前农业部部长埃德加·皮萨尼是巴黎阿拉伯文化中心（ZMA）主任。他在2月18日接受德国《日报》的记者采访时讲，对伊拉克的轰炸，是由美国、英国和法国的飞机共同完成的。他说：

> 我并不希望这是真的。我对这一事实感到非常震惊，一个国家强大竟然只是因为它拥有武器。美国经济上极度困难，却想方设法压制日本和欧洲，只是因为后者军事力量薄弱。为了维持自己的世界秩序，各国都不得不支付工资去雇佣一名世界宪兵，日本、德国以及石油输出国还必须为这位宪兵提供经费，这种情况到底还要维持多久……

十分清楚，对英国主导的均势政治学的最大讽刺是，海湾战争后不久，德国总统理查德·冯·魏茨泽克对柏林的《每日镜报》讲：“我们很早就有欧洲国家的均势政策，但由于对国家社会主义的曲解，以及两次世界大战，使得我们的均势政策无疾而终。然后是两个超级大国统治时代的到来。”冯·魏茨泽克呼吁欧洲要利用这次千载难逢的机会最终结束这种均势的愚蠢念头，实现“戴高乐将军未尽的理想，建立一个从大西洋到乌拉尔山的完整欧洲”。

沙漠风暴行动以及布什和撒切尔夫人发起的海湾战争给伊拉克以及伊拉克人民、科威特和世界经济造成了不可估量的损失，但是，有迹象表明，它还没有实现其主要目标，即把欧洲大陆重新纳入乔治·布什和玛格丽特·撒切尔的世界新秩序中去。

第十二章

四处树敌：

从邪恶帝国到邪恶轴心

From the Evil Empire to the Axis of Evil

为维持世界霸主地位，美国四面出击，压制和瓦解各种可能出现的新生力量，日本、亚洲四虎、俄罗斯、巴尔干各国，一切新崛起的潜在力量都是它的敌人。

寻找新的恶人

随着苏联在20世纪90年代初的解体，世界上许多地方充满了对和平和繁荣新时代的期望。但是，说得委婉一点，接下来的十年是令人失望的十年。地缘政治冲突和冷战根本没有结束，只是舞台变了。作为仅存的世界超级大国，华盛顿开始寻求建立世界新秩序，老布什总统在1991年发表的国情咨文讲话中，不小心说漏了嘴，引起了大家的高度关注。对世界新秩序人们有太多的疑问：这是谁的秩序？这个新秩序的重点是什么？

从20世纪80年代末冷战结束到21世纪初新的反恐战争开始，这些年根本谈不上和平与稳定。在华盛顿，地缘政治的焦点从罗纳德·里根的"邪恶帝国"——苏联，转向了小布什总统的"邪恶轴心"，这是一个巧妙涵盖了从伊拉克、伊朗直到朝鲜的全部欧亚大陆的模糊概念。这次转变中的那条潜在红线就是美国的地缘政治，它引发了世界上的许多重大事件。石油和美元在这场转变中发挥了决定性的作用。

冷战中，美国在西方社会的领导地位是建立在表面上苏联的全球性威胁基础上的。华盛顿很清楚，一旦这种威胁在20世纪80年代末结束，美国对西方主要军事盟友的牵制将消失。军事盟友即将变成潜在的竞争对手。已经有迹象表明，日本、东亚以及欧盟，在经济上将是美国霸权的主要挑战者。1990年以后，美国把这种经济上的挑战列为地缘政治的焦点。

用自由市场改革、私有化和美元民主的信条作为武装，并得到华尔街金融公司的强大支持，克林顿政府开始将美元和美国的影响力逐渐渗入那些以前一直对其封闭的领域。为了帮助华盛顿赢得市场经济的特殊地位，在这场类似于宗教运动的战役中，美国的目标不仅仅是东欧的前共产主义经济体和俄罗斯——还包括世界上任何继续尝试开发自身资源、独立于国际货币基金组织和美元之外的地区。这个行动还包括将所有的主要产油地区或多或少地置于美国的直接控制之下，从里海到伊拉克，从西非到哥伦比亚。这是一次野心勃勃的行动。批评家们把它定义为帝国主义；而克林顿政府则称它为市场经济和人权的延伸。这绝对不是世界上绝大多数国家在冷战结束后希望看到的局面。

20 世纪 90 年代，在自由贸易市场可以通向富裕和繁荣的许诺之下，克林顿政府和它的华尔街盟友将一个又一个地区带入市场经济的轨道之中。名义上是“全球化”，但实际上，这个全球化过程是通过美国的银行业、金融业以及公司的权力不断巩固美国的权力和地位的过程。

在这个过程顺利推进之前，没有多少人意识到，这是一个经过深思熟虑的战略的重要组成部分。自由贸易通常都是由经济实力更强的国家向相对弱小的国家提出的。当华盛顿的意图逐渐清晰时，美国就已经基本上解除了其潜在对手的武装，并且在全世界范围内建立新的军事包围圈来保护它的利益，确保人们不会对向自由市场的转型失去信心，从而尝试恢复到以前的旧模式。

20 世纪 50 年代，在冷战和艾森豪威尔主义影响下，美国宣布随时准备在必要的时候用武力来协助任何请求帮助的中东国家，抵抗共产主义的入侵。1945 年之后的四十年里，这一主义被华盛顿反复运用，给无数国家领导人打上红色的标签，从摩萨台到纳赛尔。红色标签是采取军事行动或其他行动的理由。

1990 年后，华盛顿面临着一个严峻问题。既然反共产主义不能再作为正当干预他国内政的合法幌子，那么，未来它还能找一个什么样的借口证明它的这些外交政策是正义的呢？他们用了十多年时间，直到 21 世纪之前才找到答案。

在此期间，从日本开始，美国的权势集团已经准备好向毫无察觉的世界献上一份大餐。华盛顿清楚，它能否保持全球领导地位完全取决于它如何处理从欧洲到太平洋的欧亚问题。前总统顾问和地缘政治学家兹比格涅夫·布热津斯基坦率地说：

> ……用使人回想起更为残酷的帝国时代的术语来说，帝国的地缘战略有三大要务：防止仆从者共谋并使他们在安全方面相互依赖，让附庸者保持顺从并接受保护以及“不让野蛮人联合起来”。

这是一个野心勃勃的计划。

枪打出头鸟

在冷战之后，对美国来说，最强有力的挑战来自它的盟友日本，日本在世界贸易和银行业拥有巨大的经济实力。在军事保护者——华盛顿的眼皮底下，日本在战后时期小心谨慎地建立起很大的经济体系。

20 世纪 80 年代末，日本被认为在世界上具有领先的经济和金融实力。人们在讨论“日本可以说不”和“日本经济挑战”。美国的银行业则陷入了自 20 世纪 30 年代以来最严重的危机，美国的工业变得负债过多且竞争力下降。这对建立世界上仅存的超级大国来说非常不利。当然，布什政府清楚这一点。

日本著名的学者和政治家武者小路公秀敏锐地意识到日本模式的特殊内涵——“日本已经工业化了，但并没有西方化”。他指出：“它的资本主义与西方版本的资本主义有很大的不同，并没有建立在某个正式概念的基础之上。它只是选择性地接受了与国家、经济财富积累和专家治国的理性主义有关的概念。”简单地说，作为冷战时期地缘政治中与中国和苏联的平衡，日本模式可以被允许存在，但对华盛顿来说，一旦冷战结束，日本模式就是一个大问题。这个问题究竟有多大，日本很快就会认识到。

在20世纪80年代，没有任何国家像华盛顿以前的敌人日本那样，更加忠诚和积极地支持里根时代的预算赤字和过度开支。就连联邦德国也没有对美国的要求表示支持。在日本人看来，东京的忠诚，对美国国债、房地产以及其他资产的慷慨购买，在20世纪90年代初得到了回报，这便是有史以来世界上最具毁灭性的金融崩溃。许多日本商人私下认为，这一结果是华盛顿为削弱日本经济在世界上的影响而蓄意制造的。在20世纪80年代末，哈佛大学的经济学家、后来担任过克林顿政府财政部部长的劳伦斯·萨默斯警告说："一个以日本为中心的亚洲经济集团正在形成……这使得大多数美国人感到，相对于苏联，日本有可能是更大的威胁。"

1985年9月，七国集团《广场协议》的官方意图是：使估价过高的美元回到一个可以控制的水平。为了达成这个目标，华盛顿对日本央行施压，迫使其采取手段，提高日元对美元的汇率。贝克－宫泽协议一个月后，在《广场协议》和《卢浮宫协议》之间，东京同意"采取有助于扩大国内需求，降低对外盈余的货币和财政政策"。财政部部长詹姆斯·贝克已经搭好了舞台。

由于日本最重要的出口市场是美国，华盛顿因此可以对日本施加较大的压力，而且它确实也是这样做的。在《1988年综合贸易与竞争法》支持下，华盛顿罗列了日本的"敌对"贸易活动，而且要求它作出大的让步。

到1987年，日本央行将利率降低到了2.5%的低点，此利率一直保持到1989年。降低利率是为了鼓励更多地购买美国商品，但是没有成功。作为替代手段，这些成本低廉的资金很快找到了赚快钱的出路，投资正在上升的东京股票市场，很快形成了一个巨大的泡沫。尽管日本国内的经济得到刺激，但是，最重要的是日经指数和东京房地产价格的飞速上涨。作为随后美国“新经济”泡沫的预演，东京股市的股票价格一年上涨了40%，而东京以及其周边地区房地产的价格也跟着上涨，涨幅在某些情况下达到90%，甚至更高，就像一轮新的淘金热席卷日本。

在《广场协议》出台的几个月内，日元大幅度升值，其对美元的汇率从250日元兑换1美元上升到149日元兑换1美元。日本的出口企业为了弥补日元对出口价格的影响，纷纷把资金转向金融投机，这样可以减少一部分外贸销售带来的货币损失，这就是所谓的“财技”。日本一夜之间成为世界上最大的银行业中心。在新的国际资本规则下，日本的银行可以把它们持有的关联公司，即综合商事集团系统的长期股份作为银行的核心资产计算在内。随着这些公司股票票面价值的上升，银行资本也随之增加。

到1988年，股票泡沫继续膨胀，世界上最大的10家银行全部都是日本银行。日本资本渗透到了美国的房地产、高尔夫球场和豪华度假村，进入美国政府债券甚至更具风险的美国股市。日本人很快将膨胀的日元投入了美元资产，从而助长了乔治·布什成为总统的野心，他在1988年继里根之后成为总统。纽约金融家乔治·索罗斯这样评价20世纪80年代日本的成功：“……日本凸显成为世界上占主导地位的金融强国的前景是很令人烦扰的……”

但是，日本人对成为世界金融巨人的欢欣鼓舞仅仅只是昙花一现。膨胀的日本金融系统，与受到货币冲击的银行一道，导致了世界上最大的股票和房地产泡沫之一，在《广场协议》之后，日经指数在三年的时间内上涨三倍。房地产价值也随之上涨，这间接反映了日本银行贷款的情况。在日本经济泡沫的高峰期，东京的房地产总值换算成美元甚至比整个美国的房地产总值还要高。东京日经股市所有股票的名义价值占世界股票价值的份额甚至超过42%，至少在票面价值上来说是这样。但这种情况并没有持续太久。

到1989年末，随着在欧洲出现的柏林墙倒塌这一信号，日本银行和日本财政大臣开始采取谨慎的努力来慢慢缩小令人担忧的日经股票泡沫。一旦东京开始对投机热潮降温，受摩根士丹利和所罗门兄弟公司主导，华尔街主要投资银行开始使用异乎寻常的衍生工具和金融手段。它们的干预使得已经有序降温的东京市场出现恐慌性的抛售，华尔街的银行家们在东京股票市场的这一进程中大肆卖空，赚得盆满钵满。其结果是，日本当局打算采取的缓慢、有秩序的调整想法已经没有可能了。

到 1990 年 3 月，日经指数已经从顶点下跌了 23%，股票市值缩水超过 1 万亿日元。日本政府的官员们私下里回忆，1990 年 5 月国际货币基金组织临时委员会在华盛顿召开会议。会上，日本提出资助苏联经济重建的建议引起了激烈辩论，遭到了华盛顿和布什政府财政部的强烈反对。他们认为，那次会议可能是华尔街攻击东京股市的投机行动的一个幕后原因。他们只猜对了一部分。

日本大藏省提交给国际货币基金组织的一份报告认为，冷战结束之后，世界范围内需要数千亿美元的资金投资在新铁路和其他经济基础设施上，大量的日本的外贸盈余不像美国人所说的，根本就不是一个问题。日本为改造前共产主义经济提出了著名的 MITI 模式。华盛顿对此缺乏热情，并不关心。在 MITI 模式中，政府在指导国民经济发展的过程中扮演了十分重要的角色。这一模式在韩国、马来西亚和其他东亚国家获得成功，这足以证明这一模式的可行性。苏联解体时，许多国家开始转向日本和韩国模式，以作为美国自由市场模式之外的另一种选择。当冷战即将结束时，这是对华盛顿计划的一个主要威胁。

布什政府并不急于接替日本成为重建东欧和苏联经济的主角。对待冷战时的敌人，华盛顿有自己的打算，而且由日方资助成立日苏经济集团并没有列在日程中。为了重夺主动权，1990 年初，布什将他的国防部部长迪克・切尼派往东京，“讨论”大幅度削减美国在亚太周边地区的驻军问题，这个议题显然经过了深思熟虑，足以让日本对军事安全的担忧上升。切尼勉强遮掩的勒索访问，紧跟在日本首相海部俊树 1 月对西欧、波兰和匈牙利的访问之后，首相的这次访问是讨论东欧前共产主义国家经济发展的议题。信号是明确的——“照着华盛顿的话做，不然你的安全问题就得不到保障”。

当年 3 月与美国总统在棕榈泉会面的时候，日本首相才明白了美国的意图：日本不要在东欧与美元竞争。在数月内，日本股票的票面价值已经缩水了将近 5 万亿日元。日本公司遭到严重打击。在东欧再也听不到日本会对美国的金融计划提出挑战的说法了。华盛顿的经济学家们宣布了日本模式的终结。私下里，东京的政治家们经常使用一个关于大雁的比喻，日本就像一只飞在前面的领头雁，而其他的东亚小国家就跟在它后面。到 1990 年，华盛顿已经使得这只领头雁严重受伤。现在，美国将注意力转向了跟着这只雁后面的那些大雁——小虎经济体——作为它的美元新秩序的第二阶段任务。[1]

射杀亚洲虎

日本模式是一种成功的模式，是对美国完全放任的自由市场教条的挑战，摧毁日本模式的第二阶段任务就是破坏东亚经济圈。日本模式，就像华盛顿了解的那样，并不只存在于日本国内。在战后，它已经滋养了泰国、马来西亚、印度尼西亚、菲律宾和其他东亚经济体。20 世纪 80 年代，这些快速增长的经济体就是亚洲四小虎。

东亚在 20 世纪 70 年代和 80 年代的崛起，要感谢日本的政府开发援助、大量的私人投资和 MITI 模式的支持。听起来似乎有点夸张，实际上，80 年代这一地区蓬勃发展的经济，形成了区域性的劳动力市场，日本处于这个市场的中心位置，日本企业把它的制造过程外包给东亚的其他国家。由于这些东亚国家与日本经济的紧密联系，它们在亚洲商业圈内被称为日元集团国家。

对国际货币基金组织的自由市场模式来说，四小虎经济是一种难堪。它们很好地融合了私有企业与强有力的国家干预，对国际货币基金组织的自由市场说法是一个威胁。只要建立在强大的国家干预基础上的四小虎经济模式获得成功，曾经的共产主义国家和其他国家就会反对国际货币基金组织采取的极端方法。

在 20 世纪 80 年代，东亚经济的增长率为每年 7%—8%，社会安全感的提高、教育的普及和工人劳动生产率的提高，都得到了国家指导纲领和计划的有力支持，尽管这也是市场经济——一种仁慈家长式的亚洲市场经济模式。相对于苏联的中央计划经济体制，自给自足的亚洲四小虎经济更有可能成为 20 世纪 90 年代美国在全世界推行美元自由市场体制的障碍。

1993 年伊始，在亚太经济合作组织峰会上，日本银行在忙于应付股票和房地产市场崩溃时，华盛顿的官员们开始要求东亚经济体在“公平竞争环境”下开放金融市场，允许资本自由流动，而此前，金融市场受到了严格控制，双方对此争论不休。以前，作为国家长远发展目标的一部分，除了允许外国资本投资于生产制造业外，无债的东亚经济体避免依赖国际货币基金组织的贷款或外国资本。现在，它们被告知，要对外国资本和短期外国借贷开放市场。在“公平竞争环境”的花言巧语面前，许多亚洲国家的政府官员们私下里在想，华盛顿到底是在讨论板球还是在谈论它们经济的未来。它们很快就知道答案了。

一旦放松对资本的控制和允许外国资本自由进出，韩国和其他四小虎经济体将遭到突如其来的外汇冲击。从 1994 年开始到 1997 年 5 月泰铢被攻击，这期间的结果是形成了奢侈房地产、股票和其他资产的投机泡沫。

在东亚国家对投机行为具有足够控制力之前，一旦对外国资本开放，对冲基金就会开始攻击。这些秘密资金的攻击目标首先锁定在最弱的一个经济体——泰国。以来自包括花旗银行在内的国际银行集团的秘密基金为武器，美国的投机者乔治·索罗斯开始了秘密行动。他们把赌注压在泰国会被迫让泰铢贬值，而且使其与美元脱钩。量子基金的总裁索罗斯和老虎基金的总裁、据说也是长期资本管理对冲基金的负责人朱利安·罗伯逊（该基金的管理团队中包括了联邦储备委员会前副主席戴维·马林斯）发起了对泰国货币和股票的一轮大规模的攻击行动。6月，泰国就已经放弃了抵抗，泰铢动摇了，而且被迫求助于国际货币基金组织。这些对冲基金和银行乘胜攻击菲律宾、印度尼西亚，然后是韩国。它们赚得盆满钵满，却令当地人民在经济混乱和贫困中挣扎。

查默斯·约翰逊以直率的语气描述了这波攻击的后果："这些基金轻松强暴了泰国、印度尼西亚和韩国，然后它们又把目标指向了那些在国际货币基金组织的庇护下还在颤抖的幸存者，它们不是为了帮助这些受害者，而是确保在这些遭到打击的国家里，西方银行不要被不良贷款缠住。"

欧洲的亚洲研究专家克里斯滕·诺德豪格对克林顿政府1997年的东亚政策进行了总结。他提出："通过此前由华尔街银行家罗伯特·鲁宾领导的新国民经济委员会，克林顿研究制定了一套新的战略。东亚新兴市场被锁定为进攻的目标。美国政府积极支持多边机构例如国际货币基金组织……促进国际金融自由化。"诺德豪格进一步指出："只要……锁定东亚市场的战略实施得当，美国政府就可以利用金融危机这个强大平台，通过国际货币基金组织推动贸易和金融的自由化以及体制改革。"

亚洲危机对美元的影响是显著的。国际清算银行总经理安德鲁·克罗克特指出："1996年东亚国家总的流通账户赤字为330亿美元，随着投机游资的流入，1998—1999年间，流通账户余额扶摇直上至870亿美元。"到2002年，达到了2000亿美元的最高值。这些盈余资金中的大部分都以亚洲中央银行购买美国国债的形式流回了美国，有效地资助了美国的政策。日本大藏省为了控制危机的蔓延，提议建立一个300亿美元的亚洲货币基金，但这种努力是徒劳的。华盛顿明确表示不满。这个想法很快就被放弃了。通过国际货币基金组织，亚洲即将成为美元的另一个管辖领域。美国财政部部长鲁宾委婉地称其为美国的"强势美元政策"[2]。

瓦解苏联

尽管在20世纪90年代打击了日本经济模式，而且为了适合自身的利益重塑了东亚，但是瓦解苏联仍然是华盛顿政策的重中之重。

20世纪90年代伊始，随着柏林墙的倒塌和紧随其后的苏联解体，华盛顿在争夺世界霸权的竞争中没有了明显的对手。在那个欢欣鼓舞的日子里，没有多少人对世界上存在着一个拥有如此强大实力的国家表示担忧或提出警告。毕竟，它是民主国家，而且它是美国。由于再也没有来自苏联的军事威胁，北约成员国，首先是美国，可以开始将它们每年达一万亿美元的军费开支转移到民用上了。

一个和平发展、市场改革和资本主义繁荣的新时代，是昔日的华约国家数以百万计的人民的梦想。但那梦想是短暂的。美国的权势集团正在准备巩固美国的全球霸权，作为唯一的超级大国，始终试图麻痹世界上其他国家，使后者得到一种虚假满足的感觉。在20世纪90年代，欺骗在华盛顿的政策中发挥了战略性的作用。最大的一个骗局是，华盛顿给人们一种印象，似乎美国正在探索苏联威胁解除后的政策新去向，这一点很快就显示出来了。

苏联解体是20世纪历史上非常重大的事件。但很少有人了解，20世纪90年代早期，布什政府的政策制定者们就已经对俄罗斯及其卫星国的未来进行了冷酷的算计。通过被迫进行“市场改革”，俄罗斯被带入美国的经济轨道。

实际上，俄罗斯将被美元化。至于怎样使其可行则是经过了复杂且精细的准备。但是，最终的结果是确立了美国作为唯一的超级大国和唯一的世界储备货币发行者的地位，所有的利益都留给了华盛顿。华盛顿的对俄新政策的工具就是国际货币基金组织。

与此同时，俄罗斯将陷入美国和北约的军事基地以及北约东扩的包围圈中。当北约东扩完成时，对于任何潜在的、有可能对美国的霸权地位形成威胁的俄罗斯和欧洲大陆国家之间的战略同盟都将被制止。华盛顿的诡计是对俄罗斯的实力进行彻底瓦解，并让用核武器武装的莫斯科精英接受这一现实。

华盛顿的政策是经典的地缘政治学，与几乎一个世纪前的哈尔福德·麦金德爵士描述的没有什么两样。麦金德曾经警告英国的精英：一个主要由德国、俄国和中亚国家组成的欧亚强大国家联盟，由于其地缘上的连贯性、对所有必需的经济原材料的占有以及足够挑战任何竞争对手的人口，将可能会使这个联盟具有成为主导全球强国的潜力。

在第一次世界大战末期，麦金德陈述道："谁统治了东欧，谁就掌控了心脏地带；谁统治了心脏地带，谁就掌控了世界岛；谁统治了世界岛，谁就掌控了全世界。"换句话说，如果以德国和法国为主的欧洲国家计划支配以俄国为中心的欧亚"腹心地带"，就像麦金德定义的那样，这种联盟将拥有支配整个世界的潜在资源优势和地理优势。

华盛顿权势集团的战略家如兹比格涅夫·布热津斯基——前白宫国家安全顾问，在几任政府中担任了国家安全方面的最高职位，与基辛格一道工作并且在布什的第一个总统任期内担任顾问——公开承认了麦金德的地缘政治思想对美国战略政策的影响。布热津斯基在他的《大棋局：美国至高及其地缘战略要务》一书中写道："要紧的是，不要让能够主导欧亚并且也能够挑战美国的挑战者出现。"他补充说："麦金德在本世纪初就以其相继提出的欧亚'枢纽地区'概念开始了这样的讨论。"

这个政策包含了识别任何潜在的、能够打破均势的国家，布热津斯基说："要制定美国具体的政策，用以抵消、同化或控制上述（强国）。"欧亚地区包括了中东地区的石油财富，中亚、欧洲和日本的工业潜力，中国、印度和俄罗斯的资源。他警告说："控制了欧亚几乎就自然而然地使得非洲处于从属地位，使得西半球和大洋洲在地缘政治上处于世界中心大陆的外围。"

随着冷战的结束，华盛顿是如何在如此迫切的需要上采取行动的，起初并不被其他国家所知晓。然而，苏联科学院的战略思想家们却很清楚这一点。他们仔细地研究了麦金德和盎格鲁－撒克逊的地缘政治理论。

但是苏联解体时，他们的声音被淹没了。市场经济和充满财富的美好前景已经转移了俄罗斯精英们的精力。[3]

从华盛顿的角度看，将冷战对手改造成美国霸权主义的工具，这一战略从一开始就是明确的——尽管不是没有风险，因为苏联的核武库仍然保留了下来。20 世纪 90 年代，这只俄国熊也许在经济上已经破了产，但它仍然保留了一些核武器的利齿。重塑的过程不得不谨慎行事。

俄罗斯沦为“三等公民”

1990 年 7 月，在得克萨斯州休斯敦召开的七国集团峰会上，对于苏联未来的政策，美国国务卿詹姆斯·贝克发挥了重要作用。五年前，正是贝克在担任财政部部长不久将日本拉入了《广场协议》，他告知他的七国集团盟友，美国要在国际货币基金组织实行的苏联经济改革行动中扮演主角。七国集团峰会的最终公告声明：“为实现经济自由，建立一个更加开放、民主和多元化的苏联社会，以及以市场为导向的经济体制，苏联作出了很大的努力，对此我们表示欢迎。”宣言还补充：“我们同意要求国际货币基金组织……对苏联经济进行一次细节性的研究……以此来对其改革提出建议。”

在苏联的“市场改革”上，华盛顿和国际货币基金组织的目标简单而粗暴：破坏莫斯科同每一个加盟共和国及盟友的经济联系，从乌兹别克斯坦到哈萨克斯坦，从格鲁吉亚到阿塞拜疆，从爱沙尼亚到波兰、保加利亚和匈牙利。尽管这些信息从没有被披露过，但国际货币基金组织的休克疗法的意图就是：在俄罗斯周边建立虚弱的、不稳定的经济体，这些经济体只有依靠西方资本和美元的流入才能生存——这是殖民主义的一种新形式。

通过将美国支配的国际货币基金组织放在制定经济政策的主要角色上，詹姆斯·贝克和布什政府已经确保，所有投到苏联国内或支持苏联经济的西方投资首先要经过华盛顿的同意。苏联人得到的是标准的第三世界待遇，跟非洲前殖民地或香蕉共和国的待遇一样——国际货币基金组织的制约和人民陷入贫困。用美元来衡量，一小部分精英被允许极度富有，而且这些人都被华尔街的银行家和投资者所操纵。

像杰弗里·萨克斯这样的哈佛经济学家，以他们的"休克疗法"理论作为武装，飞往莫斯科协助毁灭旧的中央国家机器。国际货币基金组织的技术专家要求，俄罗斯以国际市场价出售它的石油、天然气、铝、锰和其他原材料，结束国家对粮食、医疗和其他必需品的补贴以及推进工业"私有化"。

1992年，作为其"市场化"改革的一部分，国际货币基金组织要求俄罗斯卢布自由浮动。在一年内，卢布的浮动导致了消费价格上涨99倍，而实际工资收入狂跌84%。这是自1917年以来的第一次，至少是在和平时期的第一次，大多数俄罗斯民众陷入了生存的贫困。这还只是国际货币基金组织模式的资本主义在俄罗斯应用的开始。

在国际货币基金组织的指导下，华盛顿实际上可以随意决定俄罗斯任何一个工业区的生死。"世界市场"是由华盛顿和国际货币基金组织的技术专家定义的，这些专家受到过米尔顿·弗里德曼自由市场理论的训练。俄罗斯的国家利益和国民福利都不在他们的考虑范围之内。

对俄罗斯和昔日苏联地区的人民，国际货币基金组织用"全球市场"替代斯大林时代的无产阶级专政。没有考虑美国的经济自由程度，表面上，这种模式是三百五十多年进化的复杂产物，在某些情况下，甚至要溯及英国内战时期。在国际货币基金组织的主导下，即便在没有做好足够准备的情况下，像俄罗斯和乌克兰这样的国家，也必须立即采纳美国式的市场经济。结果是可想而知的。目标肯定不是为了建立一个稳定繁荣的俄罗斯。

大多数俄罗斯人很快意识到，国际货币基金组织的改革是灾难性的。他们所期望的每间车库停两部车的美国式资本主义繁荣并没有到来，普通的俄罗斯民众陷入了经济灾难之中。随着通货膨胀率越过200%，工业生产降至从前水平的一半。到1994年，男性的平均寿命降至57岁，跟孟加拉国和埃及的水平相当。

西方世界，尤其是美国，很明确是想要一个没有工业实力的俄罗斯，永久性地破坏苏联留下的经济结构。与美元经济区隔绝七十余年的这样一个全球经济的主要区域，即将被美元所控制。在市场导向的改革的花言巧语背后，这个地区正在像一百年前欧洲列强瓜分和殖民非洲那样被分割。

对于克林顿政府来说，它并不关心俄罗斯主要国家工业资产的私有化是不是被俄罗斯精英（即所谓的寡头）所控制。它主要关心的是，俄罗斯的工业自从列宁时代以来第一次即将与美元挂钩。新的寡头就是“美元寡头”，而且他们的绝大多数财富来自石油和天然气的出口。

在叶利钦时代，美国的合作者和国际货币基金组织眼中的关键人物是阿纳托利·丘拜斯，他是私有化进程的主要负责人。国际货币基金组织于1996年批准给予俄罗斯60亿美元的贷款，但条件是丘拜斯要负责经济政策。1997年，乔治·华盛顿大学教授彼得·雷德韦在《华盛顿邮报》上发表文章称，丘拜斯以“管制媒体，破坏民主，卷入可疑的私人交易，接受华盛顿的命令和建立罪恶的资本主义形式”罪名在俄罗斯遭受指责。这显然得到了财政部副部长劳伦斯·萨默斯的支持。萨默斯将纳税人的数百万美金付给哈佛经济学家杰弗里·萨克斯，他是“休克疗法”理论的鼓吹者，也是俄罗斯的顾问，而且在1997年，萨默斯对叶利钦任命丘拜斯为俄罗斯第一副总理表示欢迎。萨默斯称，让丘拜斯负责经济造就了“一个重获活力的总统任期和经济梦之队”。对大多数俄罗斯人来说，这是一场噩梦。

乌克兰曾经是苏联的主要工业、军事和粮食生产中心，也遭到了与俄罗斯一样的残酷对待。1994年10月，国际货币基金组织的“改革”开始，乌克兰也同样遭到了大崩溃。国际货币基金组织命令乌克兰结束国家对外汇交易的控制，乌克兰的货币也随之崩溃。随后，国际货币基金组织要求结束国家补贴制度，面包的价格上涨了三倍，电费上涨六倍，公共交通费用也上涨了九倍。国际货币基金组织的改革结果是，当地的人民被迫按美元标价来购买本地商品。随着天价的电费和银行信用的缺失，国有工业被迫破产。外国的投机商们毫无阻拦地用非常低贱的价格捡走了其中的精华。在国际货币基金组织和世界银行的要求下，乌克兰解除了对农业的管制。结果是，乌克兰，这个欧洲的粮仓被迫要向美国乞求粮食援助，美国借此机会大肆倾销自己的粮食，对乌克兰本地的粮食生产和销售造成进一步的毁灭性打击。

俄罗斯以及其他苏联成员国的待遇跟刚果或尼日利亚差不多，它们被看作便宜原材料的产地，也许是世界上最大的原材料产地了。随着华沙条约的崩溃，对西方跨国公司来说，这个富含矿产的国家自从 1917 年以来第一次变得这么触手可得。一马当先的是美国和英国的大型石油跨国公司，它们首先盯住的就是苏联国家丰富的石油和天然气。在华盛顿的计划者眼里，一个现代化、繁荣的俄罗斯工业经济只是西方掠夺其原材料财富的障碍。

在 20 世纪 90 年代早期，克林顿政府维持了对俄罗斯的称呼——“成熟的战略合作伙伴”。许多俄罗斯人天真地认为，这将意味着美国的援助和资金将流入俄罗斯，对其震荡的经济进行重组，美国也将会以某种形式的“全球共管”的伙伴关系来对待俄罗斯，而且历史上形成的在苏联地区的霸主地位会得到美国的尊重。但是，当莫斯科明白“伙伴关系”只是一个设计好的用来欺骗的空洞口号之时，已经太迟了。在很大程度上，俄罗斯的工业大厦已经被支解。国际货币基金组织的改革使得俄罗斯人民陷入苦难之中，而且它对周边地区发生的事件的影响力也被严重削弱。这正是华盛顿想要看到的结果。

1991 年后，国际货币基金组织对俄罗斯的“休克疗法”不仅仅使这个曾经的超级大国蜕变成了第三世界国家，也使得美国和其盟友的石油公司控制世界上最大的石油和天然气出产国成为可能。但是，要完成这个过程还需时日。

丘拜斯时代，在受到控制和操纵的私有化进程之下，俄罗斯人珍视的石油和天然气利润以低贱的价格流入支持叶利钦和丘拜斯的密友的口袋之中。国际货币基金组织在1998年的一个报告中估计，17个总市值至少为170亿美元的俄罗斯石油和天然气公司被丘拜斯以总共14亿美元的价格售出。此外，世界上最大的天然气生产者、国有天然气垄断企业——俄罗斯天然气工业股份公司60%的股份，以2000万美元的超低价出售给了俄罗斯的私人集团，而其真正的市场价大约应为1190亿美元。其他一些公司如卢克石油、尤科斯、西伯利亚石油公司和西丹科公司得以创立。一些寡头如米哈伊尔·霍多尔科夫斯基、鲍里斯·别列佐夫斯基和维克托·切尔诺梅尔金支配着俄罗斯的经济。共产主义时代，没有任何官僚能做到这一点。在1996年11月的一次采访中，同时也是石油寡头的俄罗斯联邦安全委员会副主席别列佐夫斯基自夸地说，七个男人控制了这个国家广袤土地上50%的自然资源。这些人的硬通货利润几乎都是美元，别列佐夫斯基也许应该加上这一点。

直到1998年夏，俄罗斯的美元化几乎已失去控制。8月，国际货币基金组织提供了230亿美元的紧急贷款来支持卢布，保护西方银行的投机式投资，这使得数百万人来投资购买俄罗斯的国家债券。国际货币基金组织对银行的救援行动来得太迟了。

8月15日，俄罗斯宣布将拖欠其美元债务。对纽约和其他主要银行来说，不可思议的事情已经发生了。尽管有国际货币基金组织的援助，主要债务人还是决定拖欠债务。整个美元大厦在数个紧张的星期内从基础上开始动摇。长期资本管理公司，这个世界上最大的对冲基金，已经在俄罗斯市场和大部分的世界债券市场上下了很大的赌注。它的管理层——包括联邦储备委员会前副主席戴维·马林斯——都是一流的华尔街投资家和获得过诺贝尔奖的经济学家。突如其来的债务拖欠使该基金面临破产威胁，涉及数万亿美元的金融衍生合同将会产生崩溃式的连锁反应，最终可能导致一连串破产，使整个全球金融大厦倒塌。联邦储备委员会发起了一次由15个世界上最有权势的银行家出席的特别关门会议，并强加了一个救援行动。俄罗斯在战略上太有价值了，它拖欠债务的行为得到了原谅，美元化的进程很快又重新开始，虽然步伐稍稍放慢了一点。[4]

休克南斯拉夫

在用美国创造的经济“休克疗法”治疗苏联之前，巴尔干半岛就已经成为美国干涉的目标了。摧毁南斯拉夫的经济模式十分重要，这是华盛顿早早地关注南斯拉夫的主要原因。随着形势发展至20世纪90年代中期，在华盛顿看来，南斯拉夫对于潜在的中亚石油资源的战略地位变得越来越重要。在整个90年代的后半期，石油和美元在华盛顿的巴尔干政策中扮演了决定性的角色，尽管这不是以西方批评家们所猜想的最简单的形式进行的。

就在柏林墙倒塌之前，华盛顿正忙着做南斯拉夫的工作。此前，这些工作已经由国际货币基金组织做过一次了。巴尔干的民族主义运动正在被外部势力操纵，欧亚版图正在朝着第一次世界大战之前的模样转变。当时，英国和其他利益集团一起联合进行干预，想瓦解奥斯曼帝国并阻止德国建设巴格达铁路。

现在，目标明确，就是将南斯拉夫支解为数个独立的小国家，并在西欧和中亚的十字路口为北约和美国建立一个立足点。石油和地缘政治再一次成为华盛顿的先锋。

具有讽刺意义的是，随着20世纪90年代初期华沙条约组织的解体，北约继续存在下去的理由似乎也就消失了。还存在什么样的威胁可以为保留1949年建立的冷战联盟或美国在西欧的永久性军事存在，甚至进一步向东扩展提供理由？许多人希望一旦苏联威胁消失，北约也就解体。但是，甚至在苏联解体之前，华盛顿的战略家们就已经开始为北约设计新的任务了。

新设想中的北约使命被定义为“北约区域外部署”，意指要把触角延伸到北约成员国边界之外。这个新使命后来在 1994 年与华盛顿的“和平伙伴”计划结合了起来，“和平伙伴”是一个逐步将华约成员国军事力量整合到以美国为首的北约的计划。共和党参议员理查德·卢加尔用以下词语描述了冷战结束后美国主导北约时面对的两难局面：“北约，要么就出界，要么就出局。”十分简单，巴尔干战争给了华盛顿扩张北约一个十分充足的理由。这个过程要持续十多年。

四十多年以来，华盛顿一直悄悄地支持南斯拉夫和铁托的混合社会主义模式，以此来作为反对苏联的缓冲器。随着苏联开始倾覆，这个缓冲器，特别是一个在经济上取得成功的民族主义的缓冲器，对华盛顿来说已经没有用处了。这或许会使东欧邻国相信，除了国际货币基金组织的“休克疗法”之外，还可能存在着一条折中路线。在华盛顿顶尖战略家们的眼里，仅仅因为这个原因，就不得不解体南斯拉夫模式。南斯拉夫处于通往潜在的中亚石油盛产国的咽喉要道这样一个事实，仅仅是增加了上述选择的分量。南斯拉夫必须被带入，如果需要的话，被强行拖入国际货币基金组织的自由市场改革。北约将确保这项交易的进行。

1988 年，苏联的气数将尽已变得十分明显，华盛顿已向南斯拉夫派遣了一个顾问团，这个顾问团来自一个古怪的、私人的非营利机构，其冠冕堂皇的名称是“国家民主基金会”，即华盛顿圈子内熟知的 NED。这个“私营”组织开始在南斯拉夫的各个角落慷慨地派发美元，资助反对派、收买年轻记者，资助工会反对派、反对派经济学家组织以及人权方面的非政府组织。

十年以后的 1998 年，也就是在北约开始轰炸贝尔格莱德的前一年，国家民主基金会主席保罗·麦卡锡在华盛顿自夸地说：“国家民主基金会是与索罗斯基金会和某些欧洲基金会一起为南斯拉夫联盟共和国提供资助，与当地的非政府组织以及遍布全国的独立媒体一同工作的少数西方组织之一。”冷战期间，这种对外国内部事务进行干涉的活动，有可能被认为是中央情报局的颠覆活动，但在华盛顿的新闻宣传中，被美化为“培养民主”。其结果是使塞尔维亚人、科索沃人、波斯尼亚人、克罗地亚人和其他民族人民的生活陷入灾难。

1990年以后南斯拉夫得到的保证究竟是什么，只有少数几个内幕人士了解。利用国家民主基金会、乔治·索罗斯基金会和国际货币基金组织，华盛顿在南斯拉夫制造经济混乱，以此来作为实施地缘政治政策的手段。1989年，国际货币基金组织要求安特·马尔科维奇总理进行经济结构改革。不管是什么原因，他的确照做了。

在国际货币基金组织的政策之下，南斯拉夫的GDP在1990年下降了7.5%，在1991年再次下降15%，工业生产下跌21%。国际货币基金组织要求对国有企业全盘私有化，结果到1990年造成了超过1100家公司破产和20%以上的失业率。遍布全国的经济问题成了一个随时可以被引爆的炸弹。可以预见的是，在不断升级的经济混乱之中，每一个地区都以与其邻近地区争斗来保证自己的存活。为了把事情做得滴水不漏，国际货币基金组织要求工资水平维持在1989年的标准不变，但通货膨胀却剧烈上升，导致了1990年前六个月居民实际收入下降41%。到1991年，通货膨胀率超过了140%。在这种形势下，国际货币基金组织下达命令，将南斯拉夫第纳尔变成全面可兑换货币，并要求利率自由浮动。国际货币基金组织明确限制南斯拉夫中央银行的货币发行额度，这使得中央政府对社会和其他项目进行资助的能力被破坏。这些政策措施事实上造成了经济的分裂，这样的分裂早在1991年6月克罗地亚和斯洛文尼亚正式宣布独立之前就已经发生了。

1990年11月，布什政府施加压力，美国国会通过了《对外行动拨款法》。该法案通过后的六个月内，任何南联盟成员国如果不宣布从南联盟独立，那么，根据此项新的美国法律，它们将失去美国的所有经济支持。该法案要求，每一个南斯拉夫加盟共和国都要分别进行选举，这些选举由美国国务院监督。该法案还规定，所有的援助都直接提供给每一个加盟共和国，而不是提供给贝尔格莱德的南斯拉夫中央政府。简短地说，布什政府要求的是南联盟的自我解体。它蓄意点燃了引爆新的一系列巴尔干战争的导火索。

通过利用诸如索罗斯基金会和国家民主基金会这样的组织，华盛顿的经济援助流入了一些可以确保南斯拉夫解体的极端民族主义者或前法西斯组织手中。作为对国际货币基金组织休克疗法和华盛顿破坏稳定的直接干预行动的回应，南斯拉夫总统、塞尔维亚民族主义者斯洛博丹·米洛舍维奇在1990年11月组织了一个新的共产党，致力于阻止南联盟的分崩离析。一连串可怕的地区性种族战争的舞台已经搭好，这场战争持续十年之久并导致20多万人丧生。

在这个具有战略意义的巴尔干小国，经济问题成为关注的热点，而使之成为热点的正是布什政府。1992年，华盛顿对南斯拉夫采取了全面经济禁运，使得后者的所有贸易活动被冻结，经济陷入混乱，并最终导致了恶性通货膨胀以及70%的失业率。西方世界的公众，首先是美国公众，被媒体告知，这是由腐败的贝尔格莱德独裁政权造成的。美国媒体很少提到华盛顿的煽动性行动或是导致巴尔干半岛这些事件的国际货币基金组织的政策。[5]

1995年，《代顿和平协议》结束了波斯尼亚战争。克林顿政府相信，里海石油具有十分重要的战略意义，而欧盟则希望通过巴尔干地区的输油管道确保输往欧洲的石油安全，战争的结束与上述观点是一致的。对于开辟里海向欧洲的石油输入路线来说，华盛顿显然认为，保证该地区的和平是必须的。但这种“和平”是由华盛顿定义的。

在《代顿和平协议》以后，波斯尼亚这个曾经的多民族国家被改造成为一个事实上的伊斯兰国家，一个在国际货币基金组织和北约控制之下的事实上的附庸国。克林顿政府对波斯尼亚穆斯林军队的武装进行了大量的资助。国际媒体对战争的描述，极大地夸大了欧盟无能的印象，即如果没有美国的干涉，欧盟根本不能解决其领土范围内的主要战争。在此过程中，华盛顿要使北约东扩的理由得到显著的加强。匈牙利、波兰和捷克共和国成为北约的潜在合作伙伴，仅仅就在五年前，这些还都是无法想象的。

很快，克林顿政府便着手开展下一步行动，瓦解任何在巴尔干地区有可能与华盛顿步调不一致的民族主义残余分子。美英石油公司开始争夺被认为石油储藏最丰富的里海的开发权，那里离巴库和中亚的哈萨克斯坦边界不远。地质学家们谈论的"新的科威特或沙特阿拉伯"就是指那里。美国政府估计，那里的石油储量将超过2000亿桶。如果真是如此，这将是数十年来发现的最大的石油资源。布热津斯基，这位收入颇丰的华盛顿说客，代表英美石油巨人英国石油公司的利益，在里海的产油区投下了赌注。

搞乱巴尔干

柏林墙倒塌不久，在法国、意大利和荷兰的支持下，欧共体宣布了一项能源安全战略。巴尔干地区的稳定是该战略的核心。1990年6月，在欧共体的一次峰会上，荷兰首相吕德·吕贝尔斯向欧洲的能源界提出建议，建立"欧洲经济共同体与苏联以及中欧、东欧国家"的联系。吕贝尔斯计划是冷战结束后一系列欧共体能源安全计划的第一步。

1992年，欧共体就已经制定了《能源宪章》，为欧共体在已解体的苏联进行石油和能源投资提供一个法律框架。新近独立的里海周边国家，首当其冲的是阿塞拜疆和哈萨克斯坦，在未来欧洲能源安全议题上处于优先考虑的地位。新的克林顿政府的注意力似乎没在这里，对里海石油并没有给予太多的关注。但是，这一状况还是在慢慢地发生改变。

1994年12月，当欧盟对包括美国和俄罗斯在内的49个国家批准其《能源宪章》寄予期望的时候，华盛顿突然以技术上站不住脚为由给予拒绝。在没有美国支持的情况下，欧盟继续推动。1998年12月，签订了《能源宪章》的国家建立了一个过渡工作组。该工作组的秘书长强调石油和天然气新产区的重要性，"例如里海地区，确保这些地区的能源供应安全是政府的一个重要战略性任务"。欧盟提出建立一个"东西方能源合作的里程碑"。

从1990年一直到1999年对塞尔维亚的轰炸，欧盟已施行了一系列不引人注意的举措或行动。据美国能源部的一份报告说，这些举措或行动包括为了“把从东里海的石油运输能力提高到每天50万桶”而帮助阿塞拜疆对首都巴库附近的港口进行升级改造。1995年，为了达成这个目标，欧盟启动了“向欧洲输送石油天然气的跨国运输”（INOGATE）计划，以此来“促进能源供应的安全”。1999年2月，就在克林顿政府开始轰炸贝尔格莱德之前，欧盟委员汉斯·冯·德布罗克称：“向欧洲输送石油天然气的跨国运输计划的目的是打通进入本地和欧洲市场的瓶颈，保证里海盆地大量的天然气和石油毫无障碍地进入欧洲市场。”但最大的瓶颈却是北约对贝尔格莱德的空袭。

西欧各国政府很清楚，从巴尔干到里海的这一片区域是石油和天然气投资上的战略重点，特别是当北海石油储量开始下降的时候，这也是欧洲走向更大范围能源独立的一个潜在步骤。但这绝对不是1999年华盛顿的主要政策观点。

直到20世纪90年代中期，部分由于布热津斯基和美国石油公司的积极游说，克林顿政府已经开始意识到，里海石油问题是一个战略问题。1996年7月，华盛顿启动了南巴尔干地区发展计划，与保加利亚、马其顿和阿尔巴尼亚讨论输油管道合作问题。该计划规划了两条里海输油管道线路。一条将从巴库通过格鲁吉亚直到土耳其的杰伊汉港。1997年，老布什的前国务卿詹姆斯·贝克为7月21日出版的《纽约时报》写了题为《美国在“新丝绸之路”上至关重要的利益》的文章。这位即将在后来的小布什政府中成为主要人物的贝克认为：“与格鲁吉亚建立最强有力的经济、文化和政治联系是美国的战略利益所在。”格鲁吉亚地处里海石油和西方市场的中间地带。“里海石油最终将可能像今天的中东石油一样对工业世界产生重要影响”，他补充道。当时，贝克还是英国石油－阿莫科公司在巴库利益的代理人。

第二条输油管道线路，受到美国政府和第一波士顿银行支持的阿尔巴尼亚－马其顿－保加利亚石油管道公司（AMBO）已经冷却好几年了。在继续推进之前，华盛顿决定不得不先除掉米洛舍维奇政权这个障碍。

南斯拉夫民选总统米洛舍维奇，一位曾经得到过华盛顿支持的，也被认为是能够按照国际货币基金组织的游戏规则做事的前银行家，被美国媒体形容为“新的阿道夫·希特勒”。无数的区域内的观察家和外部没有偏见的观察家的报告都一直认为，到20世纪90年代中期，纷乱的南斯拉夫的所有派别——波斯尼亚穆斯林、克罗地亚天主教徒和塞尔维亚东正教徒都犯下了暴行。但是，华盛顿和北约控制的媒体报道却只集中在一方：顽固的塞尔维亚总统米洛舍维奇。由于他坚决反对国际货币基金组织的所谓“改革”和北约的军事存在，因此只要他领导的这个极具军事防御能力的国家仍旧处于巴尔干的中央，哪怕是被包围着，华盛顿为长期控制里海输油管道和中亚地缘政治议程的设想就会受阻。

到1999年初，克林顿政府决定，是改变这一切的时候了。美国在朗布依埃向米洛舍维奇提出要求，即声名狼藉的附加条款B：“为了预防种族屠杀，实施人道主义”，命令米洛舍维奇必须首先同意北约在科索沃驻军，然后把驻军范围进一步扩大到塞尔维亚。愤怒的米洛舍维奇拒绝了美国的要求。这个意料之中的拒绝正好使发动战争具备了“正当的”理由。华盛顿不顾国际法准则、联合国宪章（事实上全部的过程都有联合国的参与）、北约宪章（这是强调防御角色的宪章）、1975年赫尔辛基协定甚至美国宪法（美国宪法规定只有国会才有权力宣战），开始了大规模的轰炸行动。克林顿总统引用了“人道主义”理由和即将发生的对科索沃阿尔巴尼亚族人的种族屠杀，开始了对塞尔维亚平民残忍的轰炸。

在倾泻了成百上千吨的炸弹，对塞尔维亚造成了估计400亿美元的经济和基础设施损失以后，五角大楼开始了世界上最大的美国军事基地之一的建设。在科索沃东南的格尼拉内地区附近建立一个名叫邦德蒂尔的军营，这是一个可以驻扎3000名士兵的军事堡垒，拥有机场和最现代化的通信设施，这给美国在具有战略意义的巴尔干地区带来一个可以深入里海的永久军事基地。

1999年6月，对塞尔维亚的轰炸一结束，美国政府就宣布它正在资助研究成立阿尔巴尼亚－马其顿－保加利亚石油管道公司的可行性。在提到北约对塞尔维亚和科索沃的控制时，一位美国政府的高级官员约瑟夫·格兰梅森称："美国政府有望保证该地区的安全并提供经济担保，这使得阿尔巴尼亚－马其顿－保加利亚石油管道公司成为一个非常吸引人的提议。"

阿尔巴尼亚－马其顿－保加利亚石油管道公司的工程可行性研究已由哈利伯顿公司的布朗和鲁特子公司进行，当时迪克·切尼是该公司的总裁。当这个新的研究在2000年5月发表时，后来成为布什政府副国务卿的美国大使理查德·阿米蒂奇称：

> 对于那些在科索沃冲突中给予北约支持的周边国家，如阿尔巴尼亚、马其顿和保加利亚，现在因为它们给予的支持而得到了西方的经济补偿，人们可以把这称为"炸弹红利"。[6]

第一次世界大战之前，为了打通通往阿拉伯湾的贸易通路，摆脱英国海军控制下的海上航线，位于欧洲大陆的德国作出了不懈努力，修建了巴格达铁路。与此相似，通过巴尔干地区修建一系列新的输油管道将有可能使欧盟石油供应来源多样化，在一定程度上使欧洲摆脱美国和俄罗斯对能源的控制，取得能源供应的独立。在科索沃战争刚开始时，美国就已经占据了能源独立的先机，将北约和美国的控制强加到可能的输油管线和资源上。当贝尔格莱德从科索沃战争的瓦砾堆中奋力挣扎着爬出来时，美国似乎已经牢牢掌控了通向欧盟的任何潜在的输油管线。

在科索沃战争结束的时候，这个仅存的超级大国对欧亚的军事控制已经向前跨出了巨大的一步。美元民主已经又向前迈进了。自由市场的旗帜被牢牢地插在了南斯拉夫的残垣断壁之上。一个富有的得克萨斯石油家族的子孙、美国新任驻英国大使威廉·法里什指出，里海地区富含的石油资源是美国在巴尔干地区的最大利益。

在2001年9月23日接受《星期日泰晤士报》的一次采访时，法里什透露，他计划对巴尔干地区作一次访问，这对于驻英国大使来说是一次不寻常的突然袭击，至少可以这么说。法里什是布什家族值得信赖的朋友，同时也是标准石油公司财富的继承人。他也深谙石油地缘政治——他作为美国驻英国大使的真实理由是不用怀疑的。他谈道：要加强北约在巴尔干地区的存在，巴尔干地区可以作为“对抗东部不稳定政权的缓冲地带”。作为“9·11”恐怖袭击的后果，他也提到了里海能量资源和输油管线的战略重要性。

当新的十年开始时，华盛顿是一个无可匹敌的经济强国，其军事优势发挥的作用不太明显。但在短短的几个月内，这一状况就发生了戏剧性的变化。华尔街股票崩溃、经济倒退和在纽约及华盛顿发生的令人难以置信的事件导致了这个变化。对美国人民和全世界来说，变化的结果有着非常重大的意义。

第十三章

独步天下：

21 世纪的石油地缘政治

A New Millennium for Oil Geopolitics

布什新政府与石油的深厚渊源，决定了美国经济与外交政策的核心是石油。在石油即将迎来产能极限之时，美国不惜一切代价四处驻军，甚至悍然发动伊拉克战争，其真正意图不是反恐而是石油。

重新布局石油版图

在弹劾丑闻和股票泡沫破灭中，克林顿结束了总统的任期。几个月里，7 万多亿美元烟消云散。新经济神话破灭了，几百万美国人民的养老希望随之破灭，上万亿美元的外国投资也付诸东流，这些投资都是受到美国股市财富激增前景的诱惑而来。2000 年的总统大选，副总统艾尔·戈尔对阵来自得克萨斯州的前石油商人。这位商人的最大特征似乎是对世界政治一无所知。

在经历了美国现代史上最激烈的竞选后，2001 年 1 月，乔治·沃克·布什就任美国总统。布什的总统职位来之不易。尽管选票清楚地表明戈尔占先，但最高法院以 5：4 干预了佛罗里达州的投票，布什当选。美国称霸世界的基础发生了彻底改变，华盛顿现在所关注的已经不再是克林顿总统所关注的经济政策了。

布什内阁的组成值得注意。它很容易让人们想起十二年前的老布什。副总统切尼、国防部部长拉姆斯菲尔德、国务卿鲍威尔，甚至包括国家安全事务助理赖斯，高层要职都是由老布什的旧班底担任。所有内阁成员都由切尼和贝克为总统精心挑选。贝克是一个十分隐秘的重要人物，他总是出现在紧要关头。

布什圈子里的人都有很深的石油背景，这一点不容否认。切尼曾经是世界最大的地质和石油服务公司哈利伯顿公司的首席执行官，赖斯曾是雪佛龙石油公司的董事，布什本人在石油行业里有着丰富的经历，商务部部长埃文斯也是石油商人。一句话，与美国近代史上的任何一届政府相比，2001 年 1 月入主白宫的布什政府，介入石油和能源产业的程度无与伦比。石油和地缘政治重新回到了华盛顿政治舞台的中心。

克林顿政府充满了财政部部长罗伯特·鲁宾的个人色彩。鲁宾是华尔街的投资银行家，是强势美元政策的倡导者，他强调多边合作和自由市场经济政策，主张积极发挥国际货币基金组织的作用。克林顿不遗余力地推动公司全球化，把这视作美国优势。他削减军事开支，减少石油地缘政治活动，这一政策一直持续到他执政的晚期。

21 世纪开始时，美国权势集团的核心圈子认为，是改变政策重点的时候了。如果财政部是克林顿政府的权力象征，那么，国防部便是布什政府的权力中心。而且如同冷战时期，石油地缘政治成为国防部最重要的议程。

切尼当选美国副总统后的第一件事，就是对美国能源政策进行全面的回顾和评价。在布什任职初期，绝大多数重要决策都是切尼作出的，这一点十分清楚，他比历史上任何一位副总统的权力都要大。

随后，切尼转而帮助老朋友和导师——詹姆斯·贝克三世。贝克 1992 年离开华盛顿之后，在休斯敦的莱斯大学捐赠设立了一家智囊机构——贝克研究所。贝克研究所以能源研究小组出名，其成员有安然公司的领导人、布什政府最慷慨的资助人肯尼思·莱（该公司不久后便臭名昭著）、壳牌石油董事、英国石油公司经理和雪佛龙–德士古石油公司的领导人。著名的石油咨询专家马修·西蒙斯也是该小组的成员。贝克研究所的理事会的成员还包括科威特前石油大臣萨巴赫。

萨巴赫的女儿，后来被证明就是 1990 年 10 月向美国国会作证的那位科威特妇女，是第一次伊拉克战争的神秘证人，她作证说亲眼看到伊拉克士兵从婴儿保育箱中把早产婴儿抢走。她的证词令美国民众震惊，也是美国民众支持沙漠风暴行动的主要因素。这一事件后来被曝光，是一家公司编造的一个公关噱头，这家公司就是与布什政府关系密切的伟达国防公关顾问公司。为了感谢这家公司在获得美国支持方面的帮助，科威特流亡政府支付了 1080 万美元的报酬。当时，这家公司设在华盛顿的分支机构，由前任副总统办公室主任克雷格·福勒领导。

加利福尼亚电力危机，引起了全国石油与天然气价格上涨，美国电网混乱不堪的状况，是总统要求切尼着手研究国家能源战略的表层理由。切尼的《国家能源政策报告》为布什新政府指出了清晰的政策导向。由于党派之争，这些明显的信号被人们忽略了。作为布什总统的日常事务安排的一条重要线索，该报告本应该受到高度重视。

终极大奖之所在

2001 年 4 月，切尼工作组向总统提交了国家能源政策报告，该报告的基础就是贝克研究所的能源战略报告。无论是贝克的报告还是切尼的报告，都预测说，未来 20 年美国将严重依赖石油进口。贝克研究所明确指出：世界石油将日益短缺，必须高度重视伊拉克。贝克研究所的研究宣称："伊拉克是中东石油流向国际市场的不稳定因素。"它并没有对此作出解释，只是简单地呼吁华盛顿要重视对伊拉克的政策，重新定位目标。

贝克研究所的研究还建议，切尼的能源政策工作组应当包括国防部的代表。美国军事和能源战略始终是一致的。贝克报告的结论是，未来是不可预知的，"除非美国在未来的游戏新规则中发挥领导者的作用，否则美国企业、消费者和美国政府将处于弱势地位"。切尼和新政府应毫不犹豫地承担起领导者的角色，尽管他们并不知道如何制定游戏新规则。

切尼的报告强调，美国经济将日益依赖进口石油，使得美国必须着眼于未来。该报告并没有对国内石油替代问题给予过多关注，其核心是如何保证美国的境外新油源的安全。在这点上，报告指出了一个问题。在世界的许多地区，最大的石油资源都掌握在政府手中，其利益并不是帮助美国解决能源问题。切尼的报告说，这些国家的政府并不把美国利益放在心上。他的意思是说：这些民粹主义政府控制着石油资源，有它们自己的想法，它们无意和埃克森美孚公司、雪佛龙－德士古石油公司或者切尼分享这些。

切尼、贝克和华盛顿的其他决策者都有长远的考虑。他们很少公开讨论石油供应问题，但私下对世界能源供应的现状却是十二分地关注。他们也在考虑如何把手伸到未被控制的石油地区。

1999 年秋，在伦敦石油学会的一次小型会议上，当时还是哈利伯顿石油公司首席执行官的切尼，告诉那些国际石油行业的巨头们说，在未来几十年里，中东将是石油资源储备中最重要的战略核心区。在 2001 年能源报告的预测中，切尼告诉石油巨头说：到 2010 年，美国每天的石油需求将增加到 5000 万桶。这些石油从何而来呢？很明显各国政府和国家石油公司控制着 90% 的石油资产。石油仍然是政府最根本的要务。

每天 5000 万桶是一个巨大的数字，比沙特阿拉伯石油总产量的六倍还多，几乎是当时世界石油总产量的三分之二。石油资源实际控制在政府手中，切尼对这一事实的理解和判断具有十分深远的影响，萨达姆·侯赛因及其他石油生产国领导人很快就明白了这点。

全世界从哪里才能再找到六个沙特阿拉伯？切尼回答说："尽管世界许多地区都提供了机会，但是，中东具有世界三分之二的石油和最低的成本，仍然是最终大奖所在地。"一年前，在得克萨斯的一次石油会议上，切尼暗示，布什政府将把石油地缘政治作为重点。在谈到哈萨克斯坦的危险和不稳定时，当时还是哈利伯顿首席执行官的切尼反驳道："你已经知道石油在哪里了，我再也没有更多的担心了。"他已经把问题想得很清楚。

伊拉克未开发的石油储备比沙特还要多，伊拉克在很早就成为切尼和布什政府具有强烈兴趣的关注点。保罗·奥尼尔，布什内阁的成员，因为团队合作问题从 2002 年末一直处于被解雇状态。他后来披露，早在"9·11"恐怖袭击之前，布什总统就已经把伊拉克的政权更替作为最高目标。

2004 年 1 月 11 日，在接受美国非常受欢迎的电视节目《60 分钟》采访时，布什政府的前财政部部长指出，早在 2001 年，布什就开始集中力量考虑如何推翻伊拉克政府。“从最开始，萨达姆·侯赛因就被认为有罪，他是一个坏人，他必须滚蛋”，奥尼尔回忆说。“对我来说，先发制人的概念，就是美国可以独断专行地做它决定要做的事，这是一个真正的巨大变化。”在布什入主白宫之前十天，这个以固执、诚实而著名的奥尼尔声称，伊拉克是当务之急。在奥萨马·本·拉登和反恐战争提到议事日程前八个月，布什和切尼以及内阁一直在考虑采用军事手段解决萨达姆·侯赛因。

贝克研究所绝不是第一个提出更替伊拉克政权的。“9·11”袭击发生时，美国的工业、军事、能源和政治精英们也不是第一次讨论如何维持美国霸权。[1]

美国 21 世纪

2000 年 9 月，美国总统选举之前几周，也就是“9·11”之前一年，一个鲜为人知的华盛顿智囊团发表了一篇政论文章。这篇文章的题目是《重建美国防务》，非常清楚地阐述了下届政府的政策意图。这篇文章由一个颇具影响力的共和党团体执笔，被称为《美国新世纪计划》。

《美国新世纪计划》的成员与新政府的政策班子是同一伙人。该项目组包括哈利伯顿公司的首席执行官切尼、唐纳德·拉姆斯菲尔德和保罗·沃尔福威茨，后者是拉姆斯菲尔德的国防部副部长，领导了伊拉克战争的鹰派人物。《美国新世纪计划》还包括切尼的办公室主任刘易斯·利比和卡尔·罗夫。卡尔·罗夫后来是乔治·沃克·布什集团中最有影响力的政治战略家。高级经理人，如最大的军工企业洛克希德·马丁公司的布鲁斯·杰克逊、理查德·珀尔和佛罗里达州州长杰布·布什也在其中。《美国新世纪计划》的主席是威廉·克里斯托尔，他建立了强硬派的媒体帝国《标准周刊》。就是他从英国伦敦的《泰晤士报》出版商鲁珀特·默多克那里募来了1000万美元。因为有这些强硬的支持者，《美国新世纪计划》的报告值得认真阅读。但在“9·11”前却很少有人读。

《美国新世纪计划》的报告以一个简单的问题开始：“美国是否对形成一个有利于美国原则和利益的新世纪有了解决方案?”报告认为：

> 美国是当今世界唯一的超级大国。当前，美国在全球范围内没有竞争对手，美国的最高战略就是要维持和扩展美国的这种优势地位，越久远越好。但是，仍然有一些潜在的大国对这样的世界格局不满，试图改变它……

这一报告十分清楚，他们对从欧洲到太平洋的欧亚力量分布了然于胸。

《美国新世纪计划》高度赞扬了1992年的战略白皮书，这本白皮书是沃尔福威茨为时任国防部部长的切尼撰写的，当时是第一次伊拉克战争期间。《美国新世纪计划》指出：“国防政策指南起草于1992年初，这些原则为维持美国的超级大国地位、抑制竞争对手的崛起、按照美国的利益和原则构造国际安全新秩序提供了蓝图。”布什命令把1992年的政策报告隐藏起来。1992年报告的副本泄露给《纽约时报》后，立刻引起了轰动。报告详细描述了用先发制人的战争形式除掉强大的竞争对手。在2002年9月，乔治·沃克·布什正式制定了美国国家安全战略，也就是布什主义。

切尼及同仁们现在重提1992年为冷战之后的美国设计的帝国之路。他们宣称，美国必须抑制一切挑战美国领导地位的先进工业国家，即便是觊觎区域性或全球性的主导地位也不行。

《美国新世纪计划》不仅仅考虑掌控全球（如建议华盛顿建立一个世界范围的“指挥与控制系统”），而且还呼吁发展空间力量控制太空、控制网络空间、发展针对特定生物物种的生物武器，甚至可以把恐怖领域的生物战争转变为一个有用的政治工具。即便是乔治·奥威尔也对此感到震惊。

2000年9月《美国新世纪计划》继续着乔治·沃克·布什的“邪恶轴心”，它指出朝鲜、伊朗和伊拉克这三个政权是邪恶三轴心，是对新美国世纪的威胁。

全世界都从美国有线电视新闻网（CNN）的电视画面中目睹了世界贸易中心和五角大楼被袭击的场面，随之也听闻了奥萨马·本·拉登的大名。可就在数月前，切尼的计划瞄准的是萨达姆·侯赛因的伊拉克，并强硬地强调美国的政策是对海湾进行直接的军事控制。该报告宣称：

> 几十年来，在海湾地区安全问题上，美国一直寻求扮演一个永久性的角色。当与伊拉克的矛盾变得不可调和时，在海湾地区部署一支强大的美国军队的紧迫性更甚于解决萨达姆·侯赛因政权。

在巴格达遭到轰炸前的几个月里，“海湾地区需要部署强大的美军”这样的话一再向世界各地的人们灌输。对于切尼、沃尔福威茨及其同仁们来说，伊拉克是他们为自己辩解“海湾地区需要部署美军”的一个简单的借口，当时没有关于伊拉克大规模杀伤性武器的讨论，也没有指出伊拉克与恐怖分子有联系。[2]

反恐战争还是石油战争?

如果布什政府对“9·11”没有准备，它也肯定不会为反恐而浪费时间。恐怖主义已经取代了共产主义，成为全球的公敌。恐怖分子无处不在。最重要的是，由华盛顿界定的这场战争，恐怖分子主要隐藏在中亚、西亚地区，而这一地区正好控制着世界最大的石油储备。70岁的国防部部长拉姆斯菲尔德，比他以往任何时候都更位于世界政治权力的中心。

根据《华盛顿邮报》编辑鲍勃·伍德沃德在他的《布什的战争》（为了此书他得以查阅敏感的国家安全委员会档案）一书中陈述，世贸中心倒塌后的第二天，也就是 2001 年 9 月 12 日，国防部部长拉姆斯菲尔德和国防部副部长沃尔福威茨开始劝说总统，把伊拉克作为第一轮反恐战争的主要目标，虽然此时还没有任何切实的证据来证实伊拉克存在恐怖袭击的可能。

在切尼的支持下，第一次海湾战争时的参谋长联席会议主席、国务卿科林·鲍威尔曾劝说布什要让公众意识到对伊拉克动手是必须的。鲍威尔可不是什么鸽派。1992 年，鲍威尔宣称，美国需要足够的力量阻止挑战者在国际舞台上对美国进行任何挑战。最近，在阿富汗推翻塔利班的战争只不过是更大的战役的热身。搞定阿富汗的同时，伍德沃德的书中提到布什已经在秘密地计划入侵伊拉克了。

在信奉宗教激进主义的塔利班的领导下，阿富汗曾经给沙特阿拉伯的一个名叫奥萨马·本·拉登的人提供了避难所。本·拉登的组织——基地组织——将是布什最新宣布的反恐战争的第一个军事目标。2001 年 9 月 18 日，BBC 采访了巴基斯坦前外交部部长尼亚兹·尼亚克。尼亚克对 BBC 说，在 7 月中旬的柏林会议上，他曾从美国高级官员处获悉，针对阿富汗的军事行动将会在 10 月中旬进行。

最初，华盛顿考虑把塔利班政权作为石油管道运输生意合作伙伴的可能人选。1997 年底，塔利班代表应联合石油公司的邀请到得克萨斯州谈判，谈判不欢而散，最后没有达成协议。另一家得克萨斯州的公司，该公司与布什和切尼的关系非常亲密，也在悄悄地谈判寻求可能的管道运输途径，通过阿富汗运输里海的石油和天然气，这个公司就是安然公司。然而，安然公司于 2001 年 11 月破产，成为美国历史上最大的破产和欺诈丑闻之一。

应安然公司所邀，耗资数十亿美元的阿富汗管道工程是由切尼原来所在的哈利伯顿公司承担的。有迹象表明，副总统切尼与安然公司首席执行官、布什的财政支持者肯尼思·莱之间的秘密谈话，涉及了华盛顿对安然公司通过阿富汗的管道工程的支持。奇怪的是，切尼拒绝向国会审计总署提供他与安然公司秘密谈话的文件，强迫法院摊牌。到那时为止，安然公司不切实际的、无法实现的金融计划正逐步走向破产。

2001 年 7 月，塔利班没有讨得华盛顿的欢心。当美国谈判代表提出他们铺设石油管道的条件时，美国告诉塔利班的领导人："如果你们不在铺满黄金的地毯上接受我们的帮助，我们就将把你们埋葬在布满炸弹的地毯之下。"塔利班领导人当时请求美国的援助，以重建阿富汗的基础设施。他们希望输油管道不仅仅作为通往印度以及更多国家的运输线，还希望它为阿富汗的能源需求服务。华盛顿拒绝了塔利班的要求。2001 年 9 月 11 日给华盛顿提供了向喀布尔赠送炸弹地毯的借口。

美国联合石油公司和塔利班在石油管道问题上的谈判宣告破裂。当时布什总统身边的关于阿富汗和中亚地区问题的国家安全顾问是扎尔梅·哈利勒扎德，一个与流亡的阿富汗国王有亲密关系的阿富汗人。后来哈利勒扎德先后成为布什派往阿富汗和伊拉克的特使。他也曾在阿富汗输油管道问题上为美国联合石油公司效力。

五角大楼用富有诗意和爱国情怀的语调，称轰炸阿富汗的行为是"持久自由行动"。失望的阿富汗人后来尖锐地讽刺说，这种自由其实是美国军队的自由，他们可以恣意摧毁阿富汗的任何他们认为有必要摧毁的东西，另外，自由究竟有多持久也遭到公开质疑。

对阿富汗的军事行动以小规模的战斗宣告结束。塔利班政权在 2002 年初解体。绝大部分士兵在得到中央情报局慷慨分发的美元之后投降。然后，哈利勒扎德把另一位美国联合石油公司的前顾问哈米德·卡尔扎伊推荐给布什，布什任命此人为战后阿富汗废墟上的临时总统。

好几年以前，也就是 1998 年 2 月的时候，面对美国众议院国际关系委员会，美国联合公司的一位副总裁约翰·马雷斯卡，为了中亚地区丰富的石油和天然气储备，曾力劝华盛顿支持阿富汗石油管道路线。他提到了可能的线路并宣称："通过阿富汗的线路看起来是最好的选择……它可以用中亚地区的石油供应亚洲市场。"它将起源于北方的土库曼斯坦，穿过阿富汗，进入巴基斯坦境内，进而到达印度洋。由此它将供应印度、中国和日本巨大的石油和天然气市场。他强调："管道将穿过的领土由塔利班控制。"2002 年 2 月之后，塔利班就不再是障碍了。

对阿富汗的军事进攻，是反恐战争的第一仗，使华盛顿受益匪浅。它为五角大楼迅速增长的每年将近 4000 亿美元的巨额预算提供了借口；为建立一个永久的美国军事基地链提供了借口，这个军事基地链从乌兹别克斯坦到阿富汗和吉尔吉斯斯坦，这个地区位于苏联版图腹地（普京总统身边的智囊团不会对后面这个地点无动于衷）。美国推翻了塔利班，也带来了海洛因在全球的泛滥，因为受塔利班打压的旧军阀们又可以重新种植罂粟了。

美国派往巴基斯坦的大使温迪·张伯伦，于 2002 年 1 月会见了巴基斯坦的石油部部长乌斯曼·阿明丁。会谈是关于如何继续执行由北向南直通巴基斯坦阿拉伯海石油终端的输油管道计划的。2002 年 5 月 BBC 报道，卡尔扎伊声称计划与巴基斯坦和土库曼斯坦进行会谈，讨论关于从土库曼斯坦到印度的、价值 20 亿美元的天然气管道建设问题。2003 年 1 月初，密约悄悄地签署了，没有国际新闻的大肆渲染。

华盛顿刚把卡尔扎伊安置在喀布尔，布什和切尼就吹响了推翻萨达姆·侯赛因的号角：萨达姆·侯赛因是华盛顿眼中的新阿道夫·希特勒，是斯洛博丹·米洛舍维奇一类的邪恶暴君。尽管安理会没有同意，华盛顿根本不予理会，开始实践布什主义。[3]

趋"油"若骛

2002 年，华盛顿在没有得到联合国安全理事会支持的情况下，准备发动对巴格达的军事进攻，这违反了联合国宪章，除了布莱尔的英国、葡萄牙、西班牙、波兰以及其他几个国家，美国没有得到大多数主要同盟国的支持。俄罗斯、中国、法国甚至德国都公开反对美国准备发动的伊拉克战争。俄罗斯外交部部长伊戈尔·伊万诺夫发表官方声明，莫斯科反对美国针对伊拉克的任何军事行动。俄罗斯卢克石油公司以及其他两个国有公司曾经签订了一个长达二十三年的开发伊拉克西部古尔奈油田的合同。中国也反对战争。中石油在伊拉克西部地区签订了一个具有巨大潜力的石油合同。法国在萨达姆政权下也有开发伊拉克石油的权利。三国都明白，美国单方面发动战争将永久地结束它们的伊拉克石油之梦。

那时，中国正逐步取代日本成为继美国之后的世界第二大石油进口国。以现在的增长速度，十年之内，它将轻易地成为世界上最大的石油消费国，几乎全部依赖进口。中国国内找不到足够的石油储备。中国明白，可靠的石油供给就是未来经济发展的保障。现在最大的石油资源将被美国的军事力量牢牢控制。对北京来说，这个消息是明白无误和令人深感忧虑的。

尽管世界各地都呼吁反对伊拉克战争，布什发动的伊拉克战争还是进入了倒计时阶段，这对世界上大多数人来说，都是一个巨大的问号——为什么？为什么美国要冒天下之大不韪用武力来追求“和平与稳定”，难道这就是它所谓的“软实力”？为什么它不顾风险在整个石油产地制造不稳定，甚至可能引起新的石油价格冲击以及全球经济衰退，难道就仅仅是为了打击伊拉克？来自华盛顿的官方回答是萨达姆·侯赛因拥有大规模杀伤性武器，并且他还与基地组织恐怖分子有联系。难道这就是乔治·沃克·布什、迪克·切尼、唐纳德·拉姆斯菲尔德、保罗·沃尔福威茨以及华盛顿的其他人发动新的伊拉克战争的充足理由吗？这不能令人信服。在13万美国军队永久驻扎在伊拉克后，他们的怀疑得到了证实。

进攻伊拉克的军事行动，恰如预计的一样，在几周内结束，毫无悬念。官方宣称战争于2003年5月结束。那里只有象征性的抵抗，伊拉克也没有使用恐怖武器。也许在历史上从来没有一个这样的小国遭受过如此毁灭性的打击。人们可以通过CNN以及鲁珀特·默多克的福克斯新闻网看到战争的清晰画面。美国也背负着国际舆论的压力。美国的主张确如布什说过的那样："你要么支持我们，要么反对我们。"

华盛顿曾再三强调它们有正当理由发动对伊拉克的战争，这个理由就是伊拉克拥有威胁美国的化学武器、生物武器甚至核武器，必须予以消除。而当联合国武器检查员并没有发现这些时，他们转变了借口，辩称真正的原因是萨达姆·侯赛因曾与奥萨马·本·拉登以及神秘的基地恐怖组织结成了联盟。随后，理由又变了，即用一个民主政权取代独裁政权是值得的。战后，布什为美国关于中东地区的政策制定了一个以民主为主题的"推进自由战略"。在2004年1月的国情咨文报告中，为了发展"中东地区的自由选举、自由市场、自由言论以及工会"，布什要求将给国家民主基金会的预算拨款增加一倍，以便促进这些国家的民主政治建设。就如同对南斯拉夫和东欧一样，很明显，为了改变现状，华盛顿计划削弱该地区现存的政权。它的用意极其深远。

一旦美国军队控制了这个国家，所有关于战争的借口，比如武器、恐怖分子，全都烟消云散了。有消息显示托尼·布莱尔将他政治前途的赌注押在欺诈事件之上。事情看起来好像是布莱尔的华盛顿同盟把他当作了替罪羔羊。在美国占领巴格达和伊拉克油田后不久，华盛顿的各色官员们开始承认理由并不是像他们先前所说的那样。

最厚颜无耻的是国防部副部长保罗·沃尔福威茨，他倡导预防性战争，是1992年白皮书的作者，也是2000年9月《美国新世纪计划》报告的合著者及鹰派的领导人。2003年3月，在布什正式宣布伊拉克战争结束后不到一个月，沃尔福威茨对前去参加新加坡安全会议的代表说："简单地说，朝鲜和伊拉克之间最重要的区别是经济上的考虑，对伊拉克，我们别无选择。伊拉克整个泡在石油的海洋里。"朝鲜承认研制核弹头和导弹的事实并没有让沃尔福威茨以及五角大楼中的人们上心。伊拉克才是他们的目标。

2003年12月底，华盛顿悄悄地撤回了400人的特遣部队，这支特遣部队花费了好几个月的时间，在伊拉克寻找大规模杀伤性武器，想得到任何蛛丝马迹，结果一无所获。到2004年1月，科林·鲍威尔被迫承认美国没有证据证明伊拉克与基地组织之间有联系，但还是苍白地坚持这些联系可能存在，并认为这就够了。鲍威尔辩称布什发动战争是因为“他认为那个地区处于危险之中，美国处于危险之中”。一个备受尊重的华盛顿智囊团——卡内基国际和平基金——谴责了关于所谓的伊拉克武器威胁论的“系统误传”。对于鲍威尔的解释，人们不禁要问：为什么华盛顿要冒这么大的风险，对付这捕风捉影的威胁？

五角大楼控制着战后重建事务，而不是常规地由国务院控制。五角大楼的沃尔福威茨明确表示，只有政府的好朋友才可以得到关于伊拉克石油工业的利润巨大的合同。切尼的哈利伯顿公司位于首位，还有柏克德公司以及美国和英国的其他石油公司。华盛顿变本加厉地要求它在欧洲、俄罗斯以及其他一些地方的同盟国免除伊拉克的债务。华盛顿没有付出什么，它又赢了。在拒绝联合国的维和事务的同时，它又要求外国军队承担这个担子。总之，华盛顿的态度看起来更像是帝王而不是民主。乔治·沃克·布什曾经虔诚地说过他的阿拉伯梦想，这梦想就是把民主带到伊拉克以及其他的专制的阿拉伯世界。无疑，拴在美国主战坦克油箱上的民主不是大多数伊拉克人的梦想。

布莱尔的前内阁大臣迈克尔·米彻在6月份战争刚结束时辞职，他曾对伦敦《卫报》说：“不管萨达姆·侯赛因是否当权，布什内阁都打算以武力控制海湾地区。”米彻继续指出：“反恐战争是一层虚掩的面纱，它被美国用来遮掩它的真实意图，就是实现更广泛的战略上的政治目标。”切尼的《美国新世纪计划》以及贝克研究所的能源报告，被米彻看作华盛顿的政治蓝图。米彻认为，关于大规模杀伤性武器以及伊拉克与基地组织之间的联系，不过是一颗烟幕弹。

他还发现了另一个可能的解释，那就是“美国和英国可靠的碳氢化合物能源正消耗殆尽……英国到2005年将面临严重的天然气短缺”。前内阁大臣指出，英国，特别是英国主要的石油公司如英国石油公司和荷兰皇家壳牌公司，绝不甘心自己被排斥在抢夺世界上剩余石油资源的行列之外。米彻回忆道："英国石油公司的首席执行官布朗勋爵曾经警告华盛顿，不要在战后为自己的那些公司把伊拉克瓜分殆尽。"米彻曾经是英国的环境大臣，他也许知道那份不同寻常的备忘录的内容，就是在9月11日之前几天提交给布莱尔内阁政府的那份备忘录。[4]

普京的能源王牌

很清楚，为了维持其世界霸权，华盛顿正在拼命抢占世界上每一个可能产油的地区，伊拉克就是明证。20世纪70年代，亨利·基辛格博士说过一句名言："如果你控制了石油，你就控制了所有国家……"今天，我们刚刚进入21世纪的第一个十年，从这一点出发理解美国的外交政策，比以往任何时候都更加准确。

很明显，布什－切尼入主华盛顿，其目的就是集中一切力量控制全球能源资源，特别是石油资源。这不是像许多人所认为的是出于保障美国"能源安全"的需要，而是长期控制全球经济的必要手段。自第二次世界大战结束之后，能源一直是美国全球霸权的战略制高点。如果从源头上控制了石油，就能控制得到石油的人，控制他们得到石油的价格以及将谁排斥在石油供应之外。

随着21世纪的来临，美国的权势集团痛苦地意识到，以中国为代表的经济巨人正在加速成长，只要这些巨人获得能源的来源独立可靠，以不断增强其经济实力，就可能给"美国世纪"画上句号。正如华盛顿的战略顾问兹比格涅夫·布热津斯基1977年所说的那样："世界上人口最多的、地区霸权的追求者中国和印度都在欧亚，美国至高潜在的或经济方面的挑战者也在欧亚。总的来讲，欧亚的潜力甚至超过了美国。"

布热津斯基还指出："欧亚是全球最大的大陆，是地缘政治的轴心。任何主导了欧亚的强国将决定性地影响世界上三个最先进和经济最具生产力地区中的两个，即西欧和东亚。看一眼地图就会发现，一个在欧亚占主导地位的强国几乎会自然而然地控制中东和非洲。现在，随着欧亚成为地缘政治的一个决定性棋局，再也不需要对欧洲和亚洲单独制定政策。欧亚大陆发生的权力分配对于美国的全球至高战略和美国的历史遗产具有决定性的重要意义。”[5]

美国外交政策的重点或者说主要内容是，在欧亚大陆制造事端，形成永久性地区冲突，从而为美国和北约在波兰、捷克、科索沃、保加利亚、吉尔吉斯斯坦、格鲁吉亚及其他广大地区建立一系列的新军事基地制造借口。在克里姆林宫内部，人们越来越清楚弗拉基米尔·普京的新伙伴布什的为人，正如美洲印第安人的谚语所说，“说话不算数”。2001年底，华盛顿就明确作出决定，要控制世界上所有的大油田，可能的话，也包括天然气资源。这样做，不是为了保证向耗油量巨大的运动性汽车（SUV）供应燃料，而是为了控制欧亚大陆，防止出现对“唯一超级大国”美国形成战略威胁的国家。这是一笔惊天巨赌。

美国副总统切尼曾经担任过世界最大的石油服务公司哈利伯顿公司的首席执行官，他被任命担任实施美国石油新战略的领导人。早在2001年初，他的第一项工作就是为布什新政府拟订美国的国家能源战略。后来公开的机密文件显示，详细的伊拉克油田分布图就是美国“国内”能源工作组分析的重要内容。

1994年，作为哈利伯顿公司的负责人，切尼曾经担任哈萨克斯坦石油咨询委员会委员。他促成了哈萨克斯坦与雪佛龙石油公司之间的交易，曾任美国国务卿的赖斯当时是这家公司董事会的成员。雪佛龙公司在哈萨克斯坦的田吉兹油田获得了巨大的利益。但是，美中不足的是，绝大部分原油必须通过俄罗斯的石油管道运输公司线路并经俄罗斯的新罗西斯克港出口到海外，这一港口同时也是俄罗斯黑海舰队的母港。美国一直努力想让哈萨克斯坦的原油通过另外一条输油管道——巴库-杰伊汉管道运输，这条管道经过的阿塞拜疆、格鲁吉亚和土耳其，全是美国的友邦。[6]

自1917年11月苏俄成立之后，美国第一次有了控制欧亚大陆的机会。为了抓住这次机会，冷战结束后，北约的军事设施没有像大多数欧洲人所预期的那样有所减少，相反，华盛顿的政策是反其道而行之：建设并且扩张庞大的全球性军事网络。根据官方资料，2005 年，美国在其他国家的军事基地总数是 737 座，其中的 38 座是重要基地。[7]

控制俄罗斯和它的能源

美国战略的着眼点既不是伊拉克，也不是伊朗和它丰富的石油储备，而是要建立对俄罗斯的控制，这一点已经十分清楚。但是，普京总统拥有一张王牌，这一点除五角大楼的少数官员外，几乎没有人知道。在勘探和开采碳氢化合物燃料——石油与天然气方面，俄罗斯和乌克兰科学家已经掌握了一种完全不同的方法。运用这一方法，在西方地质学家认为没有石油的地区，俄罗斯石油地球物理学家和石油工程师们也能找到石油。他们一次又一次地证明这是完全可能的。相反，西方石油公司在阿拉斯加、北海等地的最大的一些油田中正面临产量的衰减。这打开了一道能够动摇西方霸权的战略性缝隙。美国和俄罗斯政府出于不同的原因都对实际情况保持沉默，因此很少有人认识到这一情况的重大意义。

2003 年，俄罗斯是排在沙特阿拉伯之后的世界第二大石油生产国，每天生产 900 多万桶石油。俄罗斯还是世界最大的天然气生产国，是西欧工业特别是德国工业最重要的能源来源，拥有世界上最大的天然气储量。伊朗则排名第二。

2003 年 10 月，俄罗斯警察和俄罗斯联邦安全局逮捕了俄国首富、石油富豪、尤科斯石油公司和梅纳捷普银行主席米哈伊尔・霍多尔科夫斯基。官方公布的罪名是诈骗、逃税，不得保释。私底下十分清楚，普京政府逮捕霍多尔科夫斯基只是一系列战略行动的第一步，这些行动的目标是反击北约的包围以及以美国为首的利益集团控制俄罗斯战略性能源资源的企图。

截至被捕时，霍多尔科夫斯基一直在用资金“收买”俄罗斯国家杜马的反对党，以期在接下来的2004年总统大选前获得超过半数的支持。根据俄罗斯媒体的报道，他计划通过国家杜马修改俄罗斯的《地下资源法》，该法禁止尤科斯这样的私营公司直接控制地下原材料，或建设独立于俄罗斯国有管道的私人石油管道。

2003年7月，霍多尔科夫斯基刚刚从华盛顿回到俄罗斯。在华盛顿他与布什政府的“石油战略家”、副总统切尼进行了交谈。会谈的议题包括尤科斯石油公司将把40%的股权卖给美国石油巨头埃克森美孚或雪佛龙－德士古，美国国务卿赖斯曾为后者工作。就在被捕前几周，霍多尔科夫斯基已经向美国前总统老布什发出邀请，邀请他以凯雷集团代表的身份访问莫斯科，讨论交易的最后细节。凯雷集团是华盛顿最具实力的私营股权投资企业。如果普京政府批准这次收购，俄罗斯石油和天然气的控制权将发生改变，这十分有利于美国。他们接下来的行动会与英国石油公司买下俄罗斯秋明州石油公司多数股权的行动如出一辙。英国石油公司是英国前首相托尼·布莱尔的亲密盟友。

2003年，普京政府阻止美国公司收购尤科斯石油公司的多数股权还有另外的原因。在西方国家，只有屈指可数的人知道如何控制取之不尽的石油与天然气资源，俄罗斯科学家是除了这些人之外仅有的掌握这一秘密的人。俄国是世界上拥有石油和天然气资源最多的国家，又靠近世界增长最快的石油消费国中国，这是俄罗斯的优势所在。很显然，华盛顿的战略家们对此忧心忡忡。如果美国通过收购控制了上述寻找石油的诀窍，就会使莫斯科地缘政治牌的价值大打折扣。

俄罗斯的石油科学拥有西方所不知道的东西。在冷战时期，俄罗斯（当时还是苏联）被迫在国内寻找能源以实现能源自给。20世纪50年代初，斯大林命令苏联科学院的科学家们要找到一种方法，使苏联在能源上特别是石油上实现自主，彻底摆脱西方。

1951年，苏联科学院的尼古拉·库德里亚夫采夫教授首先提出了一种相当激进的理论。当时，西方地质教科书普遍认为，石油源于生物，如地球表面的恐龙和其他生物的化石，因此，被称为化石燃料。库德里亚夫采夫教授的理论与此完全不同。他认为，石油实际上是“地下深处原始时代的物质材料经过高压转化生成的，经过一个‘冷却’喷发的过程来到地球的浅表地壳。”

1956年，弗拉基米尔·波菲里耶夫教授——苏联资深的石油地质学家，在莫斯科的一次石油地质会议上宣布，“压倒性的地质证据充分说明，原油和天然气与地球表面附近的生物没有本质的联系。它们是从地球深处喷发出来的原始物质材料”。[8]

由俄罗斯和乌克兰科学家提出的完全不同的找油方法，使得苏联在以前根据西方地质勘探理论认为不可能有油的地区找到了巨大的油气资源。就在苏联解体后不久的20世纪90年代初，在俄罗斯和乌克兰之间的第聂伯－顿涅茨盆地，运用新的石油理论还在寻找石油和天然气。四十五年来，这个地区在地质上被认为是不可能有油的地区。

沿着石油起源的非生物或非化石理论，俄罗斯和乌克兰的石油地质学家和化学家们首先对第聂伯－顿涅茨盆地的结晶基底的构造历史和地质结构进行了详尽的分析。经过对这一地区的构造和深层结构的分析之后，他们开始了地球物理和地质化学方面的调查。

他们一共钻了61口井，其中有37口在商业上具有可采性，这是极高的勘探成功率，几乎达到了60%。发现的油田规模可以与阿拉斯加北坡的油田媲美。[9]相反，以美国的初采钻探情况来看，10%的成功率就很不错了。10口井里有9口都是典型的“枯井”。

冷战时期，苏联在寻找石油和天然气方面的地球物理学经验，作为事关国家安全的重大机密被严格封锁，西方地球物理学家对此几乎毫不知情。西方学者一直在讲授化石起源学说，认为石油面临严重的物理极限。就在2003年伊拉克战争后不久，五角大楼内部和周围的一些战略家们慢慢开始明白，俄罗斯地球物理学家或许知道一些具有重大战略作用的东西。[10]

如果俄罗斯人拥有西方人没有的科学窍门，俄罗斯就有了一张具有战略意义的地缘政治王牌。华盛顿为什么要围绕俄国修建一堵“铁墙”——一个军事基地和反弹道导弹系统的网络，切断俄罗斯与西欧、中国和其他欧亚国家之间的石油管道和港口联系？了解了上述背景，对此我们就不会感到奇怪了。哈尔福德·麦金德最担心的情况正在出现：欧亚大国之间，由于经济增长的需要，同时也是出于对石油的需要，开始了互利合作。具有讽刺意味的是，正是美国对伊拉克石油资源明火执仗般的掠夺以及对伊朗石油资源的觊觎，促进了中国和俄罗斯这两个传统上敌对的欧亚大国之间的紧密合作。西欧国家也逐渐认识到，它们的选择也越来越少。

四处屯兵

由于其他国家发生的政治和内部冲突，我无时无刻不为能源遭到破坏而担忧，因为独裁者们控制着能源的战略要地。

乔治·沃克.布什　2006 年 2 月 27 日

布什要为确保再次当选下注，美国的军事政策和能源政策的模式是明确的。结论只有一个，即美国的现行外交和军事政策就是控制地球上每一个现有和潜在的石油产地和运输线路。这样的控制将是史无前例的。作为世界上唯一的军事超级大国，美国将决定谁以多少价格得到多少能源。石油供应危机对世界经济和社会稳定的影响将是毁灭性的，随着供应危机的逐渐逼近，上述决定权具有不可思议的威力。华盛顿显然是在发动批评家们所说的资源战。

面对不可预期而又近在眼前的供应短缺，这种短缺在中国和印度这样的经济高速发展的地区尤为显著，美国作为世界唯一的军事超级大国将决定世界经济发展的秩序。它有权决定给不给你石油，而石油又是经济发展最重要的原料。为了能够控制即将到来的能源危机，在世界意识到危机之前，华盛顿就已经行动好了。采取欺骗的手段是必要的，好在布什政府从来就不缺乏这样的手段。

2003 年 5 月巴黎石油峰会上的另一位发言人、资源研究学者迈克尔·克拉雷引用了美国能源部部长斯潘塞·亚伯拉罕在 2001 年 3 月国家能源峰会上的发言。布什的这位能源官员警告说："美国在未来的二十年里面临着重大的能源危机。如果不能适应这一挑战，将威胁到我们国家的经济繁荣和国家安全，并且将改变我们的生活方式。"在提到切尼 2001 年的能源报告时，克拉雷说："一切的重点就是要消除美国采购海外石油的障碍，无论这样的障碍是来自政治、经济、法律还是运输。"他补充道："切尼的能源计划对于美国的安全政策和美国军事力量的部署都具有重大的意义。"

全球石油和天然气峰值可能在大约五至七年，即不到十年的时间内突然降临，这一前景可以真正地解释为什么华盛顿会断然发动战争。这也能解释为什么像《纽约时报》这类广受尊敬的自由主义媒体会在 2003 年 1 月发表由迈克尔·伊格纳蒂夫撰写的专栏文章，在描述美国的外交政策时为其辩护。在以前，这对于传统的、崇尚自由的《纽约时报》来说是不可想象的。

回顾布什执政期间，美国一直在一步步地扩充其军事力量，扩展其军事存在的范围，进入到世界上一些从前根本不可能进入的地区。苏联经济结构的解体使美国的军事扩张成为可能，也使华盛顿控制的北大西洋公约组织扩大到了布热津斯基所称的"心脏地带"，正好是俄罗斯的家门口。

关于布什政府的能源政策与军事政策之间是否存在着必然联系，克拉雷评论道：

> ……不可否认的是，布什总统对于加强美国的能源供应给予了最高关注，与此同时，现行的能源战略基于这样的现实，即美国日益依赖于来自一个充满危机与冲突地区的石油……一方面，这一战略的目标是要保证更多的石油来自世界其他地区，另一方面是增强

美国干预这些地区的能力……

克拉雷总结道："他们已经为美国在 21 世纪统治世界做好了整体设计。"

伊拉克战争之后，美国的军事基地已经扩展到了乌兹别克斯坦和吉尔吉斯斯坦等原先苏联的地盘以及阿富汗。从美国在阿富汗的军事位置看，美国军队已经控制了大部分南亚地区。巴基斯坦受制于美国的军事压力。整个海湾地区现在都受到美国的军事保护。

美国军事占领伊拉克，使世界能源的旧格局像推翻多米诺骨牌一样完全改变，这个幕后推手正是华盛顿。格鲁吉亚，这个位于从里海到土耳其杰伊汗港输油管道的关键位置上的国家，实际上从 2004 年初起就受美国的保护。当时，在美国受过教育的 36 岁的律师米哈伊尔·萨卡什维利在"玫瑰革命"中登上总统宝座。米哈伊尔·萨卡什维利由华盛顿和索罗斯基金会扶持，另外还受到詹姆斯·贝克的个人干预和支持，詹姆斯·贝克的法律公司是代表里海英国石油公司利益的。

2003 年初，当所有人把目光转向伊拉克时，五角大楼又和两个大西洋的小岛——圣多美和普林西比——签订了长期军事基地协议。这两个岛屿有着重要的军事战略意义，它们的位置可以直接攻击从摩洛哥到尼日利亚、赤道几内亚和安哥拉的西部非洲油田。为达成政治上的密约，乔治·沃克·布什对西非进行了一次非同寻常的访问。华盛顿的一些分析家估计美国石油需求的 25% 将很快来自西非。他们把几内亚湾称作对美国具有"重大利益"的地区。切尼的能源政策报告认为，西非预计是对美国的石油和天然气市场供应增长最快的地区之一。法国在非洲不同地区扮演的传统角色，正在被美国挤走。

利比亚也正在成为美国的势力范围。2004 年 1 月，卡扎菲上校宣布拒绝恐怖行动，并对国外开放石油投资，以换取美国的认可。在谈及他对美国的迎奉时，卡扎菲强调："现在是全球化时代，并且有很多新的因素正在绘制世界的秩序。"利比亚仍然拥有相当可观的石油储量，华盛顿想插一手。利比亚当时已开始与日本、意大利、法国以及其他不受美国制约的外国公司签订合同，也与中国签订了建设石油和天然气管道的合同。现在，这一切都将改变。美国石油公司被请了回来，卡扎菲侥幸逃生。

在苏丹，喀土穆政府于2004年1月与南部叛军签订协议共享该地区的石油资源，从而结束了历时二十年的内战。华盛顿在背后觊觎着。苏丹一直与中国和欧洲的石油公司合作，由于华盛顿的制裁政策，美国公司未能得到机会。苏丹拥有大量的石油资源，华盛顿认为获得这些资源的时机成熟了。

哥伦比亚以及邻近的委内瑞拉的石油也正面临美国的军事存在。布什政府宣布计划花费9800万美元对哥伦比亚提供军事训练和援助。这并不是为了阻止可卡因流入到美国，而是为了平息哥伦比亚革命武装力量和哥伦比亚民族解放军这些游击队的活动，他们威胁到西方石油管道的安全。哥伦比亚已经成为美国的第七大石油供应国。当委内瑞拉的总统乌戈·查韦斯试图对国有石油公司采取更直接的控制政策时，布什政府在背后尝试了一次政变（美国从委内瑞拉、哥伦比亚以及厄瓜多尔进口的石油数量超过了整个中东地区）。

印尼的石油和天然气的境况也是这样：反恐战争为美国新的、超强的军事存在打开了大门。美国分析家佐尔坦·格罗斯曼这样评论道："对美国的战争制定者来说，建立新的军事基地是一种长远的考虑，它比战争本身更为关键，也比美国的敌人重要得多。"在乔治·沃克·布什的第一届任期结束时，作为外交事务中的新手，他已经领导了美国历史上最戏剧性的军事扩张。美国的军事基地使得他可以在战略上控制欧亚大陆所有的能源路线，这是史无前例的。美国可以在未来与日本、中国、东亚、印度、俄罗斯以及欧盟的能源关系中占据主动。比利时作家米歇尔·科隆曾直率地说："如果你想统治世界，那么你就要控制石油，任何地方的任何石油。"这正是目前华盛顿所做的。

伊拉克战争之后，2003年8月，当依赖能源的日本设法与伊朗签订长期合同以开发一个大油田时，华盛顿以伊朗的核计划为借口阻止日本签约。东京领会了美国的意图。到 10 月份，它们疯狂地以高于中国的价钱设法从尤科斯公司获得俄罗斯的石油，当时俄罗斯公司正在与乔治·沃克·布什谈判以便将尤科斯的一大部分股份卖给雪佛龙－德士古公司。华盛顿的石油雷达可以监测到每一个人，每一个地方。

美国对伊拉克的战争是一种警示，它昭示了美国的真实意图，即美国决意竭尽所能地锁住每一个大的石油和天然气产地。怪不得世人开始怀疑美国总统的动机，怀疑他所宣扬的传播自由和民主的真正目的。布什建议将给国家民主基金会的预算拨款增加一倍，以推进中东地区的民主进程，他的这个建议让人很不放心。

就在美国进军巴格达前夕，阿纳托尔·利芬分析了美国发动战争的决心。利芬在美国卡内基国际和平基金工作。他认为：

> 一致的共识是通过绝对优势的单边军事力量统治世界，这是自从 20 世纪 90 年代初苏联解体以来，迪克·切尼和理查德·珀尔周围的智囊团一贯倡导和执行的。

利芬认为石油战略问题是切尼圈子的议事日程："对切尼周围的人来说，唯一重要的考虑是尽可能有保证地、无限制地得到便宜的石油。"[11]

一切尽在掌握中

对伊拉克石油和整个阿拉伯海湾地区安全的军事控制费用如此高昂，这决定了整个欧亚大陆和其他国家的未来经济，对美国的新帝国战略是生死攸关的，毫无疑问这种代价是值得的。

布什政府的经济政策的目标很简单：不惜代价赢得 2004 年的大选连任。华盛顿每年有 5000 亿美元的财政赤字，贸易方面的赤字同样巨大，中国、日本和东亚的出口商把他们数千亿美元的贸易盈余用于购买美国的国债和其他资产，由于害怕丧失出口市场，他们在这个过程中越来越依赖美国，他们像是在这个过程中被追逐着，找不到出口。

不管是美联储还是政府的人，对华盛顿的经济数据的警示都表示担忧。这些人现在控制了世界经济增长的最主要的东西——石油。他们不是间接地，而是直接用军事力量支持不同产油区的政权，从而控制石油。由于有了对世界石油流向的有力控制，他们就拥有了挟持世界上其他国家的毁灭性武器。谁还敢挑战美元？

把20世纪70年代的第一次石油危机和对伊拉克入侵之后的事件进行对比，具有很强的戏剧性。1973年，彼尔德伯格俱乐部在瑞典的萨尔特霍巴登提出的政策，把石油价格提得如此之高，足以使在北海、阿拉斯加和其他非石油输出国组织的地区发现的新的石油来源变得有利可图。第一次石油冲击为美元体系赢得了时间。

在20世纪70年代，像彼尔德伯格俱乐部和三边委员会这样的强力集团，能够延迟第一次石油危机对欧洲、日本和美国的冲击。为了达到目的，它们针对发展中世界的需求，通过国际货币基金组织体系，打击那些发展本国经济的民族主义运动。

它们把这叫作“可持续”增长。这一政策，通过“增长极限”限制世界其他地区的发展，维持发达国家的富裕和美元体系超过了三十年。发达国家幻想着充足、便宜的石油源源不断，支撑其最富足的生活水平三十年不变。但是，这样的幻想是以牺牲非洲、亚洲和拉丁美洲发展中国家人民的福利为代价的。只有通过无情打击大多数发展中国家人民对经济稳定增长的愿望，才能保证美国领导的少数发达国家能够享受对长久繁荣的幻想。

在使这种幻想变成现实的过程中，国际货币基金组织扮演着重要角色。通过人为打压大多数国家的工业化进程，华盛顿可以压制对石油的全球性需求，并且允许美国进口便宜的石油来维持人为的繁荣。美国的石油产量在20世纪70年代初期达到顶峰。美国的生活方式越来越多地依赖国外石油的进口。

到21世纪初，对充足而便宜的石油的幻想不再现实。国际货币基金组织的办法第一次用到了发达国家自己身上。随着世界石油生产高峰的日益临近，美国采取了维持其霸权的单边行动，它拒绝签署《京都议定书》，不接受国际法院对美军官兵的司法审判，直至入侵伊拉克。

第一次石油危机发生三十年之后，最大的新油田已经过了它们的产出高峰期。华盛顿和英美国家的石油巨头们不再奢望继续与拥有国有石油公司的政权做生意。对世界石油和天然气资源的直接控制，进入英美国家的议程。它们宁愿把这叫作促进中东的民主。所有迹象都表明，世界石油生产的顶峰，而且是绝对的顶峰正在临近，华盛顿的机会已经不多了。如果说1973年只是一次警告的话，那么2003年就十分清楚，这不是警告而是现实。

在21世纪开始，美国几乎垄断了军事技术，拥有军事力量的绝对优势。美国控制着世界的储备货币，因此可以控制发展中国家的大部分资产。在占领了伊拉克的油田之后，美国又控制了全世界能源的未来。五角大楼的说法是“全方位主导”，即美国应当控制全球每一个地方的军事、经济和政治发展。它看来在这方面做得不错。

对美国的单边霸权持批评态度的批评家们认为，美国向帝国方向发展正是缘于美国的根本弱点，而不是因为美国的优势。法国总统雅克·希拉克的顾问伊曼纽尔·托德就是其中的一位。他设计了一个以德法为中心的欧洲与俄罗斯的利益联盟，这是哈尔福德·麦金德和布热津斯基都反对的欧亚领土优势的结合。[12]但是，直到2004年早些时候，欧亚联盟仍然处于混乱和分裂之中。欧洲联盟甚至对欧洲宪法还争论不休，达不成一致。华盛顿几乎看不到真正的对手。

就在伊拉克被占领后不久，已故学者爱德华·萨义德在《金字塔报》上发表文章写道：“在正式的演说中，每一位专权的帝王都会说，这一次跟以往有所不同，情况不一样了，这一次的目的是为了秩序、民主、文明和智慧，使用武力只是最后的手段。”

他的话是否会在新的美国世纪中得到验证，他没能活着看到。

第十四章

弥天大谎：

石油峰值论

Big Oil and the Peak Oil Myth

20 世纪 50 年代，为抬高石油价格，美英石油巨头需要一个经过科学包装的谎言——全球石油资源有限并在迅速减少。他们授意哈伯特抛出论文《石油峰值》，一场科学骗局就此拉开序幕。

真实的谎言

2003年初，五角大楼开动战争宣传机器，为单方面出兵伊拉克制造舆论。与此同时，网络上开始出现石油面临匮乏的文章，而且大有铺天盖地之势。文章称，石油资源日益稀少，武力争夺日趋激烈，油价会很快飙升至每桶182美元，通货膨胀和经济崩溃将随之而来。有人甚至预言："现代文明即将终结。"

"石油峰值"假说源自对少数人的采访，这些人与石油企业有千丝万缕的关系。如果世界面临油荒，这些企业必然财源滚滚。

在鼓吹石油峰值的声音中，一名叫马修·西蒙斯的银行家一马当先，他在得克萨斯州的休斯敦投资石油，是时任副总统切尼的好友，也是切尼执掌的能源特别委员会的成员。他不断接受采访，不停地出版专著，渲染世界石油的产量已经超过最大峰值，供应量即将下降。耸人听闻的《沙漠黄昏》一书就是他的大作。他在书中指出，沙特最大的盖瓦尔油田早已夕阳西下。[1]石油峰值论传递的信号就是，能源匮乏迫在眉睫。2003年3月，布什违反联合国宪章和国际法出兵伊拉克，这一论调似乎让其师出有名。对于埃克森美孚、雪佛龙、英国石油公司、壳牌这样的美英石油巨头，石油峰值假说来得恰到好处，可以让他们和华尔街联手把油价炒上天。布什出兵伊拉克之前的2002年，美国的原油均价低于每桶20美元，两年后就升至近每桶60美元，涨幅达300%。那些贪婪的石油公司用肮脏的手段获取暴利，但是谁又能埋怨他们呢？毕竟，石油越来越少……

假说缘起——哈伯特出山

已故的马里昂·金·哈伯特在1956年发表过一篇论文，石油峰值论完全以此为基础。他认为，油田的产量呈钟形曲线模式，一旦超过了峰值，产量就会不可避免地下滑，并预测美国石油产量将在1970年达到顶峰。貌似谦虚的他把自己推出的这一曲线称作哈伯特曲线，把石油产量的顶峰称作哈伯特峰值。

20世纪50年代，美英石油巨头认为需要一个经过科学包装的谎言——全球石油资源有限并在迅速减少。为此，他们特意选定了得克萨斯州的石油地质物理学家哈伯特，此人性格古怪，当时在芝加哥大学供职，同时为壳牌石油公司工作。

1956年，在美国石油学会的年会上，石油巨头授意哈伯特抛出了那篇名为《石油峰值》的论文，一场当代最著名的科学骗局就此拉开序幕。

哈伯特的结论归纳起来就是一句话——石油是化石燃料，是五亿年前埋在地下的恐龙及藻类等生物经生化反应而成。这一核心理念仅仅是个假设，哈伯特未做任何科学证实，却堂而皇之地将之奉为圭臬，进而提出新马尔萨斯主义，即面对迫在眉睫的石油短缺必须进行社会调控。

1989年，哈伯特在去世前不久的一次访谈中直言不讳地承认，自己用来估算美国石油储量的方法与科学毫无关系，就像把手指沾湿后竖起来测量风速。他说道：

> 他们要求我做的，就是一定要估算出石油的最大储量……我必须变成权威，而且别无选择，只能画出石油峰值的曲线，还要表现得信心十足。这就是事情的真相。相关曲线都是臆想出来的，我

只是大概估算了一下，随手一画，如果觉得数值太高，就把线画低点，反之就画高点。除了根据曲线本身计算某段时间的石油产量之外，根本不涉及任何数学问题……依据当时我个人的能力估算，美国石油的最大储量大约是1500亿桶。[2]

如果哈伯特的这套方法听起来缺乏科学的严谨性，那是因为它原本就不是科学。

哈伯特还承认，化石燃料说让石油峰值论顺理成章。他说："这个假设提供了强大的地质学基础，让我们关于油气生成的说法听起来不像是信口开河。"他还胸有成竹地讲道："原始生成的石油总量是一定的，再生部分可以忽略不计。可开采的区域仅限于古生物大量沉积的基岩，而迄今为止所有可能出产石油的地区均被仔细勘探过。"[3]

事实恰恰相反，全球石油勘探工作在1956年才刚刚起步。

大约二十五年后，美国得克萨斯州的迈克尔·霍尔布蒂对这一结论提出大胆质疑，他是一位德高望重的石油地质学家和勘探工程师，认为美国国内的石油开采量会不断增加，并为此振臂疾呼。他1980年在《华尔街日报》上发表文章指出：

全球约有600个具备开采前景的油气盆地，其中160个已有较好的商业产出，240个刚开始开采，剩余的200个尚未开发。截至1978年，全球共钻井约344万口，73%是在美国，但美国可开采的地质区域仅占世界的10.7%。也就是说，在世界上89.3%的可开采区域，钻井率仅有27%……大多数油气盆地有待开发。[4]

对此，哈伯特和石油巨头们充耳不闻。

手握石油峰值论这柄"尚方宝剑"，哈伯特进而"预测"美国的石油总储量在1500亿—2000亿桶之间，石油产量在20世纪70年代末会达到峰值，随后便会江河日下。这样的情景听起来让人不寒而栗。

不过，假的终归是假的。

为了把伪科学装扮成真科学，哈伯特借用了著名的高斯曲线——19世纪德国数学家卡尔·高斯发明的实证性研究工具，并将其重新命名为哈伯特曲线。

但是，为什么要用高斯曲线来描述石油储量，哈伯特不光在那篇论文中只字未提，之后也绝口不谈，因为所有这些都是想当然的。哈伯特曲线并未采用油田实际生产数据，而是采用他所声称的对所有油田都适用的理想数值。他先估计美国境内的生物沉积总量，然后以此为依据推导出所谓石油最大储值。[5]

肯尼思·德费耶是20世纪50年代哈伯特在壳牌的同事。他说："哈伯特预测所使用的数学方法并不十分清晰。四十四年后的今天，我猜测他和很多人一样，也是先得出结论，然后再寻找原始数据加以支撑。尽管和他上百次共进午餐，也有数次深谈，但我始终没有胆量询问他的最根本依据到底是什么。"[6]

德费耶一直是哈伯特理论忠实的追随者，后来成为地质工程学领域的著名教授，在精英汇聚的普林斯顿大学授课。他的这番话何止发人深省。在如此重大的地球物理学问题上，德费耶显然缺乏追求真知的勇气，而哈伯特却在关键问题上对最亲密的同事都讳莫如深，或许他知道自己根本无从解释。

哈伯特在去世前不久的一次深度访谈中承认，在1956年发表石油峰值论之前，他先把论文送给荷兰皇家壳牌公司的董事长过目。哈伯特还说："壳牌老板就扔下一句话，一定要与威克斯高估石油储量的观点分庭抗礼。"[7]

威克斯是美国当时最权威的石油储量专家，他预计美国的石油储量有4000亿桶，而且不断调高预期，这让石油巨头们颇为头痛。如果储量充足，那么维持高油价就没有理由，何况下一步他们还想把油价继续拉高。[8]

显然哈伯特对壳牌老板的话心领神会，他随即提出美国的石油储量只有2000亿桶，而且预测1970年是石油峰值的分水岭。

还是在1956年的那篇文章中，哈伯特预测全球石油的终极储量为1.25万亿桶。而根据2008年英国石油公司《世界能源统计年鉴》，全球原油储量仍有1.8万亿—2.2万亿桶。

从一百多年前开启石油时代算起，全球已开采石油的约90%是1958年以后消耗的，这个数目大概是1万亿桶，而哈伯特1956年预测全球石油的终极储量仅为1.25万亿桶。[9]

如果按照哈伯特的预测，全球石油储量的83%到2008年已被消耗，那么英国石油公司如此之高的储量预期从何而来？显然，哈伯特1.25万亿桶的“科学”预测存在严重缺陷。

但对石油大亨和当权显贵们而言，这种谬误算不了什么，哈伯特不过是他们手中的一颗棋子而已。没人会追究细节，到头来大家只记得标题：

石油储量有限

美国石油将在1970年达到峰值

世界石油峰值即将到来

石油巨头打造“专家”

果然，美国本土石油产量从1970年开始有所下降，从当年日产1130万桶的高峰降至1974年的1050万桶。原因并非哈伯特是先知，问题源于中东廉价石油的大量涌入，进口石油的市场份额从1970年的23%飙升至1974年的36%。因为无力与标准石油及其他国际大公司竞争，数百家中小石油企业被迫倒闭。[10]

凭借哈伯特所谓的科学论断，石油巨头们得以名正言顺地向国会请愿，要求对他们的石油减免税收，以抵消沙特、科威特的廉价石油给美国带来的冲击。这是自1953年中情局在伊朗策划政变、扶持洛克菲勒的朋友巴列维上台后，美国石油大亨到手的又一张控制国际能源市场的王牌。[11]

既然石油日益稀少，石油大亨们的要求也就理直气壮，他们的海外公司理应享受优惠关税和比本国公司更好的待遇。有了哈伯特的论断作依据，还怕什么？

石油巨头们不断游说政府，称他们在中东的油田是美国“国家安全”的重中之重。20 世纪 50 年代，国务院和国防部在一份联合文件中指出：

> 美英石油公司……为自由世界提供最重要的商品发挥了举足轻重的作用。维护并确保这个链条不受影响，对美国和自由世界的繁荣至关重要，必须成为美国政府制定政策的主要目标。[12]

自此以后，石油峰值论在西方的地质教科书中大行其道，这些书的作者主要是美英石油地质学家，他们异口同声地认定石油是“化石燃料”，是地下埋藏的恐龙及藻类等生物经生化反应而成，因此资源必然有限。

石油是化石燃料，这是哈伯特石油峰值论的核心观点，用来解释为什么只能在世界部分地区发现石油。换句话说，恐龙的遗体被掩埋后，经过上千万年的生化反应，在地下 1200 米—1800 米深处变成石油。该理论还指出，大量生物体被埋藏在浅海岩床下的情形极少，墨西哥湾、北海、几内亚湾等产油海域当属例外。因此，地质学要做的就是在沉积盆地发现这些被称作油藏的地层。

苏联的真知灼见

不为西方所知的是，在 20 世纪 50 年代初，苏联科学家提出了石油来源的全新理论。俄罗斯和乌克兰的科学家组成了跨学科队伍，在政府设立的秘密实验室和大学里面，地球物理学家、地球化学家、地球生物学家等汇聚一堂，仔细研究了西方有关石油和天然气来源的重要科学文献，甚至还分析了有关钻石成因的资料。他们得到了斯大林的亲自授权，目标是让苏联在冷战时期实现石油自给。斯大林深知第二次世界大战军事战略的经验教训，知道德国战败的原因之一就是没能确保石油供应。面对冷战，苏联不能重蹈覆辙。

让这些科学家目瞪口呆的是，他们在文献中并未发现有关石油生物起源理论的充足证据，看到的只是含糊其辞且未经证实的假设。他们由此得出结论，美国人称石油源自生物的理论纯粹是一派胡言，经不起推敲。更让他们吃惊的是，西方地质学家此前一再声称石油总量有限，但事实是世界上发现的油田越来越多。

需求——探索新知的源泉

20世纪50年代，冷战愈演愈烈。面对西方的“铁幕”，苏联没有足够的石油发展经济，因此石油自给自足成为确保国家安全的首要任务。

早在20世纪40年代末，俄罗斯科学院地球物理研究所和乌克兰科学院地质科学研究所就联手进行了一项基础研究：石油到底从何而来？

1956年，弗拉基米尔·波菲里耶夫教授宣布了该团队的结论：“原油和天然气与地下埋藏的生物没有内在联系，它们是地球深处涌出的太初物质。”

苏联科学家彻底颠覆了西方的“正统”理论，并以“非生物起源论”来命名自己的发现，以示与西方石油化石学说针锋相对。令人啼笑皆非的是，由于冷战的大背景，这些苏联科学家在国内学界也几乎不为人知。

如果苏联人是对的，地球上石油的总量只与地层深处碳氢有机物的数量有关，而这些物质在地球形成的早期便已存在，人类能获得的石油数量仅与钻井深度有关。

这些专家还发现，废弃的油田可以再度焕发生命，也就是说，开采过的油田可以进行自我修复，即“自充式”油田。他们认为，石油是在地壳深处的高温高压下自然生成的，与钻石生成的条件相仿。波菲里耶夫指出：“石油是地壳深处的太初物质，在高压下‘冷喷发’进入地壳浅层地带。”苏联团队对石油化石学说嗤之以鼻，认为那不过是维持石油有限神话的借口罢了。

早在20世纪60年代，苏联地球物理学家就使用了德国著名科学家阿尔弗雷德·魏格纳的理论，这比西方地质学家认识到魏格纳的地位整整早了三十年。1915年，魏格纳发表了一篇意义深远的文章，题为《大陆和海洋的起源》，认为两亿年前地球上的陆地曾是一整块泛大陆，后来数百万年间随着地球不断膨胀，这个整体由于板块漂移的缘故分成现在的若干大陆和大洋，亚马孙河这样的河流盆地也随之形成。

挑战“权威”

苏联科学家的理论虽与西方的认知截然不同，却成果斐然。几十年前，西方地质学界认为第聂伯－顿涅茨盆地属于晶基地质，是油气产出的不毛之地，但20世纪90年代初苏联新理论在那里有了巨大发现。可惜的是，当时苏联已经解体，而现在那里又成了北约和俄罗斯的角斗场。

有了自己的理论武装，苏联石油地质学家和化学家深入分析了第聂伯－顿涅茨盆地的地质构造，开展了地质物理和地质化学勘探。他们一共钻井61口，其中37口具有商业开采价值，成功率高达60%，令人叹为观止，已发现的油田面积可与阿拉斯加北坡媲美。相比之下，美国的勘探东一榔头，西一棒槌，只要有10%的成功率就算大功告成，90%都是竹篮打水一场空。

冷战时期，苏联以国家安全的名义将利用新理论发现油气的经验严格保密，西方专家不但毫不知情，还在处处维护石油化石学说，大肆鼓吹石油总量有限的严重性。2003 年伊拉克战争后，五角大楼的一些战略人士渐渐意识到，苏联地质专家掌握的理论或许具有深远的战略意义。

如果苏联在地质学领域掌握了石油来源的真知灼见，而西方恰恰误入歧途，那么苏联无疑拥有了地缘政治方面令人瞠目的战略王牌。如此看来，难怪华盛顿会不遗余力地在苏联周边部署“铜墙铁壁”——军事基地和反导系统。

新理论旗开得胜

20 世纪 60 年代，为了抢占便于开采的巨型油田，美国的石油大公司在沙特、科威特、伊朗等国忙得不亦乐乎，苏联人却为了验证他们的新理论埋头苦干。在号称是石油荒原的西伯利亚，苏联人开始了勘探，钻井深度已达晶基岩层，共发现了 11 个大油田和 1 个超级油田，储量之丰富与阿拉斯加北坡相当。

苏联在 20 世纪 80 年代向越南提供资金与技术，在其近海的白虎油田进行验证性开采。苏联彼得罗索夫石油公司在 5200 米深的玄武岩层发现了石油，日产量达 6000 桶，对急需能源的越南可谓雪中送炭。用“非生物起源”理论培养出来的地质学家不断完善该理论，使苏联在 20 世纪 80 年代中期一跃成为世界上最大的石油生产国，其中的原因西方几乎无人知晓，甚至懒得去问为什么。

苏联科学家用这样一个假设来讽刺西方石油化石学说：以世界上最大的油田——美国石油公司 1949 年在沙特发现的盖瓦尔油田为例，如果按照西方的理论，要生成该油田已出产的石油，需要一个长、宽、高各 30 公里的立体空间，在里面填满恐龙肉，而且还要 100% 转化成石油！简直荒唐至极！

西方地质学家无暇给石油化石学说提供证据，只是凭空认定这就是至高无上的真理，真有点像圣灵感孕的石油版本。相反，苏联科学家为自己的理论实打实地写出了厚厚的论文，只不过都是用的俄语。西方的权威杂志无意发表苏联人的新理论，因为一旦如此，它们的饭碗便岌岌可危，整个学界也会地动山摇。

20 世纪 90 年代初，俄罗斯专家本希望与美国等西方国家的同行交流所得，但总被冷眼相待，从 2003 年开始，俄专家与西方交流的意愿明显减少。

20 世纪 60 年代之前，白宫科学顾问弗兰克·普莱斯博士等美国科学家，一直用“荒谬”来评价已故德国科学家魏格纳的理论。但到了 20 世纪 60 年代末，他们却不得不尴尬地收回前言，因为正是魏格纳的理论帮他们在北海找到了大油田。但是，英美的地质学家非但不承认魏格纳的贡献，还把他的理论改称为“板块构造理论”。

哈伯特峰值论死灰复燃

到 1998 年，俄罗斯、非洲、亚洲发现了众多大油田，全球油价应声下跌，面临崩盘的危险。美英石油卡特尔迅即采取补救措施，世界面临着新一轮油价冲击。他们授意门下的两个科学家披挂上阵，推出哈伯特峰值论的升级版，此二人就是爱尔兰石油地质学家科林·坎贝尔和法国石油地质学家让·拉埃勒尔，他俩都从世界上数得着的大石油公司起家，一个在德士古，一个在道达尔。

随后，两人又投靠到一家名为“石油顾问”的瑞士石油咨询公司旗下。1998 年 3 月，他们联名在美国知名杂志《科学美国人》上刊发文章，标题极具煽动性——《廉价石油的终结》。[13]

两人在文中把世界石油前景描绘得极其惨淡：

> 下一次的石油危机绝非短期阵痛。通过对全球现有油田和石油

产量的分析，我们认为在今后十年间，以传统方法开采的石油将难以满足需求。[14]

他们预测世界石油产量将在2010年前达到峰值，全球将面临油荒，但这纯属臆想。根据英国石油公司的数据，从1998年到2013年，世界石油的日产量由6500万桶增至7500万桶，远非他们所说的末日场景。[15]

两人后来承认，他们的数据来自那家瑞士咨询公司。数据属于私人所有，有专利保护，之前曾作为研究报告的附件出售给大石油公司，每本售价3.2万美金。费用之高令独立研究人员实难企及，从科学上验证他们的结果自然遥不可及。

两人言之凿凿地表示，“地球上的原油总量有限，而且90%已被发现”。[16]但为何这一结论“无可争辩”，他们没有提供任何证据。

为了给自己的结论披上科学的外衣，他们声称改进了哈伯特1956年的技术，而如上文所述，哈伯特的理论与科学风马牛不相及，是不折不扣的带有政治意图的科幻小说。

事实上，哈伯特的成果是这两人唯一引用的文献。哈伯特其人充满争议，而且神秘兮兮，他当时提出的大胆结论归根结底也是自导自演。

两人还放言，北海、阿拉斯加、墨西哥等产油区到2002年将进入不可逆转的后峰值期，到那时，“中东国家就是全世界的救命稻草，尤其是海湾地区的伊朗、伊拉克、科威特、沙特和阿联酋，这五个国家将解决全球石油供需矛盾”。

两人的结论更令人胆战心惊，“目前全球的石油需求年增长超过2%……到2020年，需求将比当下高60%，石油产量却背道而驰，随之而来的经济危机和政治动荡在所难免”。[17]

极具讽刺意味的是，坎贝尔不断吆喝石油产量要达到“峰值”，却一次次眼睁睁地看着他的预言化为乌有，全球石油产量不但没降，反而不断上升。他在1989年预测，石油将在20世纪90年代末出现短缺；1990年他又说，世界将在1998年面临“资源耗尽的拐点”[18]；后来他又改口称，资源拐点是在 2005 年……要么就是 2010 年。

坎贝尔曾辩解说，自己早些时候对“峰值”的评估，是“基于公开来源的数据，那时石油行业和政府提供的鱼龙混杂的数据还未大行其道”。[19] 说归说，其实坎贝尔刻意回避了一个事实：他自己所用的数据，全部来自“石油行业和政府”，而且还是他们愿意公开的部分。别忘了，这些公司对油田真实储量的保密程度，比中情局有过之而无不及。

坎贝尔 2002 年在德国一所大学演讲，预言全球石油峰值是 2005 年，并警告说大规模战争会因此而起，美军或许为了确保石油供应先发制人。

他讲道：“市场的反应表明，欧佩克已经失控。这一情形具有极强的破坏性，因为位于价格调控一端的供给方已如脱缰野马，物价飞涨在所难免……穷国将成为最大的受害者，美国也会陷入严重的困境。我认为，为了确保石油供应，阴谋策划军事干预的可能性很大。”[20]

几个月后，坎贝尔的预言就应验了，布什和切尼发动了对伊拉克的军事入侵。不过，这次侵略和石油短缺没有任何关系，其目的是维持美国在全球的石油霸主地位。中国、俄罗斯、西欧等新兴力量正在崛起，以石油为借口发动战争实在是冠冕堂皇，可谓一箭双雕。

切尼与“石油峰值论”遥相呼应

1999 年 9 月，也就是那篇文章在《科学美国人》杂志上发表一年后，作为世界最大的石油服务企业哈利伯顿的首席执行官，迪克·切尼在伦敦石油学会发表了主题演讲，听众是世界大型石油和天然气公司的头头脑脑。

在演说中，切尼对坎贝尔在《科学美国人》杂志上发出的警告表示赞同。他断言，石油是一种“正在耗尽的资源”，还说，“根据估算，未来全球每年的石油需求将增长 2%，而石油产量则以至少每年 3% 的速度自然减少。到2010年，全球日均石油消费量将在目前的水平上增加5000万桶——这么多的石油从何而来是一个问题”。[21]

切尼随后的言论颇为有趣：

> 显然，政府和国有石油公司控制着约90%的石油资产，石油是不折不扣的政府产业。不错，世界上很多地方都有石油，但中东的储量占世界的三分之二，而且开采成本最低，所以始终是终极大奖所在。虽然大公司都渴望从中东获益，但进展始终非常缓慢。[22]

切尼虽未明讲，但他提到的大公司就是美英石油公司，是“自己人”。在座的石油大亨们都心知肚明，切尼指责的那些掌控着90%石油资源的政府，就是波斯湾周围信奉伊斯兰教的国家。

切尼在演讲中还指出：

> 石油开采显然是一种消耗行为。每年必须找到与产量等同的储量，才能勉强维持平衡。对一个公司来说如此，在经济角度上对全世界也是一样。

他在结束语中讲道：

> 石油非常特殊，战略意义重大，与肥皂或是休闲服装截然不同。能源是世界经济的绝对基础，海湾战争真实地诠释了这一现实。政府和国有石油公司对石油实行严密控制，使石油变成更加特殊的商品……石油是世界经济当仁不让的基石，其他任何商品都不能相比。[23]

切尼演讲后不到两年，以石油匮乏和哈伯特-坎贝尔的峰值论为由，美国政界以切尼为代表的一帮人就把黑手伸向了中东。人们终于了解，切尼为什么口口声声说，在中东，“石油一直是政府的事情”。[24]他的中东石油战略就是将石油从当地政府手中抢过来，然后送给英美大石油公司。

说白了，这一战略就是赤裸裸的战争。

到 2008 年，石油峰值论似乎在美英石油大公司和媒体代言人那里偃旗息鼓了，原因是这帮人正酝酿一个新的石油神话，石油峰值论已经派不上用场了。新的神话被称作页岩能源革命，它向全世界昭示：美国业已摆脱了油气匮乏的困扰，开始拥抱能源复兴的朝阳，世界政治格局将为之一变。

第十五章

惊天骗局：

页岩能源横空出世

The Great Shale Energy Fraud

21世纪初，一种新的油气开采技术——页岩气开采，令英、美石油巨头垂涎三尺。这一可能对环境造成危害的开采方式得到美国政府的支持，然而随着实践中漏洞百出，这一神话也随之破灭。

美国——能源领域的下一个沙特？

时至2008年，对美英石油大公司及其豢养的智库而言，维持石油峰值论的神话已渐渐失去吸引力，一种前所未有的油气开采技术开始让它们垂涎三尺。如果油价能牢牢保持在每桶100美元，它们利用这一技术，就能高枕无忧地操控全球油气价格。

在美国，开采页岩油气的理念很早就有了，只是技术极其特殊，而且对环境的影响难以预料。当时，布什政府的能源政策由副总统切尼一手遮天，为了帮助页岩气开采获得暴利，切尼在国会呼风唤雨，修改法律，使石油公司得以摆脱相关环境法的约束，以致页岩油气开采过程中产生的几十亿加仑（1美制加仑约为3.8升）的有毒化学废物可以被肆意处置，而政府的制裁对此束手无策。

2010年页岩气开采之初成果斐然，奥巴马政府的官员和顾问迫不及待地纷纷表示，美国有望摆脱几十年来油气产量停滞不前的状况，成为能源领域的“新沙特”。媒体更是高调宣称，美国能源自足的曙光就在眼前，再也不必受制于政局动荡的中东和非洲。希瑟·齐哈尔是白宫能源与气候高级顾问，此前她一直推动碳捕捉交易，到了2013年也转而为美国的“页岩革命”摇旗呐喊。[1]

在2012年1月的《国情咨文》中，奥巴马总统表示：“美国的页岩气能让我们一百年高枕无忧。”[2]剑桥能源研究协会主席丹尼尔·耶金是能源领域的领军人物，他在国会听证会上振振有词地说道："美国正经历'非常规油气领域的一次变革'，毋庸置疑，这一变革的意义已超出能源本身。"

耶金并未解释"变革的意义已超出能源本身"到底是什么含义，他只是说道："鉴于技术前所未有，这一行业能够提供 170 万个就业机会，到 2020 年新增岗位将达 300 万个，前景十分可观。"[3] 美国正在 1930 年以来最严重的经济危机中苦苦挣扎，这些数据何止让人怦然心动。

耶金进一步阐述了美国发展页岩油气的重大地缘政治影响。他指出：

> 扩大能源出口，美国对世界的影响又多了一个着力点……就美国市场而言，页岩气的份额从十年前的 2% 升至 37%，而且价格大幅下降；石油产量一改持续下滑的局面，转为节节攀升，自 2008 年以来已上升 38%，仅增加的产量就可与欧佩克第七大产油国尼日利亚平起平坐……人们一直在讨论页岩油气潜在的地缘政治影响，其实影响就在眼前……[4]

在 2012 年发布的《2030 年能源展望》中，英国石油公司首席执行官鲍勃·达德利的观点与耶金如出一辙。他乐观地认为，页岩油气可以让北美摆脱对中东的依赖。报告指出，页岩油气产量增加，再加上其他能源，西方将在 2030 年彻底实现能源自给，包括美洲国家在内的诸多国家，将不必因为中东局势动荡而忧心忡忡，这将对地缘政治产生深远的影响。[5]

能源复兴会让美国的页岩油气遍布全球，诸如此类的预测不绝于耳，但其中有一个根本错误，那就是这一预测建立在空中楼阁之上，是华尔街大财团和其麾下能源企业的无稽之谈。

2014 年初，业内人士越发清楚地认识到，所谓页岩革命不过是一场新的庞氏骗局，幕后推手仍旧是华尔街大财团和它们的左膀右臂，这些人曾策划过 2000 年的互联网泡沫，2002—2007 年的美国房地产泡沫也是他们的杰作。

说到这里，人们难免发出疑问：这场页岩能源革命到底缘起何处？从中得利的究竟是谁？

“漏洞百出”的技术

美国企业从2009年才开始在本土开采页岩油气，当时实际生产数据较少，外界难以进行独立核实，所以这些企业和投资银行便可信口雌黄。

直到2013年，越来越多的页岩气开采数据公布于世，不过华尔街在页岩领域的投资已一发而不可收，正想方设法维持页岩神话。尽管如此，仅供业内专家参考的数据还是让人胆战心惊。

页岩气进入美国市场离不开几项新技术，技术的研发方就有切尼的老东家哈利伯顿公司。在切尼还是该公司的首席执行官时，公司就成功地利用了几项技术，包括水平钻探和“压裂”技术。所谓“压裂”，就是通过注水来破坏埋藏页岩气的岩层。由于开采技术的特殊性，页岩气被称作非常规油气。在那时，开采页岩气并不划算。

美国能源部能源信息局对常规油气的定义是：“在相关地质层面钻井后，储集层的流动性使得油气顺利进入井眼……”非常规碳氢能源则不能满足上述条件，或是因为地质条件使得孔隙率和渗透率很低，或是因为其密度与水相仿或比水大，因而难以用常规办法进行开采、运输和提炼。按照这一界定，非常规油气比常规油气的开采成本和难度都大。只是从2008年开始，随着油价涨至每桶100美元并得以维持，开采非常规油气才具有吸引力。

开采页岩气，要先将压裂液注入井中，以足够的压力将岩层压裂，产生高导流能力的裂缝，从而形成释放页岩气的通道。关键问题就是不能让裂缝再度闭合，否则将无法持续开采。压裂液有剧毒，其具体成分通常被视为公司机密。

就典型的压裂法而言，需要把水和剧毒化学品混合成压裂液，其中仅用水就达数百万加仑，因此压裂液溢出或渗透到周围透水性岩层的情形屡见不鲜。如果措施不当，70% 的压裂液可能会发生渗透或溢出，造成油气储集层受损，地质构造改变，进而影响油气产量。[6]

2007 年以后，用压裂法开采非常规油气在美国遍地开花。有人甚至预测，北美未来使用该方法开采的天然气将占地区总产量的 70%。

切尼的“哈利伯顿漏洞”

页岩油气在美国大行其道完全是靠一个人，那就是时任副总统迪克·切尼。

美国国会 2005 年通过了一项法规，赋予石油行业的压裂作业豁免权，环境保护署无权按照《安全饮用水法案》对其进行监管，这是美国掀起页岩油气开采热潮的主要原因。不受环境保护署监管，完全没有政府制约，石油天然气企业可直接向地下饮用水源或其附近区域注入有害物质，这种情形在美国独此一家。[7]

2005 年的这个法规于是被称为“哈利伯顿漏洞”，因为豁免是由哈利伯顿公司千方百计游说而成，而该公司是切尼的老东家，也是化学压裂液行业的龙头老大。

作为小布什政府的副总统，切尼 2001 年初上任后立即把持了总统级别的能源特别委员会，制定美国综合能源战略。有文件显示，除了关注伊拉克的石油，该小组还利用切尼的政治人脉和油气行业提供的游说资金，让压裂法在豁免权的庇护下一路绿灯，就连环境保护署的法规也对其奈何不得。[8]

2004 年，环境保护署发布了压裂技术的环评报告，被该署监督员韦斯顿·威尔逊认为“缺乏科学根据”。2005 年 3 月，该署监察长尼基·廷斯利发现了充分证据，证明研究报告确实瞒天过海，与威尔逊的观点不谋而合。

美国石油和天然气问责项目组也进行了评估，发现报告初稿中曾提到，如果压裂操作不规范，作业点周围居民的健康将面临威胁，后来这些内容被删除了。此外，像“即便钻井结束，压裂液仍可能长期威胁饮用水安全”，这样重要的信息也未被纳入报告。[9]

然而，在强大的政治压力下，这些反对意见毫无立足之处，压裂法从此所向披靡。切尼和他的朋友们真是功不可没啊！

利用压裂法开采页岩气需要海量用水，还要加入剧毒化学品。水对于压裂法必不可少，因此切尼为油气公司争取到的豁免权至关重要。“哈利伯顿漏洞”绝非小事一桩。

就实际生产而言，美国每口井的用水量平均在450万升—1300万升之间，大的项目甚至达到1900万升。如果要进行深度压裂，用水量还要增加。这样算来，每口井在开采期间要用水1100万升—3000万升。[10]

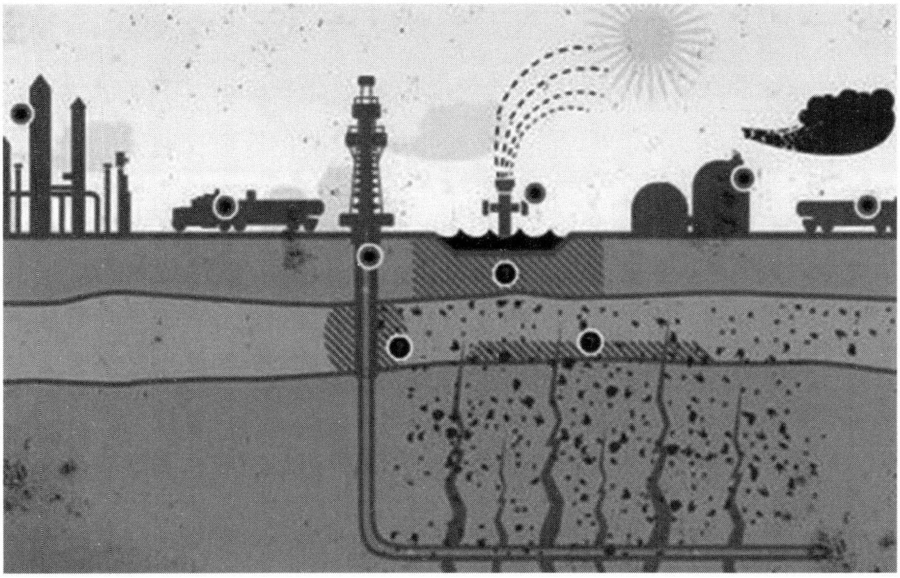

压裂法产生渗漏污染饮用水源示意图。

宾夕法尼亚等州广泛使用压裂法开采油气，当地的农业部门报告，不少地下水源因沾染毒素已无法饮用，有时压裂产生的气体甚至会通过厨房的下水道进入居民家中，威胁居民安全。

2011 年初，奥巴马政府的能源部设立了页岩气顾问委员会，假惺惺地要评估页岩气开采的环境危害。该委员会在当年 11 月发布了相关报告，所谓报告，不过是为了粉饰太平，目的是掩盖页岩气开采存在的问题。

该委员会由前中情局局长约翰·多伊奇挂帅，他的利益与油气领域休戚相关。当时，他是切尼尔液化天然气公司的董事。为方便美国的页岩气出口，该公司专门通过萨宾帕斯终端建设了一个天然气液化中转站，这样的中转站在美国仅有两个。[11] 多伊奇还是以能源业务为主的花旗银行的董事，该集团与洛克菲勒家族交往甚密。此外，他还兼任斯伦贝谢公司董事，这家公司与哈利伯顿一样是水力压裂行业的大户。

事实上，顾问委员会共 7 人，其中 6 人与能源领域密不可分，包括力挺压裂法的丹尼尔·耶金，他是国家石油委员会的成员。所以，多伊奇的报告称页岩气是“近五十年来能源方面的最大利好”，这丝毫不令人惊讶。多伊奇还表示：“从长远看，页岩气在美国有取代液体燃料的潜力。”[12]

时不我待：页岩气“大跃进”

政府放纵，监管无力，国际油气价格居高不下，美国油气行业开始肆无忌惮地开采页岩气，转眼就赚得盆满钵满。

依据能源信息局的数据，美国 2007 年页岩气开采量不到 5.6 万立方米，2011 年已达 22.7 万立方米，整整增加了 3 倍，占当年美国天然气产量的 40%；相比之下，2002 年的比重仅为 3%。[13]

自从一个多世纪前石油问世开始，由于整体上供大于求，为确保石油价格不会下跌，该行业可谓机关算尽。20 世纪 30 年代，随着东得克萨斯超级油田被发现，油价应声而跌。关键时刻，得克萨斯州制定了石油生产的每日配额，这一方法无异于油价的保护神，而且屡试不爽，后来的欧佩克的做法就是以此为师。

到 2010 年，联邦政府对油气行业放宽管制，英国石油公司、切萨皮克能源公司、阿纳达科石油公司、雪佛龙和加拿大能源公司一哄而上，俨然是页岩气“大跃进”，之前的开采配额也就形同虚设了。

会“逃逸”的气体

众多公司对页岩气开采一哄而上，这本身就说明了不少问题。与其他常规气体不同的是，由于气藏地质的特殊性，页岩气逃逸的速度很快，如果后续钻井跟不上，开采就难以为继。

自从 2005 年切尼拿到应对环境保护署的豁免令后，页岩气开采突飞猛进。大量的页岩气在短时间内涌入市场，造成其价格不断下跌。路易斯安那州的亨利中转站连接了九条跨州管道，是页岩气价格的风向标。2005 年页岩气的报价是每千立方英尺 14 美元（1000 立方英尺约为 28.3 立方米），到 2011 年 2 月，价格就跳水至 3.88 美元，当前的价格徘徊在 3.50 美元左右。[14]

亚瑟·伯曼是一位资深的石油地质学家，擅长油井评估。利用美国页岩气主产区的已知开采数据，他得出的结论振聋发聩，即页岩气繁荣渐渐发展成一场新的庞氏骗局，未来三四年就将破灭。奥巴马所谓页岩气能让美国 100 年高枕无忧的说法实在是天方夜谭。

伯曼早在 2011 年就曾指出：

事实表明，参考目前的天然气价格，只有达到每千立方英尺

8—9 美元才能维持生产，所以大多数页岩气井的商业前景并不看好。我们估计，2012 年的价格大概会在 4 美元—4.55 美元左右，未来 18 个月不可能超过 8 美元。因此，出于资金链、资产销售、股票价格等原因，不少企业目前对页岩气的开采将不可持续。[15]

伯曼还说道：

页岩气大企业的开采持续下降，表明产量下滑将不可避免，海恩斯维尔页岩区块的情况尤其明显，要知道，其最初产量是巴尼特区块和费耶特维尔区块的三倍。在海恩斯维尔，钻塔数量已经减少，企业方面被迫把重点转向含气量较少且不易开采的区块。显然，对于之前页岩气廉价且储量充足的说法，目前的事实给出了一个大大的问号，这对信心和资金供应将是当头一棒。[16]

伯曼等人认为，天然气行业的巨头及其背后的华尔街大银行，显然夸大了可开采的页岩气储量和开采寿命。

伯曼指出：

对于页岩气储量和经济效益的估计，来源于预期最终开采量（EUR），之前虽然预计产量会逐渐下滑，但至少会有几十年的开采寿命。页岩气的开采才刚开始几年，早期的估计模式是否正确仍需拭目以待，或许过于乐观……鉴于打井数目不断减少，我们的分析认为，每口井的最终开采量可能只有企业期望值的一半。[17]

简而言之，页岩气的价格将不断上涨，而且可以开采几十年，这就是生产商描绘出的光明前景。总统顾问们告诉奥巴马的大致也是这样，美国能源政策改变的背景也不过如此。

基于美国页岩气主产区的实际生产数据以及钻井数目大幅下降，伯曼断定页岩气不过是昙花一现。这也是为什么美国页岩气公司的资金到了 2013 年便捉襟见肘，它在页岩气价格巅峰时贷款购置了几十亿美元的设备，现在拼命想把这些烫手的山芋转手卖给无知的国外买家。

伯曼的结论是：

> 从致密的砂岩和煤层气藏中开采天然气已有三十年，经验表明开采低渗透气藏的利润很少。相比之下，页岩气藏的渗透性极差。既然这样，那些精明的分析师为什么偏偏认为页岩气的利润前景会一片光明呢？不错，最初页岩气产量的确很高，但那些井的开采寿命都很短，而且保持产量要不断追加投入。如果有人期待页岩气的长期生产成本比其他非常规燃气低，那不失望才怪呢……开采页岩气的真实成本是目前的燃气价位难以支撑的（截至6月30日，2011年的均价是4.15美元/千立方英尺），而且每口井的储量仅有开发企业所声称的一半。[18]

这就是真相，这就是为什么如此精明的美国石油行业会孤注一掷地开采页岩气。它已陷入一场高风险的赌局，弄不好就会倾家荡产，在泡沫破灭前，它竭尽全力想脱手这个烂摊子。同样，华尔街的银行家们也被这场庞氏骗局拖下水，投入的筹码高达数十亿美元，情形多少与最近的房地产泡沫类似。

迎接天然气世纪？

“页岩气能让美国一百年高枕无忧”——总统承诺的“一百年”从何而来？谎言，纯粹的谎言，再加上被政府篡改的数据，“一百年”就这样产生了。本土页岩气等非常规能源能开采一百年？这样说根本就没什么依据。在油气行业，“资源”和“储量”是两个存在根本区别的概念，是有人故意想要混淆视听。

“资源”是地球所蕴含油气的天然总量，包括已发现的和未被发现的，能开采的、不能开采的以及已开采的。“资源”是一个总体估值，与油气是否能够进行商业开采无关，实际开采中根本不会考虑其数值。其中的“可开采”油气是指按照钻井、压裂等现有技术能力，估算出具备商业开采价值的油气总量。

业内将“资源”细化为三类：储量——已探明且具备商业开采价值；表外资源——已探明且具备开采条件，但以目前的费效比衡量，商业价值不高或不具备商业价值；远景资源——尚未被探明，可能具备开采条件。[19]

美国天然气资源委员会负责制定燃气资源的评估标准，对于包括页岩气在内具备开采条件的资源，该机构制定了“可行、可能、潜在”三个等级。

仔细研究总统承诺的一百年这个数字，不难发现，总统和他的幕僚采用的是该委员会提出的三个等级的总和，共2170万亿立方英尺，然后除以2010年24万亿立方英尺的消耗量，就会得出燃气可以支撑九十至一百年的数值。而总统刻意未提的是，三个等级中的大部分资源，要么储藏过于分散、要么难以开采、要么储藏位置过深开采导致成本太高。[20]

伯曼在另外一篇分析报告中指出，如果美国政府现实的话，就应采用该委员会提出的“可行”等级的数据，共550万亿立方英尺。根据实际开采的经验，550万亿立方英尺中仅有一半可被称作储量，也就是225万亿立方英尺，那么美国的页岩气储量就只能保证十一年半。再加上已探明的273万亿立方英尺储量，换算为另外十一年半，总共也不过二十三年，而且即便是已探明储量，也不是在现有的条件下都能够开采，所以二十三年也是高估了。此外，要是消费量增加，那么这些储量也难以支撑二十三年。[21]

凭“二十三年”就能改变全球能源地缘政治？痴人说梦！

对于可开采的页岩气资源，美国政府内部也有截然不同的估计。能源信息局乐观地认为页岩气的平均开采效率是13%，而较为保守的数据是7%—7.5%；相比之下，常规天然气的开采效率是75%—80%。

由于使用了较高的估值，能源信息局认为美国可开采燃气约为482万亿立方英尺，但是按照实际开采经验，这一数值至少要降至240万亿立方英尺才合理。现在开采的页岩气区块，通常产量会在短时间内大幅下滑，这更让开采效率江河日下。[22]

页岩气“逃逸”触目惊心

鉴于页岩气井的产量会在短时间内大幅下滑，而且开采效率低下，此前追捧页岩气的公司突然发现，自己如同坐在金融定时炸弹上，随时面临破产的危险。所以不难理解，它们急不可待地要把页岩资产包袱甩给不知情的买家。

通过分析美国近年来页岩气开采的情况，再考虑到加拿大沥青砂油居高不下的开采成本，戴维·休斯写道：

> 页岩气生产突飞猛进，已占到美国天然气产量的近40%。然而，自2011年12月以来，产量停滞不前。80%的页岩气来自五大产区，其中几个产区的产量已开始下滑。页岩气井的产量下滑速度极快，要想保持目前的产量，每年还要开采7000多口井，投资420亿美元。相比之下，2012年页岩气的产值才区区325亿美元。[23]

休斯指出：

> 像海恩斯维尔这样顶尖的页岩气藏实在不多见，即便如此，其产量也在下滑。随着这些气藏的储量衰减，需要打更多的井，投入更多资金，才能维持目前的产量。与此同时，页岩开采带来的环境影响不断遭到居民的反对，纽约州和马里兰州都已明令暂停开采，其他州的抗议事件也层出不穷。虽然目前页岩气产量有所增加，但常规燃气的产量却在下降，所以燃气的整体产量只是略微增加。按

照当前的燃气价格，大多数页岩气产区的生存前景不容乐观。[24]

如果上述几种估算有些许道理的话，美国页岩气的储量大约可开采十一至二十三年，非常规石油的储量大约可开采十年，之后便会一蹶不振。按照目前的技术，大肆宣扬的美国“能源自给”纯属子虚乌有。

要么骑虎难下，要么就此收手

近年来，美国的页岩气开采一发而不可收，部分原因与开采时要签订土地租赁协议有关，租借时间一般为三至五年，在此期间企业必须在协议土地上进行开采。在美国，像农民这样的土地所有者拥有地下矿藏的所有权，可以将土地出租给油气公司。公司通过发行股票为开采筹集了大量资金，为了不让股价下跌，必须不断租赁新的地块，为此它们面临巨大的压力。

在这种“要么骑虎难下，要么就此收手”的压力下，公司千方百计地寻找最好的“甜点区域”*，然后吹嘘说所有产区都像这些“甜点区域”一样高产。

然而，休斯指出：“不是所有的页岩气区块都高产，能被称为甜点的只有一小部分。美国开采的30个页岩区块中，有6个区块占到了全部产量的88%。不过其单井产量下滑极快，开采36个月后就可能下降79%—95%。尽管有些井特别高产，但毕竟是极少数，而且主要集中在甜点区域。”[25]

页岩气田产量下降之快，达到每年减少30%—50%，需要打更多的井才能维持产量。这不是骑虎难下是什么？

这意味着每年要投入420亿美元，才能维持现状。相比之下，2012年美国页岩气总产值仅为325亿美元，而且是按每千立方英尺3.40美

---

* “甜点区域”，即短期内该区域的页岩气产量很高。——译者注

元的最高价格计算得出的，高于 2012 年页岩气的均价。这样看来，仅 2012 年一年，美国页岩气商就在这场豪赌中净亏损 100 亿美元。

更严重的是，休斯指出，随着甜点区域开发殆尽，开采将转向产量较低的气田，这样每年追加的投资必须像滚雪球一样不断加大，才能确保产量不减。即便是 2012 年最高产的海恩斯维尔，平均每口井产量也已经下降了近 20%，在十大气田中已降至第 8 名。[26]

麻省理工学院的科学家分析了美国主要页岩气产区的生产数据，他们发现，大多数产区刚开始的产量都高得离奇，当然了，这是助推华尔街页岩气泡沫的关键因素之一，但一年内产量就迅速下滑。他们指出："总体来看，这些产区一年后的产量比最初下滑近 60%。从第二年起，下降的速度会变慢，通常每年不到 20%。"[27]

2014 年 5 月，美国能源信息局给页岩泡沫来了个晴天霹雳，该局把蒙特雷产区的预期产量减少了 96%，位于加利福尼亚的这块产区约占美国页岩油总储量的三分之二。[28]

到 2014 年夏天，美国大肆宣扬的页岩气神话败相已露，但这丝毫不妨碍华盛顿和美英石油公司向外推销页岩能源"革命"，目标就包括中国、乌克兰、欧盟。这是一场彻头彻尾的地缘战略骗局。

中国也在发展页岩气

华盛顿不遗余力地推动页岩气革命，其主要目标就是中国。中国是世界上的油气进口大国，对美国独霸天下正在构成越来越大的政治和经济威胁，这让操纵美国的大家族惶恐不安。

页岩气开采的钻探和压裂技术专利，全部都被像哈利伯顿这样的美国公司控制，而埃克森美孚、雪佛龙和中情局、五角大楼关系极其密切并在全球合作，所以华盛顿有条件忽悠中国采用压裂技术开采页岩油气，从而把中国拖下水。

于是，美国政府造出舆论，称页岩气将成为中国能源难以抗拒的解决方案。2011年，美国能源信息局发布报告，评估了若干国家的页岩气规模，称中国拥有的页岩气资源最多，约36万亿立方米。[29]

2009年11月，奥巴马总统访华，表示愿意帮助中国开发页岩气资源。[30]而就在两年前，针对中国不断增加的国际政治和经济影响，美国政府宣布了新的亚太战略，加强了在澳大利亚、日本、菲律宾、越南的军事力量，客观上威胁到了中国的安全。美国的前后态度判若两人，令人不禁心生疑虑。实际上，诱使中国石油公司斥巨资开采国内页岩气，不过是类似于给根“胡萝卜”这样的小把戏，目的是让中国的能源安全战略误入歧途。

2012年，英荷皇家壳牌集团与中石油（中国最大的石油天然气公司）签署一份重要协议，协议覆盖面积达3500平方公里，位置在四川盆地的富顺—永川区块，那里是中国最活跃的地震带，距离直辖市重庆咫尺之遥。[31]

几个月后，壳牌宣布放弃在美国高达数十亿美元的页岩气投资。2013年10月6日，该集团首席执行官彼得·博塞尔接受了《金融时报》采访，称放弃在美投资是因为页岩气项目的结果“令人失望”。他告诉媒体，作为首席执行官，他对投资失败深感遗憾。[32]

一方面不了解北美页岩气公司的实际运转，另一方面被媒体铺天盖地的宣传和美国政府的吹嘘所迷惑，中国一些部门误把页岩气项目作为重点来发展。

2014年8月，中国的能源官员不得不面对现实。他们发现，要实现北美那样的页岩气繁荣，实在比预期的难上加难。在中国用天然气代替煤炭、减少对外能源依赖的梦想，现在看来难以实现，开采国内页岩气还需更多努力。

2013年，中国成为仅次于美国和俄罗斯的第三大天然气消费国，年消耗量达1660亿立方米。国家能源局2012年预期，到2020年，中国年开采页岩气将达到600亿—1000亿立方米。2014年8月，该局局长把数据调低了一半，即年开采页岩气 300 亿立方米，理由是地质情况复杂，开采成本高。[33]

到 2014 年夏，中国的页岩气产业在痛苦中挣扎。大多数页岩气项目刚刚上马，却发现气藏大都比北美的深，开采需要更高的费用。

此外，中国的页岩气区含黏土较多，湿度比美国的要大，因此通过压裂岩层来获取气体的难度更大。压裂法在中国困难重重。[34]

但是福祸相依，对欧亚大陆地缘政治的未来，尤其是中俄的经济合作而言，中国开采页岩气虽然出师不利，却成为促成中俄签订“世纪能源大单”的重要因素。在 2014 年 5 月的亚信峰会上，中俄两国元首高瞻远瞩，毫不犹豫地完成了这一大手笔。协议为期三十年，资金总额达 4000 亿美元，由俄罗斯国有天然气工业股份公司向中国输送天然气。

乌克兰押宝页岩气

2014 年 2 月 22 日，美国一手策划了乌克兰政变，新上台的基辅政权竭力想要摆脱对俄罗斯天然气的依赖，壳牌集团从中发挥的作用让人瞠目结舌。

20 世纪，壳牌曾是支持基辅右翼新纳粹政变的关键力量，壳牌的亨利 · 德特丁爵士出资，支持白军针对布尔什维克的反革命活动。1919—1920 年，托洛茨基领导的红军在乌克兰和克里米亚打败了白军，这些历史在教科书上依旧历历在目。20 世纪 20 年代到 30 年代，德特丁爵士又摇身一变，成为希特勒国家社会党的重要资助人。

政变以前，乌克兰是俄罗斯天然气通往德国、奥地利等欧盟国家的必经之路，每年输送 850 亿立方米，乌克兰自己则要进口 510 亿立方米。基辅新政权认为，页岩气将改变乌克兰对俄罗斯天然气的依赖。美国能源部 2012 年也做过一项研究，认为乌克兰“可能”拥有 1.2 万亿立方米可开采的页岩气。

乌克兰政府估计，东部的尤佐夫斯基地区可能蕴藏1130亿立方米页岩气。壳牌闻风而动，马上签署了开采协议，那里曾是2014年春天乌内战最激烈的战场。[35]

同样，雪佛龙公司也与乌政府签署协议，开采西部的奥列斯基地区，协议金额达100亿美元。

到2014年夏，乌克兰开采页岩气的前景并不乐观。在一份对全球页岩气前景的分析报告中，美国信息处理服务公司（IHS）指出：

> 从北美的经验看，对大型页岩区块进行国际化开采，需要诸多条件，包括以最新技术完成上千个水平钻孔、工作人员技术熟练、现代化的专用钻塔、全天候的后勤保障、高效的供应链条、完善的上下游基础设施。此外，开采地区应当政治稳定、政府提供政策和法规的支持、民众欢迎、供水充足、环保措施得力、商务环境良好。[36]

这些条件，2014年的乌克兰无一具备，就连华盛顿倾情打造的页岩气革命也是名存实亡。但是，从美英政府大力支持壳牌、雪佛龙进入乌克兰开采页岩气这件事上看，北约和欧盟要拉拢乌克兰入伙的意图只增不减。

掌控乌东部气田的就是乌克兰寡头伊霍尔·科洛莫伊斯基，他以在塞浦路斯注册的布瑞斯玛公司进行实际操控。

布瑞斯玛公司疑点重重

2014年4月，也就是华盛顿支持基辅政变后仅仅两个月，布瑞斯玛公司宣布美国副总统拜登的儿子亨特·拜登担任该公司的董事，负责法律和国际事务，一石激起千层浪。[37]消息公布时，其父亲正在基辅与美国扶持的新政权秘密谈判。别忘了，拜登副总统和国务院前发言人维多利亚·纽兰都曾为策划乌克兰政变忙得不亦乐乎。

显而易见，把乌克兰头号天然气公司的关键位置给亨特，就是确保美国控制乌天然气及俄在乌境内的运输管道。

亨特·拜登还是国家民主研究所的顾问，该所是国家民主基金会的下属机构。至于国家民主基金会，借用其元老之一艾伦·温斯坦的话，这个用纳税人的钱供养的机构，干的都是中情局二十五年前干的事情。

科洛莫伊斯基是乌克兰第二大金融寡头，在国内外拥有庞大的公司帝国，布瑞斯玛只是其麾下的一员。该公司有深厚的政治背景，丑闻缠身。与亨特·拜登一起加入布瑞斯玛董事会的，还有和小布什同期执政的波兰前总统亚历山大·克瓦希涅夫斯基。为了让美国人满意，布瑞斯玛还任命美林银行的艾伦·阿普特担任董事长。董事会中还有一名美国人，名叫德文·阿切尔。阿切尔是亨特·拜登在美国的投顾公司的合作伙伴，是国务卿克里的夫人特雷莎·海因茨·克里家族财产的经理人，而特雷莎是亨利·海因茨三世的遗孀。阿切尔还是海因茨家族设立的霍华德·海因茨投资的董事。这伙人的贪腐可谓臭名远扬，柏林和莫斯科无一不知。[38]

布瑞斯玛公司疑点重重，它在塞浦路斯注册，但公开消息少得可怜，不仅在彭博新闻社无据可寻，在维基百科上也无只言片语，其公关由一家英国公司负责打理。[39]

2014 年 3 月 3 日，也就是基辅政变的腥风血雨之后仅两周，或许就是在美国国务院的授意下，乌克兰新政权任命伊霍尔·科洛莫伊斯基担任第聂伯罗彼得罗夫斯克州州长，那里是乌克兰页岩气所在地。[40]布瑞斯玛在乌克兰东部仅有的开采权就在那里，靠近哈尔科夫州附近的第聂伯-顿涅茨油气盆地，那里对基辅的反对也最强烈。

科洛莫伊斯基是乌克兰公民，持有以色列护照，是在瑞士注册的普里瓦集团的掌舵人，他担任州长后立即组织私人武装，对乌东部的反对派展开清剿。反对派居住地恰是科氏与英荷壳牌集团合资开采页岩气之处。俄罗斯媒体报道，科氏私人武装在 2014 年 7 月下旬控制了反对派的部分地盘后，秘密地把开采页岩油气的压裂设备和钻塔运了进去。[41]

乌克兰军队出手

2014年7月25日，塔斯社顿涅茨克报道，乌克兰军队正在乌东部城镇斯拉夫扬斯克协助安装页岩气生产设备，而三个月前他们曾对那里狂轰滥炸。塔斯社称："在乌克兰军队的保护下，技术人员正在安装钻塔，运来的设备源源不断。"军队正逐步把未来可能的开采区域控制起来。[42]

斯拉夫扬斯克是尤佐夫斯基页岩气区块的核心，2012年5月，乌克兰政府地质和矿产管理部门批准英荷壳牌集团在那里开采页岩气。此后，当地居民无数次强烈抗议用压裂法开采页岩气。[43]

页岩能源不是解决能源短缺的奇迹，石油峰值论也不代表石油时代的终结。现实非常复杂，为了控制油气能源，从中国南海到叙利亚，从伊朗到乌克兰，狼烟四起、战火纷飞，短期内不会平息。

纵观历史，截至2014年8月，全球工业化的步伐可谓波澜壮阔，但石油作为这一时代的发动机登上世界舞台，才刚刚一百年。

如本书开篇所言，一个世纪以前，也就是1914年8月，德国试图把柏林和巴格达用铁路连接起来，从而控制中东的石油。为了阻挠此事，英国的精英费尽心机，策划了一系列事件，导致第一次世界大战爆发。时至2014年，中东和乌克兰等地在美英的操控下战乱不断，目的是阻止欧亚大陆联手，这让世人嗅到了新的世界大战的味道。这一招不仅仅是要控制能源，更是借此控制特定的国家和国家集团，因为它们即将摆脱美元帝国七十多年的严密控制。这个美元帝国的背后，就是华尔街和伦敦金融城的大财阀。

注 释

总序

[1] 美国国防部（US Department of Defense）. 2022年国防战略简报（Fact Sheet: 2022 National Defense Strategy）. 2022-03-28, https://media.defense.gov/2022/Mar/28/2002964702/-1/-1/1/NDS-FACT-SHEET.PDF。

[2] 哈尔福德·麦金德爵士（Sir Halford J. Mackinder）. 民主的理想与现实（Democratic Ideals and Reality）. New York: Henry Holt & Co., 1919.150。

[3] 哈尔福德·麦金德爵士（Sir Halford J. Mackinder）. 圆形世界与赢得和平（The Round World and the Winning of the Peace）. Foreign Affairs, Vol. 21, No. 4, 1943. 601。

[4] 维多利亚·纽兰（Victoria Nuland）. 美国-乌克兰基金会（US-Ukraine Foundation）. 2013-12-13, https://www.youtube.com/watch?v=rPVs5VuI8XI。

[5] 兹比格涅夫·布热津斯基（Zbigniew Brzezinski）. 大棋局：美国至高及其地缘战略要务（The Grand Chessboard: American Primacy and Its Geostrategic Imperatives）. New York: Basic Books, 1997。

[6] 西摩·赫什（Seymour Hersh）. 美国如何摧毁北溪管道（How America Took Out The Nord Stream Pipeline）. 2023-02-08, https://seymourhersh.substack.com/p/how-america-took-out-the-nord-stream.《纽约时报》称其为“谜团”，美国实施的秘密海上行动一直掩人耳目，现在终于真相大白了。

[7] 同注[5]。

[8] 克劳斯·施瓦布（Klaus Schwab）（世界经济论坛创始人兼执行主席）. 可持续发展：现在是实施“大重置”的最佳时机（Sustainable Development: Now Is the Time for a “Great Reset”）. 2020-06-03, https://www.weforum.org/agenda/2020/06/now-is-the-time-for-a-great-reset/。

第一章　三足鼎立：英帝国的贸易、金融和原材料

[1] 关于1851年英国的自由贸易政策，亚伯拉罕·林肯国民经济战略的设计师、美国经济学家亨利·凯里评论道："这一制度既不完美，也非自然，为解释其必然带来的贫穷与悲惨而发明的理论也是如此。爱尔兰的不幸被归咎于人口过剩，尽管该王国拥有加以灌溉就能成为世界上最高产的、数百万英亩（1000英亩约为4平方千米）最肥沃的土地，尽管爱尔兰人民被迫付出更多劳动而花许多倍的钱去购买他们所消费的所有布匹和铁……人口过剩是一个错误制度导致一切罪恶的现成借口，它将继续如此，直到那个制度终结。为了维持这一制度，英国的劳动价格必须长期稳定地保持在较低水平上，这样才能使她得以承担印度人、德国人和美国人在运费和关税各方面给予的所有不利因素……"

凯里继续写道："很长时间以来，英国一直垄断机械行业，以至于它拥有竞争对手不可能轻易获得的技术熟练；与此同时，通过对人口的不恰当分类，它还维持了比邻国相对低价的资本和劳动价格……它的企业都是大公司，随时准备挫败企图与其竞争的对手；除了不停地改变金融安排，殖民制度带来的必然结果就是使它们足以把自己的损失转嫁给与之有联系的所有国家。"

凯里列举了美国始于1837年的经历，即银行恐慌和经济萧条。19世纪20年代之后，美国的信用信贷越来越多地被伦敦金融城的银行所控制，背离了李斯特的国民经济概念。

他写道："在英国，自由贸易对劳动的影响是'妇女替代了男性，甚至大多数未成年的孩子替代了妇女，劳动时间如此地延长，以至于使议会干预成为绝对必要'。他对这样试图利用垄断机械而对世界课税的可怕后果给予了指责。道德的影响与有形的影响同样糟糕。各种欺诈几乎无处不在。棉花被当作面粉……铁和其他商品的质量一致地下降，用以阻止其他国家生产同类商品。"

凯里把1846年废除《谷物法》作为政策的分水岭："现在，通过对英国的直接依附，让我们看看（1846年《谷物法废除法案》带来的）后果。伴随着巨额的粮食进口，爱尔兰人民的生活遭到了毁灭性打击。在失去了制造业和商业之后，爱尔兰人民只能靠农业生活。靠农业只能勉强维持生活，而且要看它的邻居是否愿意对失去劳动力而通过为其产品付出高于在其他地方购买产品的价钱"。

凯里继续写道："《谷物法》废除后，那个资源就断了，结果造成贫穷、悲惨和饥饿，责成爱尔兰土地拥有者供养人民，无论他们是否工作。因此，这成为在一个不幸的国家里重建奴隶制的条件之一 。一个粮食出口大国，如今变成了一个进口大国。印度玉米最大的市场是爱尔兰——这个国家里粮食生产几乎是人民的唯一职业……整个系统的目标就是增加调节生产者和消费者的人员数量……因此，爱尔兰不得不每年投入原本可以生产三倍多的铁和用英国加工的棉花和羊毛生产布匹所需的更多劳动。"

——亨利·凯里（Henry C.Carey）. 农业、制造业和商业利益之和谐（The Harmony of Interests: Agricultural，Manufacturing and Commercial）. Philadelphia: J.S. Skinner，1851. 60-65。

[2] 皮塞·史密斯（E.Peshine Smith）. 政治经济学手册（A Manual of Political Economy）. New York: George P.Putnam，1853.149-152。

[3] 弗里德里希·李斯特（Friedrich List）. 政治经济学的国民体系（The National System of Political Economy）. London: Longman，Green，1885；New York: Augustus M.Kelley，1966，reprinted。

[4] 同注 [2]。

第二章 分道扬镳：德国与第一次世界大战的地缘政治

[1] 卡尔·埃里希·博尔恩（Karl Erich Born）. 德意志帝国的经济社会史（1867/71—1914 年）（Wirtschafts- und Sozialgeschichte des Deutschen Kaiserreichs，1867/71-1914）. Stuttgart: Steiner Verlag，1985。

[2] 克努特·博尔夏特（Knut Borchardt）.1870 年以来的德国经济（Deutsche Wirtschaft seit 1870）. London: Weidenfeld & Nicholson，1967。

[3] 恩斯特·洛布（Ernst Loeb）. 1896 年德国交易法案（The German Exchange Act of 1896）. The Quarterly Journal of Economics，Vol. 11，1897，Boston。

[4] 亨利·豪泽尔（Henri Hauser）. 德国对世界的商业掌控（Germany's Commercial Grip on the World）. Translated from the French. New York: Chas. Scribner & Sons，1918.106 -108。

第三章 合纵连横：控制石油的全球争夺战

[1] 安东·莫尔（Anton Mohr）. 石油战争（The Oil War）. New York: Harcourt Brace，1926。

[2] 同上 .124。

[3] 弗兰克·哈尼根（Frank C. Hanighen）. 秘密战争（The Secret War）. New York: The John Day & Co.，1934。

[4] 卡尔·黑尔费里希（Karl Helfferich）. 世界大战：世界大战的由来（Der Weltkrieg:Vorgeschichte des Weltkrieges）. Berlin: Verlag Ullstein GmbH，1919. 120-165。

[5] 拉芬（R.G.D.Laffan）. 塞尔维亚人：大门的守护神（The Serbs: The Guardians of the Gate）. New York: Dorset Press，1917，reprinted in 1989. 163-164。

[6] 艾哈迈德·穆斯塔法·阿布—哈基玛（Ahmad Mustafa Abu-Hakima）. 科威特近代史（The Modern History of Kuwait）. London: Luzak，1983.188-197。

[7] 同注 [3]. 22-23。

[8] 同注 [4]. 165-166。

[9] 韦尔斯（H.G.Wells）. 试写自传（An Experiment in Autobiography）. New York: Macmillan，1934. 658-659。

[10] 加布里埃尔·阿诺托（Gabriel Hanotaux）. 法绍达事件：关于非洲的谈判（Fashoda: The African Negotiation）. La Revue des Deux Mondes，1909-02；冯·劳厄（T.H.Von Laue）.

谢尔盖·维特与俄国的工业化（Sergei Witte and the Industrialization of Russia）. New York: Atheneum，1974。

第四章　运筹帷幄：开辟近东石油战场

[1] 乔治·佩什爵士（Sir George Paish）. 关于英国黄金储备致财政大臣的备忘录（Memorandum on British Gold Reserves Sent to Chancellor）. 1914.1. Treasury, Files of British Public Record Office. T171 53。

[2] 乔治·佩什爵士（Sir George Paish）. 致财政大臣劳合—乔治的信（Letter to the Chancellor Lloyd George）. 2 a.m. Saturday, 1914-08-01, 2:00, British Public Record Office.T170 14。

[3] 弗兰克·哈尼根（Frank C. Hanighen）. 秘密战争（The Secret War）. New York: The John Day Co.，1934. 82-83。

[4] 英国对外政策文件（1919—1939 年）(Documents on British Foreign Policy, 1919-1939）. First Series. Vol.IV. 245-247。

[5] 劳伦斯（T.E.Lawrence）. 七根智慧之柱（Seven Pillars of Wisdom）. London: Cape, 1935. 24。

[6] 内瓦基维（J.Nevakivi）. 英国、法国和阿拉伯中东地区（1914—1956 年）(Britain，France and the Arab Middle East,1914-1956）. London, 1969. 264。

[7] 泽内（Z.N.Zeine）. 阿拉伯独立斗争：西方外交与叙利亚费萨尔王国的兴衰（The Struggle for Arab Independence:Western Diplomacy and the Rise and Fall of Faisal's Kingdom in Syria）. Beirut, 1960. 59。

[8] 罗斯（N.A.Rose）. 非犹太人犹太复国主义者：盎格鲁—犹太复国主义外交研究（1929—1939 年）(The Gentile Zionists: A Study in Anglo-Zionist Diplomacy, 1929-1939）. London: Frank Cass, 1973。

[9] 德里克·威尔逊（Derek Wilson）. 罗斯柴尔德：财富与强权的故事（Rothschild: A Story of Wealth and Power）. London: Mandarin, 1990.341。

[10] 菲利普·克尔，洛西恩勋爵（Philip Kerr, Lord Lothian）. 圆桌（Round Table）. 1911-08. 422-423。

[11] 哈尔福德·麦金德（Halford J. Mackinder）. 民主的理想与现实（Democratic Ideals and Reality）. New York: W.W. Norton, 1969. 89。

[12] 卡罗尔·奎格利（Carroll Quigley）. 盎格鲁—美利坚权势集团：从罗得斯到克利夫登（The Anglo-American Establishment from Rhodes to Cliveden）. New York: Books in Focus Inc., 1981. 5。

第五章 明争暗斗：英美争当世界霸主

[1] 达耶（R.A.Dayer）. 英国欠美国的战争借款……（British War Debts to the United States...）. Pacific Historical Review，No.45，1976-11: 577。

[2] 凯思林·伯克（Kathleen Burk）. 英国、美国与军费：1914—1918 年（Britain，America and the Sinews of War: 1914-1918）.London: George Allen & Unwin，1985。

[3] 托马斯·拉蒙特（Thomas W. Lamont）. 外国政府债券（Foreign Government Bonds）. Annals of the American Academy，1920-03:121。

[4] 卡罗尔·奎格利（Carroll Quigley）. 盎格鲁—美利坚权势集团：从罗得斯到克利夫登（The Anglo-American Establishment from Rhodes to Cliveden）. New York: Books in Focus Inc.，1981。

[5] 弗兰克·科斯蒂廖拉（Frank C. Costigliola）. 20 世纪 20 年代英美的金融竞争（Anglo-American Financial Rivalry in the 1920's）. Journal of Economic History，Vol.xxxvii，1977（4）。

[6] 安东·莫尔（Anton Mohr）. 石油战争（The Oil War）. New York:Harcourt Brace，1926。

[7] 弗兰克·哈尼根（Frank C. Hanighen）. 秘密战争（The Secret War）. New York: The John Day，1934。

[8] 同注［6］. 138。

[9] 同上 . 222-223。

第六章 步调一致：英美联手对付苏德

[1] 斯蒂芬·克拉克（Stephen V.O. Clarke）. 国际货币体系的重建：1922 年和 1933 年的尝试（The Reconstruction of the International Monetary System: The Attempts of 1922&1933）. Princeton Studies in International Finance，#33，1973-11。

[2] 弗兰克·哈尼根（Frank C. Hanighen）. 秘密战争（The Secret War）. New York:The John Day Co.，1934。

[3] 古斯塔夫·斯托尔珀（Gustav Stolper），卡尔·豪泽尔（Karl Hauser），克努特·博尔夏特（Knut Borchardt）. 1870 年以来的德国经济（Deutsche Wirtschaft seit 1870）. Tübingen，1966。

[4] 安东·齐施卡（Anton Zischka）. 石油战争：世界强国的变换（Oelkrieg:Wandlung der Weltmacht）. Leipzig: Wilhelm Goldmann Verlag，1939。

[5] 泽内（Z.N.Zeine）. 阿拉伯独立斗争：西方外交与叙利亚费萨尔王国的兴衰（The Struggle for Arab Independence:Western Diplomacy and the Rise and Fall of Faisal's Kingdom in Syria）. Beirut，1960. 59。

[6] 同注［3］。

[7] 同上。

[8] 奥托·普夫莱德雷尔（Otto Pfleiderer）. 德国的货币与经济（1876—1975 年）(Währung und Wirtschaft in Deutschland 1876-1975）. Frankfurt: Deutsche Bundesbank，1976.194。

[9] 卡罗尔·奎格利（Carroll Quigley）. 悲剧与希望：世界当代史（Tragedy and Hope: A History of the World in Our Times）. London: Collier-Macmillan Ltd. 1966。

[10] 约翰·布莱尔（John M.Blair）. 控制石油（The Control of Oil）. New York: Pantheon Books，1976。

[11] 美国联邦贸易委员会（U.S. Federal Trade Commission）. 国际石油卡特尔（The International Petroleum Cartel）. Report to U.S. Senate Small Business Committee. 82nd Congress, 2nd Session. 1952. 245。

[12] 迪特尔·施蒂费尔（Dieter Stiefel）. 1931 年的金融外交与世界经济危机：信贷银行和工商业的危机（Finanzdiplomatie und Weltwirtschaftskrise: Die Krise der Creditanstalt für Handel und Gewerbe，1931）. Frankfurt: Fritz Knapp Verlag，1989。

[13] 理查德·迈耶（Richard H.Meyer）. 银行家外交：20 世纪 20 年代的货币稳定（Bankers' Diplomacy: Monetary Stabilization in the 1920's）.New York: Columbia University Press, 1970。

[14] 拉尔斯—约纳斯·安格斯特朗（Lars-Jonas Åangström）. 伊瓦尔·克雷于格被谋杀！（Ivar Kreuger blev moerdad!）. Stockholm: Svenska Marknaden，1987. 8。

[15] 杜鲁门·史密斯（Truman Smith）. 柏林警报：杜鲁门·史密斯回忆录及报告（Berlin Alert: The Memoirs and Reports of Truman Smith）. Stanford: Hoover Institution Press. 1984。

[16] 针对这一极少讨论的背景，比较有用的参考文献是 J.&S. 普尔（J.&S. Pool）. 希特勒通往权力的开路先锋：推动希特勒上台的德国与国际秘密资金（Hitlers Wegbereiter zur Macht:Die geheimen deutschen und internationalen Geldquellen, die Hitlers Aufstieg zur Macht ermöglichten）. München: Scherz Verlag，1979；海因茨（Heinz），彭茨林（Pentzlin）. 希尔马·沙赫特（Hjalmar Schacht）. Berlin: Verlag Ullstein GmbH，1980；其他有用的文献是哈罗德·詹姆斯（Harold James）. 德国暴跌：1924—1936 年的政治与经济（The German Slump:Politics and Economics 1924-1936）.Oxford: Clarendon Press，1986。

第七章　排兵布阵：建立英美石油美元秩序

[1] 美国国家档案馆（United States National Archives）. 阿林致国务卿迪安·艾奇逊的备忘录（Memorandum of Alling to A.A.Dean Acheson）. 890F.24/20，1942-12。

[2] 美国参议院小企业特别委员会（U.S.Senate Select Committee on Small Business）. ECA 和 MSA 在石油价格方面与国际石油公司的关系（ECA and MSA Relations with International Oil Companies Concerning Petroleum Prices）. 82nd Congress，2nd session. 1952。

[3] 戴维·佩因特（David S. Painter）. 石油与马歇尔计划（Oil and the Marshall Plan）. Har-

vard University: Business History Review，No. 58. Autumn 1984。
[4] 马尔切洛·德切科（Marcello De Cecco）. 1945 年以来的国际金融市场和美国国内政策（International Financial Markets and US Domestic Policy Since 1945）. London: International Affairs. Vol.52，#1，1976-01。
[5] 纳斯鲁拉·法特米（Nasrollah S.Fatemi）. 石油外交：伊朗的火药桶（Oil Diplomacy: Powderkeg in Iran）. New York: Whittier Books，Inc.，1954。
[6] 同上。
[7] 塞佩赫尔·扎比（Sepehr Zabih）. 摩萨台时代（The Mossadegh Era）. Chicago: Lake View Press，1982。
[8] 约阿希姆·约斯滕（Joachim Jöesten）. 竞争中的石油大国（Ölmächte im Wettstreit）. Baden-Baden: August Lutzeyer，1963。
[9] 美国国务院国家档案馆（United States National Archives，Department of State）. 关于恩里科·马太和埃尼公司的备忘录（Memorandum on “Enrico Mattei and the ENI”）. 59.865.2553/12-1654，1954 -12-16。
[10] 同注 [8]. 108-112。
[11] 佚名. 没有马太的埃尼公司（ENI Minus Mattei）. The Economist，1962-11-05:499。

第八章 内外交困：英镑危机和德法联盟的威胁

[1] 保罗·麦克拉肯（Paul McCracken）. 走向关于全面就业和价格稳定（Towards Full Employment and Price Stability）. 独立专家组给经合组织的报告. OECD. Paris，1977。
[2] 贝洛赫（P. Bairoch）. 国际工业化水平（1750—1980 年）(International Industrialization Levels from 1750 to 1980）. Journal of European Economic History，Vol.11，1982。
[3] 夏尔·戴高乐（Charles de Gaulle）. 战争回忆录（The War Memoirs）. London: Weidenfeld & Nicolson，1967. 214。
[4] 洛伊丝·德梅尼（Lois P. de Menil）. 谁为欧洲代言？夏尔·戴高乐的远见（Who Speaks for Europe ? The Vision of Charles de Gaulle）. London: Weidenfeld & Nicolson，1977; 埃里希·门德（Erich Mende）. 从转折点到转折点（1962—1982 年）(Von Wende zu Wende:1962-1982）. Muenchen: Herbig Verlag，1986。
[5] 1963 年 11 月 22 日对肯尼迪总统的刺杀标志着美国政策一个明确的分水岭，明显的证据是林顿·约翰逊总统开始在越南大规模增加军费。根据包括罗杰·希尔斯曼的各种灵通传闻，肯尼迪在被刺之前已经下决心逐步结束中央情报局在东南亚的军事行动。某些调查人员指出，当时麦乔治·邦迪就在现场中心。关于肯尼迪被刺过程中中央情报局的作用，见罗伯特·格勒登（Robert J.Groden），利文斯通（H.E.Livingstone）. 叛国罪：刺杀约翰·肯尼迪的阴谋及其新证据（High Treason:The Assassination of John F.Kennedy and the New Evidence of Conspiracy）(New York: Berkeley Books，1989）；吉姆·加里森（Jim

Garrison）. 追踪刺客（On the Trail of the Assassins）(New York: Warner Books，1988）。
[6] 约翰·拉尼拉格（John Ranelagh）. 代理机构：中央情报局兴衰（The Agency:The Rise and Decline of the CIA）. London: Weidenfeld and Nicholson Ltd.，1986。
[7] 雅克·阿塔利（Jacques Attali）. 权势人物：西格蒙德·沃伯格爵士，1902—1982 年（A Man of Influence : Sir Siegmund Warburg，1902-1982）. London: Weidenfeld and Nicholson Ltd.，1986。
[8] 马尔切洛·德切科（Marcello De Cecco）. 1945 年以来的国际金融市场和美国国内政策（International Financial Markets and US Domestic Policy Since 1945）. London: International Affairs，1976-07。
[9] 雅克·吕夫（Jacques Rueff）. 收支差额：关于解决当代世界经济最迫切问题的建议（Balance of Payments: Proposals for the Resolution of the Most Pressing World Economic Problem of Our Time）. New York: Macmillan Co.，1967。
[10] 同注 [4]. 1977. 174。

第九章　逆流而动：人为制造石油危机

[1] 维克托·阿尔吉（Victor Argy）. 战后国际货币危机（The Postwar International Money Crisis）. London: George Allen & Unwin，1981。
[2] 萨尔特霍巴登会议（Saltsjöbaden Conference）的彼尔德伯格会议（Bilderberg meetings），1973 年 5 月 11 日—13 日。笔者得到了这次会议正式讨论的原始记录。通常这是保密的，但文件是从巴黎的一个旧书商那里买来，很明显来自于其成员谢泼德·斯通的图书馆。在 2000 年 9 月的一次私人谈话中，谢赫·扎基·亚马尼阁下向笔者谈到了 1974 年初他与伊朗国王的会谈。当时，根据沙特国王的指令，亚马尼问伊朗国王为什么伊朗要求欧佩克作如此大幅度的涨价。国王回答说："对这个问题，我建议你去华盛顿问亨利·基辛格。" 1973 年，彼尔德伯格会议的日程是由罗伯特·墨菲准备的。1922 年，他是美国驻慕尼黑领事，第一次见到阿道夫·希特勒就立即向华盛顿的上司提出了非常好的建议。作为政治顾问，墨菲后来制定了美国战后对德政策。做过萨尔特霍巴登能源报告的沃尔特·利维与石油大公司财富有着密切的联系。1948 年，作为马歇尔经济合作计划管理局的石油经济师，利维极力阻止政府对石油公司的定价进行调查。
[3] 马蒂·戈兰（Matti Golan）. 基辛格秘密谈话：在中东的逐步推进外交（The Secret Conversations of Henry Kissinger: Step-by-Step Diplomacy in the Middle East）. New York:Bantam Books Inc.，1976。
[4] 亨利·基辛格（Henry A. Kissinger）. 动乱年代（Years of Upheaval）. Boston: Little，Brown & Co.，1982。
[5] 国际货币评论（International Currency Review）转载的备忘录 . Vol. 20，#6，London，1991-01:45。

[6] 詹姆斯·艾金斯（James Akins）有关担任美国国务院燃料与能源办公室主任以及后来担任美国驻沙特大使的私人谈话。

[7] 格劳弗德·古德温（Craufurd D.Goodwin）等．能源政策透视（Energy Policy in Perspective）. Washington，D.C.: Brookings Institution，1981。

[8] 20 世纪 70 年代石油冲击期间，基辛格与英国外交部之间的关系十分密切。为了说明这一点，引用一段讲话非常有用，这是基辛格博士 1982 年 5 月 10 日在皇家伦敦国际事务研究所的十分坦率的讲话。在对两个世纪英国娴熟的“均势”外交大肆赞扬了几分钟后，基辛格对战后美国与英国的“特殊关系”给予了满意的评价。他补充说：“战后的外交史充满了英美之间的‘和解’与‘理解’，有时甚至是在一些关键问题上，而这些都没有写在正式的文件中……英国给予美国的实际帮助很多，甚至参与到美国的内部筹划中。在历史上任何两个主权国家之间，这种紧密程度从来没有过。在我任职期间，英国在某些美国与别国的双边谈判中发挥了创新性的作用……我在白宫时与英国外交部保持密切的信息交流，甚至比我与美国国务院交流的还多 ……”随后，基辛格举了美国有关罗得西亚前途问题谈判上的例子：“我在参与罗得西亚谈判时，甚至还没有搞清楚工作文件和内阁批准文件间的区别，就匆忙地拿着英国人用英国英语起草的方案上阵了。合作体制持续到我们的今天……”见亨利·基辛格（Henry A. Kissinger）. 反思伙伴关系：当今英美态度……（Reflections on a Partnership: British and American Attitudes Today...）(Royal Institute of International Affairs，Chatham House，London，1982-05-10)。

[9] 福特基金会能源政策项目（Ford Foundation Energy Policy Project）. 抉择时刻：美国能源的未来（A Time to Choose:America 's Energy Future）. Cambridge Massachusetts: Ballinger Publishing Co.，1974。

[10] 1973 年 6 月，大通曼哈顿银行主席戴维·洛克菲勒个人提议，在比尔德伯格集团的基础上，成立了一个非常有影响力的国际新机构，即三边委员会。这个机构的第一个执行理事是比尔德伯格活动的参加者兹比格涅夫·布热津斯基。三边委员会也是战后英美历史上第一次吸收日本财政与商业精英参加英美政策共识的形成。1976 年，基辛格与布热津斯基互换了位置，变成了三边委员会的执行理事，布热津斯基接替基辛格担任新总统吉米·卡特的国家安全顾问，卡特本人与他内阁许多重要的部长也是半保密的三边委员会成员。

[11] 这部分的背景是笔者在长达 16 年多的时间里广泛采访和对企业进行研究的结果。

[12] 对马尔萨斯经济学的批评，见弗里德里希·李斯特（Friedrich List）. 政治经济学的国民体系（The National System of Political Economy）. New Jersey: Augustus M.Kelley，reprint，1977。

[13] 亨利·基辛格（Henry A. Kissinger）. 世界人口增长对美国安全和海外利益的含义（Implications of Worldwide Population Growth for U.S. Security and Overseas Interests）. National Security Study Memorandum 200. U.S. National Archives. 1974 -12-10。

第十章　各个击破：压制一切独立的发展力量

[1] 国际钢铁学会（International Iron and Steel Institute）. 世界钢铁数据（World Steel in Figures）. Brussels，1991；挪威佛力士公司国际航运年度报告（Fearnley's World Shipping Annual Reports）. Oslo。

[2] 圭多·卡利（Guido Carli）. 为何银行不受欢迎（Why Banks are Unpopular）. Lecture to the Per Jacobsson Foundation. Stockholm，1976. 6.12。

[3] 国际清算银行（Bank for International Settlements）. 年度报告（Annual Report）. Basel，1976. 6。

[4] 杰克·贝内特（Jack F.Bennett）. 致亨利·基辛格的信（主题：沙特阿拉伯政府购买美国政府证券的特别安排）(Letter of Jack F. Bennet to Henry Kissinger，Subject: Special Arrangements for Purchase of U.S. Government Securities by the Saudi Arabian Government)，1975-02，International Currency Review，reproduced in full，Vol.20，#6，1991-01。其中，杰克·贝内特的职业生涯是值得注意的。1971 年，他被尼克松政府的财政部从埃克森公司借来工作，任务是帮助保罗·沃尔克准备应对即将到来的“石油美元”货币体系中可能产生的金融问题，并停止使用金本位。经过 1973—1975 年石油危机并成功建立石油美元回流体系之后，贝内特又回到埃克森公司。与此类似的是，1971 年，维克托·罗斯柴尔德离开荷兰皇家壳牌公司战略研究部门领导岗位，去领导直属于英国首相的中央政策评估组。在这一岗位上，他对英国的能源政策有着非同寻常的影响，因为他在 1973 年石油危机之前就很“幸运地”预测到石油价格的上涨。这一时期，他与美国国家安全委员会的基辛格保持联系。

[5] 弗雷德·赫什等（Fred Hirsh，et al.）. 货币秩序混乱的另类解决之道（Alternatives to Monetary Disorder）. Council on Foreign Relations 1980's Project. McGraw-Hill，1977. 55。

[6] 不仅发展中国家，发达国家也在尝试寻找一种替代办法，缓解 20 世纪 70 年代石油冲击的债务扼杀。在 1977 年初发表的建议中，日本三菱研究所所长中岛政喜提议建立一个他所谓的“全球基础设施基金”。他建议：“石油危机之后的这些年里，受到世界经济衰退的困扰，世界上每个国家都在寻找摆脱危机的办法。这里建议的全球基础设施基金就是日本考虑的一种承担国际责任的概念……这个建议将使这个国家产生五千多亿美元的需求……假定所有工业化国家和石油生产国互相配合……为世界瞄准新能源开发和增加粮食生产……实施这里提出的各种‘超级项目’，一定会导致对制造业需求的和平性增长……导致发达国家的技术鼓励替代军火生产……现在是人们坚持一个胆大、长远目标的时候了。”中岛政喜列出的大项目单子里包括了撒哈拉农业绿化、喜马拉雅山水电项目、在乍得和刚果修建一个中非湖以及在南美修建一系列水电大坝。在日本经济团体联合会的支持下，1990 年的瑞士达沃斯世界经济论坛对中岛政喜的建议进行了讨论。

[7] 关于基辛格承认在他担任国务卿期间与英国外交部有非常密切的联系，详见本书第 9 章第 8 条注释。

[8] 贝娜齐尔·布托（Benazir Bhutto）. 权力的女儿：自传（Tochter der Macht: Autobiographie）. Muenchen: Droemer Knaur，1989。

[9] 关于建立三边委员会的背景，请参见本书第9章第10条注释。这一机构成立之初的目的是扩大彼尔德伯格集团的影响，而彼尔德伯格集团是作为在西欧推行英美政策的工具而成立的。三边委员会试图适应变化了的地缘政治现实，即日本已经成为国际经济巨人，与北美和欧洲三足鼎立。在欧洲，这是一个由各派组成的混合集团，包括了德国的格拉夫·拉姆多夫。许多三边委员会的欧洲成员长期以来都是洛克菲勒的好友，全部都是他战争期间的欧洲商业网的老成员。在亨利·基辛格与民主党候选人、戴维·洛克菲勒的门徒卡特之间没有根本的政策分歧，这一点可以从以下几个方面得到佐证。基辛格离开政府后，洛克菲勒提名他担任大通曼哈顿银行咨询委员会委员，在布热津斯基主理卡特的美国外交政策之时，又提名基辛格接替布热津斯基担任三边委员会执行理事。

[10] 1978年，伊朗报纸Ettelaat发表了一篇文章，指责霍梅尼是英国的代理人。随后，神职人员组织暴力示威，导致数月后国王逃亡。详见《革命的来临》(The Coming of the Revolution)(U.S.Library of Congress Country Studies，Iran，1987-12)。在驱逐伊朗国王的过程中，英国广播公司波斯语广播发挥了重要作用，2001年9月24日《伊朗人》发表的侯赛因·沙希迪（Hossein Shahidi）的文章《英国广播公司波斯语广播六十年》(BBC Persian Service 60 Years on）中有详细阐述。英国广播公司与霍梅尼的观点如此相同，以至于赢得了"阿亚拉图英国广播公司"的称号。

[11] 美国审计长（Comptroller General of the United States）. 伊朗石油中断：石油供应减少以及美国政府应对措施的欠缺(Iranian Oil Cutoff:Reduced Petroleum Supplies and Inadequate U.S. Government Response）. Report to Congress by General Accounting Office，1979。

第十一章 不惜血本：建立"世界新秩序"

[1] 萨姆·艾伦诺维奇（Sam Aaronovitch）. 来自撒切尔主义的道路（Road From Thatcherism）. London: Lawrence & Wishart，1981。

[2] 国际钢铁学会（International Iron and Steel Institute）. 基础设施：钢铁面临的问题和前景(Infrastructure: Problems and Prospects for Steel）. Brussels，1985。

[3] 威廉·格雷德（William Greider）. 神殿的秘密（Secrets of the Temple）. London: Simon & Schuster，1987。

[4] 迈克尔·赫德森（Michael Hudson）. 超级帝国主义：美国主导世界的起源和基础（第2版）(Super Imperialism: The Origin and Fundamentals of U.S.World Dominance（2nd edition）. London: Pluto Press，2003。对于国际货币基金组织如何把别国（如墨西哥）经济纳入美元体系，赫德森作了深刻分析。

[5] 世界银行（The World Bank）. 世界债务表（World Debt Tables)(Washington）. 表格显示了20世纪80年代早期外债呈指数增长。

[6] 1923—1924年，由美国银行家道威斯（1865—1951年）所主持的协约国国际专家委员会为德国制订的赔款计划。它于1924年8月16日经协约国伦敦会议正式通过，并于同年9

月 1 日起生效。第一次世界大战结束后，《凡尔赛和约》规定战败国德国应偿付巨额战争赔款。1923 年，德国经济濒于崩溃，发生“赔款危机”，政局岌岌可危。协约国列强为防止资产阶级德国的瓦解和社会主义革命向西方扩展，以及避免赔款和债务化为乌有，制定了缓和当时德国赔款困难的道威斯计划。

[7] 1929—1930 年，由美国企业家和银行家扬格（1874—1962 年）所主持的协约国国际专家委员会为德国制定的新的赔款计划。它于 1930 年 1 月经海牙赔款会议最后通过。自 1923 年制定的道威斯计划执行后，遭受第一次世界大战破坏的德国经济虽得到恢复，但德国劳动者遭受剥削的加强，战胜国列强对德国的严厉控制和德国对外国资本特别是美国资本的严重依赖，决定了德国经济发展的基础十分脆弱。从 1927 年起，德国经济中各种矛盾迅速激化，经济危机的一些特征相继出现，支付赔款再次成为问题。于是，协约国制定了扬格计划，作为道威斯计划的继续。

[8] 汉斯·科尔诺·拉斯穆森（Hans Kornoe Rasmussen）. 被遗忘的一代：一本关于儿童和债务危机的辩论之书（The Forgotten Generation: A Debate Book Concerning Children and the Debt Crisis）(Danish UNICEF Committee，Copenhagen，1987)。关于这一债务危机的背景，见马尔科·米利沃耶维奇（Marko Milivojevic）. 重新安排债务偿还进程（The Debt Rescheduling Process）(New York: St. Martin's Press，1985)。此外，联合国的年度报告《拉美经济调查》(Economic Survey of Latin America）也提供了不少有用的、未被强调的数据以及库琴斯基（Kuczinski）为 1988 年英国独立电视台拍摄的关于债务危机的精彩纪录片所作的评论。

[9] 沃尔特·米希勒（Walter Michler）. 对抗大陆的经济战争（Wirtschaftskrieg gegen einen Kontinent）. Welternährung，1Q. 1991 Bonn。

[10] 斯蒂芬·皮佐（Stephen Pizzo）. 内贼作案：对美国银行储蓄和借贷的掠夺（Inside Job: The Looting of America's Savings and Loans）. New York: McGraw-Hill1989。

[11] 美国国会联合经济委员会（U.S. Congress Joint Economic Committee）. 经济指标（Economic Indicators）. Washington，1990。

[12] 戴维·黑尔（David D.Hale）. 每周货币报告（The Weekly Money Report）. Chicago:Kemper Financial Services，Inc.，1990-01-29。

[13] 美国—伊拉克商务论坛（U.S.-Iraq Business Forum）. 简报（Bulletin）. New York，1989-08。

[14] 萨达姆·侯赛因（Saddam Hussein）. 1990 年 2 月 16 日在阿拉伯合作委员会发表的讲话（Address of 16 February 1990 to Arab Cooperation Council）. Translated from Arabic in U.S. State Department Foreign Broadcast Information Service，Washington，1990-02-20。

第十二章　四处树敌：从邪恶帝国到邪恶轴心

[1] 日本与国际货币基金组织的争论，见《世界经济展望》(World Economic Outlook）(Inter-

national Monetary Fund, Washington, D.C. 1990-05, 46)。华尔街衍生行动加速了日经指数下跌的描述来自各个市场参与人士对笔者的非正式评论。在一封 1990 年 1 月的私人客户信件中，美国 Kemper 金融服务公司的经济师戴维·黑尔（David D.Hale）注意到当时华盛顿对日政策的奇怪矛盾。黑尔提到："美国财政部要求日本对资产市场实施自由化并废除金融卡特尔……美国必须认识到，在里根执政的最后年月里，货币政策引发的一些日本资产通胀注定支撑了美国的金融市场，并且东京市场自由化的速度太快，可能在无意中导致一场全球的金融危机。"杰弗里·米勒（Geoffrey P. Miller）的《一家中央银行在泡沫经济中的作用》(The Role of a Central Bank in a Bubble Economy)(New York University Center for the Study of Central Banks）详细说明了从广场协定到东京泡沫破灭等一系列事件，非常有用。美国有关冷战后期日本经济威胁的观点，查默斯·约翰逊（Chalmers Johnson）以美国顶级日本问题专家的身份给出了简要分析，详见《让我们重新审视亚洲裙带资本主义》(Let's Revisit Asia's Crony Capitalism)(Los Angeles Times, 1999-06-25)。武者小路公秀（Mushakoji Kinhide）的《日本与东亚的文化发展》(Japan and Cultural Development in East Asia)，见《武者小路公秀通讯》(Mushakoji Newsletter, No. 8, 1997, Tokyo)。劳伦斯·萨默斯（Lawrence Summers）引文，见菲利普·戈吕布（Philip Golub）的《全球政治经济中的东亚》(East Asia in the Global Political Economy)(Le Monde Diplomatique, London, 2003-10, English ed.) 关于亚洲金融危机的起源，见克里斯滕·诺德豪格（Kristen Nordhaug）1999 年提交的文章《美国霸权、日本和亚洲金融危机》(U.S. Hegemony, Japan and the Asian Financial Crisis)(http://www.globasia.dk)。关于东亚金融危机影响的官方报告，见安德鲁·克罗克特（Andrew Crockett）的《危机之后东亚的资本流动》(Capital Flows in East Asia Since the Crisis)(Bank for International Settlement, 2002-10-11, http://www.bis. org)。

[2] 兹比格涅夫·布热津斯基（Zbigniew Brzezinski）. 大棋局：美国至高及其地缘战略要务（The Grand Chessboard: American Primacy and its Geostrategic Imperatives）(New York: Basic Books, 1997)。布热津斯基是在华盛顿权势集团中久负盛名的战略家，他的关系可以追溯到戴维·洛克菲勒的三边委员会，并且在民主党和共和党政府中都任过职，包括给老布什当差。该书对了解美国的战略构想具有十分重要的参考价值。他强调："对美国来说，地缘政治的大奖是欧亚……一个强大的国家主导了欧亚，也就控制了世界上三个最先进、最具经济生产力地区中的两个。看一眼地图也会发现，控制了欧亚几乎就自然而然地使得非洲处于从属地位，使得西半球和大洋洲在地缘政治上处于世界中心大陆的外围。世界人口的大约 75% 生活在欧亚，全世界物质财富的大多数也分布在这里，不是掌握在企业手上，就是埋藏在地下。欧亚占世界国民生产总值的大约 60% 和已知能量资源的大约 75%。"麦金德的解释可以在哈尔福德·麦金德的著作《民主的理想与现实》中找到。该书于 1919 年在纽约由亨利·霍尔特出版公司出版。第二次世界大战中，麦金德的文章《圆形世界与赢得和平》提出了战后的地缘政治建议。该文发表在 1943 年 7 月第 21 卷第 4 期的《外交》杂志上。在这篇文章中，麦金德明确地阐述了主导战后欧亚的战略，而布热津斯基明显地吸取了其观点。

[3] 比尔·布雷德利（Bill Bradley）. 欧亚来信：被误导的对俄罗斯政策（Eurasia Letter: A

Misguided Russia Policy)(Foreign Affairs，Winter 1995/1996)。苏联解体后俄罗斯生活水平急剧下降的资料得到人们的广泛讨论，而国际货币基金组织和七国集团在推动俄罗斯实施非工业化政策中的作用，却很少有人讨论，原因不言自明。格雷姆·赫德（Graeme Herd）发表了《抢劫俄罗斯？》(Robbing Russia?)(The World Today，London，1998-04) 一文，对寡头的作用进行了详细描述。《美国因为支持“社团主义的”和“犯罪的”资本主义而受到批评》(U.S. Criticized for Funding “Corporatist” and “Criminalized” Capitalism)(Russia Reform Monitor，No. 308，1997-09-11) 一文，详细列举了克林顿政府在支持丘拜斯和寡头中所发挥的作用。1998 年 8 月 2 日，路透社发表了阿拉斯泰尔·麦克唐纳（Alastair MacDonald）的《俄罗斯政府赢得了时间，但问题太多》(Russian Government Wins Time，But Problems Abound) 一文。《金融时报》(Financial Times) 1998 年 8 月 12 日在违约拖欠发生前数小时刊登了乔治·索罗斯致编辑部的一封信，催促七国集团增加对俄罗斯的救市。笔者与在 1998 年危机期间涉足俄罗斯的许多世界大银行进行过多次讨论。长期资本管理基金（LTCM）破产后的事后描述很少分析华盛顿金融权力机构（包括美联储）与长期资本管理基金之间明显而密切的联系，这是最有意思的方面。

[4] 保罗·麦卡锡（Paul B. McCarthy）. 关于向欧洲安全与合作委员会的证词（Testimony to the Commission on Security and Cooperation in Europe)(Washington，1998-12-10)。当时，麦卡锡是国家民主基金会的领导人。自 1998 年后，国家民主基金会向南斯拉夫的各种反政府组织、记者、媒体和工会提供了大量的资金，麦卡锡对此进行了详细说明。国家民主基金会成立于 1983 年里根时期，当时华盛顿政策圈子流行“情报工作私有化”，国家民主基金会便是其中一部分。20 世纪 60 年代到 70 年代，向反政府组织提供资金都是由中央情报局出面。随着事件的不断曝光，美国痛定思痛，改由资助国家民主基金会这样的“私营”机构公开去做，国会对此也表示同意。1991 年 9 月 21 日，在接受《华盛顿邮报》采访时，国家民主基金会的规划设计者艾伦·韦恩斯坦（Allen Weinstein）解释说：“今天我们所做的很多事情，放在 25 年前都是由中央情报局秘密进行的。”事情从阴险邪恶的中央情报局转到了人道主义的国家民主基金会。该基金会的活动不仅避免了因动摇主权国家而遭到不断的指责，而且反过来指责塞尔维亚、保加利亚，甚至任何地方的反对者是“腐败的民族主义者”。2003 年下半年，布什政府要求国家民主基金会在伊拉克的战后“民主化”中扮演更加重要的角色。20 世纪 80 年代末，国际货币基金组织在南斯拉夫政治动荡中的作用，彼得·巴赫迈尔（Peter Bachmaier）有详细论述，见《巴尔干作为国际被保护领地》(Der Balkan als internationales Protektorat)(Zeit-Fragen，Zurich，2002-10-21)。关于国际货币基金组织的政策对引发南斯拉夫动荡的影响，苏姗·伍德沃德（Susan Woodward）的《巴尔干的悲剧》(Balkan Tragedy)(Brookings Institution，Washington，D.C.，1995) 有详细说明。有关北大西洋公约组织在南斯拉夫战略的详细描述，见已故的肖恩·格维西（Sean Gervasi）的论文，即 1996 年 1 月提交给布拉格国际尼诺·帕斯蒂基金会的论文《论北约在南斯拉夫的战略》(On the NATO Strategy in Yugoslavia)。1995 年 11 月，华盛顿的防务信息中心发表了《扩大北约：与灾难调情》(NATO Expansion: Flirting with Disaster)，对北约扩大的军事问题进行了讨论。2001 年，在给德国总理格哈德·施罗德的一封公开信中，德国基督教民主联盟前议员、防务专家维利·维默尔为了说明北约“区域

外”战略新概念的合理性，详细说明了他个人与美国主要的高级官员就美国和北约在南斯拉夫目标的讨论。正如维默尔所描述的，1999 年 4 月北约进入南斯拉夫的后果就是可以让北约伙伴直接获得原材料并控制里海和波斯湾。维默尔评论说，美国领导的北约完成了对从波罗的海到安纳托利亚的军事控制，“这是罗马帝国鼎盛时期以来从未见过的”。还有赖讷·鲁普（Rainer Rupp）的《美国对于巴尔干地区的帝国意图》(Die imperialen Absichten der USA auf dem Balkan)(Junge Welt，2001-06- 23)。

[5] 血油交加：西方能源安全中的巴尔干因素（A Meeting of Blood and Oil: The Balkan Factor in Western Energy Security)(Journal of Southern Europe and the Balkans，Vol. 4，No. 1，2002-05: 75-89)。科索沃战争期间的 1999 年，有一个过分简单化的论点，即该战争是为了石油。实际上，这是有关欧盟与可能的能源（包括石油）新产区建立战略关系以及华盛顿为了控制这些产区所进行的干预，这与上述观点稍有不同。这个问题是，为了控制欧盟的能源安全，华盛顿对可能通过巴尔干连接里海油田的石油管道线路进行战略控制。以上见亚历山大·特尔蒂察（Aleksandra Trtica）发表的《穿过无人区的跨巴尔干石油管道》(Trans-Balkan Oil Pipelines Through No-Man’s Land)(Banja Luka，Srpska，2001-02-27)。

[6] 阿尔巴尼亚—马其顿—保加利亚石油管道公司（AMBO Pipeline Consortium）. 可行性研究（Feasibility Study）. US Department of Commerce NTIS Document no. PB2000106974，2000-05: 1-78。

第十三章　独步天下：21 世纪的石油地缘政治

[1] 贝克研究所研究组(Baker Institute Study). 战略性能源政策：21 世纪的挑战(Strategic Energy Policy: Challenges for the 21st Century)(No.15，2001-04). 该项研究由莱斯大学詹姆斯·贝克三世公共政策研究所和外交关系协会共同发起。该报告阐述说，世界已经进入到“一个新的能源时代……今后 20 年中对不稳定的中东石油资源的依赖会急剧增加……”报告还进一步说，早在第二次伊拉克战争之前，“伊拉克已经变成了一个主要的‘摇摆不定’的生产者，使美国政府陷入困难境地。”这个高层课题组建议切尼和布什政府制定一项“综合性的能源政策……”汤姆·里甘（Tom Regan）. 想打仗，当心保育箱里的婴儿(When Contemplating War，Beware of Babies in Incubators). Christian Science Monitor，2002-09-06. 里甘提到有关科威特石油大臣萨巴赫的女儿及其伪证。迪克·切尼(Dick Cheney). 迪克·切尼 1999 年在伦敦石油学会秋季午餐会上的演讲(Dick Cheney’s Speech at the Institute of Petroleum Autumn Lunch)。令人好奇的是，笔者的一篇拥有众多读者的文章上线后不久，这篇演讲稿就从原来的网站上消失了。该讲话重新出现在 http://www.energybulletin.net/559.html。

[2] 奥利佛·贝克曼，朱利安·博格. 前总统俱乐部. 卫报，2001-10-31。关于这家最有影响力的神秘集团的信息，世上只有几条，这是其中的一条。

[3] 艾哈迈德·拉希德（Ahmed Rashid）. 塔利班：中亚好战的伊斯兰、石油和原教旨主义

（Taliban: Militant Islam，Oil and Fundamentalism in Central Asia）. London: I.B.Tauris & Co.，2001；另见约翰・皮尔格（John Pilger）发表在巴基斯坦《每日时报》（Daily Times）上的文章《美国主导全球的企图》（America's Bid for Global Dominance，2002-12-15）；关于"黄金地毯"的说法和美国优尼科公司在阿富汗的作用，让—夏尔・布里萨尔（Jean-Charles Brisard）和达斯基（G. Dasquie）的《不能公开的真相：美国与塔利班之间的秘密石油外交》（Forbidden Truth: U.S. Taliban Secret Oil Diplomacy）（New York: Thunders' Mouth Press/Nation Press，2002）有详细的说明；卡尔扎伊与美国优尼科公司的联系，见《世界报》（Le Monde，2001-12-13）；有关阿富汗与巴基斯坦和土库曼斯坦之间的石油管道协议签字的新闻，见 after-words.org/grim，2003-01-03；罗恩・卡拉里（Ron Callari）的《安然—切尼—塔利班有联系吗？》（The Enron-Cheney-Taliban Connection?）（Albion Monitor，2002-02-28）有关于安然公司倒闭前在阿富汗管道谈判中发挥重要作用的很多细节。

[4] 迈克尔・米彻（Michael Meacher）. 这场反恐战争只是借口（This War on Terrorism is Bogus）（The Guardian，2003-09-06）. 这篇由布莱尔内阁一位长期任职的高级成员写的文章遭遇美国媒体惊人的鸦雀无声。关于取消美国武器工作组的报道，见雷蒙德・惠特克（Raymond Whitaker）的文章《对萨达姆大规模杀伤性武器搜寻降温时鲍威尔收回对基地组织的要求》（Powell Withdraws al Qaida Claim as Hunt for Saddam's WMD Flags）（The Independent，2004-01-11）。沃尔福威茨的讲话见乔治・赖特（George Wright）的文章《沃尔福威茨：伊拉克战争都是为了石油》（Wolfowitz: The Iraq War was About Oil）（The Guardian，2003-06-04）。蒂莫西・加登・阿什．接下来是阻止叙利亚？The Guardian，2004-01-22 也注意到，布什要求国家民主基金会的资金加倍，用以进一步在中东地区扩大民主。

[5] 兹比格涅夫・布热津斯基（Zbigniew Brzezinski）. 欧亚地缘战略（A Geostrategy for Eurasia）. Foreign Affairs，1997-09&10。

[6] 马克・艾姆斯（Mark Ames）. 切尼启动石油新冷战（Cheney Starts New Cold War Over Oil）. eXile，2006-06-01. http://www.alternet.org/story/36881/。

[7] 查默斯・约翰逊（Chalmers Johnson）. 报应：美利坚共和国的末日（Nemesis: The Last Days of the American Republic）. New York: Metropolitan Books，2007。

[8] 肯尼（J.F. Kenney）. 从现代石油科学角度评估近期对即将来临的石油短缺预测的思考（Considerations About Recent Predictions of Impending Shortages of Petroleum Evaluated from the Perspective of Modern Petroleum Science）. Energy World: Special Edition on the Future of Petroleum，British Institute of Petroleum，London，1996-06。

[9] 克拉尤什金、契巴年科、克洛奇科、德沃亚宁、肯尼（V.A. Krayushkin，T.I.Tchebanenko，V.P.Klochko，Ye.S.Dvoryanin，J.F.Kenney）. 在第聂伯—顿涅茨盆地钻探和开发油气田（The Drilling & Development of the Oil & Gas Fields in the Dnieper-Donetsk Basin）. Energia，2001-03-22: 44-47。

[10] 笔者得到的第一手材料称，五角大楼净评估办公室主任安德鲁・马歇尔于 2006 年才得到美国有关俄罗斯非生物工作的、有见识的物理学家的全面评估，还完全来不及改变战略性的短期石油控制，该控制被置于美国军事控制中东、非洲以及其他地方石油的战略中。美国拒绝接受俄罗斯非生物重要科学家的提议以共享他们的工作，这将作为史上最大战

略错误载入史册。
[11] 西蒙·罗梅罗（Simon Romero）. 得克萨斯各石油办事处感受到非洲小群岛政变（Coup on Tiny African Islands Felt in Texas Oil Offices）. New York Times，2003-07-18；不顾美国压力，伊朗与日本即将签订协议（Iran and Japan Close to Signing Deal Despite U.S. Pressure）. Dow Jones，Vol. 24，no. 19，2002-10-03；阿纳托尔·利芬（Anatol Lieven）. 推进战争（The Push for War）.London Review of Books，Vol. 24，no. 19，2002-10-03；韦恩·马德森（Wayne Madsen）. 大石油公司和詹姆斯·贝克瞄准西撒哈拉（Big Oil and James Baker Targets the Western Sahara）. AllAfrica，2003-01-09. 与石油相关的格鲁吉亚骚乱（Turmoil in Georgia Linked to Oil），Dawn Group of Newspapers，Pakistan，No. 24，2003；非洲石油政策倡议小组（the African Oil Policy Initiative Group）. 非洲石油：美国国家安全的当务之急（African Oil: A Priority for U.S. National Security），the Institute for Advanced Strategic and Political Studies，Washington，2002-01。
[12] 伊曼纽尔·托德（Emmanuel Todd）. 后帝国时代：美国秩序的崩溃（After the Empire: The Breakdown of the American Order）. New York: Columbia University Press，2003。托德论证说，美国的对外政策是由美国经济的根本性弱点而不是其实力所驱动的；另见爱德华·萨义德（Edward Said）.《东方主义》序（Preface to *Orientalism*）. Al-Ahram，2003-08，7-13。

第十四章　弥天大谎：石油峰值论

[1] 马修·西蒙斯（Matthew R. Simmons）. 沙漠黄昏（Twilight in the Desert）. 2008-10-11 http://peakoildebunked.blogspot.de/2008/10/379-twilight-in-desert-my-ass.html。
[2] 马·金·哈伯特（M.King Hubbert）. 罗纳德·德尔（Ronald Doel）马里兰州贝塞斯达采访，1989-01-27。http://www.aip.org/history/ohilist/5031_6. html。
[3] 马·金·哈伯特（M.King Hubbert）. 能量资源（Energy Resources）. Washington: National Research Council，National Academy of Sciences，1962. 43。
[4] 迈克尔·霍尔布蒂（Michael T.Halbouty）. 美国的石油并未“开采殆尽”（The United States Is not “Drilled Out”）. 美国国会议员罗恩·保罗（Ron Paul）记入国会档案，1980-02-20。
[5] 马·金·哈伯特（M.King Hubbert）. 核能与化石燃料（Nuclear Energy and the Fossil Fuels）. American Petroleum Institute，Publication No. 95，Shell Development Corporation，Houston Texas，1956-03-07. http://www.oilcrisis.com/hubbert/1956/1956.pdf。
[6] 肯尼思·德费耶（Kenneth Deffeyes）. 哈伯特的石油峰值：世界石油短缺迫在眉睫（Hubbert 's Peak: The Impending World Oil Shortage）. Princeton: Princeton University Press，2001.135。
[7] 马·金·哈伯特（M.King Hubbert）. 罗纳德·德尔（Ronald Doel）马里兰州贝塞斯达采

访 1989-01-27.http://www.aip.org/history/ohilist/5031_6. html。
[8] 同上。
[9] 让-保罗·罗德里格、克劳德·孔图瓦、布赖恩·斯莱克（Jean-Paul Rodrigue，Claude Comtois，Brian Slack）. 世界石油年产量（1900-2008 年）以及石油峰值（2010 年方案）（World Annual Oil Production and Peak Oil [2010 Scenario]）. The Geography of Transport Systems. New York: Routledge，2009 http://people.hofstra.edu/geotrans/eng/ch5en/appl5en/worldoilreservesevol.html。
[10] 联邦能源管理局跨部门石油课题组独立蓝图项目（Federal Energy Administration，Project Independence Blueprint，Interagency Taskforce on Oil）. 石油：未来生产的可能水平（Oil: Possible Levels of Future Production），最终课题组报告第 5 节 . Washington，D.C.: Government Printing Office，1974. II-9. 中东廉价石油的进口挤掉美国国内石油生产，是美国国内石油产量下滑的原因。笔者在过去数年里采访过得克萨斯、俄亥俄、新墨西哥和加利福尼亚的众多独立石油生产商，这点得到他们的确认。在有关能源的辩论中，本章的内容鲜有人谈及。
[11] 对发动推翻摩萨台政变的详细论述，见威廉·恩道尔（F.William Engdahl）. 石油战争：石油政治决定世界新秩序（A Century of War: Anglo-American Oil Politics and the New World Order）. London: Pluto Press，2004. 91-96。
[12] 怀亚特·韦尔斯（Wyatt Wells）. 反托拉斯及战后世界的形成：来自石油的另类看法（Antitrust and the Formation of the Postwar World-Looking the Other Way: Petroleum）. New York: Columbia University Press，2002. 187-189。
[13] 科林·坎贝尔、让·拉埃勒尔（Colin J.Campbell，Jean H.Laherrere）. 廉价石油的终结（The End of Cheap Oil）. Scientific American，1998-03，Vol. 278，No. 1: 60-65。
[14] 同上，60。
[15] 徐丛林（音译）、劳拉·贝尔（Conglin Xu，Laura Bell）. 温和上涨之后的石油储量和石油生产（Worldwide Reserves，Oil Production Post Modest Rise）. Oil and Gas Journal，2013-12-02. http://www.ogj.com/articles/print/vol-ume-111/issue-12/special-report-worldwide-report/worldwide-reserves-oil-production-post-modest-rise.html。
[16] 同注 [13]. 63。
[17] 同上。
[18] 科林·坎贝尔（Colin J.Campbell）. 石油评估的演变（Evolution of Oil Assessments）. http://www.hubbertpeak.com/Camp-bell/assessments.html。
[19] 同上。
[20] 科林·坎贝尔（Colin J.Campbell）. 在克劳斯塔尔工业大学的演讲（Presentation at the Technical University of Clausthal）. 2000-12. http:// www.oile-risis.com/de/lecture.html。
[21] 迪克·切尼（Dick Cheney）. 在伦敦石油学会秋季午餐会上的演讲（Speech at the Institute of Petroleum Autumn Lunch）. 1999-09，first published by London Institute of Petroleum on 06/08/2004，original article，http://web.archive.org/web/20000414054656/http://www.petroleum.co.uk/speeches.html。

［22］同上。

［23］同上。

［24］同上。

第十五章　惊天骗局：页岩能源横空出世

［1］罗伯塔·兰普顿（Roberta Rampton）. 从能源充足到能源短缺的能源政策转变：奥巴马顾问（Energy Policy Shifting as Abundance Replaces Scarcity: Obama Adviser）. Reuters，2013-02-25。

［2］巴拉克·奥巴马（Barack Obama）. 国情咨文（State of the Union Address）. The New York Times，2012-01-24. http:// www.ny-times.com/interactive/2012/01/24/us/polities/state-of-the-union-2012-video-transcript. Html。

［3］丹尼尔·耶金（Daniel Yergin）. 提交"美国能源安全和革新"听证会的众议院能源和商务委员会能源与电力小组委员会证词（Subcommittee on Energy and Power of the House Energy and Commerce Committee Testimony submitted for Hearings on America's Energy Security and Innovation）. Washington，D.C. 2013-02-05，http://energycommerce.house.gov/hearing/AESI-assessment-north-americas-energy-resources。

［4］同上。

［5］英国石油公司（BP）. 英国石油公司 2030 年能源展望（BP Energy Outlook 2030）. London，2012-01。

［6］格伦·彭尼等（Glenn S.Penny，et al）. 水力压裂过程中对液体渗漏的控制和建模（Control and Modelling of Fluid Leakoff During Hydraulic Fracturing）. Journal of Petroleum Technology，Vol. 37，No. 6，1071-1081。

［7］威廉·恩道尔（F. William Engdahl）. 页岩气：哈利伯顿的大规模杀伤性武器（Shale Gas: Halliburton's Weapon of Mass Devastation）. VoltaireNet.org，2012-05-17. http://www.sott.net/article/245733-Shale-Gas-Halliburton's -Weapon-of-Mass-Devastation。

［8］同上。

［9］同上。

［10］安东尼·安德鲁斯等（Anthony Andrews，et al.）. 非常规页岩气：开发、技术及政策问题（Unconventional Gas Shales: Development，Technology and Policy Issues）. Congressional Research Services，Washington，D.C.，2009-10-30. 7。

［11］约翰·多伊奇、罗宾·韦斯特（John Deutsch，Robin West）. 北美油气的复兴及其含义（The North American Oil and Gas Renaissance and its Implications）. The Aspen Institute，Washington，D.C. 2012. http//www.aspen-institute.org/sites/de-fault/fles/content/does/pubs/2012GlobalForumRepFINAL PDF_0.pdf。

［12］同上。

[13] 美国能源部能源信息局（Energy Information Administration, US Department of Energy）. 天然气总开采量和产量（Natural Gas Gross Withdrawals and Production）. Washington, D.C. http://www.eia.gov/dnav/ng/ng_prod_sum_deu_NUS_a.htm。
[14] 马尔科姆·梅登（Malcolm Maiden）. 美国页岩气繁荣中到处吃的苦头（Burnt Fingers all Round in US Shale Gas Boom）. The Sydney Morning Herald, 2012-08-02, http://www.smh.com.au/business/burnt-fingers-all-round-in-us-shale-gas-boom-20120801-23g 03.html。
[15] 亚瑟·伯曼、林恩·皮廷杰（Arthur E. Berman, Lynn F.Pittinger）. 美国页岩气：丰度减少，成本上升（US Shale Gas: Less Abundance, Higher Cost）. 2011-08-05. http://www.theoildrum.com/ node/8212。
[16] 同上。
[17] 同上。
[18] 同上。
[19] SPEE. 加拿大油气评估手册（第1卷）— 储量的定义及评估的实践和步骤，第5节：资源和储量的定义（Canadian Oil and Gas Evaluation Handbook, Vol.1 - Reserve Definitions and Evaluation Practices and Procedures, Section 5: Definitions of Resources and Reserves）. Petroleum Society of the Canadian Institute of Mining, Metallurgy and Petroleum. www.petsoc.org。
[20] 亚瑟·伯曼（Arthur E. Berman）. 淘金热之后：美国未来天然气的供应和价格透视（After the Gold Rush: A Perspective on Future US Natural Gas Supply and Price）. The Oil Drum, 2012-02-08. http://www.theoildrum.com/node/8914。
[21] 同上。
[22] 拉斐尔·桑德雷亚（Rafael Sandrea）. 评估美国页岩油和页岩气成熟企业的生产潜力（Evaluating Production Potential of Mature US Oil, Gas Shale Players）. The Oil and Gas Journal. 2012-12-03. http//www.ogj.com/articles/print/vol-110/is-sue-12/exploration-development/evaluating-production-potential-of-mature-us-oil.html。
[23] 同注[20]。
[24] 同上。
[25] 同上。
[26] 同上。
[27] 同上，附注，3。
[28] 路易斯·萨哈根（Louis Sahagan）. 美国官员把蒙特雷页岩石油的预期产量减少了96%. LA Times, 2014-05-20, http://www.latimes. com/business/la-fi-oil-20140521-story.html。
[29] 美国能源信息管理局（US Energy Information Administration）. 技术上可再生的页岩油和页岩气资源（Technically Recoverable Shale Oil and Shale Gas Resources）. 2013-06-13。
[30] 杰西·李（Jesse Lee）. 美中两国迈向清洁能源经济（The US and China Towards a Clean Energy Economy）. 2009-11-17. http://www.whitehouse.gov/blog/2009/11/17/us-and-china-towards-a-clean-energy-economy。
[31] 韦恩·马（Wayne Ma）. 壳牌与中国就开采页岩气达成协议（Shell Reaches Chinese Shale

Gas Deal）. Wall Street Journal，2012-03-21.http://online.wsj.com/news/artieles/SB1000142 4052702304724404577294613154232818。

[32] 盖伊·查赞（Guy Chazan）. 彼得·博塞尔对壳牌放弃美国页岩气的巨大投资感到遗憾（Peter Voser Says He Regrets Shell's Huge Bet on US Shale）. Financial Times，2013-10-06 http://www.ft.com/cms/s/0/e964a8a6-2c38-11e3-8b20-00144feab7de.html#axzz2h4kz33yY。

[33] 基思·布拉德舍（Keith Bradsher）. 中国天然气产量不足（Natural Gas Production Falls Short in China）. 2014-08-21. The New York Times. http://www.nytimes.com/2014/08/22/business/energy-environment/ chinas-effort-to-produce-natural-gas-falls-far-short.html ? _r=0。

[34] 同上。

[35] 朗达·杜依（Rhonda Duey）. 是大风还是阵风?（Gale or Gust?）. 2013-11-01. http://www.epmag.com/item/Gale-gust_ 124827。

[36] 美国信息处理服务公司（IHS）. 遍及全球：预测下一个供不应求的石油革命（Going Global: Predicting the Next Tight Oil Revolution）. http://www.ep-mag.com/item/Gale-gust_124827。

[37] 布瑞斯玛公司新闻发布会 . 布瑞斯玛公司董事会成员亨特·拜登介绍其管理理念 . 2014-05-12 http://burisma.com/hunter-biden-joins-the-team-of-burs-。

[38] 同上。

[39] 莫利·海明威（Mollie Hemingway）. 九问拜登父子与布瑞斯玛公司的关系 . The Federalist，2014-05-13，http://thefederalist.com/2014/05/13/9-questions-to-ask-about-bidens-work-with-a-gas-company-in-ukraine/。

[40] 奥尔加·鲁坚科（Olga Rudenko）. 亿万富翁科洛莫伊斯基当上了第聂伯罗彼得罗夫斯克州长 . Kyiv Post，2014-03-03，http://www.kyivpost.com/content/ukraine/billionaire-kolomoisky-takes-over-in-dnipropetrovsk-oblast-criticiz-ing-putin-and-yanukovych-338261.html。

[41] 布瑞斯玛公司新闻发布会 . http://thefederalist.com/2014/05/13/9-questions-to-ask-about-bidens-work-with-a-gas-company-in-ukraine/。

[42] 俄通社—塔斯社（Itar-Tass）. 乌克兰军队在斯拉夫扬斯克协助安装页岩气生产设备 . 2014-07-25，http://en.itar-tass.com/world/742366。

[43] 同上。

后 记

时钟指向 2011 年，美国的全球霸权四面楚歌。2007 年至 2008 年的金融危机让华尔街的大银行举步维艰，美国霸权的发动机面临熄火的危机。让华尔街逃过此劫只有两招，一是毫无休止地用纳税人的钱填无底洞，数量之大史无前例；二是联邦储备局毫无节制地印刷钞票，时间之久令人瞠目。

早在金融危机爆发前很久，美国实体经济的基础就已被大银行和大财团外包给了国外廉价劳动力市场，首屈一指的自然是中国。中国、俄罗斯以及其他新兴经济体的实力不断上升，这与华盛顿和五角大楼控制全球的策略迎头相撞。

美国最有钱有势的大家族要想继续掌控世界，而非坐视自己重蹈英帝国日薄西山的覆辙，就必须采取断然措施。结果可想而知，不外乎老调重弹，这些精英再次选择了战争，而且四处为战，目的是打乱欧亚大陆新兴经济体的崛起。欧亚大陆联合，尤其是中俄携手，是美国继续独霸天下的唯一挑战。

2011 年初，美国的秘密情报机构在阿拉伯世界挑起了大规模的民众抗议，也就是人们熟知的“阿拉伯之春”。抗议由美国政府资助的非政府组织一手操办，这些组织的名称都很有欺骗性，像国家民主基金会、自由之家、开放社会基金会。领导抗议的头目事先都被送到贝尔格莱德等地，那里有美国设立的“非暴力行动和战略应用中心”（CANVAS），以便接受“投身变革”的培训。

华盛顿策动“阿拉伯之春”有若干目的，首先就是阻止某些富油的阿拉伯国家和中国建立密切的经贸关系，利比亚的卡扎菲当属不二选择。此前卡扎菲和中国走得太近，还与中国的国有石油企业签订了长期合同，他的下场极其悲惨也就不足为怪了。

2011 年夏，叙利亚的巴沙尔·阿萨德与伊朗和伊拉克签订了管线运输天然气的重要协议，这一管线对美国支持的纳布科线路（从阿塞拜疆到欧洲）构成挑战，也与卡塔尔提议的卡塔尔—土耳其线路形成竞争。卡土线路从卡塔尔和伊朗交界的南帕尔斯气田一直到欧洲，计划途经沙特、约旦、叙利亚，但叙利亚拒绝了卡塔尔的提议，据称理由是“保护盟友俄罗斯的利益”，要知道，俄罗斯是欧洲天然气的头号供应商。就在叙利亚与两伊签订协议后没几天，美国联合盟友沙特和卡塔尔就策划了带有圣战意味的叙利亚内战，协议自然变得遥遥无期了。战争期间，叙利亚在境内发现了储量丰富的天然气，可是如果阿萨德继续执政，将对卡塔尔作为欧洲主要天然气供应国的地位构成很大威胁。2013 年 8 月，奥巴马有意发动对叙利亚的全面战争，但国会强烈反对，国际社会舆论哗然，他不得不放弃。

美国借助沙特和卡塔尔秘密资助“阿拉伯之春”，五角大楼的智囊将这种运作方式称作“长期战争”。作为美军的智库，兰德公司在 2008 年发表报告称：“……工业化国家的经济将继续依赖石油，石油顺理成章地成为重要的战略资源。鉴于中东是石油主产地，美国有必要保持该地区的稳定，同时与地区国家保持良好的关系。现已探明的石油主产区与萨拉菲－杰哈德组织的势力范围大致重叠，所以石油供应与‘长期战争’间的关系必定是斩不断理还乱……在可预见的未来，世界石油的总产量将由波斯湾地区决定……因此这个地区仍旧是战略重点，与发动‘长期战争’休戚相关。”

2014 年夏，长期战争策略折戟沉沙。在俄罗斯和伊朗的支持下，阿萨德政权收复了反对派占领的大片地区，别忘了，反对派的背后就是美国和卡塔尔。埃及的局势也让华盛顿头痛不已，军方发动政变，出身"穆兄会"的穆尔西总统被迫下台。

同一时期，"伊拉克和黎凡特伊斯兰国"（伊黎组织，ISIS）对伊拉克的油田和叙利亚的关键地区发动了大规模进攻，该组织后来改名为"伊斯兰国"。奥巴马政府此前曾秘密训练了伊黎组织的主要军事头目，有些人就是中情局在车臣秘密对付俄罗斯时物色的。

截至 2013 年，中国的国有石油公司获得了伊拉克一半以上的石油。到 2014 年 7 月，神秘的且训练有素的伊黎组织占领了伊拉克的摩苏尔等石油主产区，导致整个地区混乱不堪，华盛顿的意图不言自明。

2014 年 2 月，乌克兰总统亚努科维奇放弃成为欧盟联系国的承诺，准备加入欧亚联盟，华盛顿于是在基辅导演了一出政变，肆无忌惮地扶持傀儡上台，取消了所有与俄罗斯的合作项目。华盛顿的这一招意味深远、用心险恶，核心是控制从俄罗斯到德、法等西欧国家的能源运输线。苏联时期，俄罗斯和乌克兰是一家人，俄罗斯出产的油气经由乌克兰管线运输。美国策划政变是要扶持反俄势力上台，发动内战是针对与俄关系密切且说俄语的乌东部公民。虽然是内战，但其带来的影响具有全球性，书中对此另有详述。

军工复合体及其智库像鬼魅一样与美国政府如影随形，它们所采取的极端行动并不仅限于非洲、中东或是乌克兰，作为世界第二大经济体的中国更是它们的眼中钉。

破坏中国发展的准备工作早已悄然展开，但表面上并不像华盛顿对付俄罗斯那么大张旗鼓。2014 年 8 月，克里出席东盟外长会议期间，国务院发言人玛丽·哈夫调高了美国转向亚太的调门，这位前中情局的发言人告诉媒体："在南海兴风作浪的不是我们，是中国咄咄逼人的行动造成了这一切。我们所做的都是为了缓解紧张局势……"

华盛顿的战争贩子们早已暗示，中国就是他们下一个挑衅和破坏